Carol Lee Flinders
Das innere Feuer

Carol Lee Flinders

Das innere Feuer
Der weibliche Weg zur Freiheit

Aus dem Amerikanischen von
Gisela Merz-Busch

Wolfgang Krüger Verlag

Die amerikanische Originalausgabe erschien 1998
unter dem Titel ›At the Root of this Longing‹
im Verlag HarperCollins, San Francisco
© Carol Lee Flinders 1998
Deutsche Ausgabe:
© 1999 Wolfgang Krüger Verlag, Frankfurt am Main
Gesamtherstellung: Clausen & Bosse, Leck
Printed in Germany 1999
ISBN 3-8105-0640-0

In liebendem Gedenken an Suzanne Lipsett
1943 – 1996

Inhalt

2. Buch: Draupadīs Tanz

Prolog
Linda bei Kerzenlicht

Jeden Abend, gleich nach Sonnenuntergang, setzte sie sich im Schneidersitz auf den abgetretenen Hirtenteppich, zündete eine Kerze an und stellte sie vor sich auf eine Untertasse. Aufmerksam beobachtete sie, wie der Kerzenschein die Schatten im Raum zurückdrängte und auf Abstand hielt. Sanft schloß sie dann ihre Augen, setzte sich gerade hin und begann langsam und gesammelt einen Reigen kurzer Gebete zu rezitieren.

Nichts soll dich ängstigen,
Nichts dich erschrecken,
Alles vergeht,
Gott bleibt derselbe ...

Wenn sie das Gebet der heiligen Teresa beendet hatte, ging sie zum nächsten Gebet über – vielleicht eins der heiligen Katharina von Siena:

... und die Seele ist in Gott eingeschlossen
und Gott in der Seele,
wie das Meer im Fisch
und der Fisch im Meer.

Wenn ihre Gedanken zu wandern begannen, holte sie sie wieder zurück, wieder und wieder, eine ganze Stunde lang. Jeden Abend, egal was war, zündete sie eine Kerze an und rief den Geist eines lichterfüllten Wesens nach dem anderen zu sich, rief sie in ihre tiefe Dunkelheit und zu ihrem tiefen Kummer.

Meine Freundin Linda war Anfang Vierzig, als sie an einen Abgrund kam, von dem man selbst hofft, ihn nie zu erreichen – sie rutschte auf ihn zu, wie in einem Alptraum, in Zeitlupe und unausweichlich. Depression hüllte sie ein, so schwarz und drückend, daß sie alles auslöschte, was sie bisher von einem Tag zum nächsten getragen hatte. Sie verließ ihren Mann – verließ den einseitigen Kampf, den sie geführt hatte, um ihre Ehe zu retten – und verließ dadurch auch ihre beiden halbwüchsigen Kinder. (»Es lag nicht nur daran, daß ich kein Geld hatte«, erzählte sie mir, »in meinem Innern hatte ich nichts. Nichts für sie, nichts für mich selbst.«) Was sie in ihrem Teilzeit-Job als Lehrerin verdiente, reichte kaum für die Miete ihrer wenig ansprechenden Einzimmerwohnung. Tagsüber konnte sie arbeiten: Ihre Schüler lenkten sie ab, das konnte man überstehen. Nachts aber erreichte sie ihren Tiefpunkt. Eines Nachts, als sie wieder nicht schlafen konnte, nahm sie ein Buch in die Hand, das ein Vormieter in einem der Schränke vergessen hatte, und entdeckte die eine Sache, die sie tun *konnte*. Es war eine kurze, unkomplizierte Einführung in die Meditation – eine Form der Meditation, bei der auch inspirative Texte eingesetzt werden.

»Ich war so unglücklich und verzweifelt«, erzählte sie mir, »und das war mein Rettungsanker. Ich warf mich jeder von ihnen der Reihe nach zu Füßen – Teresa, Klara und den beiden Katharinas – und flehte sie an, mir Kraft zu geben.«

Mit der Zeit – und es war viel Zeit dafür nötig – kamen die Kraft und das Licht ... ein Ganztags-Job und die Wiedervereinigung mit ihren Kindern. Die Ehe konnte zwar nicht gerettet werden, aber die Bitterkeit, die ihr Auseinanderbrechen begleitet hatte, war geschwunden. Heute meditiert sie morgens und abends, aber nicht mehr, um die Verzweiflung abzuwehren. Es sind eher Schritte auf einem festen Weg unter ihren Füßen.

Gläubige Katholiken haben sich seit jeher an Frauen wie die heilige Teresa oder die heilige Klara um Hilfe gewandt und sie um Fürsprache gebeten. Gott ist diesem Verständnis nach so etwas wie ein übermächtiger Vorstandsvorsitzender mit Anfällen von schlechter Laune: und so hält man es für undenkbar, daß er sich persönlich um unsere Schwierigkeiten mit den Kindern oder um Eheprobleme kümmert, um unsere Geld- oder Gesundheitssorgen und Gewalt in der Nachbarschaft.

Allerdings haben sich in dem Maße, wie sich die alten Vorstellungen von Gott verflüchtigten, auch die Ansichten über Fürsprachen geändert. Wenn Linda ihre Lieblingsheiligen anrief, ging es ihr nicht im geringsten um Fürsprache. Ihre Bitte war direkt und instinktiv:»Stehe mir zur Seite – *ja, dich meine ich* – und bleibe die ganze Nacht und führe mich durch meine Tage.« Sie hatte sich intensiv mit dem Leben und den Worten dieser Heiligen beschäftigt, hatte versucht, ihre Menschlichkeit nachzuempfinden, und wußte, daß keiner von ihnen lange, dunkle Nächte fremd waren.

Mit Hilfe der Meditation gelang es Linda Schritt für Schritt, mit den Dämonen ihrer Seele fertig zu werden. Sobald in ihr eine Welle der Furcht, des Zorns oder der Verzweiflung aufstieg, zog sie sanft ihre Aufmerksamkeit davon ab und richtete sie statt dessen auf die Worte des Gebetes, und je mehr ihre Fähigkeit zu diesem Aufmerksamkeitswechsel wuchs, um so sicherer begann sie sich zu fühlen. Aber indem sie diese speziellen Gebete verwandte, strebte sie auch nach dem, was traditionell die Gemeinschaft der Heiligen genannt wird, ein Konzept, das so universell ist wie die Heiligkeit selbst.»Ich nehme Zuflucht zum Buddha«, lautet das uralte Mönchsgelübde des Buddhismus.»Ich nehme Zuflucht zum Dharma (dem Gesetz). Ich nehme Zuflucht zum Sangha (der Schwester- und Brüderschaft der Suchenden).«

Tief in unserem kollektiven Gedächtnis ist das Wissen verankert, daß jede davon profitiert, wenn uns eine Teresa oder Klara begegnet. Gnade steigt auf, und der Durst aller wird gelöscht: Klaras Zeitgenossen nannten sie»einen klaren Strom von Gottes Wohltätigkeit«. Linda war eigentlich nicht katholisch; sie war eine Christin im weitesten Sinne des Wortes. Aber sie wußte ohne jeden Zweifel, daß das Ausmaß ihres Elends – ihr schrecklicher Durst – ihr genügend Anspruch verlieh.

Ich vermute, daß Frauen immer in diesem Geist ihre Heiligen angerufen haben, gleichermaßen vertrauend wie auch entschlossen – als beste Freundinnen und mittels Handlungen, die bis in magische Zeiten zurückreichen: eine Kerze entzünden und sie herabrufen in den Bannkreis ihrer Not. Aus diesem Grund habe ich Lindas Geschichte an den Anfang gestellt. Ich möchte, daß das Bild, wie sie allein und entschlossen vor ihrer Kerze sitzt, das ganze Buch hindurch gegenwärtig ist, auf jeder Seite, wie ein schwaches Wasserzeichen. Sie ist Jederfrau – jede von uns, die den starken, unerbittlichen Drang verspürte, den Mechthild von Magdeburg »das Ziehen Gottes an unserem inneren Band« nannte, und die ihr Bestes getan hat, ihm zu antworten.

Oberflächlich betrachtet, zeigt meine Lebensgeschichte nur wenig Ähnlichkeiten mit der von Linda. An der Oberfläche gab es kaum ein Kräuseln, als ich die Vierzig hinter mir ließ und die Fünfziger betrat. Dennoch hatte ich meine eigene Sackgasse erreicht, und wenn es bisher niemand außer mir bemerkt hatte, würde sich das bald ändern: die Dinge begannen sich an den Rändern schnell aufzulösen. Daß sie sich nicht weiter auflösten – daß ich, wie Linda, schließlich Kraft und Licht für meine Reise fand –, war nur darauf zurückzuführen, daß auch ich eine »Gemeinschaft der Heiligen« zusammengestellt hatte, die sich als Verbündete und Gefährten in einem Kampf bewährten, von dem ich nicht einmal geahnt hatte, daß er mir bevorstand.

Die Saat für diesen Kampf lag in meiner fernen Vergangenheit. Ich war dreiundzwanzig, als ich zum erstenmal mit einem spirituellen Lehrer die Meditation aufnahm. Die Frauenbewegung kam gerade in Schwung, und ich fühlte mich von ihren ersten Regungen angezogen. Doch der Kummer, den mir die Erfahrung bereitet hatte, in dieser Kultur eine Frau zu sein, war nicht leicht von dem grundsätzlichen Kummer zu isolieren, der sich laut Buddha beim Eintreten in den menschlichen Kontext zwangsläufig ergibt. Vielleicht war es am besten, zuerst die fundamentalsten Probleme anzugehen – Angst, Gier, Zorn – und darauf zu vertrauen, daß die anderen auf diesem Weg mit beseitigt würden.

Und in der Tat war es sicherlich kein Verrat an meinem gerade aufkeimenden Feminismus, daß ich diesen speziellen Lehrer auswählte (in Berkeley hatte man Ende der sechziger Jahre wirklich eine gute Auswahl). Eknath Easwaran war Professor für Englisch und stammte aus dem indischen Bundesstaat Kerala; er kam aus einer der wenigen matrilinealen Gemeinschaften der Welt. In seiner Familie wird die Herkunft über die mütterliche Linie zurückverfolgt. Sein spiritueller Lehrer war die Mutter seiner Mutter gewesen. Wenn er Vorlesungen über die Werke verschiedener Mystiker hielt und sie im Hinblick auf die Meditation kommentierte, sprach er ebensooft von Teresa von Avila oder der Inderin Mira Bai wie von Meister Eckehart oder Shankara. Niemals ließ er auch nur mit einer erhobenen Augenbraue oder einem Lächeln am falschen Ort darauf schließen, daß er Frauen Männern gegenüber für nicht voll ebenbürtig hielt – spirituell, intellektuell oder schöpferisch. Durch Easwaran erhielt ich Zugang zu der Welt von Sri Ramakrishna, Indiens größtem zeitgenössischen Heiligen und Verehrer der Göttlichen Mutter, und Mahatma Gandhi, der es seiner Frau Kasturba zuschrieb, ihn die transformative Kraft der Gewaltlosigkeit gelehrt zu haben.

Nein, ich denke, daß alles in allem genommen mein Gefühl dafür, was es bedeutet, eine Frau zu sein, außerordentlich dadurch gefördert wurde, daß ich diesen Weg und diesen Lehrer gewählt hatte. Und wenn man die ungemilderte Bitterkeit des Kampfes zwischen den Geschlechtern in den vergangenen Jahrzehnten bedenkt, würde ich sagen, daß ich es schlechter hätte treffen können, als die gesamte Zeit in einer nordkalifornischen Meditationsgemeinschaft zu verbringen.

Denn natürlich verflüchtigte sich mein Hingezogensein zur Frauenbewegung ganz und gar nicht, es verschwand nur von der Oberfläche. Als es Jahre später wieder auftauchte, war es viel konzentrierter und leidenschaftlicher als bei seinem ersten Erscheinen. Dieses Mal hatte ich nicht mehr die Möglichkeit, diese Neigung wie zuvor beiseite zu schieben, und das war mißlich, denn es war in keiner Weise klar, wie ich es bewerkstelligen konnte, meinen Feminismus in mein spirituelles Leben zu integrieren.

Andere Frauen meines Alters haben über die Kämpfe geschrieben, die sie auszufechten hatten, als ihr aufkeimender Feminismus sie in Konflikt mit jenen religiösen Traditionen brachte, mit denen sie ihr Leben lang gelebt hatten. Meine Schwierigkeiten waren anderer Art, teils weil ich überhaupt keiner formellen Religion angehöre und schon gar nicht einer, die einen Beigeschmack von Patriarchismus hat. Ich mußte mich niemals mit frauenfeindlicher Liturgie auseinandersetzen, und niemand in der Gemeinschaft, in der ich lebte, hatte jemals Machtprinzipien aufgestellt, die Frauen nur aufgrund ihres Geschlechts ausschlossen. Es kostete mich einige Mühe, die wirklichen Ursprünge meiner Schwierigkeiten herauszufinden. Als es mir schließlich gelang, war ich völlig verblüfft, als sich herausstellte, daß sie mit den Grundprinzipien der Religiosität zu tun hatten.

Ich mußte mich fragen, ob meine Erfahrung vielleicht zu weit abseits des Üblichen liegt, um wirklich Bedeutung für andere Frauen haben zu können in ihrem Kampf, Feminismus und spirituelles Leben miteinander zu vereinbaren. Ich bin jedoch zu der Überzeugung gekommen, daß eher das Gegenteil gilt, da ich so weit unter die Oberfläche der Dinge tauchen mußte, um herauszufinden, wo meine Art des Feminismus und der Spiritualität sich aneinander reiben. So konnte ich schließlich erkennen, daß die Unterschiede zwischen unseren religiösen Praktiken keine große Bedeutung haben. Denn jenseits der Frage, wie aggressiv patriarchalisch eine bestimmte Religion vielleicht ist, lauert eine viel grundlegendere: Wie tief habe ich negative Deutungen des Begriffes »Frau« mein eigenes Denken durchdringen und das Gefühl der persönlichen Souveränität aushöhlen lassen, das jede Art des religiösen Engagements erfordert – und wenn ich mir darüber im klaren bin, was kann ich dagegen tun?

Anfangs wollte ich nur herausfinden, ob Spiritualität und Feminismus miteinander zu vereinbaren waren. Doch als ich mit der Zeit immer genauer zu definieren versuchte, was ich mit *Spiritualität* und was mit *Feminismus* meinte, entdeckte ich zu meiner Überraschung, daß sie miteinander nicht *nur* vereinbar waren. Ich kam für mich zu dem Schluß, daß sie sich gegenseitig bedingten: Damit die Ziele von jedem der beiden vollkommen verwirklicht werden konnten, mußten beide aufeinander abgestimmt werden.

Die Reise von der ersten Auffassung zur zweiten war lang und mühsam. Ich hätte sie nicht vollenden können – soweit sie überhaupt vollendet ist –, hätte ich nicht den Kreis von Gefährten gehabt, den ich mir über die Jahre aufgebaut hatte und der mich schließlich zur Veröffentlichung eines Buches über Mystikerinnen inspirierte. Die Frauen, über die ich darin schrieb, kamen alle aus der europäisch-katholischen Tradition. In meinem Kreis gibt es auch Frauen, auf die das nicht zutrifft, und natürlich gibt es auch einige Männer: Männer wie den heiligen Franz von Assisi und Mahatma Gandhi, die auf ihrer Reise zu Gott ihre Geschlechtszugehörigkeit unbedeutend werden ließen. Aber daß die meisten meiner Gefährten Frauen waren, war von wesentlicher Bedeutung, und den Grund dafür verstand ich erst, als ich Gerda Lerner las, eine lebende Gefährtin, deren geschichtliche Darstellungen über das Patriarchat und das Aufsteigen des feministischen Bewußtseins mir sehr geholfen haben. Die oberste Regel Lerners lautet, daß »die Geschichte der Frauen ausschlaggebend ist für die Emanzipation der Frauen«. Mit anderen Worten, will eine Frau aus den kulturellen Normen der Frauen ausbrechen – ein Haus bauen, für die Präsidentschaft kandidieren, ein Pferd zureiten –, dann kann das Wissen darum, daß wenigstens eine andere Frau dies schon einmal erfolgreich getan hat, diese Handlung schließlich in das Reich des Möglichen rükken; dieses Wissen birgt in der Tat das, was Ökonomen den Vervielfältigungseffekt nennen. Ich werde nie vergessen, was es für mich bedeutet hat, als ich mit elf Jahren die Biographie von Marie Curie las. Bis dahin hatte nichts in meinem Leben mir Anlaß zu der Vorstellung gegeben, daß eine Frau wissenschaftliche Forschung betreiben könnte. Die *einzigen* außer Haus arbeitenden Frauen, die ich kannte, waren meine Lehrerinnen in der Schule. Die Geschichte von Marie Curie beeindruckte mich zutiefst. Monatelang erzählte ich allen, daß ich später Atomphysikerin werden wollte. Genauso ging es mir sehr viel später: Sobald ich etwas über Klara von Assisi und Katharina von Genua erfahren hatte, sah ich in ihnen eine vollkommen neue Interpretation der Wesenheit »Frau«. Die Einzelheiten entgingen mir, aber ich wußte, daß diese Frauen auf sehr tiefgründige Weise genau den Konflikt gelöst hatten, dem ich gegenüberstand. Sie hatten dem widerstanden, dem widerstanden werden mußte, und hatten das umarmt, das umarmt werden mußte. Sie würden meine Mentorinnen sein, meine Prüfsteine. Ich baute sie in meine Vorstellungswelt ein, wie Hindus das Bildnis einer Gottheit in ihrem Tempel aufstellen.

Aus einer ganzen Reihe von Gründen heraus dominiert Juliana von Norwich die erste Hälfte dieses Buches. In der zweiten Hälfte nimmt ihren Platz eine Gestalt ein, die vielleicht niemals existiert hat, eine Prinzessin, die eine zentrale Rolle im indischen Epos *Mahabharata* spielt. Die unvergleichliche Draupadī ist eine jener Gestalten, deren Geschichte so oft erzählt wurde und die denjenigen, die davon hören, so viel bedeutet, daß sie für sie lebendige Gegenwart ist. Sie ist es auch für mich geworden.

Die Aufteilung ist mein Zugeständnis an das schichtartige Wesen, das das Leben manchmal annehmen kann … Anfänge, Mittelteile, Enden und wohldurchdachte Abschweifungen drohten mich zu überwältigen, bis ich merkte, daß ich einen kompletten Strang der Geschichte in einer eigenen Erzählung ausführen mußte. Mit anderen Worten, die zweite Hälfte des Buches umfaßt ungefähr denselben Zeitraum wie der erste Teil und verändert nur den Brennpunkt von einem Bündel von Ereignissen und Nachforschungen zum nächsten. Dieses Vorgehen scheint sinnvoll: In jedem beliebigen Augenblick können viele verschiedene Dinge gleichzeitig geschehen, deren Verbindungen erst sehr viel später deutlich werden.

1. Buch

Julianas Visionen

Drei Tage und drei Nächte lag sie krank im Bett, und in der vierten Nacht erhielt sie vom Dorfpriester die Letzte Ölung. Sie lebte drei weitere Tage, doch schließlich kamen alle Empfindungen zum Erliegen, erst im unteren Teil ihres Körpers und dann im oberen. Ihr Kopf fiel zur Seite, das Atmen wurde unmöglich, und sie spürte, wie die Lebenskraft aus ihr wich.

Plötzlich war es dann vorüber. Der Schmerz, der Empfindungsverlust, jede Spur der Krankheit, alles war verschwunden, und erst jetzt konnte sie sich daran erinnern, daß sie darum gebeten hatte, daß dies geschehen möge – genau dies. Sie hatte sich gewünscht zu glauben, daß ihr Leben zu Ende sei, denn wenn sie den Tod einmal gefühlt und gespürt hätte, so dachte sie, würde sie ihre Gedanken entschlossener dem zuwenden können, was jenseits lag. Sie hatte sich sogar das Jahr ausgesucht . . . ihr dreißigstes Lebensjahr.

Aber sie hatte ebenso um etwas anderes gebeten, und jetzt fragte sie sich, ob auch das bevorstünde. Sie hatte den Blick nicht von dem Kreuz abgewandt, das der Kurat vor Stunden vor ihr aufgestellt hatte, und nun sah sie, daß unter der Dornenkrone Blut hervorquoll, »warm und üppig, ein lebendiger Strom«, und sie wußte, daß Christus selbst bei ihr war. Selbst bevor sie sich das andere vorgestellt hatte, hatte sie dies gewollt: aus erster Hand zu erfahren, wie es war, bei der Passion dabeizusein.

Sie hatte um nichts als Wirklichkeit gebeten. Von heiligen Schriften hatte sie genug gehabt, und donnernden Predigten und Gott in einer geheiligten Hostie. Was sie statt dessen wollte, war Gott: auf ihrer Haut, als Schwingung in ihrem Ohr und klar vor ihren Augen, und so nachdrück-

lich hatte sie darum gebeten, daß sie es erhalten hatte. Sie lernte an diesem Tag Gottes Liebe durch Berührung kennen, als »warme Kleidung, die uns umhüllt und umschließt«; sie hörte Gottes Stimme, die so zärtlich war wie die einer Mutter, und sah Gottes Antlitz, »das unsere Herzen vor Liebe schmelzen und sie vor Freude entzweibrechen ließ«, und all das, was sie bisher über Gottes Zorn und seine Bestrafung der Sünder gewußt hatte, war von diesem Tag an unvorstellbar.

Ihre Offenbarungen dauerten vierundzwanzig ungewöhnliche Stunden lang an, abgerundet mit einem Meisterstück des Satans selbst, einem lebendigen Wasserspeier mit einem fleckigen roten Gesicht und mißgebildeten Pfoten, der sie fast zu Tode würgte, bis sie sich daran erinnerte, daß der Teufel alles ertragen kann, nur keinen Spott, und so lachte sie ihn aus dem Bild.

Kapitel 1

Synchronizitäten

Als ich vor ein paar Jahren die letzten Korrekturen bei einem wichtigen Schreibprojekt vorgenommen und die letzten Fußnoten noch einmal überprüft hatte, verfiel ich in einen Zustand der Leere. Der Zeitpunkt war günstig, denn mein fünfzigster Geburtstag stand mir drohend bevor, und um diese Tatsache schien sich beträchtliche Angst aufzubauen, mehr Angst, als ich mir je vorgestellt hatte (auf solche Dinge versucht man sich ja innerlich vorzubereiten), denn ich hatte allen Grund, mit meinem Leben zufrieden zu sein. Ich war verheiratet, hatte einen Sohn, war gesund, hatte Arbeit und Freunde: alles war in bester Ordnung. Ich konnte mir das flaue Gefühl im Bauch einfach nicht erklären.

Später sollte ich erfahren, daß das, was mir in diesem Sommer und Herbst widerfuhr, von vielen Frauen in ähnlicher Weise durchlebt wird. Manche sprechen davon in Begriffen des Aufräumens, ein fast leichtsinniges Verlangen, alles zu vereinfachen und stromlinienförmig zu machen. Für eine Freundin brachte es der Begriff des »Strickens« besser auf den Punkt: das Verlangen, zurückzugehen und Maschen aufzuheben, die man beim Strikken der letzten Reihen vielleicht fallen gelassen hatte. Für mich war es, als ob ich auf einen weißen Fleck der Landkarte treffen würde – als wenn ich eine Kuppe überschreite und mich plötzlich einem unermeßlich weiten Binnenmeer gegenübersehe, von dessen Existenz mir noch nie jemand erzählt hatte. Das flaue Gefühl im Bauch war da, aber auch eine gewisse Heiterkeit.

Es dauerte eine gewisse Zeit, bis ich mich daran gewöhnt hatte, den Begriff Synchronizität zu benutzen. Jungs Begriff für den merkwürdigen Vorgang, bei dem die gewöhnliche äußere Wirklichkeit plötzlich mit der eigenen inneren, archetypischen Welt in Gleichklang fällt. Als ich von diesem Phänomen das erste Mal hörte, dachte ich, man verlange von mir zu glauben, daß uns Synchronizitäten von einer unsichtbaren Hand vor die Nase plaziert würden wie Hinweise bei einer kosmischen Schnitzeljagd. Für meinen Geschmack war das bei weitem zu anthropomorphisch. Aber allmählich begann ich zu verstehen, daß diese Ereignisse, oder Erkennungszeichen, mit etwas zu tun haben, was Mystiker immer schon vermitteln wollten: daß das Wissen und die Wahrheit und die Klarheit, die wir suchen, ganz und gar nicht »da draußen« ist, sondern tief in unserem Innern. Bestimmte Einsichten *wollen* ans Tageslicht kommen, aber wir halten sie zurück, fürchten uns vor jenem Wandel, der stattfinden könnte, wenn wir sie auf einmal wirklich erfahren würden. Im Laufe der Menschheitsgeschichte haben wir verschiedene Methoden entwickelt, um sie in kleinen, verdaulichen Mengen auftauchen zu lassen. Wir werfen das I Ging, wir legen Tarotkarten, wir analysieren unsere Träume. Und durch diese Spalten in der gewöhnlichen Logik gelingt es uns, unseren Weg zu bahnen – das Selbst zum Selbst in tief verschlüsselter Sprache sprechen zu lassen.

Die Wahrnehmungen der Synchronizität funktionieren meines Erachtens in ähnlicher Weise. Wenn eine Botschaft von der Ebene des Unbewußten auf die Bewußtseinsebene wechseln möchte, erfahren wir erst eine gewisse Turbulenz, das flaue Gefühl im Bauch, die uns ein Ungleichgewicht signalisieren. Doch irgend etwas in uns gelingt es schließlich, diese Botschaft über die ganze Landschaft zu malen, so daß wir nicht umhinkönnen, sie zu lesen, und aus diesem Lesen erwächst uns der Mut, uns in die Wildnis vorzuwagen und uns, während wir weitergehen, neue Landkarten zu zeichnen. Genau das war es, was mir gerade geschah. Ein betörendes Stückchen Synchronizität gab mir den sanften Schubs, den ich brauchte – und brachte mich mit einer für mich idealen Gefährtin in Verbindung.

Mehr als die Hälfte meines Lebens hatte ich mit Juliana von Norwich eine gute Beziehung gepflegt. Sie war das Thema meiner Dissertation gewesen und, in jüngerer Zeit, eine der Hauptpersonen des Buches, das ich gerade über Mystikerinnen geschrieben hatte. Ihre *Offenbarungen* hatte ich in regelmäßigen Abständen wiedergelesen, und zwar ebenso wegen ihrer langen, wunderbaren, beschwörenden Verse wie wegen ihres unglaublich authentischen Inhalts. Ich stellte sie mir vor wie Vanessa Redgrave oder Emma Thompson – ungewöhnlich freundlich und mit einer heiteren Gelassenheit, eine Mischung aus den besten Freundinnen, die ich je hatte. Ich hatte Juliana niemals bewußt angerufen, aber ihre Klause, schwach beleuchtet, mit einem Kamin und einer Katze, war vor meinem geistigen Auge ein realer Ort, und ein Ort, an dem ich mich sicher fühlte ...

Obwohl ich zweimal über Juliana geschrieben hatte, hatte ich nie darüber nachgedacht, wie alt sie gewesen sein muß, als sie ihre berühmten *Sechzehn Offenbarungen von göttlicher Liebe* schrieb. Doch nun, wo fünfzig nicht nur irgendeine biographische Zahl für mich war, sondern ein geistiger – und körperlicher – Zustand, mit dem ich sehr vertraut war, fragte ich mich zum erstenmal, welche Erfahrungen Juliana wohl gemacht hatte. Die Version der *Offenbarungen*, die sie mit fünfzig schrieb, war genaugenommen eine Überarbeitung. Eine viel kürzere Fassung hatte sie mit dreißig geschrieben, nicht lange nach der Erfahrung, die sie darin beschrieb. Hatte Julianas Entschluß, ihre Geschichte noch einmal neu zu gestalten, vielleicht etwas mit der Flut von ungebändigter schöpferischer Kraft zu tun, die ich gerade selbst zu erfahren begann – im Verein mit schlaflosen Nächten, intensiven Angstzuständen und dem Gefühl, daß alle Räume völlig überheizt sind? Welch ein überraschender Gedanke: daß eine Klausnerin des 14. Jahrhunderts nicht nur eine Seele, sondern auch einen Körper hatte, noch dazu einen weiblichen, durch den die Hormone kreisten und ihr planmäßiges Chaos genauso anrichteten, wie sie es bei mir taten.

Es faszinierte mich, darüber nachzudenken, daß ich ungefähr im selben Alter in meinem Buch über Juliana geschrieben hatte, in dem sie ihre ausführlichere Darlegung der *Offenbarungen* verfaßt hatte, aber es gab noch mehr Parallelen. Als ich mich in meiner Dissertation zum ersten Mal mit Juliana auseinandergesetzt hatte, so stellte ich fest, war ich dreißig gewesen, dasselbe Alter, in dem sie ihren ersten Entwurf der *Offenbarungen* niederschrieb. Es war sogar noch merkwürdiger, denn mir fiel ein, daß ich die Dissertation im Frühjahr 1973 eingereicht hatte, exakt sechshundert Jahre nach dem Auftreten ihrer Erscheinungen.

Eigentlich waren diese Koinzidenzen nicht besonders aufregend. Aber wenn man sich lange Zeit mit visionären Schriften des Mittelalters beschäftigt, wird es zur Gewohnheit, selbst die kleinsten »Unebenheiten der Zeit« mit Achtung zu behandeln, denn während des ganzen Mittelalters, lange bevor der Begriff Synchronizität geprägt wurde, ging man davon aus, daß die sichtbare Welt von den »Fußabdrücken Gottes« überzogen sei.

Julianas Offenbarungen waren in rascher Folge gekommen, und nur einmal, aber bei der wichtigsten, erschloß sich ihr die Bedeutung einer geheimnisvollen kleinen Szene mit einem ergebenen Diener und einem gütigen Herrn erst, als sie fast zwanzig Jahre lang intensiv darüber nachgedacht hatte, im Einklang mit einer »inneren Eingebung«, auf jedes Detail zu achten, ganz gleich wie vieldeutig oder geheimnisvoll es auch sei.[1] Sie mußte sich mit dieser besonderen kleinen Szene so intensiv *auseinandersetzen* wie ein Buddhist mit einem *Kōan*. Auch ich war inzwischen schon in einem außerordentlich empfänglichen Geisteszustand: Mir schien es jetzt angemessen, davon auszugehen, daß auch ich etwas zwischen einer Gabe und einem Auftrag erhalten hatte. Zumindest empfand ich es so.

Und Juliana schien hier dazuzugehören. Die wenn auch gering-
fügigen Parallelen, die ich zwischen ihrem und meinem Leben
gefunden hatte, veranlaßten mich, erst einmal zu überlegen, ob
ich in meinem eigenen einunddreißigsten Jahr etwas Ähnliches
erlebt hatte wie Juliana. Und natürlich hatte ich das nicht. Keine
lebensbedrohliche Krankheit und keine Visionen. Nichtsdestotrotz hatte das fragliche Jahr im Hinblick auf mein ganzes Leben
einen vergleichbaren Glanz gezeigt. Ein paar Jahre zuvor, Ende
der sechziger Jahre, auf dem Höhepunkt einer weiteren, sogar
noch tiefgreifenderen Phase des Ungleichgewichts, hatte ich den
Weg zu einem spirituellen Lehrer gefunden, Eknath Easwaran,
und den Mann getroffen, den ich heiraten sollte. 1970 war ich
mit fünfundvierzig anderen auf eine Milchfarm in Nordkalifor-
nien gezogen, und wir haben dort unsere spirituelle Gemeinschaft aufgebaut. Es hat viel Arbeit erfordert, sich dort niederzulassen – ein halbes Dutzend völlig vernachlässigter Gebäude
mußte renoviert und ein Gemüsegarten angelegt werden, die
Strom- und Wasserleitungen und das Abwassersystem mußten
den gesetzlichen Vorgaben des Bezirks angepaßt werden –, aber
1973 hatten wir das Schlimmste hinter uns. Jeden Morgen traten
wir aus unseren Häuschen, unseren Wohnwagen und unseren
geodätischen Kuppeln (das waren *wirklich* die Siebziger) in eine
atemberaubende Schönheit. Mit all den wilden Iris, blühenden
Pflaumen- und uralten Apfelbäumen, den weißen Reihern, die
über die Wiesen am Teich stakten, und den Gabelweihen, die am
Himmel kreisten, war ich bis zum Rand gefüllt mit Glück. Und
blättere ich in der Dissertation, die ich während dieser Jahre
schrieb, ist selbst heute noch etwas von dem Wunder und dem
großen, echten Glück jener Zeit zwischen den Zeilen zu spüren.

Das Thema meiner Arbeit war ein Vergleich zwischen dem kurzen und dem langen Text der *Offenbarungen*. Der entscheidende

Unterschied lag darin, daß Juliana im kurzen Text darauf beharrte, daß es keinen Gegensatz zwischen ihrer visionären Erfahrung und dem, was man sie als Christin gelehrt hatte, gebe. Im
langen Text, der zwanzig Jahre nach den Erscheinungen geschrieben wurde, gibt sie zu, daß es in der Tat ein Problem gab.
Denn während sich die Offenbarungen entfalteten, hatte sie erkannt, daß Gott Liebe ist – nichts als Liebe. Was wir als Sünde
und Strafe erfahren, sind nur Irrtümer, die meist aus übertriebe-
nem Eifer begangen werden, und Konsequenzen, die uns beleh-
ren. Mit anderen Worten, nichts in ihren Visionen unterstützte
die orthodoxe Lehre, daß Gott zornig ist und uns für unsere
Sünden bestraft. Juliana bemühte sich verzweifelt über den ganzen längeren Text, diese beiden so deutlich voneinander verschiedenen Sichtweisen Gottes miteinander zu vereinbaren, und
auf diesen Kampf ist der Großteil des Materials zurückzuführen,
das sie dem kurzen Text hinzugefügt hatte. »Und zwischen diesen beiden Polen«, schrieb sie, »war meine Vernunft stark beein-
trächtigt durch meine Blindheit ... In mir flehte ich weinend mit
aller Kraft Gott um Hilfe an ...« (Long Text, Kapitel 50)
Julianas Situation überdenkend, frage ich mich heute erneut, ob
Analogien zu meiner eigenen Lage zu finden waren. Hatte auch
ich während der zwanzigjährigen Pause zwischen dem Schreiben
meiner Dissertation und dem Verfassen des Kapitels über Juliana
in meinem Buch über Mystikerinnen Gründe gefunden, über
manche Dinge neu nachzudenken? Hatte es, verdeckt von dem
vollkommenen Gleichgewicht und der Freude, die mein ein-
unddreißigstes Lebensjahr prägten, einen unerkannten Konflikt
gegeben – eine unerledigte Aufgabe, mit der ich mich im Laufe
der Zeit auseinandersetzen mußte, so wie Juliana? Eine dieser
fallengelassenen Maschen?
Und natürlich hatte es so etwas gegeben. Als ich mir zugestand,
dies beim Namen zu nennen, wußte ich, daß es an der Zeit war,
an die Bewältigung dieses Problems zu gehen. Ich wußte sehr
wohl, daß ich während dieser Jahre immer wieder versucht habe,

es zu lösen, wenn auch nur in kleinen Stücken und ohne mir dessen richtig bewußt zu sein, wobei ich nie so richtig zuließ, daß der Konflikt offenbar wurde.

Der Konflikt spielte sich ab zwischen meinem spirituellen Weg und meinem Feminismus, und es war mir nicht länger möglich, weiterhin so zu tun, als existiere er nicht.

Es gab einen Moment, irgendwann zu Beginn der siebziger Jahre, als mein Dilemma beinahe deutlich genug geworden wäre, daß ich es in Worte hätte fassen können. Es war während einer der üblichen Frage-und-Antwort-Sitzungen mit meinem Lehrer. Da nur wenige Leute anwesend waren, traute ich mich, eine Frage zu stellen, die mir sonst peinlich gewesen wäre. Stokkend erklärte ich ihm, daß es nicht einfach sei, in dieser Kultur als Frau aufzuwachsen, da die übliche Vorstellung des Weiblichen so eng verbunden war mit Eva und ihrer Charakterisierung als archetypische Verführerin, als Quelle der Sünde und allen Leidens in der Welt. Man sei sich stillschweigend darüber einig, führte ich aus, daß eine Frau zu sein gleichbedeutend sei mit hinterlistig, frivol, sinnlich und intellektuell unterbelichtet. Als Mediävistin mußte ich zahllose Bände eindeutig religiöser Literatur lesen, die vom Frauenhaß durchdrungen waren. Selbst heute könnte ich die Auswirkungen dieses Hasses noch spüren – nicht nur in der Literatur oder der Theologie, sondern in allen Strukturen des täglichen Lebens. Wenn ich über all das nachdächte, stiege eine solche Wut in mir hoch, daß ich hätte bersten können. Ich verstummte, ohne es zu Ende zu führen.

Easwaran lächelte zwar sehr gütig, aber er antwortete nicht, und ich war erst einmal völlig am Boden zerstört. War die Frage so töricht gewesen?

Mit der Zeit jedoch sah ich seine Antwort – seine Nicht-Antwort – in einem anderen Licht. Ich erfuhr, daß der Mitfühlende

Buddha Edle Stille ständig ausgeübt hatte und daß es weniger eine Herabsetzung war als die Weigerung, über etwas zu sprechen, das nicht direkt den Achtfachen Pfad betraf. Wenn Sie eine Stunde mit der besten Finanzberaterin der Branche verbringen können, fragen Sie sie schließlich auch nicht, wie man ein Scheckbuch führt. Spirituelle Lehrer mögen praktische Fragen, keine spekulativen. Hätte ich etwas gefragt wie:»Wie kann ich mit meinem Zorn umgehen?« oder»Wie kann ich lernen, von äußerem Druck nicht umgeworfen zu werden?«, hätte ich wahrscheinlich eine Antwort bekommen. Aber im Grunde hatte ich nicht wirklich gefragt, sondern mich eher beklagt – über eine Situation, die ich gerade erst langsam zu verstehen begann.

Vor ein paar Jahren war ich interessanterweise eines Nachmittags zugegen, als Easwaran über den Buddha sprach und dann innehielt, um zu erklären, was er für den Sinn der Edlen Stille hielt. »Sie bedeutete, daß es keinen Grund gab, daß Buddha selbst diese spezielle Frage beantwortete. ›Ich gebe euch das Rüstzeug‹, sollte das heißen, ›aber es ist eure Sache, damit umzugehen‹.« Das war schon besser. Das Schweigen von seiten eines Lehrers war nicht unbedingt ein Urteil über den Sinn einer Frage, sondern eher darüber, wie unpassend es war, zu erwarten, daß der Lehrer sie für einen beantwortete. Schließlich hatte ich mich über meine eigene Kultur beklagt und über den Platz, den ich darin einnahm. Die Verantwortlichkeit des Lehrers hört in solchen Fällen dabei auf, »das Rüstzeug« bereitzustellen – die Methoden, die Sichtweisen, das persönliche Beispiel. Und dies aufzunehmen dauert eine lange Zeit. Wie man das Rüstzeug einsetzt, und auf welche Aufgaben man es anwendet, wenn man es zur Hand hat – das waren dann meine Entscheidungen.

Als ich mir jetzt diese Episode ins Gedächtnis zurückrief, verstand ich die Gefühle, mit denen ich in der letzten Zeit gekämpft hatte, immer besser. Die Landkarten, auf die ich mich jahrelang verlassen hatte, waren überholt, und ich war dabei, eine Art Wildnis zu betreten. Aber es war höchste Zeit, daß ich das tat. Eine ziemlich schwierige Aufgabe stand mir bevor, aber ich hatte sie schließlich stillschweigend angenommen. Sie schien mir eine dieser »Sortierarbeiten« zu sein, die die Helden in Mythen und Märchen immer ausführen mußten – Psyche beispielsweise bekam den Auftrag, einen kleinen Berg gut durchmischter Samen in getrennte Häufchen von Reis, Mais, Weizen, Gerste und Hafer zu sortieren. Nur statt der Samen schien ich meine innersten Impulse sortieren zu müssen. Auf der einen Seite war dieses hartnäckig wiederkehrende Verlangen, das mir ein normales Leben unmöglich gemacht hatte: ein Dürsten, ein Gezogenwerden, eine tiefverwurzelte Unfähigkeit, etwas festzuhalten, das nicht nach Gott schmeckte oder nach Gott roch. Kurz gesagt, meine Spiritualität. Und auf der anderen Seite, genauso hartnäckig und problematisch: mein Feminismus.

Ich fühlte, daß ich mich gerade auf eine Reise begab, eine Reise im übertragenen Sinne. Wie Juliana (so tröstete ich mich) würde ich bei dieser Reise auf meinem Platz sitzenbleiben. Bei ihr war es nicht die Pilgerfahrt nach Canterbury und bei mir nicht die Wildwasserexpedition auf Borneo oder der Kamelritt durch die Kalahari-Wüste, mit denen so viele Zeitgenossen ihr beginnendes Alter begrüßten. Dies war eine innere Reise, und ich würde sie mit dem Überdenken jener Phase beginnen, in der ich meine Dissertation geschrieben hatte – jener Jahre, in denen sich meine spirituelle Übung und meine spirituellen Meinungen geformt haben.

Kapitel 2

»Kein Meister fällt vom Himmel«:
Die frühen Jahre

In den zwanzig Jahren seit ihrer Fertigstellung hatte ich kaum einen Blick in meine Dissertation geworfen, und es war für mich ein Schock, sie jetzt wiederzulesen und zu erleben, wie lebendig sie mir diese ganze Phase wieder in Erinnerung rief. Damals lebte ich in zwei völlig verschiedenen Welten. Die langen Wochenenden, die Semesterferien und die Sommer schienen nur aus Bauarbeiten, Entwässerungsgräben buddeln und Gartenarbeiten auf dem Land zu bestehen, nichts als Erde, Sonne und Muskelkater. Während der Woche, wenn ich wieder an der Universität war, um zu unterrichten oder die Bibliothek zu nutzen, fühlte ich mich oft so fremd, als wäre ich von einem anderen Planeten gefallen.

Und nun überfällt mich beim Lesen wieder das Gefühl jener atemlosen, ehrfürchtigen Tage. Eine bestimmte Formulierung brachte mir unvermittelt den zerfransten alten Fair-Isle-Pullover in den Sinn, den ich fast immer trug, wenn ich morgens schrieb: Selbst im späten Frühjahr war es dem winzigen Wohnanhänger unter dem Eukalyptusbaum, in dem mein Mann und ich lebten, noch bis zum Nachmittag angenehm kühl; sobald die Sonne aber in die Fenster schien, wechselte ich den Standort, putzte das Gemüse für das Abendessen, arbeitete mit der Bohrmaschine, schnitt Disteln, und tat all das mit dem größtmöglichen Anschein ungeteilter Aufmerksamkeit.

Wenn ich mir den ruhigen, meist immer gleichen Rhythmus jener Tage ins Gedächtnis rief, mußte ich daran denken, wie sehr sich doch spirituelle Gemeinschaften auf der ganzen Welt ähneln – am Morgen die Gedankenarbeit, nachmittags handwerkliche Arbeit, Gebete am Abend und in der Morgendämmerung –, und mir wurde klar, daß ich bei der Vorbereitung auf diese Doktorarbeit das ausgeübt hatte, was die katholische klösterliche Tradition *lectio divina* nennt. Wörtlich übersetzt bedeutet es einfach das Lesen spiritueller Literatur, aber damit ist auch immer das tiefe Nachdenken über die Texte gemeint. Wir werden davon ganz gefangengenommen, und in diesem Zustand nehmen wir sie in uns auf. Wir werden durchlässig, so daß die fraglichen Lehren mehr von uns beschäftigen können als nur den Intellekt.

Und es ist wichtig, daß sie das tun. Wenn man mit spirituellen Übungen anfängt, ist jedem klar, daß man sie noch nicht vollständig verinnerlicht hat. Man hat vielleicht ihre Grundsätze vorerst einmal angenommen, als Arbeitshypothesen, aber mehr als das kann man nicht tun, bevor man mit ihnen nicht für eine beträchtliche Zeit gelebt hat. Ein Unterschied wie zwischen Hochzeitsreise und Ehe.

Als ich mich durch Julianas *Offenbarungen* hindurchlas und mir Notizen für meine Doktorarbeit machte, entdeckte ich, daß ihre Lehren zutiefst im Einklang waren mit jenen, die die spirituelle Übung beseelten, die ich aufgenommen hatte. Ähnlich Easwaran machte Juliana beispielsweise sehr deutlich, daß man Gott in diesem Leben wahrhaftig erfahren kann »in vielen geheimnisvollen Anrührungen durch liebliche spirituelle Anblicke und Gefühle, uns so zugemessen, wie unsere Einfalt sie ertragen kann«. (Long Text, 43) Gleichzeitig glich ihr Bestehen darauf, die Bedeutung übernatürlicher Phänomene herunterzuspielen (»Ich bin nicht gut, weil ich Offenbarungen gehabt habe, sondern nur, weil ich Gott mehr liebe.«) (LT 9), der Easwarans aufs Haar (»Gott offenbart sich im Handeln. Wenn du deine Fortschritte in der Meditation beurteilen willst, frage dich: Bringst du allem mehr Liebe entgegen? Ist deine Urteilskraft vernünftiger? Hast du mehr Energie? Kann dein Geist ruhig bleiben, auch wenn er provoziert wird?«).[1] Es war eine Freude zu spüren, wie mein gelehrtes und mein spirituelles Leben zusammenflossen. Um fundiert über meine spirituelle Übung sprechen zu können, muß ich zunächst etwas über meinen Lehrer sagen. Easwaran ist eigentlich ein Meditationslehrer. Alles was er in diesem Land in den letzten fünfunddreißig Jahren getan hat, hatte das Ziel, die Meditation und die Lehren, die sie unterstützen, aus dem klösterlichen Umfeld herauszubringen, in dem sie entwickelt wurden, und sie Menschen der unterschiedlichsten Lebenswege und Religionen zugänglich zu machen. Obwohl er in einer orthodoxen Hindu-Familie aufwuchs, betrachtet er sich nicht als Hindu-Lehrer. Er mißtraut einschränkenden Orthodoxien mit einer Leidenschaft, die mit der Zeit immer stärker wurde. Wie Gandhi glaubt er, daß alle Glaubensrichtungen ihren Wert haben und daß keine vollkommen ist: Jede wurde geformt zu einer besonderen Zeit und an einem besonderen Ort und kann nicht weiser oder wahrer sein, als ihr Kontext es zuläßt. Er war nie auf eine bestimmte Religion ausgerichtet, sondern auf die Mystiker aller Religionen – jene Frauen und Männer, die uns verkünden, daß Gott unmittelbar erfahren werden kann.

Die Aufgabe, die er unserer Gemeinschaft stellte – und alles andere war zweitrangig –, war, unser Denken bewußt zu kontrollieren. Er beharrte darauf, daß man durch Meditation und die Wiederholung eines heiligen Namens oder Mantras lernen könne, die Aufmerksamkeit dem Willen zu unterwerfen. Wenn einem das nicht gelang, konnte man nicht erhoffen, mit anderen Menschen harmonisch zusammenzuleben oder dem Leben auf sinnvolle Weise zu dienen oder irgendeines jener vielfältigen anderen Dinge zu vollbringen, die *alle* Religionen von ihren Anhängern verlangen.

Deshalb kann ich meine spirituelle Übung nicht als buddhistisch oder hinduistisch oder katholisch oder sufi beschreiben, obwohl ich glaube, daß sie in einem gewissen Sinne von allem etwas ist. Ich meditiere so gut ich kann über indianische Gebete und daoistische Verse, über Passagen aus der Bibel oder den Upanischaden, über leidenschaftliche Liebeslieder, die für den Einen Geliebten von einem spanischen Mönch geschrieben wurden oder einer dichtenden indischen Prinzessin. Und ich vertraue darauf, daß diese tägliche Anstrengung des Willens und des Herzens mich dorthin bringen wird, wohin mir bestimmt ist zu gehen, in dem Tempo, das für mich das richtige ist. Dieses Gefühl, von dem ich bereits sprach, in gewisser Weise *einen Auftrag zu haben* – wenn auch in der gütigsten Weise, die man sich vorstellen kann –, hat mich nie verlassen, seit ich diesen stillen Mann aus Kerala in einer kleinen Kapelle im ersten Stock des Büros der Studentenvereinigung auf dem Campus von Berkeley getroffen habe.

Easwaran riet von strengen asketischen Praktiken ab, aber lehrte uns, den tieferen Sinn jener Praktiken zu achten, der darin liegt, das Begehren so vollkommen zu jener laserstrahlartigen Intensität zu bündeln, die man im Leben von Teresa von Avila oder Mahatma Gandhi beobachten kann. Wir müssen unser Begehren ernst nehmen – selbst unbedeutende Sehnsüchte nach einer Zigarette oder mit Blaubeeren gefüllten Blätterteigtaschen – und begreifen, welch ungeheure Macht ihnen innewohnt.

Es gab kein Dogma, und keinen Zwang, aber viele Gespräche über Wahlmöglichkeiten. In jedem Augenblick – in jeder Sekunde – treffen wir eine Wahl, und all diese Entscheidungen haben Auswirkungen.

Halte die Augen offen.

Werde bewußt.

Sei dir bewußt, wohin du gehst.

Den ganzen Tag war er mitten unter uns, überprüfte den Fortschritt unserer Renovierungsarbeiten und bewunderte ganz offen die Bandbreite der Fertigkeiten, die diese normalen amerikanischen Studenten mitgebracht oder sich bereitwillig angeeignet hatten. Aus allem, was wir taten, konnte man Gleichnisse ableiten, die er im abendlichen Unterricht anwandte. Die Beseitigung von tief eingewurzelten Gewohnheiten kann eine einschüchternde Aufgabe sein, aber wenn diese Neigungen mit Mäusen verglichen werden, die immer wieder dem Zugriff der Katze entkommen, bekommt die ganze Sache einen eher komischen Anstrich:»Sie tauchen einmal hier auf, dann dort drüben, und du mußt so wachsam werden, wie sie es sind. Du mußt lernen, wie eine Maus zu denken!«

Selbst ein Topf mit angebranntem Haferbrei konnte zum Unterrichtsgegenstand werden:»Meine Großmutter pflegte zu sagen, kein Meister fällt vom Himmel: Ohne ab und zu etwas anbrennen oder überkochen zu lassen, kann man nicht kochen lernen: meide nicht die Küche und laufe nicht vor dem Leben davon, nur weil du Angst hast, Fehler zu machen.«

»Falls dir allerdings«, murmelte er dann belustigt, »immer noch vieles anbrennt oder überkocht, wenn du dreißig, vierzig oder fünfzig Jahre alt bist, dann hast du Grund, dir Sorgen zu machen.«

Möge Ruhe sich entfalten

Alles während des Tages zielte auf jene abendlichen Unterrichtsstunden hin. Benommen von der Müdigkeit, einen intensiven Geruch nach Tiger-Balm-Salbe verströmend, saßen wir in konzentrischen Halbkreisen eng beieinander, manche auf dem Fußboden, die anderen auf Stühlen oder alten Kirchenbänken, Überbleibseln einer Zeit, als der Meditationsraum als Kapelle für die Novizen jenes winzigen katholischen Ordens diente, dem wir diesen Platz abgekauft hatten. Wir selbst waren natürlich keine Mitglieder eines Klosterordens, hatten aber einen Schritt in diese Richtung getan. Es gab zwar kein ausdrückliches Heiratsverbot (in den ersten beiden Jahren auf dem Land fanden eine ganze Reihe von Hochzeiten statt, darunter auch meine eigene), war man sich doch darüber einig, daß je länger man es vermied, sich auf eine Zweierbeziehung einzulassen, dies besser für die eigene Meditation und die Gemeinschaft als Ganzes wäre. So konnte man an jenen Abenden eine gewisse Unterströmung im Raum spüren, die auch noch so harte Arbeit nie ganz unterdrükken konnte – wenn auch keine sehr starke und nichts, das man nicht in einer Gruppe aufgeweckter, gesunder Twens erwarten würde, die mit Berkeley vertraut waren und viel über das heilige Zölibat nachdachten.

Wir saßen aufrecht da, mit gekreuzten Beinen, und zwischen den Versen der einen oder anderen antiken Schrift pflegte uns Easwaran Geschichten zu erzählen – wundervolle Geschichten, die aus dem Leben der unzähligen Heiligen und Propheten stammten. Diese Szene selbst war die älteste Geschichte von allen, denn sie rief die heiligen Zirkel vergangener Zeiten zurück: Buddha im Hirschpark, die heilige Teresa im Kloster St. Joseph, Gandhi bei seinen abendlichen und morgendlichen Gebetszusammenkünften. Der Lehrer schaut sich um und schätzt das Gemüt und die Stimmung der Versammlung ein, und wenn er – oder sie – zu sprechen beginnt, dann sind die Geschichten, die erzählt, und die Worte, die gewählt, und die Bilder, die heraufgerufen werden, ganz genau abgestimmt auf diese besonderen Seelen *zu diesem Zeitpunkt*, an diesem Abend. Sanftes Necken beruhigt bloßliegende Nerven. Von innen kommendes Lachen erlöst, und Tränen fließen ungehemmt – alles durch Geschichten, die dazu dienten, einen selbstverständlichen Hintergrund für das Leben zu bilden, das wir teilten. Geschichten wie die folgende, so weit verbreitet in der Hindu Tradition, daß niemand mehr weiß, wer sie zuerst erzählt hat.

Ein Schüler kommt aufgewühlt zu seinem Lehrer. »Wann werde ich endlich Gott sehen? Ich habe mich so bemüht, jahrelang, und ich scheine nichts erreicht zu haben!«
Der Lehrer lächelt mitfühlend, steht auf und befestigt das Tuch, mit dem er bekleidet ist, für den kurzen Gang zum Ganges und fordert den Schü-

ler auf, ihm zu folgen. Er geht ins Wasser hinein, bis es ihm an die Hüfte reicht, und als der Schüler neben ihm steht, weist er ihn an, sich zu bük-ken, so daß sein Kopf ganz unter Wasser ist. Als er das tut, ergreift ihn der Lehrer bei seinem Haar und hält ihn untergetaucht. Eine ganze Mi-nute vergeht, und schließlich bäumt sich der Schüler auf, nach Luft schnappend und hustend.

»Warum um Himmels willen haben Sie mir das angetan?«

»Als dein Kopf unter Wasser war«, antwortete der Lehrer, »an was hast du da gedacht?«

»An Luft«, sagte der Schüler ehrlich. »Ich mußte nur daran denken, wie gerne ich atmen würde.«

»Wenn du in dieser Weise an Gott denkst – nur an Gott, Tag und Nacht –, mit demselben verzweifelten Sehnen, dann, das verspreche ich dir, wird dir nichts mehr im Wege stehen, und du wirst Gott sehen.«

Geschichten wie diese hinterließen immer eine tiefe Wirkung, aber wenn jemand den Eindruck erweckte, daß er den Kern der Geschichte noch nicht begriffen hatte, gab es immer noch wei-tere. Wie die Geschichte über die heilige Therese von Lisieux und eine ihrer Novizinnen – genaugenommen ihre eigene Schwester, die sie eines Tages fragte, warum sie bei ihrem Gebet nicht die Fortschritte mache, die sie eigentlich erwarte. Unter Achtung des Großen Schweigens der Karmeliterinnen hob The-rese feierlich und schweigend die Hand ihrer Schwester hoch und schrieb mit der spitzen Feder, die sie für ihre Skizzen be-nützte, auf ihren Fingernagel: »zuviel Begehren«.

Sinn all dieser Geschichten und des Lachens und der Tränen, die sie hervorriefen, war es, uns sanft von unseren alltäglichen Ab-lenkungen zu lösen und uns nach innen zu kehren. Am Ende des Gespräches wurde immer das Licht gedämpft, und wir begannen mit der Meditation. Ein heiliges Wort um das andere würden wir Anrufungen aus den *Upanischaden* rezitieren: »Laß Ruhe in meine Glieder einkehren, in meine Rede, meinen Atem, meine Augen, meine Ohren ...« Oder Verse wie klares fließendes Wasser aus dem *Dhammapada* des Buddha; oder die einfachen, stärkenden Zeilen aus Teresas Gebet: »Nichts soll dich ängstigen, nichts dich erschrecken ... Wer Gott besitzt, dem mangelt nichts.« Wenn der Geist abschweifte, brachte man ihn – sanft, aber bestimmmt – zu den Worten dieser Passage zurück.

Diese Art der Meditation ist wie ein Prozeß des Veredelns. Auf geheimnisvolle Weise werden die Worte Teil des Selbsts, überzeugen weit jenseits der Ebene des Alltäglichen, daß Gott tatsächlich real ist, und wenn man es schafft, alles loszulassen, was *nicht* Gott ist, dann kann man diese Wirklichkeit unmittelbar erfahren.

Alle wird gut sein, und jederlei Ding wird gut ...

Und genau das war Juliana passiert, wie sie sagt. Sie hatte Gott gesehen, und das hat sie nie mehr losgelassen. So war es für die Phantasie nur ein kleiner Schritt vom Abendunterricht in unserem Meditationsraum zu Julianas Klause am nächsten Morgen. Ich liebte es, in der Stille dieser frühen Morgenstunden über ihre Offenbarungen nachzudenken. Seit damals habe ich begriffen, daß sie in gewisser Weise meinen persönlichen Weg zur Kontemplation bereitet hat: sie sprach dieselbe Sprache wie meine Ahnen und war, darüber hinaus, eine Frau. Durch ihre Existenz schien das ganze, über die Maßen anspruchsvolle Unternehmen stärker ins Reich des Möglichen zu rücken.

Juliana ist in der Tat eine geheimnisvolle Gestalt, wahrscheinlich heute am bekanntesten durch das unvergeßliche Versprechen, das sie in den *Offenbarungen* machte und das T. S. Eliot in seine *Vier Quartette* aufnahm: »Alles wird gut sein, und jederlei Ding wird gut sein ...« Einen Teil ihres Lebens verbrachte sie in einer Klause neben der Pfarrkirche St. Julian in Norwich, und höchstwahrscheinlich gab sie sich ihren Namen in Anlehnung an die Kirche. Als Klausnerin hatte man sie dort formell eingeschlossen in einer feierlichen Zeremonie, die dem christlichen Bestattungsritual nachempfunden war: Von diesem Tag an sollte sie sich bewußt sein, daß sie den gewöhnlichen Belangen und Bindungen gestorben war. (Von ihren Nachbarn, so ist zu erfahren, erwartete man dieselbe Haltung. Das *Ancrene Riwle*, eine Art Handbuch für das Klausnerleben, zieht gegen das Klatschen am Fenster zu Felde und wendet sich dagegen, den Dorfmädchen Unterricht im Lesen zu geben.)

Juliana gibt uns zwar nur spärliche Informationen über sich selbst, aber wir können daraus schließen, daß sie um den Dezember 1342 geboren wurde. Wir wissen nicht, ob sie am 13. Mai 1373 schon eingeschlossen war, aber wir wissen, daß dies der wichtigste Tag ihres Lebens war. Schon seit dem frühen Morgen, als es noch dunkel war, so erzählt sie uns, erlebte sie über einen Zeitraum von vierundzwanzig Stunden eine Folge von intensiven »Erscheinungen«, wie sie sie nannte. Gott *offenbarte* ihr göttliche Wahrheiten in sechzehn unterschiedlichen Episoden. In einer sah sie Christus am Kreuz, und in einer anderen sah sie seine Mutter als junges Mädchen – sah, aber nicht mit dem gewöhnlichen Auge, sondern mit »spiritueller Sicht«. In einer anderen wiederum sah sie die gesamte Schöpfung, reduziert auf die Größe einer Haselnuß. Nicht alle ihre Erscheinungen kommen uns wie wirkliche Visionen vor – einige erscheinen abstrakter, wie Lehren oder Gebote –, aber für sie waren auch diese Visionen, denn sie nahm sie »mit dem Verständnis des geistigen Auges« auf. Mit anderen Worten, sie erlebte sie nicht als Ideen, sondern als unmittelbare Erfahrungen. Für sie stellten die Offenbarungen einen heiligen Text dar, der der ganzen Menschheit gehörte: Sie war nur die Treuhänderin.

Jahrhundertelang so gut wie unbekannt, werden Juliana und ihre Schriften heute wieder von vielen gelesen. Dafür gibt es mehrere Gründe, aber einer liegt darin, daß bestimmte Teile ihrer Lehren dem modernen Empfinden sehr nahestehen. Dazu gehört die Erklärung, daß sie zu keiner Zeit während ihrer Visionen irgendeinen Hinweis dafür hatte, daß Gott zornig ist oder daß er uns für unsere Sünden bestraft. Indem sie das Bild eines finsteren, strafenden Gottes beiseite schob, brachte Juliana wieder Glaubensvorstellungen in die Diskussion, die für das traditionelle christliche Denken grundlegend waren. Doch sie öffnete auch den Weg zu noch ursprünglicheren Lehren. Bei dem intensiven Bemühen, Jesu liebende Sorge für die Menschheit angemessen zu beschreiben – seine grenzenlose Zärtlichkeit und die Vertraulichkeit seiner Aufmerksamkeiten –, verkündete sie schließlich, wobei sie sich selbst in ein undurchdringliches Dickicht einander widersprechender Pronomen verhedderte, daß Jesus in Wahrheit unsere Mutter ist.

»Unser Retter ist unsere wahre Mutter«, frohlockt sie, »aus der wir unendlich geboren werden und aus der wir niemals herauskommen werden« (LT 57).

Heute ist es kaum zu begreifen, wie radikal sich Juliana von den üblichen kirchlichen Lehren entfernte. Sie war nicht die erste, die von Jesus als der Mutter sprach, aber sie war, soweit wir wissen, die erste Frau, die das tat. Auch Augustinus, Bernhard von Clairvaux und Anselm von Canterbury haben dieses Thema berührt, aber niemand anders hat es so erforscht oder gefeiert wie Juliana. Noch dazu war es bei Juliana keinesfalls eine theologische Betrachtung – zumindest nicht im engeren Sinn des Wortes. Sie kam nicht durch Argumente zu dem Schluß, daß Mütterlichkeit genausogut eine Eigenschaft Gottes war wie seine Majestät, sie hat sie erfahren.

Denn die allmächtige Wahrheit der Dreifaltigkeit ist unser Vater, denn er hat uns gemacht und bewahrt uns in sich. Und die tiefe Weisheit der Dreifaltigkeit ist unsere Mutter, in der wir eingeschlossen sind. Und die unendliche Güte der Dreifaltigkeit ist unser Herr, und in ihm sind wir eingeschlossen, und er in uns (LT 54).

Von diesem Material habe ich in meiner Dissertation verhältnismäßig wenig Gebrauch gemacht. Ich habe zwar erkannt, daß Julianas Entdeckung von Gottes Mütterlichkeit auf einer Linie lag mit den anderen Veränderungen, die sie bei ihrem Bericht über die Erscheinungen durchlaufen hatte – Veränderungen, die ihre Lehren auf unterschiedlichen Wegen wegführten von den engen klösterlichen Ansichten über spirituelle Entwicklung. Sie sinnt beispielsweise darüber nach, daß sie vor den Visionen körperliche Leiden als Buße gesucht hatte, aber seit damals kam sie zu der Überzeugung, daß »das Leben selbst eine Buße ist«. Ich habe zwar auch erkannt, wie diese Veränderungen, die sie durchlief, miteinander im Einklang standen, aber ich habe sie nicht wirklich als »feministisch« identifiziert. In meiner Dissertation habe ich auch nicht ansatzweise versucht, Juliana in irgendeiner Weise mit der aufstrebenden Frauenbewegung in Verbindung zu bringen, und ich bezweifle, daß ich überhaupt irgendwelche Verbindungen erkannt habe.

Das mag seltsam erscheinen, denn zu Beginn der siebziger Jahre war die Bewegung bereits ziemlich in Schwung gekommen. Doch der Feminismus war immer noch in seinem frühen und ziemlich reaktiven Stadium. Die differenziertere und tiefgründigere Arbeit, die diese Verbindungen deutlicher gemacht hätte, hatte noch nicht begonnen. Und dazu kam, daß der Feminismus meiner Meinung nach ein politisches Phänomen war, und ich konnte mir nicht vorstellen, daß politischer Aktivismus besonders viel für Frauen erreichen konnte.

Die Mitglieder meiner Gemeinschaft waren alles andere als einsiedlerisch oder von Natur aus unpolitisch. Insgesamt gesehen konnten wir auf eine lange Geschichte des Engagements zurückblicken. Drei von uns waren während der Aktionen des Free Speech Movement in Sproul Hall verhaftet worden, und unser ältestes Mitglied, Mary D., war Quäkerin und seit zwanzig Jahren leidenschaftliche Antikriegsaktivistin. Drei der Männer machten Ersatzdienst als Kriegsdienstverweigerer, und eine der

Frauen hatte gerade die Arbeiten an einem Projekt für die Welfare Rights Organization in New York City abgeschlossen. Das Leben in Berkeley hat selbst die trägsten unter uns aufwachen und die soziale Ungerechtigkeit in all ihren Erscheinungsformen erkennen lassen. Doch wir waren in den unschuldigen Anfängen eines Unterfangens, das unserer Überzeugung nach an die Wurzeln aller Formen der Ungerechtigkeit ging. Wenn man Gestalten wie Teresa von Avila oder Mahatma Gandhi als Fingerzeig nehmen konnte, gipfelte ein Leben, das sich auf Gebet und Meditation gründete, in echter Freiheit von konventionellen Haltungen gegenüber den Geschlechtern und von den geistigen Zwangsjacken, die zu diesen Haltungen gehören. Und ich glaubte damals zu wissen, wie diese Art von Leben funktionierte: Beim Meditieren wird das Gefühl dafür, wer man ist – und, in gleicher Weise, wer die anderen sind –, immer weniger von Äußerlichkeiten abgelenkt. Nicht nur die Geschlechtszugehörigkeit verliert an Bedeutung, ebenso ist es mit der Rasse oder dem Alter oder dem Körpergewicht ...

Das Leben in meiner unmittelbaren Umgebung war damals unvorstellbar fruchtbar und nährend. Bedürfnisse wurden erfüllt, deren ich mir nicht einmal bewußt gewesen war. Es war nicht so, daß ich für die Stimmen von Germaine Greer, Kate Millet, Gloria Steinem und anderen taub war; sie schienen nur von sehr weit her zu kommen.

Kapitel 3

»Seid wie der Banyanbaum«:
Wirkungsvoller, als es scheint

Zwanzig Jahre vergingen, und das Leben in unserer Gemeinschaft verlief im großen und ganzen ohne große Veränderungen.
Natürlich gab es Anpassungen. Nach der anfänglichen Euphorie,
die wir später als unsere Pionierzeit bezeichneten, stellten wir
fest, daß die zermürbende Zeit des Klempnerns, Pflügens und
Anstreichens, die uns so endlos und beschwerlich vorkam, nur
die Ouvertüre gewesen war. Die richtige Arbeit, die Arbeit im
Innern, war viel härter, und wir hatten gerade erst damit begonnen, und sie würde sich noch endlos fortsetzen. Wir lebten nicht
nach einer formellen Regel oder irgendwelchen anderen über-
kommenen Strukturen, und es gab Zeiten, wo ein Teil von uns
die Benediktiner fast um ihren ausgearbeiteten liturgischen Kalender beneidete, in dem exakt die Tage bestimmt sind, die man
der Selbstüberwindung zu widmen hatte, und die Tage, an denen man sich wieder etwas mehr gehenlassen durfte, und ihre
Gewißheit, die Fehlschläge des letzten Monats regelmäßig hinter
sich lassen zu können, selbst die des ganzen Jahres, und von
neuem beginnen zu können, neugeboren wie das Christkind
selbst.

Aber eigentlich entwickelte sich bei uns etwas Ähnliches, das un-
terschwelliger und unausgesprochen war und eng mit diesem
Ort und unserer eigenen Geschichte dort verbunden war. Es war
mitten im Winter gewesen, als wir auf dieses Stück Land gezogen waren, und es war so verwildert, daß unser erster Frühling
eine Kette von Offenbarungen uralter Flieder- und Rosenbüsche

war, die wir erst bemerkten, als sie zu blühen anfingen. Morgens frühstückten wir immer zusammen auf der geräumigen Veranda des viktorianischen Bauernhauses in staunender Entrückung, gehüllt in einen Vorhang aus Glyzinienblüten von mehr als einem Meter Länge, der sich am Haus entlang zog und so durchscheinend war, daß die Sonne in einem blassen, purpurweißen Nebel durchfilterte, das Summen der Bienen so hypnotisch, daß wir kaum zu sprechen wagten. Es war, als stünde die Schönheit selbst Pate für das gesamte Unterfangen. Etwas von diesem Gefühl kehrt jeden Frühling zurück, sobald die Glyzinien blühen.

Die Jahreszeiten wechselten und wiederholten sich. Morgens und abends füllte sich der Meditationsraum und leerte sich wieder; vom Frühling zum Sommer, vom Sommer zum Herbst durchlebte der Garten seine Veränderungen, und wir lernten, nach seinen Regeln zu essen: grüne Bohnen und Zucchini im Sommer, Kohl den ganzen Winter. Wir stellten im ehemaligen Melkraum eine Sechs-Farben-Druckerpresse auf und richteten nebenan eine Buchbinderei ein, und von da an wurde Jahr für Jahr wieder ein neues Buch bearbeitet, gedruckt und gebunden.

Mit anderen Worten, es spielte sich ein Grundrhythmus ein, und schließlich begannen wir wie unsere benediktinischen Pendants, die Zeit als Kreislauf zu erfahren. Bei diesen Runden stießen uns mehr oder weniger dieselben Dinge zu, die allen Menschen überall zustießen. Ehen wurden geschlossen und manche aufgelöst; es gab Krankheit, und es gab enge Berührungen mit der Sterblichkeit. Manche Mitglieder verließen uns, andere zogen neu ein. Kinder wurden geboren (in bescheidener Zahl — das heilige Zölibat behielt viel von seiner Anziehungskraft), und wir unterrichteten sie. Ohne großes Aufheben ließen wir all die Energie, die unter anderen Umständen in den Aufbau von Karrieren geflossen wäre, dem Blue Mountain Center und seinem verlegerischen Zweig, der Nilgiri Press, zugute kommen. Mehrere Volkswagen-Busse standen allen in einem ausgefeilten Carpool-System zur Verfügung, das gut genutzt wurde; wir kauften unsere Kleidung in Secondhand-Läden und wechselten uns bei der Zubereitung der Mahlzeiten ab – natürlich vegetarisch, aus Vollkornprodukten und herzhaft. Es gab so ungeheuer viel zu tun und zu lernen, *wie* man es tat, daß wir im Grunde genommen jahrelang nicht einmal aufblickten.

Selbstverständlich drangen auch bei uns die Nachrichten von Rassenkriegen, Hungersnöten, gewaltsam unterdrückten Revolutionen, der Weitergabe von Atomwaffen und ähnlichem ein. Und in unserem näheren Umfeld nahmen auch wir eine wachsende Fixierung auf einen hohen Lebensstandard wahr, die in den Wall-Street-Skandalen der achtziger Jahre kulminierte.

In all diesen frühen Jahren studierten wir Gandhi sehr gründlich, was bedeutete, daß wir – auch wenn wir in einigem Abstand von den schlimmsten Dingen lebten, die sich abspielten – uns dennoch nicht den Luxus erlauben konnten zu glauben, es ginge uns nichts an. Gandhi führt einen immer zum eigenen Selbst zurück – zu dem Balken im eigenen Auge, der Diskrepanz zwischen dem eigenen Handeln und den Idealen, zu denen man sich bekennt. Er besteht darauf, hinter die Titelzeilen zu schauen, nach den zugrundeliegenden Ursachen eines jeden neuen Schreckens, und immer führt die Spur zu Beweggründen wie Neid, Angst und Machtgier, und immer wird man gezwungen, dieselben Kräfte in sich selbst zu erkennen.

In diesem ersten und wohl auch im zweiten Jahr arbeitete ich vormittags an meiner Doktorarbeit. Nachmittags half ich entweder beim Kochen oder grub Disteln aus der Wiese oder half, die ausgedehnten Gräben aufzufüllen, die eine aus Überweidung folgende Erosion in unsere Hänge geschnitten hatte. Später, als ich darauf wartete, daß sich in einer täglich einigermaßen zu bewältigenden Entfernung eine Lehrerstelle bot, sagte ich zu, bei der Zusammenstellung eines vegetarischen Kochbuches zu helfen. Wenn man mich nach dem Zeitraum fragen würde, an dem sich der Feminismus in meinem Denken und meiner Arbeit wieder verstärkte, würde ich vermutlich diese Zeit nennen.

Laurel's Kitchen schien das richtige Buch zur richtigen Zeit zu sein. Sein anhaltender Erfolg half dabei, unseren Glauben zu stärken. Vielleicht konnte man ja wirklich mit der Veränderung der Welt aus dem Inneren einer spirituellen Festung heraus beginnen, und offensichtlich mußte man dafür nicht vollkommen sein – mußte dafür kein Mahatma Gandhi oder eine Mutter Teresa sein. »Seid wie der Banyanbaum [südasiat. Feigenbaumart, Anm. d. Ü.]«, pflegte Easwaran zu uns zu sagen. »Die einzelnen Blätter sind sehr klein, aber zusammen können sie einen solch dichten Schatten geben, daß selbst die heißeste Mittagssonne sie nicht durchdringt und viele Leute darunter Schutz finden können.«

Meine Mitarbeit an *Laurel's Kitchen* gab mir etwas, nach dem ich nicht gestrebt hatte, etwas, von dem ich mir eingeredet hatte, daß es mich nicht interessierte, und von dem ich möglicherweise fürchtete, es könnte meine Hingabe bei der Meditation stören – eine berufliche Identität. Ein oder zwei Jahre, nachdem dieses Buch veröffentlicht worden war, rief mich ein Kochbuch-Verleger aus Denver an und fragte mich, ob ich Lust hätte, eine wöchentliche Kolumne zu schreiben. Wie merkwürdig, dachte ich. Gute Publicity für das Buch, murmelte jemand. Ich werde es für zwei Monate machen, antwortete ich. Aus den zwei Monaten wurde ein Jahr, und dann noch eins, und bald erschien diese Kolumne in zweiunddreißig Zeitungen.

Als Ende 1979 mein Sohn geboren wurde, wurde mir klar, daß ich zu Hause arbeiten konnte, wenn ich weiterhin die Kolumne schrieb. Auf diese Weise konnte ich die magischen Jahre seiner Babyzeit auskosten. Als ich mich schließlich im Herbst 1989 entschloß, damit aufzuhören, war er ein hochaufgeschossener Zehnjähriger, dem inzwischen witzige Bemerkungen näherlagen als Magisches. Inzwischen hatte ich als Autorin im Ernährungsbereich eine gewisse Autorität gewonnen, die ich durch noch soviel wissenschaftliche Arbeit nicht hätte erlangen können.

Vielleicht lag der Unterschied darin, daß ich von Kindesbeinen an gekocht hatte und einfach *wußte*, ob ein Rezept gut war oder nicht. Dabei ging es nicht darum, zwischen verschiedenen Meinungen von Kritikern abzuwägen, ich wußte es einfach. Ich gab Erklärungen, ich nahm einen Standpunkt ein und geriet nicht ins Schwanken. Ich erklärte meinen Lesern, daß im Gegensatz zu dem, was Enthusiasten behaupteten, roher Tofu von den meisten von uns nicht verdaut werden könne. Ich warnte sie, daß Riesen-Knoblauch von minderer Qualität sei und dicke Bohnen sie vergiften könnten (falls eine genetische Disposition vorliegt – das ist zwar selten, aber damit ist nicht zu spaßen). Ich drängte sie dazu, ihr Brot selbst zu backen, ihren eigenen Spinat anzupflanzen und vieles mehr.

Während der vergangenen Monate wurde ich dabei so schrill, daß ich sogar mir selbst auf die Nerven ging, und es war offensichtlich an der Zeit, etwas anderes zu machen. Dennoch waren es zwölf gute Jahre gewesen, und dessen war ich mir wohl bewußt. Über konkrete Dinge schreiben zu müssen, noch dazu in einer Sprache, die alle Leser verstehen konnten, war ein gutes Heilmittel gegen die überhöhte Wissenschaftssprache der Universität. Und dies jede Woche tun zu müssen, ohne nachzulassen, war eine phantastische Schulung.

Als ich schließlich alles erforscht hatte, über das ich in der Kolumne und den Büchern schreiben wollte (zwei Auflagen des Kochbuchs und ein Brotbackbuch), hatten sich meine intellektuellen und politischen Vorstellungen dramatisch verändert. Beispielsweise hatte ich von der zunehmenden Krise im Saatvorrat der Welt erfahren: daß widerstandsfähige, mehrere tausend Jahre alte einheimische Saatsorten von Hybridvarianten beiseite gedrängt wurden, die nicht fortpflanzungsfähig sind und kostspielige Zusätze erforderten wie Dünger und Pestizide. Immer wieder waren mir Dinge begegnet, die mich die Beziehung zwischen der Armut der Dritten Welt und dem Konsumverhalten der Ersten Welt besser verstehen ließen und mir klarmachten, daß der Kolonialismus keinesfalls beseitigt war, sondern sich nur in eine andere Form der Unterdrückung »verwandelt« hatte, die wegen ihrer Gesichtslosigkeit viel unheilvoller und heimtückischer war. Nach und nach hatte ich mir, ohne mein Heim zu verlassen, ein vollkommen neues Beziehungsgeflecht mit der weiten Welt geschaffen. Und darüber hinaus merkte ich an einem gewissen Punkt, daß ich – obwohl ich nie das Gefühl gehabt hatte, »zum Schweigen gebracht« worden zu sein – mich langsam durch Schichten von Einschränkungen hindurchzuarbeiten begann, deren Existenz ich nicht geahnt hatte. Ich hatte begonnen, meine Stimme zu finden.

Allerdings hätte mein Timing besser sein können. Da waren die Mitglieder unserer Gemeinschaft, wie Blätter am Banyanbaum, einer glücklicher als der andere in seiner Anonymität … und ich als Verfasserin einer eigenen Kolumne, und ich *liebte* es.

Dem flüchtigen Auge konnte *Laurel's Kitchen* als Lobgesang eines auf die Familie ausgerichteten Lebens, in dessen Zentrum die Frau stand, erscheinen. Doch meine Ambivalenz lag eigentlich offen zutage. Die einleitende Geschichte beschrieb die Freundschaft zwischen zwei völlig unterschiedlichen jungen Frauen. Die eine war Laurel, die mit an Komik grenzender Übertreibung die Berkeleysche »Erdmutter« verkörperte, mit einer politischen Einstellung links von der Mitte, die Küchenweisheiten mit der einen und Haferkekse mit der anderen Hand freigiebig verteilte. Natürlich gab es Laurel tatsächlich, und sie war wirklich wundervoll. Und das ist sie immer noch. Und ich brauchte sie, um der dem Buch zugrundeliegenden Weltanschauung eine Stimme zu verleihen. Aber mir war klar, daß viele Frauen Probleme haben würden (ich hatte sie sicherlich), sich mit einer Frau zu identifizieren, die so kompetent, so begeistert und so ausschließlich fürsorglich war. Sie brauchte eine Partnerin – eine, die zögerlich und unentschlossen war und sich ihre eigenen Kompromisse erarbeitete. Deshalb die zweite Heldin, und das war ich. Wenigstens in etwa.

Rhetorisch eignete sich dieser Aufbau hervorragend, denn damit konnte man eine ganze Reihe wichtiger Dinge leicht und natürlich erörtern. Aber es war mir auch selbst ein Bedürfnis, in zwei Strängen zu schreiben, denn im Innersten meines Herzens fühlte ich mich selbst zerrissen. Erdmutter oder jungfräuliche Jägerin. Heimchen am Herd oder Gelehrte. Die Welt nähren oder mich selbst finden. Einerseits ... andererseits ...

Eine allzu übliche Grenzscheide

Ich bemühte mich angestrengt, meine Gefühle zu alldem ganz genau wiederzugeben, während ich über Küchen und Supermärkte schrieb, denn so vieles von dem, was Betty Friedan in *Der Weiblichkeitswahn* geschrieben hatte (über »das Problem, das keinen Namen hat«), klang für mich absolut wahr. Ich hatte meine Mutter und ihre Freundinnen beobachtet und die Frustration und den Schmerz gesehen, die Betty Friedan beschrieb. Gleichzeitig hatte ich allerdings den Eindruck, daß ihre Ruhelosigkeit nicht so sehr etwas mit Langeweile zu tun hatte, sondern mit der bitteren Erkenntnis, daß die Arbeit, die sie in der Familie verrichteten *und deren Wert sie sehr wohl kannten,* von der Gesellschaft insgesamt so gering geschätzt wurde. Es schien mir nicht richtig, die Frauenbefreiung mit dem Abscheu vor körperlicher Arbeit zu vermischen, der auf der ganzen Welt Arm und Reich einander feindlich gegenüberstehen ließ. Selbst die wenigen Jahre, die ich in einer Gemeinschaft gelebt hatte, hatten mir bewiesen, daß die von den Menschen im häuslichen Bereich verrichtete Arbeit, bei der sie sich *umeinander* kümmern, sehr wohl von großem Wert sein und Schönheit und Würde haben *kann.*

Ich war auf einer Farm aufgewachsen, wo es selbstverständlich war, daß Frauen und Männer regelmäßig zusammen arbeiteten – zusammen arbeiten mußten, um Jahr für Jahr überleben zu können. Mein Vater kochte, wenn es nötig war, und mein Bruder und ich pflückten und sammelten, was gerade anstand, und kauften uns unsere Schulkleidung von unserem Verdienst, und keiner fühlte sich dadurch herabgewürdigt. Müde, gewiß, und schmutzig, aber nicht erniedrigt.

Und wieder war es Gandhi, der mir dabei half, all das zu klären. Mit den Händen zu arbeiten oder »für sein täglich Brot zu arbeiten« war für ihn eine Grundlage der Gewaltfreiheit – ebensosehr Privileg wie Verantwortung –, und aus Achtung vor dieser Arbeit beugte er sich ganz bewußt und bis zur äußersten Grenze Geschlechtsklischees. Er brachte sich selbst das Kochen bei und den Gebrauch des Spinnrades. Er lernte, Kranke zu pflegen, und wandte diese Fertigkeiten auch an, und er lernte sogar, eine Nähmaschine zu bedienen, so daß er für seine Frau Kasturba Sari-Blusen anfertigen konnte. Lange nachdem er allen Stimulantien abgeschworen hatte, bereitete er dennoch seiner Frau jeden Morgen den Tee zu. Seine Briefe an geliebte Gefolgsleute, die in weit von seinem Ashram entfernten Dörfern arbeiteten, klangen wie Briefe einer besorgten Tante: »Wie geht es Deiner Verdauung? Vielleicht solltest Du öfter mal ein paar Trauben essen ...«

Ich glaube nicht, daß ich meine wechselnden Überlegungen zum Thema Umsorgen und Frausein in feministische Begriffe kleidete. Am nächsten kam ich dem, als ich hin und her überlegte, ob ich in der Einführung zu *Laurel's Kitchen* einen flüchtigen Einblick in das südindische Dorfleben geben sollte, das uns unser Lehrer so oft beschrieben hatte, wenn er aus seiner Kindheit erzählte:

Jeden Abend, bei Sonnenuntergang, pflegte eine der Frauen aus unserer Familie eine Öllampe zu entzünden, und wenn sie sie dann auf die Veranda hinaus trug, blickte jeder in stiller Freude auf ihre sanften schwarzen Augen und ihre warme braune Haut, die über der glänzend polierten Messinglampe leuchteten. Die Schönheit dieses einfachen Rituals machte die Worte unvergeßlich, die meine Großmutter immer und immer wiederholte: »Seid eine Lampe in eurem Heim, meine Töchter – seid eine Lampe für jeden, der euch umgibt.«

Ich wußte sehr wohl, daß solche Bilder von Feministinnen sehr kritisch betrachtet wurden. Mir war klar, wie zweischneidig und gefährlich für Frauen dieses Bild vom »guten Geist des Hauses« war, das der Dichter Coventry Patmore im viktorianischen Leben und Denken so populär hatte werden lassen. Und ich war mir sehr wohl bewußt, daß man von Frauen deshalb verlangte, im Haus zu bleiben und Engel zu sein, damit Männer überall sonst teuflischen Krach schlagen konnten; daß dieses Bild den Frauen eine übermenschliche Reinheit auferlegte, die in gewisser Weise die unabänderliche Ungezogenheit ihrer Imperien schaffenden männlichen Gegenstücke ausgleichen sollte; daß man Frauen, indem man sie als die Umsorgenden definierte und dabei alles andere ausschloß, verhinderte, daß sie in irgendeinem anderen Lebensbereich Kompetenz erwerben konnten, und man sie so blind machte gegenüber den Ungerechtigkeiten der Kolonialpolitik, der sie die Häuser mit ihrer üppigen Möblierung verdankten. Ich kannte die entsetzlichen Wirkungen, die diese Art von Arrangement auf das Leben der Frauen haben kann, und ich wußte genug über andere Kulturen, auch die indische, um mir bewußt zu sein, daß dieses Muster grausam unfairer Erwartungen nicht auf westliche Familienstrukturen begrenzt war.

All das war mir klar, und ich dachte lange darüber nach, wie ich mich entscheiden sollte. Doch schließlich fügte ich dieses Schlaglicht auf die Stellung der Frau in Kerala[1] ein, weil … ich glaube, weil ich wußte, wenn ich meine Bedenken ebenjenen Frauen in Kerala hätte erklären müssen (und ich habe immerhin ein halbes Dutzend von ihnen persönlich kennengelernt), hätten sie ungläubig ihre Köpfe geschüttelt und so gelacht, daß sie gar nicht mehr hätten aufhören können. Ich war mir nicht ganz klar darüber, was es war, aber ich war mir ziemlich sicher, daß diese Frauen etwas besaßen, das sich immer noch der westlichen feministischen Analyse entzog.

Später erfuhr ich, daß diese Ambivalenz, die ich während der Arbeit an *Laurel's Kitchen* immer gefühlt hatte, einen Namen hatte. Die feministische Theoretikerin Ann Snitow nennt es »die übliche Grenzscheide« – eine Spannung zwischen Bedürfnissen, die uns gleichzeitig in zwei verschiedene Richtungen ziehen. Auf der einen Seite fühlt man sich *als Feministin* gedrängt, die Schönheiten und Stärken der Frauenkultur zu feiern, die lange schmerzlich ignoriert wurden, und sich selbst *als Frau* und *im Zusammensein* mit anderen Frauen zu identifizieren. Andererseits haben die meisten von uns ebensosehr – wieder *als Feministinnen* – eine andere Art von Bedürfnis empfunden: Eines, das uns heftig von anderen Frauen *weg*ziehen kann oder zumindest davon, »durch das Frausein identifiziert« zu sein, denn Frauen sind so unbarmherzig definiert worden – beispielsweise als fürsorglich, geduldig und mitfühlend –, daß wir einfach nicht ernst genommen werden von einer männerzentrierten Kultur, deren Verehrung der Kühnheit, der individuellen Leistung und der Fähigkeit, andere zu unterwerfen, gilt. Nun kann aus dieser zweiten Perspektive die weibliche Kultur wirklich wie eine Kultur der Einschränkungen wirken – der engen Horizonte und vereitelten Impulse. Schlimmer noch, sie kann sich so anfühlen, insoweit Frauen es geschafft haben, viele dieser negativen Klischees zu verinnerlichen.

Schon lange, bevor ich versuchte, *Laurel's Kitchen* zu strukturieren, hatte ich diese »normale Grenzscheide« erfahren. Ich erinnerte mich daran, wie verwirrt ich im Frühjahr 1965 in meinem letzten Vierteljahr in Stanford gewesen war, als Torschlußpanik ausbrach und plötzlich meine begabten, fähigen und wunderbaren Freundinnen nichts anderes mehr im Kopf hatten, als einen Partner zu finden. In dem Maße, wie ihre Identität als Studentin langsam wegrutschte und sie sich zum erstenmal ein Leben außerhalb des Universitätsbereiches vorstellen mußten, fielen sie einfach in sich zusammen. Als positive Meinungen über sich als Frauen blieben ihnen nur die konservativsten. In diesem Frühjahr war die Mode aus der Carnaby Street der letzte Schrei, und die dunklen Stoffe mit den Blumenmustern, die gebauschten Ärmel, die Empire-Taillen und die engen, kurzen Röcke, die über hellen Strümpfen getragen wurden, unterstrichen, was die Beatles und die Stones uns auf tausend verschiedenen Wegen mitteilten: Unsere Aufgabe war es, zu gefallen.

Zum Glück hatte es in diesem Frühjahr auch noch andere Stimmen gegeben, und einige der verlockendsten kamen direkt von der anderen Seite der Bucht von San Francisco zu uns herüber. Im kommenden Juni machte ich mich allein nach Berkeley auf, nicht weniger ängstlich als die verschiedenen Freundinnen, denen ich gerade als Brautjungfer gedient hatte, aber wie von einem unsichtbaren Band in das innerste Zentrum der Studentenrevolte und Antikriegsbewegung gezogen ... zu einem Bürojob auf dem Campus, meinem ersten Apartment, meinem ersten Gehaltsscheck, bequemer Kleidung und eingeschrieben für einen Judo-Kurs.

Ein Sohn wird geboren … und eine Feministin

Es sollte noch sechs Jahre dauern, bis meine eigene Hochzeit stattfand, und als es dann soweit war, geriet ich keineswegs in Gefahr, mich ausschließlich als »Ehefrau« zu definieren, dafür waren es viel zu erfüllte Jahre. Schließlich hatte ich die viel einschneidendere Entscheidung – mich einem Meditationslehrer und seiner Gemeinschaft anzuschließen – vollkommen allein gefällt. Daß ich danach meine Stimme als Autorin fand, in mir eine gewisse schöpferische Kraft entdeckte, von deren Existenz ich zuvor nichts geahnt hatte, hatte mein Selbstwertgefühl auf unauffällige Weise gestärkt. Aber auch die Meditation hatte das bewirkt. Es schien immer mehr so zu sein, als wenn es eine *hier drinnen* gäbe, die herausschaute, sich weiterbewegte und echte Entscheidungen traf, statt nur dem Auf und Ab der Strömung ausgesetzt zu sein. Daß ich 1979 Mutter wurde, stabilisierte all diese Veränderungen, obwohl es mich in mancher Beziehung sogar eher verwirrte. Nachdem in meinem Inneren neun Monate lang ein anderes Selbst gewohnt hatte, war ich nach der Geburt meines Sohnes noch lange Zeit unsicher, ob ich jetzt wieder ein einzelnes Selbst in einem Körper war oder ein Selbst in zwei Körpern. Ein Kind zu haben führte zu drastischeren Veränderungen als alles, was mir je begegnet war. Es verwandelte das Mädchen, das ich gewesen war, für immer, drängte die Abstraktionen der Berkeley-Absolventin beiseite, machte sich sacht über das gen Himmel gerichtete Schmachten der spirituell Eingeweihten lustig und verhaftete mich mit mächtiger Kraft der Erde und was immer aus ihr werden würde.

Und hätte sich in meinem bisherigen Leben nichts ereignet, was mich zu einer bewußten und entschiedenen Feministin gemacht hätte, dann wäre es mit Sicherheit dadurch ausgelöst worden, daß ich einen Sohn hatte. Zuzusehen, wie ein Junge, den man liebt, ahnungslos von der Kindheit in die Pubertät gleitet – das eigene Fleisch und Blut – und dann vor der unglaublich dürren

und einschränkenden Vorstellung von Männlichkeit steht, die diese Kultur bietet, heißt, mit einem Blick das volle Ausmaß der männlichen Privilegien zu erkennen und ihre ungeheuren, schrecklichen Kosten. Von den Tribünen der Baseballspiele der Schülerliga, von den Seitenlinien der Fußballspiele habe ich gebannt beobachtet, wie kleine Jungen ihre »Männlichkeit« übten. Als Mutter eines guten Sportlers – gelegentlich sogar eines hervorragenden Sportlers – hatte ich einen Logenplatz bei dem, was unsere Kultur veranstaltet, um einen Jungen über die Schwelle dessen zu bringen, was sie »Männlichkeit« zu nennen wagt. Im Verlauf einer Spielsaison konnte ich erkennen, wie manche Jungs »es schafften«, und auch sehen, wie verbissen die anderen sie beobachteten – das Herrengehabe, die selbstverständlich gebieterische Geste – in dem Wissen, daß auch sie »es schaffen« mußten, denn »es« wird ihnen vorangehen in die Klassenzimmer, die Studentenverbindungen, in die Sitzungssäle und Bars, und es wird weit mehr wert sein als Begabung, harte Arbeit oder Ehrlichkeit. Mehr als einen verärgerten Trainer, der nach der verletzendsten Zurechtweisung suchte, die ihm einfiel, habe ich sagen hören: »Ihr Burschen habt gespielt wie die Mädchen.«
Und sooft ich es hörte, packte mich die Wut durch und durch.

Der Zorn, der in jenen Jahren in mir wuchs und wuchs, hatte mit meinen eigenen Erfahrungen als Frau nicht unmittelbar zu tun. Auch ich hatte gewisse Narben – aber wer nicht? Doch im Vergleich zu denen anderer Mädchen und Frauen, die ich kannte, waren sie blaß und klein. Ich war niemals in der Rolle einer Jugendlichen gewesen, die verzweifelt nach einer sicheren Abtreibungsmöglichkeit suchte, oder einer alleinerziehenden Mutter, die ihre Familie mit dem Mindestlohn durchbringen mußte, oder einer farbigen oder älteren Frau. Ich habe Glück gehabt mit den Umständen, unter denen ich aufgewachsen bin, und mit meiner Ehe. Ich habe nicht versucht, mir auf irgendeinem beruflichen Gebiet einen Namen zu machen, und die Männer in meiner Gemeinschaft gaben mir nicht das Gefühl, besonders unterdrückt zu sein. Wenn also mein Ärger aufflammte, dann war es meist über etwas, was ich »da draußen« beobachtet hatte: Wenn mir ein kleines Mädchen begegnete, das wie ein Straßenmädchen gekleidet war – oder auch eine Prostituierte, die wie ein kleines Mädchen angezogen war –, oder ich ein Interview las mit dem Mitglied einer Bürgerwehr; wenn ich in der Innenstadt eine Freundin traf, die keine Lebensmittel einkaufen konnte, weil ihr getrennt lebender Mann ihr den Unterhalt vorenthielt; oder wenn ich hörte, daß ein übereifriger Polizist in San Francisco, der eine Kundgebung der United Farmworkers abbrechen wollte, statt dessen Dolores Huertas Rippen gebrochen hatte – dann sah ich rot. Da halfen auch keine fünfundzwanzig Jahre Meditationserfahrung. Ich verlor einfach die Beherrschung.

Als Schülerin Gandhis wußte ich, daß es keinen Sinn hatte, meinen Zorn auf jene Individuen zu richten, die direkt oder indirekt die Schuld daran trugen. »Hasse die Sünde«, so sagte er immer, »aber nicht den Sünder.« Diese spezielle Sünde schien jedoch so beherrschend und allgegenwärtig – diese systematische Erniedrigung von Frauen und Mädchen –, daß sie den meisten als etwas ganz »Normales« erschien. Wo konnte man da überhaupt ansetzen, um etwas daran zu ändern?

Heute sehe ich darin eine indirekte Antwort auf die tief verwurzelte Frauenfeindlichkeit, die ich immer deutlicher erkannte, daß ich begann, Beweismaterial und Vorstellungsbilder zu sammeln, um meinen Glauben an weibliche Stärke und Würde zu unterstützen. Meine ursprüngliche Absicht beinhaltete keinen weiteren Ehrgeiz, als meine eigene Seelenstärke und mein Selbstvertrauen zu stärken. Die Feministinnen des 19. Jahrhunderts faszinierten mich, und ich schrieb einen umfangreichen Essay über Jane Addams für ein Buch über Pazifisten, das nie veröffentlicht wurde.

Für die Einleitung der zweiten Auflage von *Laurel's Kitchen* schrieb ich über meine Großmutter. Ich befaßte mich mit dem Leben von Olive Schreiner, Dorothy Day, Mutter Teresa und Eleanor Roosevelt. Ich erwähnte bereits die *lectio divina*; nun, so schien es, zog es mich zur intensiven Ausübung der *lectio femina*, und es dauerte nicht lange, bis ich – für eine ernsthafte Anwärterin der Spiritualität – ziemlich weit ins Abseits gewandert war.

Ich rationalisierte meine Begeisterung für Mary Frances Kennedy Fisher (»Schließlich bin ich eine Kochbuch-Autorin.«) und dann für Alice Walker und Toni Morrison (»Ich darf mein Gefühl für gute Prosa nicht verkümmern lassen.«), aber jede wunderbare Schriftstellerin führte mich zur nächsten, und schließlich hörte ich damit auf, mich zu rechtfertigen, und holte mir die Bücher stapelweise. Dabei las ich nicht nur für mich selbst, sondern auch dem jungen Mädchen zuliebe, das ich einst gewesen war und das alles gegeben hätte für diese Geschichten von weiblichem Mut und weiblicher Kreativität und, ja, furchtloser weiblicher Sinnlichkeit – ein Mädchen, das vielleicht viel früher den Mut gefunden hätte, ihre eigene Wahrheit auszusprechen und niederzuschreiben, wenn sie Zugang zu diesen Büchern gehabt hätte.

In Anbetracht dessen, daß ich mich der Meditation und der Arbeit für das Zentrum verschrieben hatte, war es nicht einfach, die Stapel von Taschenbüchern zu erklären, die rund um mein Bett hochwuchsen. Es war, als wenn ich mich dabei ertappte, in einem Basar in Kathmandu herumzustöbern, während ich eigentlich den K2 besteigen sollte. Und dennoch bin ich mir sicher, daß ich gar nichts anderes hätte tun können, denn ich war mir intuitiv sicher, daß ich immer noch auf der richtigen Spur war. Hier fand man so viele Wahrheiten – keine *letzte* Wahrheit, wohlgemerkt, keine Visionen oder Offenbarungen, sondern ganz gewöhnliche, ungeschminkte Berichte weiblicher Erfahrung. Die Autorinnen schienen alle miteinander zu reden, auf dem Zeugnis der jeweils anderen aufzubauen. Alice Walker drückte das einmal treffend so aus, daß jede von uns ihren Anteil an der gesamten Geschichte hat.

Diese großartige Geschichte in ihrer Gesamtheit, die viel zu lange zurückgehalten worden war, schien sich nun mit der Gewalt eines Wirbelsturms zu entfalten. Und es dauerte nicht lange, bis ich erkannte, daß es ein Stück dieser Geschichte gab, das zu erzählen meine Aufgabe war. Es hatte mit Frauen wie Teresa von Avila und Klara von Assisi zu tun. Jahrelang hatte ich alles über sie gelesen, was ich in die Finger bekommen konnte, weil mich ihre Gabe für das kontemplative Gebet so fesselte, aber nun, wo ich mich erstmals auf ihre Rolle als Frau konzentrierte, wurden sie für mich auch zu den wahren Ahnherrinnen des zeitgenössischen Feminismus.

Ich bin mir nicht sicher, ob ich zu diesem Schluß gekommen wäre, wenn mich Gandhi nicht so fasziniert hätte. Wenn Gandhi gefragt wurde, an welchen Gott er glaube, dann pflegte er zu antworten, daß für ihn die Wahrheit Gott sei. Das Sanskrit-Wort für Wahrheit ist *satya*, was soviel bedeutet wie »das, was ist«, aber auch »das höchste Gute«. Gandhi prägte den Begriff *satyagraha*, um sein Programm der gewaltfreien politischen Aktion zu beschreiben. Man benützte diesen Ausdruck, um eine besondere Lebensweise oder einen speziellen Akt des Widerstandes zu bezeichnen: Man kann ein Satyagraha gegen eine bestimmte Regierungspolitik ausführen oder gegenüber einem Individuum. Gandhi pflegte zu sagen, daß er sein erstes Satyagraha gegen sich selbst geführt habe, und er behauptete, er habe diese Technik von den Frauen in seinem Leben gelernt, besonders von seiner Ehefrau Kasturba.

Satyagraha erfordert die entschlossene Hingabe an die fundamentale Wahrheit, die lautet, so erklärte Gandhi, daß wir alle eins sind. Jeder Versuch eines Individuums *oder* einer Rasse *oder* einer Klasse *oder* eines Geschlechtes, andere zu unterdrücken, sagte Gandhi, sei eine Verletzung dieser Einheit. Deshalb waren für ihn Religion und Politik voneinander nicht zu trennen, und aus diesem Grund stand auch die vollständige Emanzipation der Frauen Indiens im Mittelpunkt seiner gewaltlosen Revolution, als Strategie und Ziel, als Instrument und Resultat. Sobald ich zu verstehen begann, was er mit Satyagraha meinte, schien es mir eine ideale Beschreibung dessen zu sein, was die großen Mystikerinnen des Westens gewollt haben. Sie hatten die offenbarte Wahrheit festgehalten und waren ihr gefolgt, wohin sie sie auch immer führte.

Was schließlich meinen Feminismus für immer und ewig festigte, war die Erfahrung, in jene große Geschichte einzutreten, von der Alice Walker spricht – sie zuerst aufzunehmen und dann zu erkennen, daß auch ich für einen Teil davon verantwortlich bin. Als ich mich durch den frommen Unsinn kämpfte, der sich um Gestalten wie Klara von Assisi oder Katharina von Siena ansammelt, und die darunter verborgene Frau zu erkennen versuchte, geschah mir, was auch vielen anderen Frauen begegnet war, die sich ursprünglich aufgemacht hatten, verlorene und zum Schweigen gebrachte Frauenstimmen wiederzuentdecken. Zu eingeschränkt oder ängstlich oder einfach zu verwirrt, um für uns selbst zu sprechen, vielleicht noch nicht bereit, bestimmte Türen in unserem Bewußtsein zu öffnen, schlüpfen wir in die Rolle einer anderen – beispielsweise einer Frau, die viel rauher und mit offenerer Gewalt zum Schweigen gebracht wurde als wir – und brechen *ihr* Schweigen. Dabei kann es sich um unsere Mutter oder Großmutter handeln, eine Frau von gleicher ethnischer Herkunft oder aus derselben religiösen Tradition wie wir oder eine Frau, die dieselbe spezielle Erfahrung wie wir durchgemacht hat wie Krankheit, Scheidung, Religionswechsel oder Exil. Wir wählen unsere Alter egos sehr sorgfältig aus und arbeiten wie Bauchredner unter dem Deckmantel der Forschung oder des Journalismus, und am Ende, oft bevor wir begreifen, was geschieht, haben wir damit begonnen, unsere eigenen Stimmen zu erproben.

Da war es also. Irgendwo unter dem grünen schattigen Dach, das mein Heim und meine spirituelle Familie war, gab es dieses eine kleine Blatt, das sich hin und her wand und unangemessen viel Aufmerksamkeit auf sich zog. Und wieder einmal war ich es.

Noch einmal Juliana

Natürlich gehörte auch Juliana von Norwich zu meinen »Damen«, und wenn jemand ermessen wollte, sie weit sich mein Feminismus in den letzten zwanzig Jahren entwickelt hatte, müßte er nur meine jetzige Auslegung ihrer *Offenbarungen* mit jener vergleichen, die in meiner Dissertation enthalten ist. Überrascht mußte ich feststellen, wieviel mir das erste Mal entgangen war. Ihr atemberaubend gelassenes Vertrauen in ihre Visionen, beispielsweise – also an ihre eigene *Erfahrung* im Gegensatz zu dem, was man sie als Christin gelehrt hatte –, schien mir zutiefst im Einklang mit dem großen Wert, den der zeitgenössische Feminismus darauf legt, eigene Erfahrungen zu machen. Juliana sagte sogar, daß sie ihre Erscheinungen als verläßlichere Quelle des spirituellen Verständnisses betrachte als die Heilige Schrift. Sie war in einem Umfeld aufgewachsen, das ihr vorgeschrieben hatte, was sie zu glauben hatte – wo man ihr beispielsweise erzählte, daß Gott ein strenger Zuchtmeister sei, wenn auch nicht strenger, als wir es verdient hätten. Sie hatte sich auf die Reise ins Innerste ihres Selbst gemacht, und als sie dort ankam hingegen erfahren, daß Gott nur Liebe war, und wir im Grunde auch. Durch ihr unmittelbares Wissen, von dem sie mit unerschütterlicher Gelassenheit und Heiterkeit überzeugt war, war sie dazu übergegangen, die ganze orthodoxe Deutung der Sünde und ihrer Folgen niederzureißen.

Dann war da auch all dieses *Blut*: Blut, das wie Regentropfen von der Dachtraufe floß, Tropfen so rund wie Fischschuppen – so viel Blut, bemerkt Juliana, daß man meinen konnte, der Raum sei davon durchtränkt. Und dennoch beschreibt sie es nicht als gräßlich oder abstoßend. »Das Bluten dauerte an, bis ich viele Dinge gesehen und verstanden hatte. Dennoch hielt die Schönheit und Lebhaftigkeit an, unvermindert wunderschön und lebhaft« (LT 7). Für Juliana, so erkannte ich dieses Mal, waren das Blut und das Wasser, das aus Christi Seite floß, keine Zeichen der Niederlage, wie sie es vielleicht für einen männlichen Autor gewesen wären, sondern eher ein konkretes Zeichen seiner unendlich fürsorglichen Liebe. Der durchbohrte Körper des gekreuzigten Christus war für sie ein gebärender Körper und damit ein triumphierender. Wie die besten unserer zeitgenössischen Schriftstellerinnen, hatte Juliana keine Angst, »den Körper zu schreiben«, und als ich dies nun sah, schätzte ich sie nur um so mehr.

Mein feministisches Auge, inzwischen geschult von Schriftstellerinnen wie Carol Gilligan und Mary Belenky und ihren Kolleginnen, sah auch, daß Juliana ihrem Wesen nach nicht fähig war, die entzweienden, einander entgegengesetzten Denkweisen zu dulden, die die traditionelle, männerzentrierte Forschung und Theologie kennzeichnete. Sie schreibt schwärmerisch von der in Liebe stattfindenden »Vereinigung« von Schöpfer und Geschöpf, aber sie bleibt dort nicht stehen. *Keine* der scharfen Trennungen, die traditionell zwischen Sünde und Buße, Vergangenheit und Zukunft, Freude und Kummer, Körper und Geist – und was das angeht, auch zwischen männlich und weiblich oder Liebe und Wissen oder »hoher« und »niederer« Sprache – gemacht wurden, überlebte den mächtigen Drang nach Einheit, den sie »Einswerdung« nennt und der ihre Abhandlung kennzeichnet.

In gleicher Weise verstand ich jetzt viel besser, was für ein Glück es war, daß Juliana anscheinend niemals Latein gelernt hatte, die Sprache der Forschung – der »Universalien« und Abstraktionen im Gegensatz zu den örtlichen Wirklichkeiten des Volkes. Das Mittelenglisch, in dem sie schrieb, war eher eine Sprache der Nähe als der Distanz. Seine Wärme paßte zur Intensität ihres Wunsches, sich mitzuteilen, und seine weiche Melodik machte es zum geeigneten Medium, um eine Lehre zu vermitteln, die reine Hoffnung war, reine freudige Gewißheit.

Kapitel 4

Zuerst mußt du dir das Problem eingestehen

Ende der achtziger Jahre war es nicht mehr zu leugnen, daß der Feminismus in meinem Leben tiefe Wurzeln geschlagen hatte. Die unsichtbaren, schützenden Mauern des Lebens im Ashram hatten ihn nicht draußen halten können; vielleicht aber hatte auch ich die Samen eingeschleppt, im Mantelsaum oder an der Schuhsohle. Auf jeden Fall war er hier, war zu einem kräftigen Pflänzchen geworden, wenn auch noch nicht klassifiziert. Es war ein bißchen so, als fände man eine gut einen Meter hohe Hanfpflanze im Hinterhof ... Wie lange würde es wohl dauern, bis meine Nachbarn ihn bemerkten, und wie würden sie darauf reagieren?

Ich konnte es mir ziemlich gut vorstellen. »Der Feminismus dient nur dazu, Mauern zu errichten!« hatte ich einen von ihnen am anderen Tischende sagen hören. »Das bloße *Wort* hat schon etwas Trennendes.« Und keiner war darauf angesprungen und hatte widersprochen.

Eine Prämisse des Lebens mit meiner Gemeinschaft und der von uns angewandten Meditationsmethode ist es, wann immer man seine Aufmerksamkeit auf etwas richtet – eine Idee, ein Wort, ein Gefühl, ein Vorstellungsbild –, so stärkt man damit den Einfluß, den es auf die eigenen Gedanken hat. Konzentriert man sich beim Einschlafen auf ein Gebet oder einen heiligen Namen, werden sie, wenn man um drei Uhr nachts verwirrt aufwacht, bei einem sein. Macht man sich aber Gedanken über den Job oder darüber, daß man zugenommen hat, dann werden statt dessen diese Sorgen beim Aufwachen auf einen warten. In gleicher Weise kann es geschehen, wenn man den Unterschieden zwischen den Menschen viel Aufmerksamkeit widmet, daß die Konzentration darauf die Unterschiede nur verschärft und damit eine gemeinsame Basis unmöglich scheint. Eine unserer Stärken als Gemeinschaft war die Bereitschaft, die Dinge, die uns trennten, wie Alter, Geschlecht oder Musikgeschmack, nicht so ernst zu nehmen und uns statt dessen auf die gemeinsamen Sehnsüchte zu konzentrieren, die uns ursprünglich zusammengebracht hatten. Da wir Schüler eines Lehrers waren, der selbst von Frauen unterrichtet worden war, der uns sogar ständig daran erinnerte, daß das Selbst weder männlich noch weiblich ist, und der überall Frauen in Führungspositionen gebracht hat, waren wir beneidenswert geschützt vor den verbisseneren Kämpfen zwischen den Geschlechtern, die ansonsten in der Gesellschaft tobten. Ohne dieses Gefühl der Sicherheit, des Vertrauens und der gegenseitigen Achtung wäre uns niemals das gelungen, was wir vollbracht haben.

Nein, von den ersten Anfängen meiner Nachforschungen an schien mir klar, daß es nicht um die Mitglieder meiner Gemeinschaft ging. Sicher wäre mir lieber gewesen, wenn so mancher aufgeklärtere Ansichten über den Feminismus gehabt hätte. Oder ich hätte vielleicht auch den einen oder anderen gern mal geschüttelt und ihm gesagt: »Der Feminismus errichtet keine Mauern oder schafft Trennungen. Die Feministinnen wollen nur, daß wir die Mauern erkennen, die bereits da sind!« Aber wenn man mit mehreren Dutzend Menschen so lange zusammenlebt, wie wir das getan haben, passen sich alle ständig einander an. Der Himmel weiß, wie oft vielleicht meine Freunde *mich* schütteln und mir etwas sagen wollten, was ich wirklich nötig hatte, und nach einem Blick auf mich für dies Mal davon Abstand genommen haben.

Das Leben in einer zweckbestimmten Gemeinschaft ist, als wäre man in einer dieser wassergefüllten, rotierenden Trommeln, die

Steinsammler einsetzen, um ihre ungeschliffenen Schätze zu polieren. Nach und nach werden im Lauf der Jahre die kantigsten Ecken weggeschliffen. Vielleicht glänzen wir sogar ein bißchen. Und ohne daß jemand Wörter wie Sexismus oder Patriarchismus heraufbeschwören muß, werden immer wieder die richtigen Anpassungen vorgenommen. Als wir beispielsweise zum erstenmal den Küchenplan aufstellten, stellte niemand in Frage, daß jede Frau für acht oder neun Stunden in der Woche dafür eingeteilt war, während die Männer nur drei oder vier Stunden dort Dienst machen mußten. Man ging davon aus, daß die Männer einen Ganztagsjob hatten oder Männerarbeit zu Hause verrichteten: sich um die Wasserversorgung kümmern, den Kompost ausbringen, Holz hacken ... Doch Jahre später versammelten wir uns wieder und einigten uns einstimmig darauf, daß es sinnvoller war, alle Stunden der notwendigen Gemeinschaftsaufgaben zusammenzuzählen, auch die »Männerarbeiten«, und durch die Zahl der arbeitsfähigen Mitglieder zu teilen. Schließlich arbeiteten auch viele Frauen ganztags, und häusliche Tätigkeit war schließlich ein Privileg, das keinem vorenthalten bleiben sollte. Nun verrichtet jeder fünf bis sechs Stunden Arbeit in der Küche oder im Garten, unabhängig von Geschlecht oder beruflichen Umständen.

Schließlich, und das war noch grundlegender, beruhte unser gemeinschaftliches Leben auf der von allen geteilten Entschlossenheit, über das »Anderssein« hinauszugehen, obwohl wir diesen Begriff nie gebraucht haben und gewisse, zugegebenermaßen altmodische Ausdrücke wie »Eigenwillen« vorzogen. Wenn Menschen sich ehrlich bemühen, ihre Egozentrik zu überwinden, und sie systematisch spirituelle Techniken anwenden, werden sie früher oder später an jenem Ort in ihrem Herzen ankommen, an dem sie Grenzen gezogen und Mauern errichtet haben, und sie werden erkennen, daß sie einfach nicht vorwärtskommen werden, bis sie diese Mauern abgerissen und die Grenzen ausgelöscht haben.

Dafür gibt es keinen vorgegebenen Zeitrahmen, und es wird mit Sicherheit eine ganze Weile dauern, aber ein Umfeld, in dem Individuen daran arbeiten, bietet schlechte Wachstumsbedingungen für Sexismus, Rassismus und dergleichen. Allein das Wissen, daß die Männer in unmittelbarer Nähe wenigstens versuchen, Frauen nicht als Sexualobjekte zu betrachten, macht das Leben schon um vieles angenehmer.

Und schließlich fühlte ich mich als eine von Easwarans Schülerinnen privilegiert, weil ich durch seine Großmutter in einen gewissen geheimnisvollen weiblichen Stammbaum einbezogen wurde. Ich war dafür über alle Maßen dankbar und hätte das um nichts auf der Welt aufs Spiel setzen wollen. Genausowenig wollte ich Unruhe in meine Meditation bringen.

Doch es war nicht jederlei Ding gut – ganz und gar nicht.

Damals fiel mir eine Metapher ein, und sie scheint mir auch heute noch passend zu sein: Zerrt man sich einen Muskel und es schmerzt, besteht die natürliche Reaktion darin, daß man ein Heizkissen darauf legt. Jeder ausgebildete Pfleger wird jedoch raten, besser mit Eis zu kühlen, nicht nur um die Entzündung zu lindern, sondern auch weil die Rezeptoren, die die Botschaften »Schmerz« und »kalt« zum Gehirn transportieren, dieselben Nervenleitungen benützen. Um mitzuteilen, daß es »kalt« ist, muß der Rücken aufhören, einen von dem Schmerz zu unterrichten, den er auch fühlt. Ist die Verletzung nur gering und vorübergehend, können Eispackungen ausreichen; wenn der Schmerz allerdings immer wieder zurückkommt, sind drastischere Maßnahmen notwendig.

In ähnlicher Weise waren mein Feminismus und meine Spiritualität immer eng miteinander verbunden, nahmen mich auf derselben Ebene in Anspruch. Ich hatte mit Meditation begonnen aus einem Drang, ja, einem geradezu *schmerzhaften* Bedürfnis nach Selbsterkenntnis und Sinn. Dieselben Gefühle waren die Quelle meines Feminismus, und in vielerlei Hinsicht hatte das Leben, zu dem ich mich entschlossen hatte, sie befriedigt. Dennoch war ein Teil von mir – jener Teil, der nie vergessen konnte, daß Frauen und Mädchen so universell und systematisch herabgewürdigt wurden – wie ein Muskel, der von ständiger Überanstrengung und Mißbrauch ganz wund war. Er schmerzte bei jeder Berührung. Wenn er nach all diesen Jahren noch so aufflammte, dann war es mit Sicherheit an der Zeit, daß ich mich darum kümmerte.

Näher zur Klarheit

Es war wie in jenen Situationen, wenn man feststellt, daß sich die beiden besten Freundinnen nicht ausstehen können, und man, statt es dabei zu belassen, sie immer wieder zusammen einlädt und hofft, daß sie mit der Zeit erkennen werden, wieviel sie gemeinsam haben – nur um dann feststellen zu müssen, daß sie nichts dergleichen bemerken und eigentlich nur einem selbst die ganze Geschichte so wichtig zu sein scheint … daß man selbst diejenige ist, die sich dafür rechtfertigen muß, »zwei Seelen in ihrer Brust« zu haben. Ich war der festen Meinung, daß Feminismus und Spiritualität (»echter« Feminismus und »echte« Spiritualität, was natürlich heißen sollte, meine Version von beiden) miteinander vereinbar waren. Wenigstens das. Aber ich war noch sehr weit davon entfernt, zu verstehen, wie diese beiden starken Strömungen in mir vereint werden konnten – wie ich es anfangen konnte, diesen weißen Fleck auf der Landkarte auszufüllen.

Daß sich meine Beziehung zu meinem eigenen spirituellen Weg ein wenig geändert hatte, half mir sehr dabei, die Lösung dieser Probleme in Angriff zu nehmen. Easwarans Bücher waren jetzt überall erhältlich, und die Menschen kamen von überall her zu Einkehrtagen, wollten ihn kennenlernen und von ihm das Meditieren lernen. Dies bedeutete, daß wir nicht mehr nur seine Schüler waren, sondern viele von uns ihm darüber hinaus beim

Lehren als Assistenten helfen mußten. Wir führten Workshops durch oder veranstalteten Grundsatzgespräche über die verschiedenen Traditionen der Meditation; selbst das Abendessen mit den Gästen brachte seine Pflichten mit sich, und um alles so gut wie möglich zu machen, versuchten wir ständig, uns so zu verhalten, als ob wir das alles zum erstenmal hörten. Wandte ich das bei den weiblichen Teilnehmern der Einkehrtage an, begannen sich Türen zu öffnen, und ich bekam immer wieder dieselben Geschichten zu hören, die mich fesselten.

Will man einer Sache wirklich auf den Grund gehen, erreicht man das am wirkungsvollsten damit, daß man sie unterrichtet. Das ist sogar noch besser, als darüber zu schreiben, denn das Lehren stellt einen vor lebende, atmende Schüler, die entweder begreifen, was man ihnen beibringen will, oder auch nicht, und meistens nicht in der Lage sind, einem in diesem Punkt etwas vorzumachen. Deshalb war es mehr als nur ein glücklicher Zufall, daß sich ungefähr zu dieser Zeit die Möglichkeit für mich ergab, wieder in Berkeley zu unterrichten. Während ich mich noch für mein Magisterexamen vorbereitete, hatte ich damals bereits einen Kurs über Literatur des Mystizismus für den Fachbereich Vergleichende Literaturwissenschaft entwickelt, und der Professor, der diesen Kurs nach mir übernommen hatte, nahm gerade sein Sabbatjahr. Würde die Fachbereichsleitung etwas dagegen haben, wenn ich den Kurs diesmal etwas abänderte und die Werke der Mystikerinnen mehr in den Mittelpunkt rückte? Nein, die Fachbereichsleitung hatte überhaupt nichts dagegen. Im Gegenteil, ihr gefiel diese Idee ...

Die Lehrsituation in Berkeley unterschied sich natürlich grundsätzlich von der Lehrsituation in meiner Gemeinschaft. Die Studenten in Berkeley waren zum größten Teil viel jünger, und ihr Interesse war verständlicherweise eher akademischer Art, während die Beziehung der Teilnehmer der Einkehrtage zu diesem Thema sehr engagiert und konkret war. In einem Aspekt allerdings ähnelten sich die beiden Gruppen. Beide zeigten eine ausgesprochene Scheu, bei geschlechtsbezogenen Themen offen zu reden. Solange ich vor einer rein weiblichen Klasse oder einem rein weiblichen Workshop stand, gab es kein Problem. Aber sobald auch nur ein Mann dabei war, konnte man beobachten, daß zuvor redegewandte und lockere Frauen plötzlich verstummten. Einige wenige nahmen vielleicht auch jetzt kein Blatt vor den Mund, fast als wären sie auf diese Rolle abonniert, doch der Rest saß mäuschenstill. Anfangs schockierte mich das, besonders weil es auch im Universitätsbereich passierte, denn ich war davon ausgegangen, daß sich in den Jahren meiner Abwesenheit der Umgang von Studenten und Studentinnen miteinander verändert hätte entsprechend den Büchern und Filmen, die alle zu lesen oder zu sehen schienen. Aber wenn ich sie so beobachtete und ihnen zuhörte, erkannte ich, daß sie sehr sorgfältig darauf achteten, die Männer im Raum nicht zu verunsichern oder zu kränken – und das völlig unabhängig davon, was diese Frauen wirklich über die Beziehung der Geschlechter oder den Status von Frauen in dieser Gesellschaft dachten.

Die Dynamik des Ganzen war sicher von Kurs zu Kurs verschieden. Die jungen Männer, die sich für den ersten Kurs nach meiner Rückkehr einschrieben, beeindruckten mich wegen ihrer Offenheit gegenüber der feministischen Sichtweise. Aber selbst hier wurde ich mir immer mehr eines stillschweigenden Kontrollierens bewußt, das niemals angesprochen wurde. Wenn die Diskussion in eine Richtung lief, die ihm unangenehm war – wir etwa darüber diskutierten, ob das Fasten der Frauen im Mittelalter vielleicht etwas mit Anorexie zu tun gehabt haben könnte –, brauchte ein männlicher Student nur leicht seine Sitzposition zu verändern, spöttisch seinen Kopf abzuwenden oder die Augen in komischer Übertreibung weit aufzureißen. Sofort erstarrte alles, und der Prozeß lief so unterbewußt ab, daß ich ziemlich sicher bin, daß der Betreffende nicht einmal ahnte, was er bewirkt hatte.

Wenn ich aber andererseits Meditations-Workshops durchführte, wo die Teilnehmer meist im mittleren Lebensalter waren, darunter viele Paare, gab es keinen so deutlichen Anlaß für geschlechtsspezifische Themen. Aber wiederum war ich verblüfft, wie schnell sich die Atmosphäre im Raum veränderte, wenn beispielsweise zur Sprache kam, daß bei Paaren, bei denen beide Partner zur Arbeit gingen, im allgemeinen die Frau die größeren Probleme hatte, auch nur eine halbe Stunde Meditation in ihren Tagesablauf einzubauen.

»Unterricht in Mystik« zu geben – ob angewandte oder theoretische – heißt, eine vollständig andere Art und Weise, die menschliche Existenz zu betrachten, darzulegen, die sich radikal von allem unterscheidet, was man normal nennen würde. Die grundlegenden Hypothesen zu fast allem unterscheiden sich beträchtlich – Annahmen über den Sinn des Lebens und was wir einander sein sollten; wie wir unsere eigenen Sehnsüchte und die der anderen sehen. Jeder, der all dies einer heutigen Zuhörerschaft verständlich machen will, lernt, daß er mit deutlichem Widerstand rechnen muß. Das Wichtigste in so einer Situation ist, Bedenken und Zweifel aktiv herauszulocken, damit sinnvolle Debatten stattfinden können.

Es war im Verlauf dieses Herauskitzelns der Vorbehalte der Studenten, als ich etwas bemerkte, was mir zuvor entgangen war. Während ich meine Studentinnen genau beobachtete, ihnen genau zuhörte, wie es Aufgabe einer guten Lehrerin ist, erkannte ich langsam, daß Frauen ihre eigenen, ganz besonderen Widerstände gegenüber der Vorstellung einer strukturierten, systematischen Meditationsübung hatten. Und das machte mich neugierig.

Man kann die gewisse Unruhe gut verstehen, die Frauen von heute im Hinblick auf bestimmte religiöse Traditionen empfinden. Sie haben gehört, daß orthodoxe Juden in der Synagoge beten: »Gesegnet seist Du, O Herr, weil Du mich keine Frau hast werden lassen.« Sie wissen, daß der traditionelle Buddhismus behauptet, nur als Mann wiedergeboren könne man Erleuchtung erlangen. Daß Nonnen im Katholizismus als Laien kategorisiert werden, wissen nicht viele, aber die meisten haben schon die eine oder andere Geschichte über die Haltung des Christentums gegenüber Frauen gehört, die mindestens ebenso abschreckend ist. Ob im Islam, im Hinduismus, bei den Mormonen und den meisten anderen Glaubenssystemen, es ist immer dieselbe Geschichte. Jede Religion entsteht in einem speziellen geschichtlichen Zusammenhang, und da die Geschichte der Menschheit so von Frauenfeindlichkeit durchdrungen ist, konnte es nicht ausbleiben, daß religiöse Institutionen und die Liturgie davon angesteckt wurden.

Aber Religion an sich war nicht das Thema dieser Kurse. Ich wollte im Gegenteil versuchen, meinen Studenten dabei zu helfen, den roten Faden, der sich durch die *meisten* Religionen zieht, zu erkennen, ihn zu untersuchen und sogar zu überprüfen. Ich wollte, daß sie die ganze Bandbreite der Techniken und Lebensweisen kennenlernten, von denen man weiß, daß sie das innere Gebet vertiefen. Obwohl diese Unterweisungen in orthodoxe religiöse Doktrinen eingebettet zu sein scheinen, verfocht ich die Meinung, daß sie im Grunde universell sind. Sie können aus der Orthodoxie herausgelöst und außerhalb des religiösen Mediums, in dem sie bewahrt wurden, praktiziert werden.

Warum aber schien die Geschlechtszugehörigkeit immer noch so problematisch zu sein, wo ich mir doch so sorgfältig Mühe gab, die unglücklichen Auswüchse der orthodoxen Religion von dem zu trennen, was mir der authentische Kern dieser Lehren schien?

Geschlechtsspezifische Themen waren von so viel Stillschweigen umgeben, daß ich mir meinen Weg ertasten mußte, und zugegebenermaßen werde ich wohl niemals mit absoluter Sicherheit wissen, welche Anliegen ursprünglich von mir kamen und welche von meinen Studentinnen an mich herangetragen wurden. Aber als ich die Gruppendiskussionen um das herum zu strukturieren begann, was ich für ihre Anliegen *hielt*, wurden meine

Vermutungen allein schon durch die Leidenschaftlichkeit, mit der diese Debatten geführt wurden, immer wieder aufs neue bestätigt – besonders wenn es mir gelang, die Klasse in kleinere Gruppen aufzuteilen, von denen die meisten nur aus Frauen bestanden. Nach jedem Treffen machte ich mir Notizen über alles, was gesagt worden war, wer es gesagt hatte, und sogar, wie laut diejenige es gesagt hatte. Ich tat etwas, was ich seit Jahren nicht mehr getan hatte, nicht seit ich eine auf das Examen zusteuernde Studentin war, die über Dante und Chaucer brütete. Wie beim Lesen eines Textes – einer mittelalterlichen Allegorie, deren Sinn unter der Oberfläche lauert und sich geschickt der Deutung entzieht – suchte ich nach *Motiven*.

Kapitel 5

Vier Spuren, die in die Wildnis führen:
Auch eine Art von Offenbarung

Die Kurse in mystischer Literatur, die ich in Berkeley gab, waren natürlich kulturübergreifend, und ich organisierte meine Vorlesungen um Themen oder Tätigkeiten, die ebensohäufig in hinduistischen oder buddhistischen heiligen Texten auftauchen wie in den Werken von Johannes vom Kreuz oder des Sufi-Mystikers Ansari von Herat. Wir untersuchten die allgemeine Anziehungskraft von bestimmten Symbolen, die fast mehr als nur Symbole zu sein schienen – wie Feuer oder das Besteigen eines Berges oder Flüsse, die ins Meer strömen –, und wir vermerkten die verschiedenen Arten, in denen die Schüler-Lehrer-Beziehung im Hinduismus, im Buddhismus, im Judentum, im Christentum und im Sufismus charakterisiert werden. Dabei erkannte ich mit der Zeit, daß manche der grundlegendsten Anliegen des Mystizismus völlig anders aussehen, wenn man sie aus feministischer Perspektive betrachtet. Als ich über diese Bereiche des offensichtlichen Konflikts intensiver nachdachte, darüber grübelte auf meinem Weg nach Berkeley oder auf dem Heimweg, oder wenn ich mit dem Hund zu Hause in den Bergen spazierenging oder Brokkoli für das Abendessen in lange Spieße zurechtschnitt, wurde mir klar, daß die Debatte, die sich in meinem Kopf zwischen den beiden von mir geschätzten Wertsystemen abspielte, nun endlich an Gewicht und Gehalt gewann. Ihre Bedingungen waren festgelegt worden.

Ich konnte nun zugeben, daß das, was ich als pädagogisches Problem zu behandeln versucht hatte (Wie kann ich *diesen anderen*

73

Suchenden helfen, die Sperren zu überwinden, die der Feminismus *ihnen* in den Weg gelegt hat?), genausogut mein eigenes war. Das war ein gewaltiger Schritt, denn es bedeutete, daß ich nun zuließ, gewisse Dinge in Frage zu stellen, von denen ich geglaubt hatte, daß sie außer Zweifel seien. Meine Gemeinschaft war sich immer darüber einig gewesen, daß es eine Situation gab, bei der man dem Zweifel freie Fahrt lassen sollte: nämlich dann, wenn man erstmals spirituelle Übungen aufnimmt. Während dieser Zeit darf man nichts unbesehen hinnehmen. Stelle alle Fragen. Bearbeite den Boden, erst *dann* kann die Saat aufgehen. Und ich war überzeugt, daß ich das getan hatte. Nur daß es jetzt schien, als sei ich in mancher Hinsicht noch einmal vierundzwanzig – oder gar sechzehn! Ich fühlte mich ernsthaft beunruhigt und erfüllt von einer völlig neuen Art der Frage, und all dies erschwerte es mir unendlich zu verstehen, wer ich als Suchende war. Alles schien düster und belastend.

Gleichzeitig schöpfte ich Mut aus Julianas offensichtlicher Arbeitshypothese: Wenn zwei Dinge wirklich wahr sind, dann sollte es einem auf die eine oder andere Weise gelingen, beide miteinander zu vereinbaren. Und ich kam zu dem Schluß, daß es absolut richtig gewesen war, meine spirituelle Verpflichtung und meinen Feminismus einem offenen und uneingeschränkten Dialog auszusetzen. Mein Verständnis von beidem wurde grenzenlos vertieft und vertieft sich weiter. Während dieser ersten beängstigenden Monate fühlte ich mich allerdings manchmal, als hätte ich zwei offene Enden eines Stromkabels in jede Hand genommen und sie versuchsweise aufeinander zubewegt. In der einen Hand hielt ich alles, was ich von meinem Lehrer und durch meine Übungen gelernt hatte. In der anderen hielt ich alles, was ich als in einer männerzentrierten Gesellschaft lebende Frau wußte. Würde es Funken geben? Würde sich zwischen ihnen eine ungeheure Spannung aufbauen? Oder würde dieser Strom statt dessen durch mich fließen, und wenn, würde ich das überleben?

74

Natürlich überlebte ich es, und ich begann ziemlich schnell ein klareres Verständnis davon zu bekommen, wo genau die kritischen Konfliktpunkte an der Schnittstelle von Feminismus und Spiritualität lagen. Vier schienen mir besonders ins Auge zu springen.

1. Schweigen

Seid stille, und erkennet, daß ich Gott bin.
Psalm 46 : 11

Es ist Jahre her, unser Sohn war sieben Jahre alt und wünschte sich nichts sehnlicher, als die Füchse beobachten zu können, die in dem Wäldchen an unserer Grundstücksgrenze lebten (wir hatten sie bellen hören und aus der Ferne sehen können), als ich zufällig hörte, wie mein Mann ihm erklärte, wie er sich seinen Wunsch erfüllen könne. Am späten Nachmittag, aber lange vor Sonnenuntergang, solle er zu der Lichtung gehen, wo wir ihre Exkremente gefunden hatten, sich hinter einen Busch setzen und warten, ohne sich zu bewegen oder ein Geräusch zu machen. Erst würde alles ganz ruhig sein, denn die Tiere und Vögel hätten ihn kommen sehen. Aber dann, wenn er ganz still saß – und es würde wahrscheinlich eine halbe Stunde dauern, vielleicht auch länger –, würden sie seine Anwesenheit vergessen und wieder hin und her huschen, ihre Geräusche machen, und wenn er sehr viel Glück hatte und wirklich mäuschenstill war, würde Gevatter Fuchs mit seiner Familie vielleicht einen Auftritt wagen. Ehrlich gesagt, ich erinnere mich nicht mehr daran, ob es funktioniert hat – Gevatter Fuchs wurde gegen Ende des Sommers so kühn, daß er seine Familie in unserem Holzstoß einquartierte, so daß wir seine Bewegungen ganz gut verfolgen konnten. Doch ich erinnere mich, daß mir, als ich ihm zuhörte, klar wurde, daß er unserem Sohn seine erste spirituelle Lektion erteilt hatte:

»Sitze ganz still, warte solange wie nötig...«

In Gegenwart des Heiligen und selbst wenn wir darauf warten, verstummen wir. Die frühe christliche klösterliche Tradition wurzelt in den Lehren von Männern und Frauen, die den Lärm der Städte verließen und die vollkommene Stille der ägyptischen Wüste suchten, um zu beten und zu fasten, und es steht im Einklang mit den Lehren dieser Wüstenmütter und -väter, daß das tägliche Leben in einem Karmeliterkloster immer noch von der »Großen Stille« bestimmt wird. Die meisten anderen Formen des christlichen Mönchtums sind weniger streng, aber man findet wahrscheinlich nirgendwo eine kontemplative Tradition, die von ihren Anhängern nicht verlangt, daß sie zu einem beträchtlichen Ausmaß ihre Rede kontrollieren. Lehrer des Hinduismus beispielsweise sind der Überzeugung, daß übermäßiges Reden *Praña* zerstreut, worunter sie sowohl »Atem« wie auch »Vitalität« verstehen. Wenn wir schweigen, so erklären sie uns, sammelt sich *Praña* wie Wasser in einem Auffangbecken, und im Verlauf dieses Prozesses vertieft sich die Meditation.

Ich erinnere mich nicht, daß ich mich als junge Frau, die Ende der sechziger Jahre meditieren lernte, in irgendeiner Weise dagegen gewehrt hätte, abgesehen davon, daß es wirklich *schwer* war. Schwer, beispielsweise, nicht zu vergessen mich zu fragen, ob die Bemerkung, die ich gerade machen wollte, das passieren könne, was die islamische Überlieferung »die drei Tore« nennt: *Ist es wahr? Ist es gütig? Ist es notwendig?* Damals hatte ich noch nicht einmal ansatzweise erkannt, wie viele Tore bereits meine Rede beherrschten, nur weil ich eine Frau war: *Ist es liebenswürdig? Ist es entgegenkommend? Ist es* – schließlich hatte ich einen akademischen Grad, den ich vergessen machen mußte – *auch nicht im mindesten intellektuell?*[1]

Als ich versuchte, diese Anweisungen mit den Ohren einer jungen Frau von heute zu hören, hatten sie einen anderen Klang. Schweigen ist mit Sicherheit ein ebenso zentrales Anliegen im modernen Feminismus wie in der mystischen Überlieferung, aber aus anscheinend genau entgegengesetzten Gründen. »In den Gängen der Lebensjahre vor meinem zehnten Geburtstag«, erinnert sich die Journalistin Ann Taylor Fleming, »war das Wort, das ich am häufigsten hörte, ein ›pst!‹ oder irgendeine Variation davon, ein zermalmender Refrain von ›Schschs‹, der unvermeidlich meinen charakteristischen, lautstarken Echos auf die Welt folgte und damit mein Gefühl des Erstickens verstärkte.«[2] Die feministische Forschung hat uns gezeigt, daß derselbe zermalmende Refrain Frauen im Verlauf der *gesamten* Menschheitsgeschichte zum Verstummen gebracht hat und uns so wirkungsvoll von allen diskursiven Darlegungen ausschloß, daß es letztlich nicht nur unsere Fähigkeit zu sprechen überhaupt behinderte – also, das zu sagen, was wir wirklich meinen, ohne vor den Folgen Angst zu haben, und in einer Sprache, die unsere Absichten nicht untergräbt –, sondern sogar die Mühelosigkeit beeinträchtigte, mit der wir uns vorstellten, was wir sagen *könnten*, wenn man uns etwas sagen lassen würde. Das Auftreten der zweiten Welle des Feminismus Anfang der Siebziger hatte viel mit dem zu tun, was mit Frauen in den unterschiedlichen Kursen zur Bewußtseinsentwicklung passierte. »Wir wollten reden«, erinnert sich eine Schriftstellerin, »wir schufen Situationen, in denen wir sprechen konnten, wir hörten uns mit zitternder Stimme schwierige Sätze vorbringen, und wir warteten darauf, eine unterstützende Reaktion zu bekommen.«[3] Die Reaktionen waren natürlich weitgehend unterstützend, denn die Frauen in diesen Gruppen gehörten zum größten Teil der Mittelschicht an und waren ziemlich gut ausgebildet. Als eine im engeren Sinn revolutionäre Aktivität hatte die Bewußtseinsentwicklung ganz klar ihre Grenzen. Nichtsdestotrotz beeinflußte diese Erfahrung viele Frauen dauerhaft. Denn es ging nicht nur darum, daß sie redeten, sondern, daß sie den Mut fanden, Dinge zu sagen, die Frauen eigentlich nicht aussprachen: Wahrheiten, die der in der Gesellschaft allgemein anerkannten Darstellung der Weiblichkeit widersprachen.

Das zentrale Anliegen des Feminismus ist heute die Notwendigkeit, eine Stimme zu finden – nicht nur im literarischen Bereich, sondern im umfassenden Sinne. Frauen sind heute so sensibilisiert für die Themen des Schweigens und der Stimme, daß wir in alten Texten neue Bedeutungen entdecken. So erscheint beispielsweise gegen Ende der *Offenbarungen* eine Passage, in der Juliana eine beängstigende Erfahrung beschreibt, die während eines Traums stattfand, den sie kurz vor der letzten ihrer Erscheinungen hatte. Der Teufel erschien:

> Mit bösartigem Gesichtsausdruck grinste er mich an, zeigte mir weiße Zähne, die so groß waren, daß mir alles noch häßlicher vorkam. Sein Körper und seine Hände waren mißgebildet, aber mit seinen Klauen hatte er meine Kehle gepackt, wollte meinen Atem zum Stillstand bringen und mich töten, aber es gelang ihm nicht. (LT 67)

So fesselnd ich diese Beschreibung fand, als ich sie zum erstenmal las, so sehr entging mir ihre tiefe Bedeutung. Heute, nachdem mehr als zwei Jahrzehnte feministischer Forschung uns alle besser eingestimmt haben auf solche Bedeutungen, ist die Geisteswissenschaftlerin Ritamary Bradley in der Lage, diese Passage – wie ich meine, zutreffend – mit Julianas mehr als gerechtfertigter Furcht in Verbindung zu bringen, in bezug auf ihre Visionen zum Schweigen gebracht zu werden. Hätte Juliana wie eine Lehrerin gehandelt, erinnert uns Bradley, und offen über ihre Erscheinungen geredet, wäre das für sie ein Flirt mit dem Tod auf dem Scheiterhaufen gewesen.[4] Und wirklich, im früheren, kurzen Text hatte sie betont: »Gott behüte, daß ihr sagt oder annehmt, daß ich ein Lehrer bin; denn ich bin eine Frau, schwach, unwissend und zerbrechlich« (ST 6).[5]

Julianas offensichtliche Furcht, zum Schweigen gebracht zu werden, können zeitgenössische katholische Frauen mit Sicherheit besonders gut nachempfinden, vor allem, wenn sie für die Ordinierung und die stärkere Einbeziehung von Frauen auf allen Ebenen kämpfen. Aber durch die jüngsten Entwicklungen in diesem Kampf scheint er auch für uns andere bedeutungsvoll zu sein. Denn viele der Frauen, die dafür plädiert haben, das Priesteramt für Frauen zu öffnen, haben auch beobachtet, was mit Frauen geschieht, die Rechtsanwältinnen, Professorinnen, Ärztinnen und Offizierinnen geworden sind: daß es eine Sache ist, in diese auf äußersten Wettbewerb eingestellten traditionellen Hierarchien einzudringen, und eine ganz andere, innerhalb dieser Strukturen frei und wirkungsvoll arbeiten zu können. Und so drängen diese Kirchenaktivistinnen nicht mehr unbedingt auf die Ordinierung von Frauen, sondern fordern insgesamt einen kritischeren Blick auf die Vorstellung der Priesterschaft und das hierarchische Modell, das ihr zugrunde liegt. Einer der subtileren Aspekte der Debatte über »Stimme« und »Schweigen« liegt sicherlich darin, daß es einen ungeheuren Unterschied macht, die Erlaubnis zum Sprechen zu haben, oder hoffen zu können, daß einem jemand auch wirklich zuhört.

2. Selbstverleugnung

> Was uns am meisten schadet, ist,
> unserem eigenen Willen zu folgen.
> *Teresa von Avila, Die innere Burg (3.2,12)*

> Es kommt der Moment, an dem das
> Individuum unwiderstehlich wird und
> seine Handlung in ihrer Wirkung alles
> beherrscht. Dieser Moment kommt, wenn
> es sich selbst auf Null reduziert.
> *Mahatma Gandhi*

Keine der zahllosen Verkörperungen der Göttlichkeit schlägt einen mehr in den Bann als die prachtvolle Gestalt Shivas, des

Herrn des Universums – *tanzend.* Von eindrucksvoller Würde und Anmut, hat er ein zusätzliches Paar Arme, das ihm erlaubt, die traditionellen Gesten des Schutzes und der Einladung zu machen, während er gleichzeitig eine Muschelschale und eine Keule in den Händen hält. Eine Kobra, die sich locker um seine Hüfte windet, dreht sich nach außen, während er tanzt, in einer Haltung, die eine unglaubliche Stärke, Balance und Freude zum Ausdruck bringt. Er steht auf einem Fuß, und wenn die Augen dem Feuerring folgen, der seine Gestalt einrahmt, und zu diesem einzelnen Fuß kommen, erkennt man, daß er direkt auf einer winzigen menschlichen Figur steht, die sich windet und Grimassen schneidet.

Entsetzt fragen wir – ist es ein Baby? Ein Zwerg? Ein Dämon? Nein, sagt man uns, es ist das Ego in seiner kleinsten und knappsten Gestaltung. Sein Sanskrit-Name ist *ahamkara*, und das bedeutet wörtlich »Der Ich-Macher«, der Teil von uns, der umhergeht und die Dinge mit dem Stempel »mein« versieht und endlose Reden hält über »ich« und »was ich brauche«. Und es heißt, daß Shiva jene Egos als Opfergaben wünscht, und sein ekstatischer Tanz stellt den Segen und die Freiheit dar, die jene Menschen angeblich erfahren, denen es gelingt, dieses Opfer zu bringen.

Jede Kultur sammelt und hütet Geschichten von Frauen und Männern, denen es gelungen ist, ihr Ego kleinzukriegen. Wunder erblühen rundherum, wenn diese Individuen durch ihren Tag schreiten; Licht sammelt sich um ihren Kopf, und Wohlgeruch heftet sich an ihre Kleidung. Es fällt schwer, sich nicht in sie zu verlieben, nicht zuletzt fällt es schwer, nicht an sie glauben zu *wollen.* Und doch, wenn man den Weg betrachtet, der sie dorthin geführt hat – die grausame Askese und der fast unbarmherzige Umgang mit ihren gewöhnlichen menschlichen Neigungen –, bin ich mir nicht so sicher, ob ihre Geschichten sich heute noch so gut verkaufen. Jedenfalls nicht bei Frauen. Denn wir sind argwöhnisch geworden gegenüber der Selbstlosigkeit.

80

An den meditativen Einkehrtagen und Workshops, an deren Durchführung ich in den letzten zehn Jahren teilgenommen habe, mußte ich den Teilnehmern alle möglichen Dinge erzählen, die sie gar nicht hören wollten. Nein, Sie können nicht erwarten, nach einer üppigen Mahlzeit sinnvoll zu meditieren. Ja, Sie müssen es täglich tun, und am besten immer zur selben Zeit. Nein, Sie können es nicht beim Autofahren tun, und nein, Musik im Hintergrund ist nicht hilfreich.

Diese Regeln sind noch relativ einfach. Der Einsatz erhöht sich drastisch, wenn man eine unterstützende Technik einführt, die mein eigener Lehrer mit einer gewissen Offenheit »andere Menschen an die erste Stelle setzen« nennt, was eigentlich eine beschönigende Darstellung der Praxis ist, die mittelalterliche Ordensmitglieder »Selbstverleugnung« nannten oder »Bezwingung des Eigensinns«. Für die Suchenden von heute hat Selbstverleugnung ungefähr soviel Reiz wie Strohlager und ungesäuertes Gerstenbrot. Bedauerlicherweise kann man es aber nicht einfach abtun als einen jener mittelalterlichen Auswüchse. Möglicherweise ist es *die* fundamentale spirituelle Technik. Ihre Beziehung zur Meditation hat nichts mit Moral zu tun. Die Verminderung des Eigensinns hat einen direkten und unheimlich mächtigen Einfluß auf die Meditation selbst – ein Zusammenhang, den man selbst erfahren muß, um ihn zu verstehen –, und zwar, weil eine ungeheure Menge an Energie zum Schutz des Eigennutzes an allen Fronten von einem Augenblick zum nächsten verbraucht wird. Sobald diese ständige Sorge auch nur ein bißchen nachläßt, wird der Geist ruhiger und die Fähigkeit zur gerichteten Aufmerksamkeit erweitert sich beträchtlich.

Natürlich, fügen wir sogleich hinzu, kann man nicht über Nacht versuchen, »sich auf Null zu reduzieren«. Man beginnt damit, daß man jene Bereiche in seinem Leben herausfindet, in denen man am meisten gewohnt ist, seinen Willen durchzusetzen. Entscheiden meist Sie, in welchen Film Sie mit Ihrem Partner gehen? Richtet sich das Abendmenü im allgemeinen nach Ihrem

Geschmack? Was ist mit all den kleinen, stillen Arrangements und Termineinteilungen – wie viele sind so eingerichtet worden, wie es Ihnen am besten paßt? Wenn Sie erst einmal die Stellen herausgefunden haben, wo Sie Ihre Interessen besonders stark schützen, dann können Sie damit beginnen, sich selbst herauszufordern: Sie schauen sich mit Ihrem Partner den Film an, den er gerne sehen möchte, und versuchen herauszubekommen, wie auch Sie ihn genießen können. Sie bemerken, daß die junge Frau, die nebenan wohnt, krank ist und etwas Hilfe bei der Versorgung ihres Dreijährigen brauchen könnte. Sie opfern einen Abend in der Woche, um in einem Obdachlosenasyl zu helfen. Ganz *allmählich*, so betonen wir, wird die Ichbezogenheit sich vermindern und die Meditation sich vertiefen.

Andere Menschen an die erste Stelle zu setzen, so heben wir gleichzeitig hervor, ist jedoch nicht gleichbedeutend damit, für andere zum Fußabstreifer zu werden. Man muß seinem Kind mehrfach am Tag nein sagen, und auch wenn man Erwachsenen erlaubt, einen auszubeuten oder zu verletzen, erweist man sowohl den Betroffenen als auch sich selbst einen schlechten Dienst.

Nachdem wir diese Einschränkungen gemacht haben und es klar ist, daß wir keine gedankenlose Selbstverleugnung vertreten, entspannt sich alles. Zumindest scheint es so. Dennoch bin ich schon lange nicht mehr überrascht, wenn die eine oder andere Frau nach diesen Workshops zu mir kommt und mir unter vier Augen erklärt, daß sie sich wirklich nicht mit unserer Charakterisierung identifizieren könne: von zügellosem Eigensinn beherrscht, sich rücksichtslos über die Bedürfnisse der Nachbarn und der Familie hinwegsetzend, Freunde und Kollegen übervorteilend, um die eigenen Möglichkeiten zu erweitern. Im Gegenteil passe sie sich den Bedürfnissen oder Wünschen der Menschen in ihrem Umfeld so sehr an, daß sie sich manchmal wie eine Stoffpuppe fühle: ein Mensch, dessen Bedürfnisse ausdrücklich übersehen würden ... der gute Geist des Hauses. Ihren Entschluß, an diesem Retreat teilzunehmen, um Meditieren zu lernen, hatte sie als gesunden und längst überfälligen Schritt zum Aufbau ihres *eigenen* armen Selbst angesehen, vielen Dank.

Feministische Schriftstellerinnen haben seit langem zu bedenken gegeben, daß Selbstlosigkeit als normative Erwartung an Frauen herangetragen würde. Nicht ohne Ironie bemerkte die französische Philosophin Luce Irigaray: »Der Weg der Selbstverleugnung, der von so manchen Mystikern beschrieben wird, ist das Alltagslos der Frauen.«[6] Doch das gesamte Konzept der Selbstlosigkeit geriet ins Feuer der Kritik, als die Diskussion um Koabhängigkeit Mitte der achtziger Jahre aufkam. Damals lernten viele Frauen, Töchter, Mütter und Schwestern zum ersten Mal (ebenso wie eine beträchtliche Anzahl von Ehemännern, Söhnen, Vätern und Brüdern), wie wirkungsvoll wir manchmal den Schwächen anderer Vorschub leisten, auf Zehenspitzen ihren Suchtmittelmißbrauch umgehen, sie ins Bett und auch zur Arbeit bringen, ihre Mißhandlungen klaglos hinnehmen: so sehr haben wir das Bedürfnis, gebraucht zu werden, uns als liebevolle Fürsorgende zu sehen und sogar zu definieren, daß wir diese Lebensumstände verewigen, indem wir nicht einmal zulassen, daß sie beim Namen genannt werden. Die Diskussion blieb nicht ohne Auswüchse. Eine Zeitlang sah es so aus, als würde nichts, was familiärer Fürsorge auch nur ähnelte, diese Säuberungsaktion überleben, und es war eine Erlösung, als sich Gegenstimmen erhoben. Aber sie lehrte die Frauen, wesentliche Unterscheidungen zu machen. Beispielsweise ob man in einem gesellschaftlich konstruierten Tugendmodell lebt oder nach seinen eigenen Erkenntnissen; ob man sich auf Beziehungen einläßt, die vorgefertigt sind – »von der Stange« sozusagen –, oder ob man lange Phasen ohne Beziehungen erträgt, während man gespannt dasitzt und auf die seltenere, gewagtere Art wartet, die aus echter Wesensverwandtschaft und gemeinsamen Interessen entspringt; ob man in seinen Beziehungen unwiderstehlichen

Impulsen nachgibt, ob von innen oder von außen kommend, oder ob man authentische freie Entscheidungen trifft, die die eigenen Bedürfnisse ebenso berücksichtigen wie die Bedürfnisse aller anderen.

Das Profil der koabhängigen Persönlichkeit ist heute das Lieblingsthema der Fernseh-Sitcoms. Viele erkennen den Zusammenhang zwischen einem Pflegebedürfnis, das außer Kontrolle geraten ist, und einem Selbstwertgefühl, das vollkommen unterentwickelt ist. Wir verstehen jetzt, daß Menschen am äußersten Ende der Koabhängigkeitsskala selbstlos sind: sie haben im wahrsten Sinne des Wortes kein Selbst – kein Gefühl für ihren Wert oder ihre persönliche Geschichte. Das kann es doch sicherlich nicht sein, beharren Frauen, was spirituelle Lehrer von uns fordern.

Und ich glaube das auch nicht eine Minute. Aber ich weiß auch, daß es eine ganze Menge Frauen gibt, die sich ihren Weg in die eine oder andere meditative Praktik ertasten, denen man das noch nicht sonnenklar gemacht hat – die mit beträchtlicher Schwierigkeit versucht haben, den anderen Suchenden oder ihren Mentoren gegenüber die bohrenden Zweifel auszudrücken, die sie beim Thema »Selbst« und Selbstlosigkeit hegen, und die dafür verständnislose Blicke oder Schlimmeres geerntet haben. Ich bin zunehmend der Überzeugung, daß die beste Hilfe, die westliche Frauen in diesem Bereich bekommen können, von anderen westlichen Frauen kommt, die mit diesen Themen selbst gekämpft und sie mit der Zeit in den Griff bekommen haben. Glücklicherweise spricht und schreibt ein großer Teil von ihnen über ihre Erfahrungen.

Frauen wie die Ehrwürdige Thubten Chodron, eine buddhistische Nonne, die früher Cherry Greene hieß und in Los Angeles lebte, die Bände spricht, wenn sie schreibt: »Manchmal ist es schwierig, herauszufinden, was Buddhismus und was Kultur ist.« Sie erinnert sich, wie eifrig sie sich bemüht hatte, demütig und still zu sein wie die tibetischen Nonnen, die sie kennengelernt hatte, bis sie schließlich erkannte: »Halt, irgend etwas funktioniert hier nicht. Das bin nicht ich.«[7] Oder wie Anne C. Klein, eine buddhistische Gelehrte und Praktikerin, die mit echter Scharfsinnigkeit anmerkte:

> Das liebende Selbst, das Selbst, das geliebt wird, wird nirgends in der buddhistischen Tradition verleugnet. Dagegen wird heftig geleugnet, daß ein solches Selbst von Dauer, absolut, autonom oder grundlos sein kann. Der Mittelweg wäre, einen Pfad, eine Seinsweise zu finden, die diese beiden Perspektiven enthält.[8]

3. Wünsche neu ausrichten

> Fälle den ganzen Wald der selbstsüchtigen Wünsche, nicht nur einen Baum. Fälle den ganzen Wald, und du wirst dich auf dem Weg zur Befreiung befinden. Wenn irgendeine Spur von Lust in deinem Geist zurückbleibt, wirst du an das Leben gefesselt sein wie ein säugendes Kalb an seine Mutter. Reiße heraus jedes selbstsüchtige Verlangen, so wie du einen Herbstlotus mit der Hand herausreißen würdest.
>
> *Dhammapada*

Ich habe gehört, daß man den Mystizismus die Kunst des Begehrens genannt hat, und es scheint mir passend. Jede mystische Überlieferung, die ich kenne, betont die Einschränkung der Sinne als Mittel zur Vertiefung von Gebet oder Meditation. Manche betonen den Wert des Fastens, um die Aufmerksamkeit zu schärfen; andere erzählen uns gern, wie wenig Schlaf wir wirklich brauchen, verglichen mit der Menge, die wir uns gönnen. Die Kleidung ist ein weiterer Bereich, von dem man uns erzählt, daß sich hier persönliche Vorlieben auf Kosten des geistigen Gleichgewichts austoben können, und ähnlich ist es mit der Wohneinrichtung. Angeführt wird die Liste allerdings vom Geschlechtsverkehr.

Es wird selten richtig verstanden, aber mit Prüderie hat die Einstellung der Mystiker zur Sexualität nichts zu tun. Es ist nichts Falsches am Sex, sagt man uns, er geht nur nicht weit genug. Kein irdischer Liebender kann die echten Tiefen unseres Begehrens erreichen, denn unser tiefstes Verlangen strebt nach dem, was ewig ist. »Wie kann ich irgendwo Ruhe finden, O Gott«, fragte der heilige Augustinus, »wenn ich dazu bestimmt bin, in Euch zu ruhen?« Selbst die intensivste, erfüllendste erotische Verzückung geht vorüber, läßt uns in einer Art Todeszone zurück, wo wir auf das nächste Aufleben der Begierde warten, das uns wieder in Bewegung bringt.

Um eine solche innere Pilgerschaft zu unternehmen, wie sie Teresa von Avila in *Die innere Burg* darlegt, müssen wir mit ganzem Herzen dabeisein, das wird ganz deutlich. Solange ich immer noch überzeugt bin, daß Sex eine Quelle dauerhaften Glücks ist – oder Macht oder Essen oder sogar lange Wochenenden in den Bergen oder irgend etwas anderes Endliches –, so lange kann ich nicht zu diesem geheimnisvollen Anderen, von dem die Mystiker sprechen, gelangen, weil mein Bewußtsein gespalten ist. Gleichzeitig in zwei Richtungen gezogen, bin ich gelähmt. Das ist auch der Grund, warum Gandhi sagte, daß niemand gewaltlosen bürgerlichen Ungehorsam ausüben könne, der nicht zu sich selbst nein sagen kann. Ein *Satayagrahi* muß ohne Furcht sein. Jeder, der von der Befriedigung der Sinne abhängig ist – gleich welcher Art von Sinnen –, ist auch vom Körper selbst abhängig und muß ihn deshalb unbedingt behüten.

Und wieder erinnere ich mich, daß ich als junge Frau dieser »Kunst des Begehrens« rückhaltlos zugestimmt habe. Ich hatte nie auch nur im geringsten das Gefühl, daß mein Lehrer uns eine Art aufgewärmte Askese aufdrängte; im Gegenteil, er bot uns wirkungsvolle Werkzeuge, mit denen wir unser Leben etwas unter Kontrolle bringen konnten, und diese Werkzeuge *funktionierten*. Ich hatte seit mehreren Jahren schon mit dem Rauchen aufhören wollen, aber es war mir nicht gelungen. Nur wenige Wochen, nachdem ich mit dem Meditieren angefangen hatte, kostete es mich fast keine Mühe, damit aufzuhören: Immer wenn das Bedürfnis nach einer Zigarette mich überkam, unternahm ich einen zügigen Spaziergang und wiederholte dabei ein Mantra. Der Rhythmus meiner Schritte nahm den Rhythmus des Mantras an – so wie es mein Lehrer gesagt hatte –, und ganz allmählich wurde mein Atem tiefer und langsamer, und in diesem Augenblick war der Bann meines Verlangens gebrochen. Dieselbe Technik funktionierte bei der Bäckerei, an der ich morgens auf meinem Weg zur Universität vorüberkam: Ich konnte jetzt wirklich an ihr *vorübergehen*.

Die Auswirkung auf die Meditation war deutlich spürbar. Der Geist war jetzt soviel beständiger. Und das war eine zutiefst befreiende Erfahrung. »Der Geschmack liegt im Geist«, pflegte Gandhi zu sagen. Die Vorlieben und Abneigungen, von denen wir glauben, daß sie uns ausmachen, reichen nicht auf den Grund, sie sind nur konditionierte Reaktionen des Geistes. Durch Meditation können wir diese Art der Konditionierung rückgängig machen, und jedesmal wenn wir das tun, befreien wir unsere Fähigkeit, aufmerksam zu sein, ein bißchen mehr.

Auch hier ist wieder das Konzept von *Prana* entscheidend. In jedem mächtigen, zwanghaften Trieb wird eine Menge Vitalität gebunden – Lebenskraft. Atem. *Prana*. Und natürlich ist im menschlichen Bewußtsein nirgends mehr Lebenskraft gebunden als in gerade jenem Verlangen, durch das sich das Leben selbst verewigt.

In einer Kultur, die so auf Sex fixiert ist wie die unsere, kann es ungeheuer schwierig sein, diese Knoten zu lösen. Als Ausgangspunkt bietet sich an, ausgesprochen sinnliche Filme, Bücher und Musik zu meiden – alles, was einem den Körper intensiver ins Bewußtsein bringt. Und genau dort bekommen wir Probleme.

Sofort fällt mir ein, daß ich kürzlich das Titelbild einer Zeitschrift gesehen und sehr zwiespältig darauf reagiert habe. Das Titelbild war die Teilansicht des Gesichts einer Frau in Schwarzweiß, hauptsächlich ihr Mund und ein Auge, beide halb geschlossen in einem Ausdruck, den man nicht anders als orgiastisch bezeichnen kann. Über das Foto liefen die Worte *heißer* (in Orange), *improvisierter* (leuchtend pink) und *SEX* (leuchtend orange und sehr groß), und in kleineren (pinkfarbenen) Buchstaben: »Wie Frauen Sinnlichkeit und Sinnesfreuden neu definieren.« Wie bei Zeitschriftentiteln üblich, war es nicht deutlicher oder anzüglicher als die meisten. Es wäre im Supermarktregal kaum aufgefallen. Nur daß es sich dabei nicht um eine jener Supermarktillustrierten gehandelt hat, sondern um *Ms.* [eine renommierte, seriöse amerikanische Frauenzeitschrift, d. Ü.], und ich war entsetzt. Als ich das Inhaltsverzeichnis überflog, fand ich die übliche reichhaltige Mischung von Themen und Personality-Stories, und ich konnte einfach nicht verstehen, warum statt dieser eindeutig sinnlichen Abbildung nicht eine der wunderbaren Fotografien von Rosa Parks, die ich mir immer wieder hätte anschauen können, oder des Rechtsprofessors Lani Guinier oder jener jungen Frau, die sich um die Wiederansiedlung der Wölfe im Yellowstone Nationalpark bemühte – oder meinetwegen auch einer ihrer Wölfe – das Cover zierte.

Und doch wußte ich, daß die Herausgeber von *Ms.* vollkommen auf dem richtigen Weg waren, die Frauen aufzufordern, die Verantwortung für ihre eigene Sexualität zu übernehmen – ob mit dem Lippenstift geschrieben oder nicht. Die offene und freie Debatte über Sex, die innerhalb des Feminismus gerade im Gang ist, mag vielleicht für viele von uns aus dem einen oder anderen Grund verwirrend sein, doch daß sie stattfinden muß, steht außer Frage. »Sexualität«, sagt Catharine A. MacKinnon, »ist für den Feminismus dasselbe wie die Arbeit für den Marxismus: es ist das ureigenste Eigene, das einem häufig weggenommen wird.«[9]

Das beherrschende Thema bei feministischen Gesprächen über Frauen und Begierde ist die Beobachtung, daß Frauen aufgrund der kulturellen Konstruktion von »Frau« ihrem eigenen Verlangen im allgemeinen entfremdet sind – all ihren Begierden. Man braucht nur daran zu denken, wie unterschiedlich Frauen und Männer bewertet werden, die ehrgeizig oder karrierebewußt sind; oder wie eine Frau gesellschaftlich stigmatisiert wird, die zehn oder fünfzehn Prozent über ihrem Idealgewicht liegt oder Drogen nimmt oder zuviel trinkt oder auf einer Dinnerparty zu sehr im Mittelpunkt steht, so daß die anderen Gäste unruhig werden. Frauen haben sehr gute und gewichtige Gründe, die meisten ihrer Wünsche zu zügeln – Gründe, die absolut nichts mit Moral oder Gesundheit oder Höflichkeit oder gar mit spiritueller Praxis zu tun haben, sondern mit der simplen Furcht, lächerlich gemacht, geächtet zu werden (»Sie ist hart *wie ein Mann*«, »Sie ist ein Schwein«, »Sie ist eine echte Säuferin«). Die Lücke zwischen den Geschlechtern ist natürlich dort noch viel größer, wo es um Sexualität geht.

Frauen sind sich dieses Ungleichgewichts und seiner Ungerechtigkeit sehr wohl bewußt und lehnen es ab – unabhängig davon, ob sie sich als Feministinnen verstehen oder nicht. In Filmen – selbst in sehr konventionellen Streifen – wird dieser Widerstandsgeist umgesetzt in die nahezu obligatorische Aufnahme von Szenen, in denen junge Frauen sich bis zur Besinnungslosigkeit betrinken oder vollessen, einfallsreich fluchen oder ihren männlichen Freunden den blanken Hintern zeigen, in denen ältere Frauen Marihuana rauchen, Frauen mittleren Alters sich versammeln, um sich einen Männerstrip anzusehen ... und die Welt bricht deshalb nicht zusammen. In weniger konventionellen Filmen wird das weibliche Verlangen tiefgründiger erforscht in Verbindung mit der Entwicklung der weiblichen Subjektivität. In Filmen wie *Das Piano, Bittersüße Schokolade, Engel an meiner Tafel, Camille Claudel, Shirley Valentine – Auf Wiedersehen, mein lieber Mann* und *Carrington* setzen sich weibliche Hauptfiguren mit ihren eigenen Wünschen und Begierden erfolgreich auseinander und entwickeln gleichzeitig ein stark erhöhtes sinnliches Empfinden für den eigenen Körper, selbst auf die Gefahr hin, körperliche wie geistige Gesundheit oder gar das Leben zu riskieren. Dabei geht es nicht um Sexualität im engeren Sinne, sondern eher um einen umfassenderen erotischen Antrieb, der mit Kreativität unterschiedlichster Art verbunden ist – wie im Bereich von Musik, Literatur, darstellender Kunst oder sogar beim Kochen.

Fast konnte ich sehen, wo diese beiden Sichtweisen des Begehrens zusammenfließen konnten. Und mir schien, daß sie vom Standpunkt einer Frau und Suchenden, die die Richtigkeit von beidem spürt, einfach zusammenlaufen mußten. Wenn ich eine echte Forscherin des Verlangens werden – und das schien mir der springende Punkt zu sein – und meine eigenständige Untersuchung durchführen wollte, dann mußte auch ich mit dem Material des Verlangens praktisch und uneingeschränkt arbeiten. Theoretisches Hintergrundwissen ersetzt schließlich nicht die experimentelle Forschung, und das genau ist es, wovon man Mädchen und Frauen fernhalten möchte.

Die Verfasserinnen von *Die Mutter-Tochter-Revolution* geben ein Gespräch wieder zwischen dem Dekan einer der berühmten Eliteuniversitäten und einer ehemaligen Studentin über die Tatsache, daß die Universität keine weiblichen Rhodes-Stipendiaten hatte. Es habe genügend Mädchen gegeben, die sowohl die guten Noten, das sportliche Talent als auch die Leistungen im sozialen Bereich vorweisen konnten, die für dieses überaus renommierte Graduiertenstipendium erforderlich waren. Aber wenn sie im Aufnahmegespräch gefragt wurden, *warum* sie dieses Stipendium haben wollten, wußten die Mädchen einfach nicht, was sie sagen sollten:

Etwas haben zu wollen, hatte in ihrem Leben keinen Platz. Diese Mädchen waren meisterhaft »brave Mädchen«, die immer alles richtig gemacht hatten; sie waren daran gewöhnt, allen Forderungen zu entsprechen und durch Reifen zu springen. Und auch wenn sie erfolgreich waren, hatten sie keine Verbindung zu ihrem Begehren, das aus dem »Ja!« in ihrem Inneren entsprang.[10]

Es gibt eine wunderbare Stelle in M. F. K. Fishers Memoiren *The Gastronomical Me*, wo solch eine junge Frau das Glück hat, die richtige Art von erwachsenem Beistand zu erhalten, und einen deutlichen Schubs hin auf jenes Verlangen bekommt, das aus dem »Ja!« im Inneren entspringt. Sie reist mit ihrem Onkel im Zug von Los Angeles nach Chicago in einer Zeit, als Speisewagen für ihr exzellentes Essen noch berühmt waren. Unendlich schüchtern und unsicher traute sie sich bei Tisch nur einen Blick auf die Speisekarte zu werfen und murmelte dann, daß ihr »alles recht sei«. Mit viel Geduld bemüht sich ihr Onkel in den nächsten Tagen, sie durch gutes Zureden und Unterstützung dahin zu bringen, daß sie ihre Bestellung entschlossen und mit einem gewissen Engagement aufgibt. Als sie jedoch in Chicago ankommen, schließt sich ihnen der halbwüchsige Sohn an, und ihr mühsam errungenes Selbstbewußtsein fällt wieder in sich zusammen. Onkel Evans lädt sie zum Abendessen ein, und als die Speisekarten kommen, schlägt Mary Frances erneut die Augen nieder und flüstert, daß ihr alles recht sei. Aber dann schaut sie auf, und der Blick ihres Onkels trifft ihre Augen, und plötzlich macht es Klick.

Ich wußte, daß dies ein sehr wichtiger Moment meines Lebens war. Ich schaute auf meine Speisekarte, zum erstenmal ganz bewußt und mit voller Aufmerksamkeit. »Einen kleinen Moment, bitte«, sagte ich ganz ruhig. Ich blieb ganz beherrscht wie ein Chirurg, wenn er eine Operation beginnt, oder vielleicht wie ein Schachspieler, der ein Turnier eröffnet. Schließlich sagte ich zu Onkel Evans, ohne mit der Wimper zu zucken: »Ich hätte gern die geeiste Consommé und dann Bries *sous cloche* und Brunnenkressesalat ... das weitere bestelle ich später.«

Ich erinnere mich, daß er sich in seinem Stuhl etwas zurücklehnte, und ich wußte, daß er nicht nur sehr stolz auf mich war, sondern mich auch sehr mochte. Und ich mich auch.

Teresa von Avila war nur ein paar Jahre älter als die beschriebene junge Frau, als sie bei *ihrem* Onkel vorbeischaute, als sie auf dem Weg zum Hof ihrer Schwester war, wo sie sich von einer Krankheit erholen sollte, bei der es sich eigentlich eher um einen Nervenzusammenbruch handelte, den sie etwa ein Jahr nach Beginn ihres Noviziats als Karmeliterin erlitten hatte. Eigentlich wußte keiner so recht, was ihr fehlte, aber ihr Onkel schaute die blasse, dünne junge Frau mit den großen dunklen Augen forschend an und gab ihr ein Buch – sagte ihr, sie dürfe es mitnehmen, vielleicht könne es ihr helfen. Bei dem Buch handelte es sich um eine Abhandlung über kontemplatives Gebet, verfaßt von einem spanischen Franziskaner, und es hat möglicherweise Teresa das Leben gerettet, denn es gab ihr die Mittel an die Hand, die Reise ins Innere zu beginnen, nach der ihr ganzes Sein verlangte und die das Leben in einem überfüllten, dem Weltlichen verhafteten Konvent vollkommen unmöglich gemacht hatte.

Diese beiden Geschichten gehörten für mich lange Zeit zusammen, da in beiden die Fähigkeit einer jungen Frau, etwas intensiv zu wollen und eine Wahl zu treffen, ernst genommen wurde – von einem Onkel! – in einer unbedeutenden Begebenheit, die sich als weichenstellend herausstellte.

Anders ausgedrückt, glaube ich, daß wir die Bedeutung einer bescheidenen Variante der Askese für die meditative Spiritualität anerkennen müssen. Wenn ich Tag und Nacht damit beschäftigt bin, darüber nachzudenken, was ich mag und was ich nicht mag, macht mich das zu einer Geisel der Umstände und erfüllt mich mit Angst. Doch man hatte mich nie ermutigt, mich als jeman-

den zu sehen, der bei den einfachsten Dingen die freie Wahl hat –
was mir schmeckt, wie ich mein Zimmer gern hätte, mit welchen
Leuten ich gern zusammensein möchte –, es gibt eine bestimmte
Art von Feuer und Licht, das sich in meinem Leben möglicherweise nie entzünden wird. Ich würde nicht wissen, wie ich nach
dem *greifen* sollte, was am wichtigsten ist, oder es überhaupt erkennen, wenn es kommt – wenn es leise zu mir spricht aus der
Tiefe meines eigenen Seins.

Das ganze Gewirr von Fragen rund um das Begehren würde für
mich ein Rätsel bleiben, und ich vermute, das ist es immer noch.
Aber schon es ans Licht zu holen, um es zu untersuchen, war
eine große Erleichterung: Ich konnte bereits fühlen, wie sich ein
gewisser Druck langsam verminderte.

4. Eingeschlossensein

Es scheint, ich sage etwas Dummes.
Denn wenn dieses Schloß die Seele ist,
dann muß man es nicht erobern, da es es
sich im eigenen Inneren befindet. Wie
närrisch würde es wirken, wenn wir jemandem sagen würden, er solle einen
Raum betreten, in dem er sich bereits
befindet. Aber du mußt verstehen,
daß es viele verschiedene Arten gibt, in
diesem Schloß zu sein.
Teresa von Avila, Die innere Burg (1,1,5)

Juliana hatte ihre Klause, Katharina von Genua einen Wand-
schrank in dem Krankenhaus, das sie leitete, Teresa von Avila
machte es sich zur Lebensaufgabe, dafür zu sorgen, daß jedes
Karmeliter-Kloster richtiggehend eingefriedet wurde und jede
Nonne ihre eigene Zelle bekam. Juliana von Norwich hüllt ihre
Leser in die Sprache des Einschließens. »Denn wie der Körper in

Kleidung gehüllt ist und das Fleisch in der Haut und die Knochen im Fleisch und das Herz im Rumpf, so sind wir, Seele und Körper, gehüllt und eingeschlossen in der Güte Gottes.« (LT 186)

Die Literatur der Mystik ist durchsetzt mit Vorstellungsbildern des Eingeschlossenseins. Bildern von ummauerten Gärten, Schloßinnenhöfen, Kokons und Bienenstöcken. Der Grund dafür ist keinesfalls mysteriös. Meditieren heißt, sich nach innen zu wenden, und erfordert, daß wir unsere Aufmerksamkeit von allem, was uns umgibt, abziehen. Und es ist so gut wie unmöglich, daß uns das gelingt, wenn wir unsicher, verletzlich oder ängstlich sind. Dann gibt es noch etwas weniger Offensichtliches, das die sogenannten Schwingungen betrifft. Ein Ort, an dem Menschen gebetet haben, läßt uns das spüren, und wenn man diesen Ort betritt, wird man von diesem Umstand so sanft wie ein weichfließender Umhang eingehüllt – dies gibt dem Gebet oder der Meditation große Tiefe.

Fünfundzwanzig Jahre lang war ich »eingeschlossen« mit über vierzig anderen, wobei ich zwar häufig während des Tages abwesend war, aber nachts immer zu dieser Ansammlung von Gebäuden zurückkehrte, die von Bäumen und Hügeln umgeben waren ... auch in einem tieferreichenden Sinn eingeschlossen von der Verpflichtung auf ein bestimmtes Regelwerk und der Bereitschaft, auf einige der Vergnügungen des modernen Lebens zu verzichten, die mit diesen Regeln nicht zu vereinbaren waren. In den Anfangsjahren hatten wir manchmal wochenlang so gut wie keine Vorstellung davon, was »draußen« vor sich ging – nicht so sehr deswegen, weil wir auf dem Land lebten, obwohl das sicher dazu beitrug, sondern weil wir einfach zu sehr in das vertieft waren, was wir taten, um irgend etwas anderes wahrzunehmen. Und ich fand das in Ordnung. »Ein Schößling muß sorgfältig umfriedet werden«, sagt ein hinduistisches Sprichwort, »wenn er zu einem kräftigen Baum heranwachsen soll.«

Dennoch stellte ich mir die Frage, was wohl sei, wenn ich jetzt

Anfang Zwanzig wäre und mit dem Meditieren anfangen würde. Würde ich mich so mühelos damit abfinden, »eingezäunt« zu werden?

Wenn westliche Frauen sich heute einer spirituellen Übung verschreiben, begeben sie sich so gut wie nie in eine tatsächliche Einfriedung – selten in eine Karmeliter-Zelle und, soviel ich weiß, niemals in eine Klause –, obwohl möglicherweise in diesem Moment eine Absolventin des berühmten Vassar Colleges irgendwo im Himalaya vor sich hin friert, die nichts hat als ihre Höhle, ihr Hirschfell und ihr shaivitisches Mantra. Oder vielleicht schließen sie sich einer Gemeinschaft an oder einem Kloster oder einfach dem Kreis um einen bestimmten Lehrer. Vielleicht haben sie sich ja auch nur entschlossen, sich aus Überdruß über die Vielfalt der spirituellen Speisekarte auf eine Lehre zu *beschränken* – auf einen Weg. Doch selbst dieser Schritt kann heftigen Alarm im Innern auslösen.

»Unsere Geschichte ist eine Geschichte der Einschränkung«, schreibt die Essayistin Nancy Mairs, »im Kindbett, in der Krinoline, in der Küche, selbst (wenn alle anderen sicheren Zufluchtsstätten versagt bleiben) im Obdachlosenasyl. ... Aber bei den meisten brauchte man nicht einmal einen Schlüssel oder Fesseln, wir wußten auch so, wohin wir gehörten.«[11]

Sowohl in bezug auf ihren physischen Körper wie auch im Reich der Archetypen hatte man Frauen lange Zeit als »das, was einschließt« betrachtet: Sie sind die Gefäße, im günstigsten Fall für heilig gehalten, die beides beinhalten, sowohl das Leben wie auch die Geheimnisse, durch die das Leben sich fortpflanzt. Frauen sind für Dichter auf der ganzen Welt »umfriedete Gärten« der Lust und der Fruchtbarkeit. Aber genau dieses Vorstellungsbild scheint auch zu beinhalten, daß jemand anders diese beschriebenen Mauern aufrechterhalten muß. Denn die Eigenschaften, die eine Frau sowohl als sexuell begehrenswert wie auch als mütterlich beschreiben – Zärtlichkeit, Sanftheit, eine hingebungsvolle Freundlichkeit –, scheinen als Zeichen dafür genommen worden zu sein, daß es »ihr nicht gegeben« ist, die sie umgebenden Mauern in gutem Zustand zu bewahren. Es ist, aus männlicher Sicht, als hätten wir kein Rückgrat – als ob wir jeden Augenblick aus unserer Umfriedung herausfließen könnten, wenn die Mauern nicht hoch und stark genug wären. Überall, wo die Geschlechtsfrage extrem polarisiert ist, was in den meisten überlieferten Kulturen der Fall ist, gerät man in dieses Dilemma: gerade jene Zielstrebigkeit und jenes Selbstwertgefühl, die es einer Frau erlauben würden, ihre Reinheit zu schützen, werden als unvereinbar angesehen mit den als weiblich betrachteten Eigenschaften. Stärke und Wachsamkeit werden nur ihm zugesprochen, Sanftheit und Nachgiebigkeit gehören zu ihr. Sie muß eingeschlossen werden, und nur er darf einen Schlüssel dazu haben.

Ich war mir gerade der Komplexität dieses speziellen Motivs – und wie widersprüchlich die Reaktionen der Frauen auf diesen Gedanken des Eingeschlossenseins sind – bewußt geworden, als eine Freundin, gebürtige Türkin, eine Bildgeschichte des Harems veröffentlichte. Alev Croutiers Großmutter und Großtante waren in einem Harem aufgewachsen und gehörten zu den letzten Frauen, die in einem solchen lebten, denn Harems wurden 1926 aufgelöst. Die Erforschung der Geschichte des Harems bedeutete für Alev in gewisser Weise die Erforschung ihrer eigenen Geschichte – ihrer Verbindung über die mütterliche Linie mit Frauen, die ihr gesamtes Leben hinter Mauern verbracht hatten.

Der Harem, so erklärt sie, war ein häusliches Arrangement, das im 12. Jahrhundert in Istanbul entstand und in moslemischen Haushalten während des gesamten osmanischen Reiches bis zu Beginn des zwanzigsten Jahrhunderts vorherrschte. Er fesselte lange Zeit die westliche Vorstellungskraft und wurde durch unsere Dichter, Maler, Geschichtenerzähler und Modeschöpfer, so behauptet sie, »ein einzigartiger Archetypus des kollektiven Unterbewußtseins«.

Das Wort *Harem* stammte von dem arabischen *haram*, was »un-gesetzlich«, »geschützt« oder »verboten« bedeutet. Der heilige Bereich um Mekka und Medina ist *haram*, Zugang haben nur die Rechtgläubigen. Harem bezieht sich auf den abgetrenn-ten, geschützten Bereich eines Haushalts, in dem Frauen, Kin-der und Diener in äußerster Abgeschiedenheit und Zurück-gezogenheit leben. Mit *harem* werden auch die Frauen selbst bezeichnet, und es kann sich auch auf eine Ehefrau beziehen. Schließlich ist *Harem* auch das »Haus des Glückes«, ... die An-erkennung des nur dem Herrn des Hauses zustehenden Rechts des sexuellen Gebrauchs, ein Ort, an dem Frauen ab-gesondert und von der Welt abgeschieden werden, unantast-bar für alle bis auf den einen Mann, der ihr Leben beherrscht.[12]

Ich fand es faszinierend, wie die Bedeutungen ineinandergriffen. Es ist schon verblüffend, daß dasselbe Wort benutzt wurde, um das höchste islamische Heiligtum und das häusliche innere Heiligtum zu bezeichnen, denn es läßt den Schluß zu, daß der Privathaushalt eine Abbildung des Islams selbst ist und somit praktisch eine heilige Aufgabe. Der Haushaltsvorstand war dem-entsprechend der Wächter oder Diener der Individuen, die unter seiner Obhut lebten – nicht nur ihres körperlichen, sondern ebenso ihres moralischen und religiösen Wohlbefindens.
Allerdings war die Unterscheidung zwischen Verwalter und Be-sitzer immer schon problematisch, und die emotionale Logik hinter dem Begriff *Harem* entwickelte sich aus genau dieser Ver-mischung. Wenn ein Mann sein Heim als befestigtes Königreich und sich selbst als Krieger ansieht, der die Verantwortung für dessen Verteidigung trägt, dann scheint ihn die althergebrachte Logik der Kriegführung zu den oben erwähnten »ausschließ-lichen Rechten des sexuellen Gebrauchs« zu berechtigen. Über-dies ist es allgemeiner Kriegsbrauch, daß bei einer belagerten Stadt die üblichen Rechte ihrer Bewohner regelmäßig aufgeho-ben werden – eingeschränkt durch Ausgangssperre, Verdunke-

lung und Zensur. Da der Harem als eine Festung unter *ständiger* Bedrohung konzipiert war – von Sinnlichkeit als solcher wie auch von einzelnen Angreifern –, wurden schon von Anfang an nicht die üblichen Rechte zugestanden. Eine eigene Meinung der Bewohner war als solche schon unvorstellbar, wurde als regelrechter Verrat angesehen.

Wann immer der kriegerische männliche Heroismus das zentrale Thema ist, so stellte ich fest, neigt er dazu, alle anderen Themen – und alle anderen möglichen »Subjekte« – zu überrollen. Mir war klar, daß die Institution Harem auf gesellschaftlichen und religiösen Bedingungen aufbaute, die nicht mehr vorherrschten, dennoch blieb, als ich mehr über diese Institution lernte, das Gefühl, daß sie in bestimmter und wichtiger Hinsicht immer noch starke Auswirkungen hat – weit über ihren Einfluß auf unsere Kunst, Literatur, Musik und Kleidung hinausreichend. Meines Wissens gibt es heutzutage im Westen keine Persönlichkeit des öffentlichen Lebens, die behauptet, daß der Harem ein sinnvolles Modell ist. Und dennoch, so tief verwurzelt wie er in der trüben Welt der kollektiven Phantasie ist, dauert diese Institution an, geisterhaft, in stillschweigendem Übereinkommen darüber, wie »die Dinge sein sollten«. Harems gibt es heute zwar nur noch im Märchen, aber die Logik des Harems lebt und gedeiht.

Mir fiel beispielsweise jene Freundin ein, die die Polizei rief, weil ihr Ehemann sie mehrfach geschlagen hatte. Sie kamen zwar zu ihrem Haus, weigerten sich aber, es zu betreten, und das irritierte meine Freundin, bis sie erkannte, daß die Polizisten die Türschwelle respektierten, die die Privatsphäre eines anderen Mannes abgrenzte, und sie als »sein Eigentum« definierten, weil sie sich innerhalb dieses Bereiches aufhielt.

Ich mußte auch daran denken, wie merkwürdig es doch war, daß in einer Gesellschaft, in der Frauen angeblich vollkommen frei sind, zu kommen und zu gehen, wie sie wollen, sie jedoch tatsächlich durch die Bedrohung krimineller Gewalttaten – auf den Straßen, in den Parks, am Arbeitsplatz – genauso wirkungsvoll in ihrer Bewegungsfreiheit beschnitten sind wie Frauen anderswo durch gesellschaftliche oder religiöse Vorschriften, deren Einhaltung von institutionalisierter Gewalt gesichert wird.

Und – was ich als besonders schrecklich empfand – mir fiel auch ein, was ein römisch-katholischer Bischof meiner Heimat im nördlichen Kalifornien auf die Frage nach Vorwürfen des Kindesmißbrauchs antwortete, die es vor etwa zwanzig Jahren gegen einen seiner Priester gegeben hatte. Er gab zwar zu, daß er gewußt habe, daß Pfarrer X bei vielen Gelegenheiten kleine Jungen dazu überredet hatte, bei ihm zu übernachten, aber daß er es nie für angebracht gehalten habe, dazu etwas zu sagen, denn »die Wohnung eines Priesters sei sein Privatbereich«.

Die Einfriedung von Frauen ist eine Tradition, die Feministinnen einfach in Frage stellen müssen – überall, in all ihren Formen, eingeschlossen die symbolische Einfriedung, die sich ergibt, wenn Frauen von der Bildung und der Teilnahme am freien Austausch von Ideen ausgeschlossen werden. Bella Abzug gab einer alten feministischen Metapher nur eine neue Wendung, als sie ihre Grußworte an die Vierte Internationale Frauenkonferenz in Peking mit den Worten schloß: »Unsere Berufung liegt darin, die Große Mauer, die Frauen überall auf der Welt umgibt, Stück für Stück abzutragen.«

Kapitel 6

Göttliche Weisungen oder Bedingungen
unserer Unterwerfung?

Sobald ich einmal diese vier »Fenster« in die Unvereinbarkeit, die ich zwischen Feminismus und meditativer spiritueller Übung spürte, bestimmt hatte, ergaben sich daraus einige beunruhigende Folgerungen wie von selbst. Die will ich zusammenfassen ... Man wird keine zwei spirituellen Lehrer finden, die ihren Schülern identische Wege weisen, und manche werden sogar ihre Lehren den Bedürfnissen einzelner Schüler anpassen. Dennoch werden bestimmte Weisungen ein fester Bestandteil meditativer Übung sein, ganz gleich wie weit- oder enggefaßt man sie interpretiert.

• Schweige. Halte deine Rede im Zaum, aber bringe auch deinen Geist zur Ruhe, und zwar besonders Gedanken, die »ich« und »mein« zum Inhalt haben. »Derjenige, der spricht, weiß nichts«, verkündet das Dao. »Derjenige, der weiß, spricht nicht.«

• Stelle dich immer hintenan, oder mit den Worten von Thomas von Kempen: »Suche dir immer den niedrigsten Platz, und sei [sic] so niedriger als alle anderen.« Entthrone das Ich.

• Widerstehe deinen Begierden und lenke sie in andere Bahnen. Löse die Identifikation mit deinem Körper und deinen Sinnen. Genaugenommen, lerne, daß dir dein Körper nicht gehört.

• Schließe dich ein. Wende dich nach innen und ziehe dich in einen schützenden »Behälter« zurück. Löse dich von so viel äußerer und öffentlicher Aktivität wie nur möglich.

Es war mir zuvor noch nie aufgefallen, aber nun begriff ich, daß diese Regeln, so alt und allgemein sie auch sein mögen, keinesfalls geschlechtsneutral sind. Zum größten Teil im Klosterbereich formuliert, heben sie die Grundfreiheiten – zu sagen, was man will, hinzugehen, wohin man möchte, jene Vergnügen zu genießen, die man sich leisten kann, und, am wichtigsten, jemand zu *sein* – auf, die normalerweise männliche Privilegien darstellten. Das heißt, daß Männer aller gesellschaftlichen Schichten diese Freiheiten immer in weit größerem Maße besessen haben als Frauen derselben Schicht. So daß ein Mann, der sich diesen Regeln unterwarf und sich dem religiösen Leben widmete, eine dramatische und schmerzhafte Veränderung seines Status hinnehmen mußte: einen Generalangriff auf sein Ego. Und doch würde keiner daran zweifeln, daß er diese Veränderung freiwillig auf sich genommen hatte. Man ging davon aus, daß er sich diesen Angriff auf sein Ego selbst auferlegt hatte.

Frauen dagegen waren nie in der Position, diese Privilegien freiwillig aufzugeben, *weil sie diese nie besessen haben*. Ganz im Gegenteil. Wenn man keine Kenntnisse über mystische Texte hat, könnte man meinen, diese Gebote seien aus einem Ratgeber für junge Bräute jeder beliebigen antiken und / oder traditionellen Kultur, die wir kennen. Sie klingen bemerkenswert ähnlich den Unterweisungen, die junge Mädchen immer an der Schwelle zum Frausein erhalten haben und die sie in verhüllter Form oder unter stillschweigender Drohung noch heute erhalten. Es sind die Bedingungen unserer Unterwerfung, und jede davon wurde direkt und wörtlich von zeitgenössischen Feministinnen zurückgewiesen, die Frauen statt dessen drängten:

• Finde deine Stimme; erzähle deine Geschichte, verschaffe dir Gehör auf den höchsten Ebenen jeder Institution, die dein Leben beeinflußt.

• Erkenne dich selbst. Baue deine authentische Identität oder Eigenpersönlichkeit auf. Finde deine Bedürfnisse heraus, und lerne, wie man sie befriedigt.

• Beanspruche die Entscheidungsmacht über deinen Körper und seine Wünsche gegenüber allen, die ihn objektivieren oder herabwürdigen wollen, sei es die Modeindustrie, die Pornographen oder selbst die Schulmedizin. Erkenne den Haß gegenüber dem weiblichen Körper, der die zeitgenössische Kultur durchdringt, und trete ihm entgegen.

• Bewege dich frei und furchtlos. Erobere dir die Straßen, erobere dir die Nacht und den Tag zurück.

Es hatte sich schließlich doch als relativ einfach erwiesen, die Stellen auszumachen, an denen Feminismus und Spiritualität heftig zu kollidieren schienen, doch das Ergebnis dieser Suche war, zumindest für mich, revolutionär. Mir war, als schaute ich auf zwei völlig unterschiedliche Kulturen, mit zwei Wertesystemen, für die dasselbe Wort völlig unterschiedliche Bedeutungen haben konnte. Es war klar, daß die verschiedenen Arten von Sackgassen, die ich festgestellt hatte, nicht »mein Problem« allein waren. Sie mußten unzählige Frauen betreffen und viele, weitreichende Auswirkungen haben, die ich noch längst nicht alle erkannt habe ...
Überhaupt war es nun offensichtlich, warum eine Frau, die sich feministische Grundsätze zu eigen macht, sich nur schwer spirituellen Regeln unterwerfen kann: Als Feministin ist sie auf sehr reale Weise bereits auf einem Weg: einem Weg, der von ihr Mut fordert und Selbstbewußtsein und die Bereitschaft, allein zu ge-

hen. Die Anweisungen, die sie bekommt, wenn sie spirituelle Übungen aufnimmt, schicken sie scheinbar genau in jene Richtung zurück, aus der sie kommt, und auch das sehr konkret. Punkt für Punkt wiederholen sie die Gebote, die hinter sich zu lassen sie so hart gearbeitet hat. Sie mag sehr wohl den Zusammenhang begreifen, der in der *Bhagavad-Gītā* gemacht wird zwischen der Zügelung der Begierden und einer Vertiefung der Meditation. Doch wenn sie Jahre damit verbracht hat, der Versuchung zu widerstehen, Schokoladenkuchen zu essen, um nicht zuzunehmen, und dann ein paar Jahre bewußt gegessen hat, um sich vom Diktat der Modezeitschriften unabhängig zu erklären, dann ist es für sie ziemlich verwirrend, jetzt erneut darauf verzichten zu müssen, diesmal der Meditation zuliebe. Was ist, wenn sie rückfällig wird und sich über die Pfunde zu freuen beginnt, die sie dadurch verliert – welche Auswirkung wird das auf ihre Meditation haben?

Und angenommen, so dachte ich weiter, es geht nicht einfach nur um Schokoladenkuchen? Vielleicht geht es um einen Doktorgrad oder darum, ein Buch zu schreiben oder ein Kind zu bekommen oder eine Freundschaft aufzulösen oder eine neue zu beginnen? Oder nach Paris zu reisen? Oder nach Tibet? Vielleicht hat es etwas mit ihrer sexuellen Orientierung zu tun und ob ihre Eltern, ihr Chef oder sogar ihr spiritueller Lehrer mit dem Wissen darum umgehen können? Es läßt sich schwer vorstellen, daß ihre feministischen Instinkte und ihre spirituellen Sehnsüchte irgendeine dieser Entscheidungen im selben Lichte sehen werden. Wie soll sie sich dabei bloß zurechtfinden? Sich an ein Programm von spirituellen Regeln zu halten ist selbst unter günstigsten Umständen schwierig genug, aber wenn im eigenen Kopf die Stimmen widerstreiten wie in einer Radio-Talkshow, dann ist es nahezu unmöglich.

Noch schlimmer, was ist mit einer Frau, die niemals die Bedingungen ernsthaft in Frage gestellt hat, denen sie als Frau unterworfen ist? Sie ist ausgestattet mit Charme, Anmut und

Temperament – für sie ist Willfährigkeit keine wirkliche Belastung, und sie wurde dafür immer ausgiebig belohnt. Oder vielleicht hat sie einfach *Angst* davor, Fragen aufzuwerfen? In beiden Fällen hat sie ihr Verhalten sorgfältig gesteuert, damit man sie nicht als »schroff«, »anmaßend«, »zudringlich« oder »ehrgeizig« ansieht. Sie verhält sich eher »feminin« und bringt den Bedürfnissen anderer gewohnheitsmäßig Aufmerksamkeit entgegen. Wenn eine Frau mit dieser Persönlichkeit sich entschließt, spirituelle Übungen aufzunehmen, und lernt, welch große Bedeutung dem Schweigen und der Selbstverleugnung zugemessen wird, der Zügelung der Begierden und dem Eingeschlossensein, kommt sie dann zu dem Schluß – wie die Figur bei Molière, die entdeckt, daß sie ihr Leben lang Prosa gesprochen hat –, daß sie ihr Leben lang auf dem spirituellen Pfad war?

Wenn ja, wenn sie glücklich so weitermacht wie bisher und nur eine minimale Veränderung in ihren Bezugsgrößen vornimmt und nichts in ihr beunruhigende Fragen aufkommen läßt – zu Glaubwürdigkeit und Mut und Selbstbewußtsein (über Paris, um Himmels willen, und Tibet!) –, dann hat sie vielleicht einen ebenso holprigen Weg vor sich wie ihr feministisches Gegenstück. Denn das Gefährliche an der Meditation ist, daß sie als Spiegel wirkt, ob man das will oder nicht. Der Inhalt des Geistes wird verwirrend sichtbar – wie Butter, sagt die indische Überlieferung, die von der Buttermilch getrennt wird. Es wird vielleicht ein paar Jahre dauern, doch irgendwo auf diesem Weg wird sich wahrscheinlich jede beunruhigende Wahrnehmung, die diese Frau nicht zulassen wollte, vor ihr aufbauen und ihr Recht verlangen, und wenn das geschieht, dann wird das Spirituelle, das sie sich aus dem zusammengemixt hat, was sowieso zur Hand war, unter dieser Belastung kaum überdauern können.

Mir ist jetzt klargeworden, daß engagierte Feministinnen Schwierigkeiten haben können, sich spiritueller Übung zuzuwenden, aber das kann Frauen, die sich vom Feminismus fernhalten, genauso ergehen, wenn auch aus anderen Gründen. Mir schien, daß beide Parteien es schwer haben würden, sich einer meditativen Praxis auch nur annähernd mit jener Hartnäckigkeit und Leidenschaft zuzuwenden, die erforderlich ist, denn beide sind in entscheidender Weise dort zerrissen – um Emily Dickinsons Formulierung zu übernehmen –, »wo der Sinn liegt«.

Selbst ich begann, als ich zu dieser Erkenntnis kam, mit neuem, schmerzhaftem Begreifen über die letzten zwanzig Jahre nachzudenken. Denn die beiden Szenarios, die ich gerade beschrieben habe, waren für mich mehr als nur Theorie. Ich hatte das Gefühl, daß ich jedes davon bei mehreren Gelegenheiten sich hatte entfalten sehen. Wenn jemand mit spirituellen Übungen beginnt und sie dann wieder fallenläßt oder in den Kreis eines bestimmten Lehrers gerät und diesen Kreis dann wieder verläßt, ist es weiser, sich nicht allzusehr darüber zu grämen, daß es auch anders hätte sein können. Jede Frau hat ihre eigene Reiseroute und ihren eigenen Fahrplan. Dennoch konnte ich nicht aufhören darüber zu grübeln, ob manche der Freundinnen, die ich immer noch vermißte, vielleicht fähig gewesen wäre, doch jene Konflikte auszuhalten und zu versöhnen, die sie zum Kofferpacken veranlaßt hatten, wenn wir darüber offen und ehrlich hätten sprechen können – vorausgesetzt, uns hätte eine Sprache zur Verfügung gestanden, die uns das Reden *erlaubt* hätte. Ich fragte mich das, denn allein einen Teil der Sprache, nach der ich gesucht hatte, gefunden zu haben milderte bereits meine eigenen Gefühle der Verwirrung und Zerrissenheit.

Indem ich die so grundsätzlich verschiedenen Bedeutungen herausarbeitete, die Feminismus und Spiritualität mit Eingeschlossensein, dem Schweigen, der Selbstverleugnung und dem Zügeln der Begierden verbanden, war ich dem Verständnis meiner eigenen Schwierigkeiten, diese beiden Engagements miteinander in Einklang zu bringen, nähergekommen. Ich hatte diese gegensätzlichen Strömungen zwar gefühlt, aber nicht gesehen, und als Ergebnis waren sie viel beunruhigender als diese beiden kurzen, aber deutlichen Waschzettel. Um die Klarheit zu gewinnen, die ich brauchte, hatte ich natürlich stark vereinfachte Bilder von Feminismus und meditativer Spiritualität gezeichnet. Aber das hatte auch einen realen praktischen Wert. Beispielsweise konnte man von der Annahme ausgehen, daß der Feminismus die Stimme vertrat, während die Mystiker alle das Schweigen verteidigten. Wenn ich etwas intensiver nachdachte, was mir gar nicht lieb war, da ich über ein solches Polarisieren nicht besonders glücklich bin, begann ich mich an einige äußerst interessante Dinge zu erinnern, die zeitgenössische Feministinnen über die Rolle zu sagen hatten, die aufmerksames Zuhören bei der psychologischen Enwicklung von Frauen spielt.[1] Aus demselben Grund mußte ich erkennen, daß das lange Schweigen eines werdenden Mystikers schließlich meist durch prophetische Äußerungen gebrochen wird oder einen Ruf nach Reformen oder das Verkünden inspirierter Lehren. Das Nachdenken über diese beiden »Verwerfungen« in meinen Annahmen führte mich wiederum dazu, darüber nachzudenken, wie oft ich in beiden Zusammenhängen dieses Gefühl ausgedrückt gesehen habe, daß es für alles eine Zeit gibt. Daß, beispielsweise mit den Worten von Carol Gilligan, »Sprechen und Zuhören eine Form des psychischen Atmens sind«.[2]

Und an diesem Punkt begann ich über den geheimnisvollen Rhythmus *aller* Dinge nachzudenken und mich zu fragen, ob die mächtigen Rhythmen, die das biologische Leben einer Frau bestimmen, uns dazu befähigen, Ebbe und Flut praktisch allen Lebens genauer wahrzunehmen, als es Männern möglich ist, und uns so in diesem Rhythmus zu bewegen, daß wir letztlich nicht fragen, *ob* wir sprechen oder schweigen sollen, sondern *wann*. Und dies rief mir wiederum jene flüchtige Eigenschaft ins Gedächtnis, die die mittelalterlichen christlichen Schriftsteller *discretio* nannten und die indische Tradition als *viveka* bezeichnet. Unterscheidung. Es geht darum, gegenwärtig ins Herz der Dinge zu schauen und die entsprechend beste Wahl zu treffen, und jene, die darüber sprechen, sagen, daß sich dies nur in der Tiefe der

Meditation ereignet. Klara von Assisi sprach von der besonderen Rolle der *discreti* innerhalb ihrer Klöster – Frauen, denen von der Gemeinschaft ein außerordentlich gesundes Urteilsvermögen zugesprochen wurde. Dabei wäre es spannend, den nächsten Schritt zu tun und zu überlegen, welche Frauen von den zeitgenössischen Feministinnen wohl als *discreti* anerkannt würden und warum.

Der dialektische Prozeß, den ich damit angestoßen habe, ohne daß ich ihn als einen solchen begriffen hätte, führte mich gleich von Anfang an zu einer klareren Vorstellung gegenüber den beiden von mir am meisten geschätzten Verpflichtungen und, sogar mehr als das, zu den Orten, wo sie sich tatsächlich gegenseitig erhellen. Ich erkannte sofort, daß dabei die Frage der »Wahl« an sich am wichtigsten war. Eingeschlossensein, Schweigen, Selbstverleugnung und die Neubewertung der Begierden sind, so sagen Verfechter der meditativen Spiritualität, bewährte Wege zu Schätzen, die bei den meisten von uns unentdeckt bleiben. Das mag vielleicht sein, würden Feministinnen umgehend erwidern, aber solange eine Frau diese Eigenschaften nicht frei wählen kann, solange sie nicht weiß, daß sie kommen und gehen könnte, wie sie wollte, sagen könnte, was sie will, und ein *Selbst* haben könnte, bleibt ihre augenscheinliche Hinwendung zu jenen Entsagungen relativ bedeutungslos und wird wohl kaum Früchte tragen. Und mir schien, als habe genau das so viele der Frauen beunruhigt, mit denen ich gearbeitet habe – sie waren sich selbst gegenüber mißtrauisch, empfanden sich beim Treffen einer Wahl als dilettantisch.

Was müßte geschehen, fragte ich mich jetzt, damit Frauen sich dazu fähig fühlen könnten, jene Art von Wahl zu treffen, die der spirituelle Weg erfordert, von einem Augenblick zum nächsten, glaubwürdig und daher wirkungsvoll? Ich war zu Schlüssen gekommen, die diese Frage dringlich machten. Schließlich hatte ich zu verstehen begonnen, warum so viele Frauen meinen, sich zwischen Feminismus und spirituellem Weg entscheiden zu müssen. Doch gleichzeitig war mir etwas anderes klargeworden, das die Integration dieser beiden Verpflichtungen unabdingbar machte. Es wurde mir bewußt in Form einer Hypothese: Was wäre, wenn die Strukturen, die Frauen so lange schweigsam und machtlos gehalten hatten, im menschlichen Bewußtsein – in Ihrem, meinem, jedermanns – zu tief eingebettet sind, um von irgend etwas wie dem üblichen politischen Aktivismus oder sogar einer Massenerziehung verändert werden zu können?

Gandhi glaubte, daß der britische Imperialismus nicht einfach nur eine Sache politischer Strukturen war, sondern auf einem System tiefverwurzelter Vorstellungen darüber beruhte, was ein menschliches Wesen ausmacht – darüber, welcher Mensch »zählt«. Er erkannte, daß die Inder selbst diese Vorstellungen verinnerlicht hatten und daß deshalb ein bloß politisches Vorgehen den britischen Imperialismus nicht einmal ansatzweise herausfordern konnte. Es wäre mindestens Satyagraha erforderlich: Nur »die Kraft der Seele« würde etwas bewirken, da sie bis in die untersten Schichten wirkt und die Person, die sie ausübt, im Denken, Reden und Handeln transformiert – genaugenommen zuerst sie verändert, bevor es in denen wirkt, gegen die es eingesetzt wird.

Eine Satyagrahi, also eine Satyagraha Ausübende, ist nur so wirkungsvoll, wie sie furchtlos ist, und sie ist insofern furchtlos, als sie den Dienst an der Wahrheit noch mehr schätzt als das Leben selbst. Doch Gandhi beharrte darauf, daß Satyagraha nur von Menschen angewandt werden kann, die die Feuerprobe der spirituellen Erfahrung bestanden haben und sich dabei durch zahllose Akte der Selbstdisziplin »auf Null reduziert« haben. Der Grund liegt auf der Hand. Wenn ich nichts essen kann, an das ich nicht gewöhnt bin, wenn ich nicht in der Lage bin, meine Begierden auf normalem Wege zu zügeln, dann bin ich augenscheinlich weit entfernt von jener Art der Selbstbeherrschung, die es mir erlauben würde, Gewalt mit Nichtgewalt zu begegnen. Wir arbeiten uns ganz langsam an diese Fähigkeit heran, betonte Gandhi, indem wir uns beispielsweise von Zeit zu Zeit freiwilliges Schweigen auferlegen und uns darin üben, nur die einfachste Nahrung zu uns zu nehmen, indem wir bestimmte Arten des Eingeschlossenseins akzeptieren, wie die Hilfe bei einem Dorfaufbau in einem abgelegenen Teil des Landes oder sogar die Inhaftierung. (Gandhi betrachtete die Zeiten, die er im Gefängnis verbrachte, als Gelegenheiten für die Stärkung seiner spirituellen Ressourcen. Er sprach kaum, und bei den Briefen, die er aus dem Yervada-Gefängnis schrieb, vermerkte er als Absender »Yervada Mandir« – ein *mandir* ist ein Tempel.) Offensichtlich ist das Auswählen – die Fähigkeit, in angemessener Freiheit Entscheidungen zu treffen – der Kernpunkt. Es ist die Fähigkeit der Satyagrahi, das freiwillig zu wählen, das sie zu dem macht, was sie ist. Sie handelt nicht unter irgendwelchen Zwängen. Weder Furcht noch Gier, noch Wut – nicht einmal Wut über soziale Ungerechtigkeit. Sie hat sich, viele Jahre lang, darin geübt, sich keinen Zwängen zu beugen, weder inneren noch äußeren, und im Verlauf dieses Prozesses hat sie auch den letzten Gedanken daran, daß sie schwach oder unterlegen sein könnte, zerstört.

Angenommen, eine Feministin beginnt mit Meditation und den damit verbundenen Regeln im Geist des Satyagraha mit der Absicht, weise und stark genug zu werden, um den Sexismus wirksam herauszufordern. Sie ist jedoch entsetzt, als sie entdeckt, daß sie einige jener Regeln genauso empfindet wie jenes nur allzu vertraute System von Praktiken, das lange Zeit für ihre Unterordnung, ja selbst ihre Entwürdigung verantwortlich war. Wie kann sie sicher sein, daß sie sie freiwillig auswählt, aus eigenen Beweggründen, und nicht nur um jener alten, tief verinnerlichten Forderungen (»Sei ruhig. Bleib im Haus. Sei nicht *vorlaut*.«) und der damit verbundenen Belohnungen willen (»So ist es gut. Was für ein braves Mädchen. Wir werden uns um dich kümmern.«)? Wohin wird all das führen? Wird sie ihre Kampfbereitschaft – ihre »Kanten« verlieren und ihre Leidenschaft für soziale

Gerechtigkeit? Die Unterordnung unter diese Regeln wird sie befreien, erzählt man ihr, aber diese Unterordnung fühlt sich so nach ... *Unterwerfung* an.

Es ist ein furchtbarer Zwiespalt. Wenn man sich für etwas so Wichtiges wie den spirituellen Weg entscheidet, möchte man es gern mit ungetrübtem Geist machen. Doch gerade dieser getrübte Geist ist der Grund, warum eine solch verzweifelte Maßnahme erwogen werden muß. Wie kann man ihm vertrauen?

»Wenn du nicht in der Gewerkschaft bist, wirst du keinen Job bekommen«, lautet der alte Spruch, »aber du mußt erst einen Job haben, bevor du in die Gewerkschaft eintreten kannst.«

Theoretisch betrachtet, sieht es hoffnungslos aus. Doch ich denke, in der Praxis ist es das nicht. Wenn ich an meine ersten Monate des Meditierens zurückdenke, dann sehe ich drei Gründe, warum es mir richtig vorkam, weiterzumachen: drei ganz klare Gründe, mir und dem, auf das ich mich einließ, zu vertrauen.

Das Wichtigste war, daß ich bescheiden angefangen hatte, mit den kleinsten Willensproben, die vorstellbar waren. Es ging nicht darum, ob ich mir noch ein Päckchen Zigaretten oder ein Stück Kuchen kaufen sollte oder zeitig genug aus dem Bett kam, um meditieren zu können, bevor es auf der Straße zu laut wurde. All das lag noch weit vor mir, denn all diese Entscheidungen würden einen Willen erfordern, der schon erheblich gestärkt worden war.

Nein, mein erster Schritt bestand nur darin, eines Nachmittags meine Augen zu schließen und dem Gefühl nachzuspüren, mit meiner Aufmerksamkeit dreißig Minuten lang auf den Worten des 23. Psalms zu verweilen. Dazu mußte ich nur die Willenskraft aufbringen, meinen Geist immer wieder zurückzubringen, wenn er abzuschweifen begann. Das bedeutete für mich, daß ich für jene wenigen Augenblicke etwas unterließ, das zu tun mich alles in meiner Herkunft konditioniert hatte: Ich widerstand dem Verlangen des Geistes, dorthin zu wandern, wohin es ihm beliebte. Eine recht unbedeutende Sache – aber alles andere hing davon ab, denn sie lehrte mich, daß es ein »Ich« gab, das außerhalb des Gedankenflusses stehen und einen eigenen Kurs halten konnte.

Meditation *funktioniert*. So einfach war das. Sie bewegt etwas. Diese Entdeckung auch nur im kleinen zu machen schien mir Begründung genug, auf die Richtung zu vertrauen, in die ich mich bewegte. Und selbst diese sehr einfache Handlung war ein Vertrauenssprung, den ich nicht gewagt hätte, wenn mich nicht jemand auf die denkbar überzeugendste Art und Weise dazu überredet hätte. »Du kannst an meinen Worten zweifeln«, hatte Easwaran lächelnd und leichthin mit den Schultern zuckend gesagt. »Du mußt es selbst versuchen: Du hast nichts zu verlieren.« Ihn gerade zu diesem Zeitpunkt kennenzulernen, das geheimnisvolle Zucken im Herzen zu spüren, das echte Verbindung signalisierte, und zu fühlen, daß absolut nichts von ihm ausging, was manipulativ oder rechthaberisch war, war der zweite Beweggrund für mein Vertrauen.

Wenn sich das Meditieren vertieft und schwieriger wird, dann kann einen der Lehrer wirklich beinahe mühelos über manche der schlimmsten Strecken hinüberheben. Aus diesem Grund sprechen die indischen Lehrer von »der Gnade des Gurus«. Aber sie warnen uns auch, daß wir, wenn wir sehr weit auf dem spirituellen Weg gehen wollen, die »Gnade unseres eigenen Geistes« haben müssen, und daß dies sogar noch schwieriger zu erreichen sein kann. Ich denke, daß es genau diese Gnade des eigenen Geistes ist, die Frauen genommen wurde kraft ihrer kollektiven Geschichte. Wenn Frauen spirituelle Übungen aufnehmen, sehen sie sich gezwungen, Erinnerungen gegenüberzutreten und zu durchleben, die über die mütterliche Linie weitergegeben wurden: Schweigen, das aufgezwungen wurde, und Eingeschlossensein, das man nicht verlassen konnte, Eigenpersönlichkeit, die ganz selbstverständlich vorenthalten wurde, und Sehnsüchte, denen man eine Abfuhr erteilte ... Erinnerungen, die nicht so sehr im Bewußtsein gespeichert sind, sondern in Knochen und sogar Muskeln … Erinnerungen, die immer wieder verkünden, wie schwach und wie unwichtig Frauen sind.

Mir ist klargeworden, daß es in den Anfangsmonaten meines Meditierens etwas gab, das diese finstere Last ausglich und zerstreute. Indirekt, aber mit großer Macht bildete es den dritten Beweggrund für das Vertrauen – in meine eigene Urteilsfähigkeit, in meinen Lehrer und in das, was er mich lehrte. Es wurde sichtbar in einem lebensgroßen Porträt von Easwarans Großmutter, das jahrelang jeden Abend hinter seinem Stuhl hing, wenn er zu uns sprach, und es ging von jedem Hinweis aus, den er auf sie und seine Mutter und die matrilineale Tradition machte, der sie entstammten. Es seien die Frauen gewesen, so hatte er immer beteuert, durch die Indiens spirituelle Wertvorstellungen von einer Generation zur nächsten weitergegeben worden seien. Die Verehrung der Frau, die Easwarans Familie von alters her durchdrungen hatte, durchdrang in gleicher Weise das Leben der Gemeinschaft, die er hier gegründet hatte, und hat über die Jahre beständig alles widerlegt, was uns westliche Kultur weismachen will über die Bedeutung, eine Frau zu sein.

Sobald ich erkannt hatte, wie wichtig meine Begegnung mit dieser Großmutter war – besonders in jenen heiklen ersten Monaten –, begann ich mich zu fragen, ob etwas Ähnliches für jede westliche Frau durchgeführt werden müßte, die ihren Feminismus mit ihrem spirituellen Weg vereinbaren möchte. Etwas in ihrem Leben oder zumindest eine machtvolle Vorstellung in ihrer Phantasie muß ihr einen Grund geben, sich darüber zu freuen, eine Frau zu sein.

Die Analogie, die ich zwischen Gandhis Anhängern und der zeitgenössischen Frauenbewegung gezogen hatte, schien mir wert, weiterverfolgt zu werden. Doch jedesmal, wenn ich dies anderen darlegte, lief dies letztlich auf die Frage hinaus: Wer sind die Briten der Frauen? Wo ist der *Feind*? Die Gegner des Feminismus haben schnell das zur Hand, was sie für die Antwort halten: die

Männer. Es sind die *Männer*, die von den Frauen als Feind und Unterdrücker angesehen werden. Was natürlich Blödsinn ist, aber es ist ein Blödsinn, der sich hartnäckig behauptet. Gandhi sah die Briten nicht als den Feind an, und die Feministinnen sehen genausowenig in den Männern ihre Feinde. Sondern der Feind ist die Theorie und Praxis der männlichen Überlegenheit. Die Rolle, die im britischen *raj* der Rassismus spielte, kommt im Leben der Frauen und Mädchen dem Sexismus zu.

Der Rassismus war die Wurzel des indischen Kummers, aber es war ein Rassismus, der aufgeputzt war mit institutionellem Beiwerk, legitimiert durch alle möglichen Gesetze und Dekrete – gestützt von solch einem langen Stammbaum, daß er immer schon dagewesen zu sein schien, gleichbedeutend mit der Zivilisation selbst. Ist es nicht verständlich, sich vorzustellen, daß Frauen – alle Frauen, auf der ganzen Welt – vor einem vergleichbaren Problem stehen, wie es die imperialistische Herrschaft der Briten für das Indien Gandhis war, ebenso so umfassend, seit langer Zeit bestehend, unterdrückerisch und *konkret*? Und als zweites, wenn ein solcher Gedanke akzeptabel ist, gibt es historische Belege dafür, anzunehmen, daß »die Kraft der Seele« in der einen oder anderen Form einen wirkungsvollen Widerstand dagegen aufbauen könnte? Die Arbeit zeitgenössischer feministischer Historikerinnen bietet genügend Anhaltspunkte, um beide Fragen mit Ja zu beantworten.

Bisher habe ich sorgfältig vermieden, das Wort *Patriarchat* zu benutzen: Sicherlich habe ich es bis zu jenem Zeitpunkt meines Lebens, den ich beschreibe, niemals benutzt. Der Begriff war mir immer so provokativ erschienen: Wo immer er angewandt wurde, erfolgte umgehend eine heftige Polarisierung der Diskussion. Doch ich kam zu dem Schluß, daß es vielleicht wirklich keine Möglichkeit gab, zu einem gültigen Verständnis der »über die Mütter vererbten Erinnerungen« und was sie in uns bewirken, zu kommen – und, wichtiger noch, wie wir sie ausmerzen können –, ohne ihre historischen Ursprünge zu untersuchen.

Es ist für mich ein großer Schritt nach vorn gewesen, daß ich nun in ziemlich exakten Begriffen erklären konnte, warum mein Feminismus und mein spiritueller Weg sich aneinander zu reiben schienen. Aber kaum hatte ich jenen Schritt getan, da erkannte ich, daß ich diesen Schritt nicht hätte tun können, wenn ich nicht von einer Prämisse ausgegangen wäre, die eigentlich erst seit den letzten zehn oder fünfzehn Jahren zur Verfügung stand – der Erkenntnis, daß, ganz gleich, wie individuell die persönliche Geschichte einer jeden Frau und eines jeden Mädchens auch ist, diese persönliche Geschichte auf alle möglichen Weisen von der ererbten kollektiven Geschichte *aller* Frauen geprägt wurde. Wenn man mich, sagen wir einmal, 1975 gedrängt hätte, etwas über die Geschichte der Frau zu sagen, hätte ich nur skizzieren können, daß es keine Geschichte gab – ein Versäumnis, das als berechtigt angesehen wurde, denn die wahre Lebensaufgabe der Frau war es zu helfen und zu unterstützen, unsichtbar und unhörbar. Doch die letzten Jahrzehnte haben feministische Wissenschaftlerinnen hart daran gearbeitet, für die Frauen eine »brauchbare Vergangenheit«[3] zusammenzustellen – das heißt eine Darstellung der Entwicklung der westlichen Kultur, bei der die offensichtliche Abwesenheit der Frau erklärt wird, ohne diese zu legitimieren, und die uns in diesem Prozeß in die Lage versetzt, uns jene Art von Kultur vorzustellen, die hätte entstehen können und immer noch entstehen kann.

Schon seit Jahren – indirekt, durch eine Art Osmose – habe ich diese Vorstellung einer »brauchbaren Vergangenheit« in mich aufgesogen. Aber ich habe mich nie mit den wegweisenden Forschungen selbst beschäftigt und nie darüber nachgedacht, welches Licht sie auf meine eigene Erfahrung werfen könnten. Mein Entschluß, mir die Geschichte des Patriarchats anzuschauen, sollte sich als Dreh- und Angelpunkt erweisen für die Lösung der Spannungen, die ich zwischen Feminismus und Spiritualität gespürt hatte. Es zeigte sich, daß im Gegensatz zu dem, was ich bisher geglaubt hatte, das Patriarchat auch nicht im entferntesten

»ein Naturgesetz« ist und nicht einmal besonders alt, verglichen mit den weit frauenfreundlicheren Kulturen, die es abgelöst hat. Und mir wurde klar, daß eine ganze Reihe von Individuen hart daran gearbeitet haben und es auch heute noch tun, damit es so *aussieht*, als sei das Patriarchat ein Naturgesetz, so alt wie die Zeit. Ich brauchte etwas, um zu begreifen, wie gefährlich unausgeglichen unsere Kultur ist (man wächst in dem Glauben auf, daß »männerzentriert« normal ist; trotz all meiner feministischen Neigungen gab es immer noch so viel, was ich noch gar nicht in Frage gestellt hatte). Aber sobald ich dieses Ungleichgewicht erkannt hatte, sah ich, wie grundsätzlich unvereinbar es mit allem ist, was ich als authentische Spiritualität ansehen würde. Wie konnte jemand Verachtung für Frauen oder »das Weibliche« in sich oder bei anderen empfinden und dabei vorgeben, er strebe nach vereinigendem Bewußtsein oder universeller Liebe?

Im Biologieunterricht meines Sohnes in der High-School mußte jeder Schüler während des ganzen Schuljahres etwas Lebendiges im Labor halten – eine Eidechse, eine Schildkröte, am besten als Gemeinschaft von Lebensformen wie in einem Terrarium oder einem Aquarium. Mein Sohn hielt sich Fische, und ich lernte in dieser Zeit, daß man in das Aquariumwasser bestimmte Tropfen geben mußte, um giftige Chemikalien zu neutralisieren. In Anbetracht dessen, was heute alles im Wasser ist, könnten Fische sonst nicht atmen und müßten sterben. Dieses Bild stieg wieder in mir auf, als ich mich zu einer ziemlich verblüffenden Hypothese hingezogen fühlte. Vielleicht geht es gar nicht darum, daß Feminismus und Spiritualität unvereinbar sind, sondern darum, daß männerzentrierte Kulturen nicht einmal für die nach Spiritualität Strebenden, schon gar nicht für spirituelle Gemeinschaften, *sicher* sind, bevor nicht so etwas wie der Feminismus auf der Bildfläche erscheint?

Meines Erachtens kann man mit den vier Konfliktbereichen, die ich skizziert habe – Stimme oder Schweigen, Freiheit oder Eingesperrtsein usw. –, wenig anfangen, solange man kein Verständnis für die besonderen Entwicklungen in der kollektiven Geschichte der Frauen entwickelt hat, die daran schuld sind, daß diese Bereiche so problematisch wurden. Deshalb möchte ich diese Entwicklungen jetzt darlegen. Doch darüber hinaus will ich etwas von dem Prozeß wiedergeben, durch den ich meinen Weg in diese kollektive Geschichte fand, denn auf seltsame Weise erwies er sich als außerordentlich interaktiv.

Ursprünglich begab ich mich in einen jener zwielichtigen Bereiche, die für alle mit einem Hang zur Forschung so anziehend sind: die kritischen Fähigkeiten sind für den Augenblick alle ausgeschaltet, man nimmt *alles einfach in sich auf*, und es ist ein Gefühl, das gewöhnlicher Gier nicht unähnlich ist. Doch es dauerte nicht lange, und etwas anderes begann sich zu entwickeln. Fast mühelos, als ob man eines jener Patchwork-Kleider zusammenstükkelte, wie sie Ende der Sechziger so in Mode waren, hatte ich damit begonnen, meine eigene Version einer »brauchbaren Vergangenheit« zu schaffen – ein Bezugssystem, das meine persönliche Geschichte verständlich machte. Ein Kleid, das paßte. Vor allem waren mir faszinierende Verbindungen aufgefallen zwischen dem, was ich als vorpatriarchalische Spiritualität vermutete, der christlichen mystischen Tradition und dem zeitgenössischen Feminismus. Um herauszufinden, welche Verbindungen es da wirklich gab und was sie bedeuteten, mußte ich wiederum ein viel klareres Verständnis von den Werten und Motiven bekommen, die mit der Heiligkeit des Weiblichen verknüpft waren. Die Mühe, die ich dafür aufwandte, wurde um ein Vielfaches von der Belohnung übertroffen, die die Entdeckung besonders eines Motivs für mich darstellte, von dem ich glaube, daß es uns dabei hilft, die offensichtliche Fehde zwischen Feminismus und meditativer Spiritualität zu beenden – und zwar in der Art einer Shakespeareschen Komödie: mit einer Hochzeit.

Ich erkannte nun, daß keine Historikerin einer Frau ihre »brauchbare Vergangenheit« übergeben kann. Jede von uns muß ihre eigene zusammenstellen, und ein umfassendes Wissen der

Frauengeschichte ist unser Ausgangspunkt. Dieser Prozeß wird für jede Frau, die sich auf ihn einläßt, anders sein – so unterschiedlich, wie uns unsere jeweiligen Lebensgeschichten, Begabungen, Leidenschaften und Bedürfnisse eben machen. Das Rüstzeug, das uns für ein solches Unterfangen zur Verfügung steht, vervielfacht sich jetzt täglich, da immer mehr Frauen niederschreiben, was sie wissen, und ich hoffe, daß jede Frau den *Wunsch* hat, das zu tun.

In den nächsten vier Kapiteln habe ich versucht, den Prozeß nachzuzeichnen, durch den meine eigene Version einer »brauchbaren Vergangenheit« geformt wurde. Ich hoffe, daß der Leserin hier und da zwischen den Zeilen etwas von der großen Freude übermittelt wird, die ich gespürt habe, als ich sah, wie sich die Teile langsam zu einem zusammenhängenden Ganzen verbanden. Die vier Polaritäten, die ich mehrfach erwähnt habe – Stimme versus Schweigen usw. –, waren unentbehrlich. Zusammen bilden sie eine Art Leitmotiv, das sich durch diese Kapitel zieht. Ich habe jedoch nicht den Versuch unternommen, ihnen gleich viel Zeit zu widmen. Je nach dem jeweiligen Kontext wird der eine Aspekt vielleicht wichtiger sein als der andere, denn als so sinnvoll es sich auch erwiesen hat, diese Probleme getrennt zu behandeln, glaube ich dennoch, daß es sich im Grunde um vier Aspekte *ein und desselben* Problems handelt. Nimm eins davon ins Visier, und die anderen drei werden auch bald ins Blickfeld rücken ...

Kapitel 7

Stein für Stein:
Das Gesetz der Väter demontieren

Erinnern Sie sich an die Gründungsväter unseres Landes, den USA? Ich denke dabei an die Porträts von George Washington und Abraham Lincoln, die in den Klassenzimmern der Grundschule hingen. Ohne über das Warum nachzudenken, verband ich Weiblichkeit immer mit Abe. George war ein hoffnungsloser Fall, aber von Abe hieß es, er habe über die Sklaverei geweint, folglich wurde er für mich »der Sanfte«. Wahrscheinlich habe ich mir dabei gedacht, welches Land braucht schon zwei Väter und keine Mutter?

Vermutlich, weil sie größer sind

Es gibt leider nur sehr wenige Frauen, die gern über das Patriarchat sprechen oder wenigstens das Konzept für glaubwürdig halten. Sie zögern nicht ohne Grund. Indem man sich weigert, dem Was-immer-es-Ist einen Namen zu geben oder seine Verbindungen zur Vergangenheit zu erkennen, erhält man sich die Möglichkeit, es herunterzuspielen und zu glauben, daß es sich mit Geduld und gutem Willen von selbst auflösen wird. Abgesehen davon, jeder Frau, die sich die Bedingungen genauer anzusehen beginnt, unter denen Frauen im Laufe der Zeiten gelebt haben, und – schlimmer noch – darüber sprechen möchte, wird wahrscheinlich vorgeworfen, sie stelle Frauen als Opfer dar, schwäche die allgemeine Moral und untergrabe die Fortschritte, die Frauen angeblich in Richtung auf volle Gleichberechtigung machten.

Ich hatte wohl all das gefühlt, und ich kannte die gelehrten Einwände, daß der Begriff *Patriarchat* eigentlich nur auf das griechische oder römische Rechtssystem anwendbar sei, das dem Vater die absolute wirtschaftliche und gesetzliche Macht über seine Frau und seine Kinder gibt ... daß die modernen westlichen Rechtssysteme anders arbeiten: schließlich leben wir in einer Demokratie ... daß nur in den Filmen über die Mafia»der Godfather«, der Pate, absolute Autorität besaß. Doch der Bedrohung, eingesperrt, zum Schweigen gebracht oder als Objekte behandelt zu werden, traten die Frauen, mit denen ich gearbeitet habe, auf eine Weise sensibilisiert entgegen, die mich vermuten läßt, daß sie sich nicht gerade als »Gleiche unter Gleichen« fühlten. Mir ist der Standpunkt schon verständlich, daß der Begriff Patriarchat heutzutage, wo westliche Frauen die Bürgerrechte haben, nicht mehr angewendet werden könne, aber ich finde das Argument einleuchtender, daß wir, da die obersten Führungspositionen in nahezu allen unseren Institutionen immer noch von Männern besetzt sind, in einer Welt leben, die vielleicht nicht per Gesetz patriarchalisch ist, aber aufgrund der mangelnden Erfüllung der Gesetze. Und es war nicht zu übersehen, daß dieses De-facto-Patriarchat den Versuchen der Frauen, sich dem spirituellen Weg zu widmen, zutiefst feindlich gegenüberstand.

Als ich damit begann, mich näher mit dem Patriarchat zu beschäftigen, wurde ich sofort von der Tatsache überrascht, daß es auf vielerlei Weise eine Quelle ausgesprochen guter Nachrichten für Frauen war.

Erst einmal lehrt uns ein genauer Blick auf die Geschichte des Patriarchats, daß irgendwann in der fernen Vergangenheit, aus Gründen, die nicht einmal besonders geheimnisvoll sind, die Unterdrückung der Frauen *ihren Anfang nahm*. Unser Status in der Gesellschaft veränderte sich, und zwar dramatisch. Wahrscheinlich hätte mich diese Erkenntnis gar nicht so überraschen

dürfen, aber sie tat es. Ich erkannte, daß ich wohl von der unge-
prüften Annahme ausgegangen war: »Nun, so ist das eben, und
sicher war es immer so, denn … sie sind einfach größer als
wir.«
Natürlich wußte ich es besser, und zwar schon seit langem. Von
dem Buch *Der Pate* sind Anfang der siebziger Jahre Millionen
Exemplare verkauft worden, aber hier draußen, in der Gegenkultur, hatte Colin Turnbulls wunderbare Untersuchung über
das Leben der Kongo-Pygmäen, *Molimo*, seinen eigenen bescheidenen Erfolg. Seine Darstellung der intimsten täglichen Interak-
tionen eines Volkes, dessen Lebensweise im wesentlichen noch
jungsteinzeitlich war, erlaubte uns gebildete Spekulationen darüber, wie ein »vorzivilisatorisches« Leben vielleicht ausgesehen
haben könne, und es ließ uns vermuten, daß die systematische
Unterdrückung von Frauen wahrscheinlich nicht dazugehörte.
Genaugenommen war ein großer Teil der Energie, die in jenen
Jahren in die Bildung alternativer Gemeinschaften wie der meinen gesteckt wurde, von dem gespeist, was uns Anthropologen
erzählten: daß es *wirklich möglich ist*, Gemeinschaften aufzubauen,
die nicht die hierarchischen Beziehungen der Strukturen, in
denen wir aufgewachsen waren, nachahmten. Allein das Wissen
um die matrilineare Struktur der Familiengeschichte meines
Lehrers in Kerala war für mich und die anderen Frauen in meiner
Gemeinschaft von großer Bedeutung. Und als wir dann einige
der selbstbewußten und gebildeten jungen Frauen dieser Familie kennenlernten (eine Elektroingenieurin, eine Kinderärztin,
eine Journalistin, eine Sprachwissenschaftlerin, eine Program-
miererin …), war klargeworden, daß eine Kultur, die »das Weibliche« achtete, auch real lebende Frauen und Mädchen achten
konnte.
Doch immer noch waren diese Eindrücke eben nur Eindrücke,
nicht mehr. Ich hatte sie nie zusammengefaßt zu einer einheit-
lichen Betrachtungsweise der Vergangenheit. Ich hatte nie das
»sie sind größer als wir« ernsthaft in Frage gestellt, denn ich war

mir bewußt, daß es in der Geschichte nur wenige Beispiele gab, wo nackte Gewalt von etwas anderem als noch größerer Gewalt erfolgreich bekämpft worden war. Es war für mich unfaßbar, daß eine ganze Kultur mit aufrichtiger Verehrung auf die Hälfte ihrer Mitglieder schaut, die deutlich kleiner und weniger gut für den Kampf ausgestattet ist. Da mir völlig der Sinn dafür fehlte, daß so etwas auch nur möglich war, war ich alles andere als bereit, etwas zu glauben, das uns Archäologen seit Jahrzehnten zu bedenken geben: daß, wie Gloria Steinem so gern jungen Mädchen erzählt, »es in ungefähr fünfundneunzig Prozent der Zeit, die Menschen auf der Erde gelebt haben, auf jedem Kontinent Kulturen gegeben hat, in denen Mädchen genauso wertvoll waren wie Jungen«.[1]

Der zweite Grund, warum ich kräftig Auftrieb bekam durch das, was mich die Geschichte der Frauen lehrte, ist, daß die Geschichte des Patriarchats immer auch die Geschichte des Widerstands gegen das Patriarchat war. Es war ganz und gar nicht leicht, und es ging auch nicht besonders schnell, Frauen »auf ihren Platz zu verweisen«. Das erforderte viele Schritte: Gesetze mußten abgefaßt, Erlasse herausgegeben, die heiligen Schriften neu interpretiert werden. Und jedes Gesetz und Edikt und jede frauenfeindliche Bibelstelle oder Liturgie repräsentiert einen Ort, an dem man immer noch davon ausging, daß Frauen Widerstand leisteten – wo sie immer noch in der einen oder anderen Hinsicht »bevollmächtigt« schienen. Jene Variante der Zivilisation, die sich gerade entwickelte, schien die vollständige Entmachtung von Frauen zu erfordern, doch dieses Ziel zu erreichen, war ein langwieriger Prozeß, der etwa 2500 Jahre dauerte. Sich bewußt zu werden, daß das Patriarchat sich Stein für Stein aufbaute, heißt zu erkennen, daß es auch in gleicher Weise, Stein für Stein, wieder abgebaut werden kann. Das heißt aber auch, zu erkennen, daß es reine Dummheit ist zu glauben, daß es sich jemals *selbst* demontieren wird.

Frauen haben immer sehr aktiv »Geschichte gemacht«, bemerkt die feministische Historikerin Gerda Lerner, sie haben das Geschehen immer mitgestaltet, aber in der aufgezeichneten Geschichte wird ihnen keine aktive Rolle zugewiesen. Weil sie darin weder auftauchten noch an der Niederschrift beteiligt waren, haben sie keine Vorstellung, was andere Frauen in der Vergangenheit geleistet haben. Für Frauen, die die kulturell geschaffenen Vorstellungen über »die Frau« abschütteln wollten, gab es kein klar ersichtliches Erbe und nichts, worauf sie aufzubauen hoffen konnten. Als Forscherin und Lehrerin der Frauengeschichte hat Gerda Lerner erlebt, wie elektrisiert zeitgenössische Frauen waren, wenn sie erfuhren, was Frauen der Vergangenheit getan hatten.

Eine für unsere Gesellschaft treffende und weit weniger belastete Bezeichnung als *patriarchalisch* wäre *androzentrisch*, also »männerzentriert«, oder wie die Psychologin Jean Baker Miller es ausdrückt, »organisiert nach den Erfahrungsbegriffen der Männer, entsprechend ihrer Möglichkeit, diese zu definieren und sie ausführlich zu behandeln«.[2] Ich werde diese Begriffe häufig benutzen, dennoch werde ich auf »Patriarchat« nicht völlig verzichten, gerade weil diese Bezeichnung so belastet ist und uns daran erinnert, daß Männerzentriertheit im Grunde zu nichts anderem führen kann als zu männlicher Vorherrschaft, selbst wenn die bewußte Absicht, zu beherrschen, nicht sichtbar ist. Gerda Lerner gehört zu jenen Wissenschaftlerinnen, die überzeugt sind, daß der Begriff *Patriarchat* immer noch anwendbar ist, aber sie warnt davor, aus dem Gebrauch dieser Bezeichnung den Schluß zu ziehen, daß Frauen hauptsächlich Opfer waren. Was sie so stark an der Unterordnung der Frauen fasziniert, ist ihre Mittäterschaft bei den Prozessen, die sie in diese kritische Lage gebracht haben. Eine treffendere Weise, dieses Arrangement zu beschreiben, argumentiert sie, sei eine »paternalistische Dominanz ... wobei diese Dominanz mittels gegenseitiger Verpflichtungen und Rechtsansprüche ausgeübt wird«.[3] In einer Analyse der Anfänge der westlichen Zivilisation, die entschieden scharfsichtiger und gehaltvoller ist, als ich hier auch nur im Ansatz wiedergeben kann, skizziert Lerner den Prozeß, durch den sich dieses Arrangement entwickelte – wie sorgfältig es abgestimmt wurde, und doch wie unpersönlich und ohne Eile. Folgt man ihrer Argumentation, gelangt man zu einem fast überwältigenden Verständnis all der unsichtbaren Mechanismen, die auch im gegenwärtigen Leben noch wirksam sind, auf jeder Gesellschaftsebene, quer durch Klassen oder Rassen, um Frauen nicht nur »auf ihrem Platz« zu halten, sondern auch in dem Glauben zu bestärken, der in den Tiefen ihres Lebens verankert ist, daß sie dorthin gehören.

Als ich mich mit den großen Zügen des Musters vertraut machte, das Lerner in ihrem ersten Buch *Die Entstehung des Patriarchats* skizziert, wurde mir schlagartig klar, daß jede einzelne der besonderen »Empfindlichkeiten«, die ich bei heutigen Frauen beobachtet hatte, einleuchtend zurückverfolgt werden konnte, nicht nur auf das Patriarchat als solches, sondern auf bestimmte Stadien seiner Entwicklung, und das betraf vor allem drei Phasen.

Der Angriff des Patriarchats:
Weibliche Sexualität wird zur Ware

In einer vorzivilisatorischen Gesellschaft, so glaubt Gerda Lerner, hätten sich Frauen wahrscheinlich als mindestens den Männern gleichwertig empfunden. Wenn das Leben der Steinzeitfrauen dem der Frauen in Sammler-und-Jäger-Kulturen ähnelte, die heute noch beobachtet werden können – und Anthropologen und Archäologen neigen zu dieser Ansicht –, dann hat die Nahrungsbeschaffung, die sie zusammen mit den Kindern betrieben, dem Gewicht nach sechzig bis achtzig Prozent dessen ausgemacht, was tatsächlich gegessen wurde. Die Männer trugen gelegentlich etwas dazu bei, haben aber wahrscheinlich den Großteil ihrer Zeit auf der Jagd nach Honig wie nach Wild verbracht – Unternehmungen, die sie weiter fort führten, als es für die Frauen möglich war, die Babys tragen mußten und kleine Kinder bei sich hatten.

Zeitgenössische Anthropologen, unter denen der Frauenanteil stark gestiegen ist, haben vieles widerlegt, was vor Generationen über diese Kulturen berichtet wurde. Beispielsweise wird heute charakteristischerweise der Begriff »Sammler und Jäger« benutzt anstelle des früheren Begriffs »Jäger und Sammler«, um zu betonen, daß das Sammeln von Nahrung mehr als die Hälfte der Versorgung ausgemacht hat. Heute scheint klar zu sein, daß zwar die Arbeitsteilung nach Geschlechtern eine Realität unter den Sammlern und Jägern war, diese Arbeitsteilung aber nicht starr gehandhabt wurde – alle möglichen Arten von Ausnahmen konnten beobachtet werden – und keineswegs heißen sollte, daß ein Geschlecht dem anderen überlegen sei. Es ging bei der Struktur eher um Kooperation und gegenseitige Achtung. So beschrieben beispielsweise Forscher, die bei den »!Kung« lebten, daß die Frauen, wenn sie auf der Suche nach Knollen, Nüssen und Beeren waren, gleichzeitig Informationen für die Jäger sammelten – Spuren und andere Hinweise auf Tiere in diesem Gebiet, die sie beobachtet hatten. Und viele, die gelernt haben, sich ihre Nahrung selbst zu suchen, haben mit Sicherheit erkennen müssen, daß das Sammeln von Nahrung viel mehr erfordert, als einfach reife Früchte zu pflücken. Es erfordert spezialisiertes Wissen über die Eigenschaften der Nahrungs- und Heilpflanzen. Von Jahr zu Jahr verändern sich die Bedingungen – man muß wissen, auf welche Pflanzen man in mageren Jahren zurückgreifen kann, Pflanzen, die vielleicht nicht besonders gut schmecken, aber einen am Leben erhalten.[4]

Welchen »Nimbus« auch immer die Männer in einer Sammler-

und-Jäger-Kultur haben konnten – den Ruhm, Risiken einzugehen, den Glanz der Waffen, die Aufregung im Lager, wenn eine Jagd erfolgreich war –, würde von dem Bewußtsein der Gruppe von der bemerkenswerten Natur der weiblichen Erfahrung ausgeglichen werden. Die geheimnisvolle Synchronizität zwischen dem Menstruationszyklus der Frauen und den Mondphasen wäre ebenso anerkannt worden wie die Fähigkeit der Frauen, zu gebären und danach die Babys zu stillen. Als Lebensspenderin und Lebenserhalterin waren Erde und Mutter fast immer Synonyme, und ihre annähernde Identität wiederum führte ganz natürlich zur Verehrung von mütterlichen Gottheiten. Man muß dabei nicht so weit gehen, sich ein regelrechtes Matriarchat vorzustellen (und Lerner tut das auch nicht), um zu erkennen, daß in Kulturen mit weiblichen Gottheiten die Stellung der Frau eine relativ starke gewesen sein muß. »Frauen müssen ebenso ihr Abbild in den Göttinnen gesehen haben wie Männer in den Göttern«, schreibt Lerner. »Es gab eine anerkannte und für wesensbestimmend angenommene Gleichheit der menschlichen Wesen vor den Gottheiten, die in das Alltagsleben ausgestrahlt haben muß. Die Macht und das Mysterium der Priesterin waren so groß wie die des Priesters ...«[5] Die Arbeit der Archäologin Marija Gimbutas und der Historikerin Riane Eisler hat mit Sicherheit Lerners Spekulationen in dieser Hinsicht unterstützt.

Schließlich ging das Nomadentum der Sammler und Jäger in Gartenbau und dann in Ackerbau über, und irgendwo in der schattenhaften Periode, die dem Ackerbau voranging und über die nur wenig bekannt ist, besonders als die körperliche Kraft größere Bedeutung erlangte – um den Pflug zu ziehen und das Land zu roden –, begann nicht nur die Stellung der Frau schwächer zu werden, sondern auch das Modell der Partnerschaft seine Bedeutung zu verlieren. Anthropologen sehen diese Entwicklung nicht als unvermeidbar an. Eine geschlechtsspezifische Arbeitsteilung ist in allen menschlichen Gesellschaften bisher beobachtet worden, doch begründet diese Arbeitsteilung normalerweise nicht eine Unterordnung der Frauen, solange nicht »bestimmte Formen gesellschaftlicher Spannungen« die Gesellschaft beeinträchtigen. »Der schwerwiegendste Faktor scheint dabei der Druck auf die Umwelt zu sein, der zur Konkurrenz um die verringerten Ressourcen innerhalb der Gruppe oder mit benachbarten Gruppen führt.«[6]

Haben Frauen dagegen Widerstand geleistet? Haben sie erkannt, was auf sie zukommt? Lerner vermutet, daß es eine schleichende Entwicklung war, ähnlich wie bei der Industriellen Revolution. »Die Dinge entwickelten sich auf eine bestimmte Weise, was bestimmte Konsequenzen hatte, die weder Frauen noch Männer beabsichtigt hatten ... Als ein Bewußtsein des Prozesses und dessen Auswirkungen sich entwickeln konnte, war es – jedenfalls für die Frauen – zu spät, den Prozeß aufzuhalten.«[7]

Sobald das Land kultiviert werden konnte, ließen sich nomadische Stämme oder Clans, die an das Herumziehen in einem bestimmten Gebiet gewöhnt waren, nieder und beanspruchten Land: Eine Vorstellung, die ihnen anfangs wahrscheinlich sehr merkwürdig erschienen war, wie es auch den amerikanischen Indianern ging, als Europäer diesen Kontinent zu besiedeln begannen. Die Nahrung, die früher sehr vielfältig war, begann sich dramatisch auf wenige Sorten zu verengen: Getreide und Hülsenfrüchte wurden Hauptnahrungsmittel; dadurch wurde das enzyklopädische Wissen über Pflanzen und Nahrungszubereitung, das die Frauen von ihren Müttern erworben hatten, für die neue Situation von immer geringerer Bedeutung.

Der Wert einer Frau wurde nun hauptsächlich gemessen an ihrer Fähigkeit, Kinder zu gebären und das Land zu bearbeiten. Verwandtschaftsstrukturen, die oft matrilinear waren, wurden durch stärker hierarchische Autoritätsmuster ersetzt: Der »starke Mann«, der die Arbeitskraft organisieren konnte, wurde zum Drahtzieher, und die Arbeitskraft konnte gleichzeitig zur Armee werden – eine Notwendigkeit, denn das Konzept von privatem Besitz beinhaltete die Bereitschaft, diesen gegen andere zu verteidigen, die auch darauf Anspruch erhoben. Wenn eine Militärmacht eine andere eroberte, dann hätte der Sieger die Möglichkeit, die Männer, die er besiegt hatte, zu versklaven. Einen Bauernhof mit Gefangenen zu bewirtschaften ist jedoch immer problematisch. Es könnte zu gewaltsamen Aufständen kommen und kühnen Fluchtversuchen. Die Unterwerfung der Frauen stellte sich da als die problemlosere Unternehmung heraus – besonders nachdem man sie vergewaltigt hatte. Man wußte, daß sie, selbst wenn sie entkommen konnten, von ihren eigenen Männern nicht mehr willkommen geheißen würden, deshalb war es recht unwahrscheinlich, daß sie es versuchen würden, und sobald sie dann einmal Kinder hatten, würde sie die Mutterschaft am Ort festhalten – nicht als Ehefrauen, sondern als Sklavinnen, die man kaufen oder verkaufen konnte oder einfach gegen etwas eintauschte. »Ihre sexuellen Dienste [galten] als Teil ihrer Arbeitsleistung und ihre Kinder als Eigentum ihrer Herren. *In allen bekannten Gesellschaften waren die Frauen der besiegten Stämme die ersten, die versklavt wurden, während die Männer noch getötet wurden.*«[8] Anthropologen haben die gewaltigen Veränderungen, die diese Ereignisse für die Frauen brachten, anschaulich aufgezeigt und klargemacht, daß im Kopf derjenigen, die sie kauften und verkauften, Frauen eigentlich verdinglicht wurden (buchstäblich zu einer *Sache* gemacht). Sie waren nun Handelswaren, austauschbar gegen Landparzellen und Schafherden. Lerner betont, daß es nicht die Frauen selbst waren, die verdinglicht wurden, sondern ihre sexuellen und reproduktiven Fähigkeiten. Dennoch führte der »Austausch von Frauen« dazu, daß Frauen in entscheidender Weise entmenschlicht wurden, und diese Veränderung des Bewußtseins sollte sich als unheilvoll erweisen.[9]

Ich muß zugeben, daß allein das Wissen von diesem bedeutsamen Wandel eine gewaltige Veränderung in meinem Bewußtsein ausgelöst hat. Es war, als sei ich mein Leben lang herumgegangen und mir eines *unangenehmen Geruchs* bewußt gewesen, der von irgendwoher kam – mal schwach, mal stärker –, und plötzlich hätte ich seine Quelle entdeckt. Ich meine damit diese merkwürdige Verachtung für Mädchen und Frauen, die in einer männlichen Kultur alles durchdringt – für uns alle ebenso zerstörerisch wie auch unnötig. Mir schien es jetzt, als habe das direkt mit der Vorstellung zu tun, daß die wichtigste Aufgabe im Leben der Aufbau einer Machtbasis sei – Lehnsgüter, Forts und Festungen –, und dann damit berühmt zu werden, sie zu verteidigen oder die anderer zu erobern. Frauen waren nicht besonders gut im Kampf, und in der sich entwickelnden »heroischen« Kultur war diese Fähigkeit der einzige Maßstab. Nicht nur körperlich waren sie »weich«, Frauen waren ebenso verletzbar wegen ihrer Emotionen: Gab es etwas Verächtlicheres als eine Frau, die sich den Sitten des »anderen« anpaßte, nur um ein Kind zu schützen, das auch noch ein Kind des »anderen« war? Wo blieben da ihr Stolz und ihre Entschlossenheit und ihre Stammesidentität – ihre Anerkennung, daß die anderen wirklich *andere* sind? Und was das betraf – und dies war die finsterste Verdächtigung von allen, die längst verschütteten Erinnerungen an eine Zeit entstieg, als man Frauen geheimnisvolle Kräfte und erkennbare Souveränität zugesprochen hatte –, *konnte eine Frau wirklich gegen ihren Willen geschwängert werden, wenn sie (auch im stillen) das wirklich nicht wollte?* Wenn man die sich aufbauenden Werte der frühen westlichen Zivilisation betrachtet, gab es auf diese Frage keine Antwort, die die Stellung der Frau hätte verbessern können. Genau jener Bereich von Fähigkeiten und Anlagen, für die Frauen in früheren Zeiten verehrt worden waren, jene, die sie in die Lage versetzten, Leben zu geben und zu erhalten, lieferte jetzt die Begründung dafür, daß man sie für passiv, träge und sehr wahrscheinlich amoralisch hielt. Die politischen Diskussionen der letzten Zeit über schwangere Teenager und von der Sozialhilfe abhängige Mütter enthüllen die Zählebigkeit solcher Haltungen.

So vieles wurde mir plötzlich klar. Patriarchat war nicht einfach nur eine Organisationsform der Gesellschaft, sondern auch ein System von Annahmen darüber, wodurch sich ein Selbst bestimmt, wobei die erste davon ausgeht, daß nicht genug für alle da ist. Damit eine Gruppe mächtig sein kann, müssen andere ihr untergeordnet sein – auf die eine oder andere Weise »zur Ware gemacht« oder »verdinglicht«: kontrolliert oder einfach zum Schweigen gebracht. Mir war jetzt nur allzu verständlich, warum Frauen bei den Themen Selbstverleugnung und Koabhängigkeit so angespannt waren. Denn Koabhängigkeit ist offensichtlich nur die Spitze eines Eisberges, der sich über Tausende von Jahren angesammelt hat. Frauen, die man so lange Zeit gelehrt hatte, sich als minderwertige Menschen zu betrachten, scheinen einstmals äußere Formen der Kontrolle verinnerlicht zu haben, was genau jene Art von Zwängen in Gang setzt, die koabhängiges Verhalten ausmachen: die Unfähigkeit, die eigenen Wünsche *nicht* denen anderer vorzuziehen. Es ist, als hätten Frauen eingewilligt, auf ewig die Rolle der Unterstützerin zu spielen: als Dienerin oder hilfreiche Freundin eines anderen, der der wahre Hauptdarsteller ist. Aufs Stichwort reichen sie dem Helden sein Schwert oder legen ihren Morgenmantel ab, und aufs Stichwort – im passenden Moment und ohne viel Aufhebens – verschwinden sie wieder. Man kann die koabhängige Persönlichkeit durchaus als höchsten Triumph des Patriarchats ansehen.

Und wenn es Frauen heute schwerfällt, geradlining über ihre Wünsche nachzudenken, ist das sicher nicht verwunderlich. Wenn Gerda Lerner recht hat und die Unterordnung der Frauen auf die Verdinglichung ihrer Sexualität und Fortpflanzungsfähigkeit zurückzuführen ist, die zu einem Zeitpunkt errichtet wurde, als sich Landwirtschaft und Stadtstaaten zu entwickeln begannen, dann würde die Aufhebung dieser Reduzierung der Sexualität vielleicht die wichtigste Aufgabe des Feminismus sein. Historisch gesehen war die Hauptaufgabe der Frauen, Nachkommen zu erzeugen – für den Stamm, den Staat, selbst die Kirche – und ihre

Freude hauptsächlich an dem fertigen Produkt zu haben. Der Preis für den Schutz und die Unterstützung durch die Männer war die umfassende Einschränkung der eigenen sinnlichen Wünsche. »All unsere erotischen Vorstellungen«, schreibt die feministische Gelehrte Bell Hooks, »wurden in einer Herrschaftskultur geformt.«[10] Hooks bezog sich dabei besonders auf afroamerikanische Frauen, aber sicherlich haben ihre Worte für alle Frauen Gültigkeit. Das heißt, daß uns unsere Wünsche »vorgeschrieben« wurden. Auf tausenderlei Arten, oft ganz unterschwellig, sagt man uns, was wir uns wünschen sollen und dürfen. Und die vielleicht stärkste Kraft bei diesem Vorschreiben besitzt etwas, das die meisten Frauen nie zu Gesicht bekommen. Die wenigsten Frauen haben in ihrem Leben direkten Kontakt mit der Pornographie. Außer Sichtweite und dennoch allgegenwärtig hält sie eine Geschichte aufrecht, die erschreckend frauenfeindlich ist, und Vorstellungsbilder, die sogar noch frauenfeindlicher sind. Catharine A. MacKinnon hatte den Mut, diese Geschichte zu lesen, und den noch größeren Mut, öffentlich und leidenschaftlich zu verkünden, was sie davon hält und wie das Leben von Frauen und Kindern dadurch geprägt wird. Ihre Schlußfolgerungen sind bezeichnend:

Der Inhalt der Pornographie ist das eine. Es werden Frauen gezeigt, die sich im wesentlichen Enteignung und Grausamkeit wünschen. Wir ersehnen zutiefst, gefesselt, geschlagen, gefoltert, erniedrigt und getötet zu werden. Oder, um den ›weichen‹ Pornos Gerechtigkeit widerfahren zu lassen, einfach genommen und benutzt zu werden ... Die Unterwerfung selbst, bei der die Selbstbestimmung ekstatisch aufgegeben wird, ist der Inhalt der sexuellen Wünsche und Wünschbarkeit der Frauen ... Aber was die Pornographie bewirkt, geht *über* ihren Inhalt hinaus: Sie erotisiert die Hierarchie, sexualisiert die Ungleichheit. Sie macht aus Herrschaft und Unterwerfung Sexualität. In der Pornographie wird die Ungleichheit zur zentralen Triebkraft; sie setzt voraus, daß die Illusion der Freiheit mit der Realität der Gewalt verbunden wird.[11]

Pornographie (der Begriff selbst stammt von einem griechischen Wort ab, das »Sklavin« bedeutet) ist eine Acht-Milliarden-Dollar-Industrie, was sie wahrscheinlich zur höchsten Instanz macht bei der Kommerzialisierung des Körpers der Frau. Das organisierte Verbrechen – »die Familie« – streicht den größten Teil der Gewinne dabei ein.

Die zweite Phase des Patriarchats: »Teile und herrsche«

Als ich mein erstes Studienjahr an der Universität von Stanford absolvierte, gab es eine Dekanin für Frauen – ich nenne sie jetzt einfach Dekanin Arlen –, deren Aufgabe es war, die sexuellen Aktivitäten der Studentinnen genau zu beobachten. Das wurde sehr unauffällig gehandhabt. Von einem Tag auf den anderen fehlte eine der Studentinnen. Ihr Zimmer war plötzlich leer, das Bett abgezogen, und wenn die Gerüchteküche vielleicht enthüllte, was vorgefallen war, hatten die meisten von uns zu ihr keinen Zutritt. Dekanin Arlen war der Meinung, sie habe eine spezielle Begabung, die sie für diese Aufgabe besonders geeignet machte. »Mit einem Blick in die Augen«, behauptete sie, »kann ich erkennen, ob ein Mädchen Jungfrau ist oder nicht.«
Als ich Stanford fast vier Jahre später verließ, gab es Dekanin Arlen nicht mehr. Ein oder zwei Monate zuvor war sie rausgeworfen worden – das heißt, wahrscheinlich hatte man sie »gebeten, ihre Kündigung einzureichen«. Die Geschichte landete auf der Titelseite des *San Francisco Chronicle*. Der Studentenausschuß, dem meine lebhafte und scharfsinnige Freundin Caroline angehörte, hatte herausgefunden, daß Dekanin Arlen in sämtlichen Wohnbereichen ein ausgeklügeltes Netz von Spioninnen aufge-

baut hatte (damals war es Studentinnen noch nicht erlaubt, außerhalb des Campus zu wohnen) und auf welche verfassungswidrige Weise sie verdächtigte Missetäterinnen ausgeschlossen hatte. Das war im Frühjahr 1965, und in Anbetracht dessen, was unsere Freunde in Berkeley vorhatten, schien es das mindeste zu sein, wenigstens dafür zu sorgen, daß der offene Machtmißbrauch, der im Rahmen der Universitätsregeln *in loco parentis* [in Vertretung der elterlichen Gewalt] stattfand, beseitigt wurde.

Inzwischen ist mir klargeworden, daß Dekanin Arlen nicht wirklich von der Universitätsverwaltung angestellt war: sie bekam ihren Marschbefehl ungefähr dreitausend Jahre früher, als die herrschende Klasse in Assyrien eine Gesetzgebung verabschiedete, die das Leben aller westlichen Frauen tief beeinflussen sollte.

Nach der Bildung von Stadtstaaten, mit Sicherheit um das zweite Jahrtausend vor Christus, entwickelte sich die kommerzielle Prostitution, die sich ursprünglich, so wird vermutet, aus der Versklavung der Frauen im Zuge militärischer Eroberungen und aus der Verarmung der Bauern und ihrem darauf folgenden Abgleiten in die »Schuldensklaverei« entwickelte: um ihre Schulden zu bezahlen, begannen sie ihre Frauen und Kinder zu verkaufen. Mit dem Entstehen der Prostitution wurde es in zunehmendem Maße wichtig, das Sexualleben von Frauen der besitzenden Klasse strikten Regeln zu unterwerfen, denn die regulierte oder »sanktionierte« Sexualität brachte ebenso verläßlich Gewinn wie die Prostitution, allerdings anderer Art: Die Jungfernschaft einer anständigen Tochter war eine verkehrsfähige Handelsware und sollte es für die nächsten paar tausend Jahre auch bleiben.[12]

Um deshalb für alle sichtbar die sexuell verfügbaren Frauen von den nicht verfügbaren zu unterscheiden, forderte § 40 des mittelassyrischen Rechts, daß Frauen, Töchter und Witwen von »Herren« in der Öffentlichkeit Schleier tragen mußten. Das galt nicht für Prostituierte und Sklavinnen. Trugen diese Schleier, wurden sie dafür hart bestraft, genauso wie jeder Mann, der es versäumte, einen Verstoß gegen das Verschleierungsgesetz zu melden. Der Schleier dehnte also die »Einfriedung« der Wohnung einer achtbaren Frau nach draußen aus. Er signalisierte, daß sie sich strenggenommen nicht wirklich in der Öffentlichkeit aufhielt. Daraus kann man folgern, daß es für sie eine schwerwiegende Ungehörigkeit gewesen wäre, in der Öffentlichkeit zu sprechen (vermutlich abgesehen von den üblichen Kaufverhandlungen auf dem Markt).

Die Umwandlung der Sexualität und Fortpflanzungsfähigkeit der Frauen in eine Ware bildete das Fundament des Patriarchats. Mit dem § 40 des mittelassyrischen Rechts wuchsen die Mauern. Vor seiner Verkündung lag die Kontrolle über die Sexualität einer Frau in den Händen ihres Vaters, ihres Gatten, des Oberhaupts der Großfamilie oder der Sippe – oder in der Hand ihres Besitzers, falls sie eine Sklavin war. Doch von dieser Zeit an trat der Staat auf die Bildfläche.[13]

Um es zu wiederholen: Wir haben so lange mit den Vorstellungen gelebt, die hinter diesem Stück Gesetzgebung stehen, daß man Mühe hat, sich vorzustellen, es könnte vielleicht einmal eine Zeit gegeben haben, in der diese Vorstellungen als absurd angesehen wurden. Als beispielsweise die sexuelle Verfügbarkeit oder Nichtverfügbarkeit einer Frau etwas war, über das sie selbst entschied. Oder als sich Frauen vielleicht problemlos und ganz natürlich mit anderen Frauen zusammengetan und sich gegenseitig unterstützt haben, ohne Angst vor möglichen Folgen haben zu müssen. Denn die entscheidende Wirkung des § 40 des mittelassyrischen Gesetzes war es, zwischen den Frauen eine entscheidende Trennlinie zu ziehen. Indem ihre Sexualität und Fortpflanzungsfähigkeit zur Ware wurde, wurden Frauen ihren eigenen Begierden und dem Sinn für ihre Würde als Menschen entfremdet. Und durch ihr Eingeschlossensein und ihre Verschleierung waren sie auch noch wirkungsvoll voneinander getrennt – letztlich im Wettstreit gegeneinander, denn es gab nie so viele freie Plätze auf der »richtigen« Seite dieser Linie, wie es Frauen gab, die dort sein wollten.[14]

Dabei ging es immer um einen hohen Einsatz. Im gesamten Verlauf der westlichen Geschichte war die Unterscheidung zwischen öffentlichem und privatem Bereich etwas ganz Entscheidendes, wobei betont wurde, daß Frauen nur innerhalb einer von Männern geregelten Abgeschlossenheit wirklich sicher sind und daß die Sicherheit außerhalb des Heimes, des umzäunten Anwesens oder Klosters es erfordert, daß die Frau bestimmte Kleidung trägt, die sie nicht nur verhüllt, sondern sie – und vor allem ihre Sexualität – auch als Besitz eines anderen kennzeichnet. Es scheint niemals so etwas wie einen neutralen Standpunkt gegeben zu haben. Dadurch daß er die scharfe Trennung zwischen »ehrbaren« und »ehrlosen« Frauen zog, zwang der § 40 des mittelassyrischen Rechts und die Millionen Varianten, die ihm folgten, uns Frauen dazu, einander zu mißtrauen und uns voneinander fern zu halten, damit wir ja nicht durch bloßen Umgang (mit einer Frau, deren Ehemann sie beispielsweise verlassen hat oder gestorben ist, oder einer Frau, deren Vater oder Bruder sie verkauft hat) unseren zerbrechlichen Ruf und unsere Sicherheit gefährden.

Und wie sich diese Linie erhalten hat! Sie zieht sich immer wieder von selbst im Leben eines jeden Mädchens und einer jeden Frau, bei den meisten von uns in den unteren Klassen der High-School, wenn wir erkennen, daß sich der Boden des Klassenzimmers immer mehr in die Schräge neigt und rutschiger wird und daß es eine neue Möglichkeit – eine neue Gefahr – im alltäglichen Leben gibt. Die Schräge ist die Kraft des eigenen Verlangens, und die Gefahr liegt darin, ihm nachzugeben, mit dem Nachgeben aber rutscht man über diese entscheidende Trennlinie und wird von da an als eine Person betrachtet werden, die –

Aber wir kennen alle diese Phrasen. Jede Frau kennt sie nur zu gut.

Und das Traurige daran ist, wie unbarmherzig wir sie *gegeneinander* angewandt haben. Wie emsig wir selbst diese Grenze überwacht haben und sicherstellten, daß es diese Trennlinie immer

134

gab und daß eine andere auf der falschen Seite war: »die Hure«. Das Gemunkel und die verstohlenen Mutmaßungen nahmen kein Ende und sind kein Ruhmesblatt für uns. Doch ich denke, daß da noch etwas anderes dahintersteckte als nur bloße Gehässigkeit und der Wunsch, unseren eigenen Ruf zu schützen. Wenn wir nur bei einer genügenden Zahl unserer Geschlechtsgenossinnen Anrüchiges finden könnten − bei fast *allen* −, wäre es dann nicht möglich, dieses ganze Linienziehen zu vergessen und einfach weiterzuleben?

Denn etwas Ähnliches schien tatsächlich vor sich zu gehen, als Menschen wie Dekanin Arlen in den sechziger und siebziger Jahren in die Wüste geschickt wurden, und, kurz gesagt, es war auf jeden Fall ein großartiges Gefühl. Plötzlich konnte man laut über Dinge lachen, über die früher nur geflüstert wurde ... und über Nacht bei seinem Freund zu bleiben brachte einen nicht in die Gefahr, das Stipendium zu verlieren (seines war niemals gefährdet) ... und zum allerersten Mal empfand man es, selbst gegenüber engsten Freunden, nicht mehr als konkrete Gefahr, zu enthüllen, daß man überhaupt sexuelle Erfahrungen hatte. Keine Geheimnisse mehr, schwelgten wir verzückt miteinander. Die »Grenzscheide«, so behaupteten wir, war ausgelöscht.

Aber natürlich war sie überhaupt nicht ausgelöscht worden, sie hatte sich nur verschoben, und die Frauen auf der anderen Seite laufen jetzt Gefahr, viel mehr zu verlieren als nur ein Stipendium. In *Vom Ende der Unschuld oder das sexuelle Drama, eine Frau zu werden* gibt Naomi Wolf eine Unterhaltung mit einer Freundin wieder, die einige Zeit im Sex Geschäft tätig war. Sie fragt diese, was sie von Filmen hält, die »das Leben« verherrlichen, und die Freundin antwortet, überlegt und langsam:

> Wenn Männer eine Frau für eine Hure halten, dann ... ist sie zum Abschuß ... freigegeben. Sie nehmen sich heraus, zu ihr alles zu sagen, was ihnen gerade einfällt, mit ihr alles zu tun, was sie möchten ... Sie glauben, sie brauchten dieser

Frau nicht einmal ein Quentchen Respekt dafür zu zollen, daß sie ein Mensch ist. Sie ist für sie kein Mensch. Sie ist eine Sache ...
Ich war schockiert. Ich hatte gedacht, aufgrund der verbesserten Stellung der Frauen in unserer Gesellschaft würden Männer wenigstens eine Ahnung haben, daß auch Prostituierte menschliche Wesen sind und daß sie es nicht verdienen, so mies behandelt zu werden – aber so ist es nicht. Es ist fast, als sähen sie in den Sexverkäuferinnen die letzten Frauen, denen gegenüber sie noch aggressiv und grausam sein können.[15]

Der § 40 des mittelassyrischen Rechts schloß Frauen noch in einer bedeutenderen Hinsicht aus. Da er stillschweigend beinhaltete, daß öffentliche Bereiche kein geeigneter Aufenthaltsort für ehrbare Frauen waren, verbannte er sie aus dem politischen und wirtschaftlichen Leben und folglich von aller Mitsprache bei richtungweisenden Entscheidungen. Es gibt sehr wohl Aufzeichnungen darüber, daß es Frauen in der begüterten Klasse der Antike gab, die Besitz und Einfluß hatten. Doch das Ansehen einer Frau hing vollständig von ihrer Verbindung mit einem Mann ab. Im Gegenzug dafür, daß sie sich einem Mann ihrer Rasse und Klasse vollständig unterordnete, errang eine Frau das Privileg, sowohl Männer wie Frauen anderer Rassen und niedrigerer Klassen auszubeuten. Doch ihre Stellung war immer fragil und möglicherweise immer mit ihrer Sexualität verknüpft. Im alten Mesopotamien wie im England Heinrichs VIII. konnte selbst eine Königin entthront werden, wenn sie nicht länger Gefallen fand oder keinen Erben gebar.[16]
Wenn man etwas über die Entstehung des Patriarchats weiß, dann erkennt man, daß ein *Harem* eine bei weitem nicht so exotische oder außergewöhnliche Einrichtung ist, wie wir immer vorgegeben haben. Die Überlegungen der Soziologin Fatima Mernissi zu den kulturellen Einstellungen, die ihn hervorbrachten, erregen heute unsere Aufmerksamkeit und fesseln sie:

Strikte Bereichsgrenzen trennen die islamische Gesellschaft in zwei Universen: das Universum der Männer (die *Umma*, die Welt der Religion und der Macht) und das Universum der Frauen, die häusliche Welt der Sexualität und der Familie. Die räumliche Trennung nach Geschlechtern spiegelt die Trennung wider zwischen jenen, die die politische und spirituelle Macht besitzen, und jenen, die nichts dergleichen haben.[17]

Innerhalb dieser Ordnung, so erläutert sie, haben Männer gewissermaßen doppelte Bürgerrechte, während Frauen nur Bürger des häuslichen Universums sind. Außerhalb dieses Reiches ist ihre bloße Existenz »eine Anomalie, eine Grenzverletzung«. Warum, so fragen wir uns, ist eine solche Teilung als notwendig angesehen worden? Das rationale Argument, warum Frauen in arabischen Kulturen abgesondert würden, so erklärt Mernissi, sei *fitna*, was einerseits einfach »Frau« bedeutet, besonders eine schöne Frau, aber andererseits auch »Unordnung«, »Chaos«.[18] Ein Mann hält seine Frau zu Hause oder verschleiert, nicht nur, um sie zu schützen, sondern um die anderen Männer seiner Gemeinschaft vor der Bedrohung zu bewahren, die ihre Schönheit für deren Selbstbeherrschung darstellen könnte.

Und wenn man sie nicht zu Hause halten kann und keine von ihnen einen Schleier tragen will, dann kann man wenigstens eine Dekanin engagieren, die Chaos und Unordnung im Keim erstickt ...

Die letzten Anpassungen

Die Fundamente waren gelegt, die Wände waren dick und hoch. Jetzt mußten nur noch Riegel und Schlösser und die Gitter vor den Fenstern installiert werden ...

Das dritte entscheidende Stadium in der Entwicklung des Patriarchats hatte etwas mit der Art und Weise zu tun, wie Frauen gesehen werden und sich selbst sehen, besonders im Angesicht des Heiligen. Es läßt sich schwer bestimmen, wann der Angriff auf die Verbindung der Frauen mit dem Heiligen wirklich begann: Es ging sicherlich im verborgenen vor sich, in den frühesten Anfängen des Patriarchats. Ich erwähne es zuletzt, weil dieser Vorgang am längsten gebraucht hat, um unumkehrbar zu werden. Denn Frauen ihre spirituelle Identität zu nehmen war unglaublich schwierig.

Gerade weil sie vollständig unterworfen waren, sowohl wirtschaftlich wie sexuell, so bemerkt Gerda Lerner, behielten die Frauen des alten Orients für lange Zeit ihre Verbindung mit der »metaphysischen weiblichen Macht« und vermittelten zwischen Menschen und Göttern als Priesterinnen, Heilerinnen und Seherinnen. Es dauerte Tausende von Jahren, die mächtigen weiblichen Göttinnen zu entthronen und sie durch Kriegsgötter zu ersetzen, die ein Abbild der Krieger-Könige waren, die an der Spitze des Staates standen.

Der hebräische Monotheismus entstand ursprünglich als Angriff auf die Kulte der verschiedenen Fruchtbarkeitsgöttinnen. Mit dem Buch Genesis wurde die Schöpfungskraft selbst einem männlichen Gott zugeschrieben, und weibliche Sexualität außerhalb der Zeugung wurde als Sünde eingeordnet. Der Ewige Bund, besiegelt mit der Beschneidung, kennzeichnete nicht wiedergutzumachend die Abwertung der Frauen und ihren Ausschluß aus der heiligen Gemeinschaft.

»Der einzige Zugang zu Gott und der Gemeinschaft der Heiligen«, so bemerkt Lerner dazu, »ist den Frauen in ihrer Eigenschaft als Mutter möglich.«[19]

Damit die Unterordnung der Frauen allen Betroffenen als naturgegeben erschien, mußten darüber hinaus die zentralen Geschlechtssymbole der westlichen Kultur die grundlegende Ungleichheit von Männlichem und Weiblichem reflektieren, und den Griechen und Hebräern haben wir zu verdanken, daß sie das auch tun. Aristoteles' Beschreibung des Weiblichen als eine mißglückte Version des Männlichen fand großen Anklang, und die hebräische Neigung, alle Frauen durch die Gestalt der gefallenen Eva repräsentiert zu sehen, rundete das Bild hübsch ab und bestätigte die Existenz, wie Lerner bemerkt, »von zwei Arten menschlicher Wesen – dem Mann und der Frau –, die sich in ihrem Wesen, ihrer Aufgabe und ihrem Potential unterscheiden«.[20] Was als Metapher begonnen hatte, sollte schnell »das Leben und die Kraft der Wirklichkeit annehmen«.

Die Hypothese von der Unterlegenheit der Frauen, die sowohl dem griechischen wie dem hebräischen Denken entsprang, wurde die Grundlage für den Ausschluß der Frauen aus allen Institutionen. Welchen Gleichheitsgrad Frauen in der vorschriftlichen Gesellschaft auch immer gehabt haben mögen, dieser wurde eilig abgetragen, als das geschriebene Wort immer mehr an Bedeutung gewann, denn man verweigerte Frauen selbst den geringsten Grad der Bildung: »Das Recht zu lernen«, betont Lerner, »das Recht zu lehren und das Recht, etwas zu definieren.«

Mit dieser Endstufe drang das Patriarchat bis ins Innere der Frauen und höhlte ihr Selbstwertgefühl, das bereits schwer angeschlagen war, weiter aus. Und es brachte sie mit weit radikaleren Mitteln zum Schweigen als dem bloßen Ausschließen aus dem öffentlichen Bereich. Denn es geht nicht nur darum, daß Frauen all diese Jahrtausende geknebelt und zum Schweigen gebracht wurden, obwohl es offensichtlich eine Menge Druck in diese Richtung gegeben hat. Sondern es geht auch darum, daß im Reich des Patriarchats nur eine Art von Stimme Legitimität besitzt; nur eine Stimme wirklich zählt. Da Frauen nicht an den Universitäten zugelassen waren – genaugenommen bis vor kurzem kaum in Grund- oder weiterführenden Schulen –, haben sie nie jene Sprache gelernt, die Männer sich dort erwarben und die sie in der Politik, im Geschäftsleben, im Recht, beim Militär und in den Kirchen benutzten. Dazu verdammt, eine Sprache zu entwickeln, die ihrem Wesen nach ausschließlich dem häuslichen, örtlichen und mundartlichen Bereich entstammte, hätten wir genauso gut Isländisch sprechen können. »Jahrtausendelang«, folgert Lerner daraus, »haben Frauen an dem Prozeß ihrer eigenen Unterordnung mitgewirkt, weil sie psychologisch so zugerichtet worden sind, daß sie die Vorstellung ihrer eigenen Minderwertigkeit internalisiert haben.«[21] Dieser außergewöhnliche Mechanismus mußte nicht überwacht werden, denn er hatte die vollkommene Balance zwischen Macht und Raffinesse erreicht. Die alten Androhungen, die Ohren abzuschneiden oder Pech über das Haupt zu gießen, von Schlägen oder Erhängen oder Verbrennen wurden nicht mehr ausgesprochen, denn das war nicht mehr notwendig. Mit der Zeit stellte sich heraus: Hat man ein Individuum einmal der eigenen Stärke beraubt, dann war Gewaltandrohung nicht mehr notwendig. Dies hat das Patriarchat geschafft, indem es Frauen drei Arten von Trennungen auferlegt hat:

• Indem das Patriarchat ihre Sexualität und Fortpflanzungsfähigkeit zur Ware machte, entfremdete es die Frauen ihren eigenen Wünschen und Gefühlen.

• Indem das Patriarchat Rassen- und Klassenschranken errichtete und das Eingeschlossensein zum Kennzeichen der Ehrbarkeit machte, errichtete es Barrieren zwischen Frauen.

• Indem das Patriarchat die Göttinnen entthronte und die religiösen Praktiken der Frau dämonisierte, verschüttete es den Urquell ihrer Spiritualität.

140

Kapitel 8

Erste Risse in der Mauer:
Der Widerstand gegen das Patriarchat

Ein junges Mädchen an der Schwelle zur Frau, so still und zurückhal-
tend wie die mit Olivenöl und Honig gefüllten Amphoren ihrer Mutter,
bringt ihrem Vater das Frühstück, wie jeden Morgen. Sie liebt diesen
Augenblick und den Stolz in seinen Augen, wenn er aufschaut. Immer
begrüßt er sie mit einem einzigen Wort – ihrem Namen, nicht mehr –,
und immer berührt er flüchtig ihre Wange mit seinen Fingerspitzen, und
immer läßt sie sich neben ihm nieder, um mit ihm zu reden, und vom
Zimmer nebenan hört ihre Mutter ihre leise Unterhaltung und lä-
chelt.

Doch »immer« endet eines Morgens. Er schaut nicht auf, als sie eintritt,
sie kann seinen Blick nicht finden, und seine Hand hebt sich nicht zu ih-
rer Wange. Er verharrt schweigend, und schließlich verläßt sie den Raum,
betäubt von der Last dessen, was sie fürchtet.

Die Menschen verlangen nach ätiologischen Mythen. Wir lieben
es, uns entscheidende Augenblicke der Vergangenheit vorzustellen, die uns den gegenwärtigen Zustand der Dinge erklären. Die
westlichen Religionen verlangen von uns, an eine Erbsünde zu
glauben – eine merkwürdige Geschichte, nur andeutungsweise
erzählt, von einer Frau, die neugierig war, und einer Schlange,
die sie verführte, und einem Gatten, der sich rechtfertigt: »Sie
haben mich überredet.« Diese Geschichte habe ich nie *begriffen*.
Sie hat mich nie bewegt. Doch wenn der entscheidende Wendepunkt in der Menschheitsgeschichte jener ist, den Lerner herausgearbeitet hat, drängt sich eine ganz andere Interpretation dieses

Sündenfalls auf. Ich habe die geschichtliche Entwicklung der fraglichen Umstellungen ausführlich nachgezeichnet und dabei vermerkt, daß sie sich ganz allmählich, über Tausende von Jahren, vollzogen hat. Aber jetzt erkannte ich, daß sie erst in die Tat umgesetzt werden konnte, nachdem buchstäblich jede Familie eine bestimmte, entscheidende Anpassung innerhalb ihrer Struktur vorgenommen hatte. Bevor ein Mann in seiner Tochter oder Frau *vor allem* die Möglichkeit sehen konnte, ein angrenzendes Feld oder eine weitere Ziegenherde zu erwerben, mußte er an sich selbst einen chirurgischen Eingriff vornehmen. Die wortlose Szene, die ich gerade beschrieben habe, mußte sich millionenmal abspielen. Die ersten Male muß sie unsagbar furchtbar gewesen sein, aber mit der Zeit wurde sie zu einer Banalität.

Wie mag sie sich wohl gefühlt haben, fragte ich mich jetzt, und welche Gedanken gingen ihr wohl durch den Kopf – dem ersten Mädchen, das zum Zahlungsmittel gemacht wurde? Die Geschichte hat sich dieser Frage verweigert. Und sie mußte das tun, denn das Patriarchat verlangte, daß Frauen keine Gefühle haben, die von Bedeutung sind. Wir kennen alle die Geschichte von Midas und seinem Kummer, aber wir kennen nicht einmal den Namen seiner Tochter, die seine Gier in Gold verwandelte. Und dennoch können wir, dank der Geschichtenerzähler und ihrem Sinn für das wahrhaft Zeitlose, einen Teil ihrer Erfahrung rekonstruieren. Weil weibliche Sexualität immer noch als Ware gehandelt wird, vollzieht sich der Verrat der Eltern an ihrer Tochter immer noch, doch heute gibt es Frauen, die darüber schreiben oder Filme drehen und die Gefühle der Verratenen für bedeutsam halten; heute wird ihre Sicht der Geschichte erzählt, und so wird uns langsam begreiflich, was für ein Gefühl es auch bei diesem ersten Mal gewesen sein muß.

In Isabel Allendes *Geisterhaus* beispielsweise führt die Prostituierte Transito ihr Gewerbe mit allen Anzeichen des Enthusiasmus aus. »Sie war unermüdlich und klagte nie. Als besäße sie die tibetanische Kraft, ihr schwaches Gerippe in den Händen der

142

Kunden zu lassen, während sie ihre Seele in ferne Regionen versetzte.« Transito, deren Name bedeutet »die herübergegangen ist«, verdoppelte sich bewußt, um zu überleben. Ähnliches geschieht in dem Film *A Thousand Pieces of Gold* (nach der Vorlage von Ruthanne Lum McCunns gleichnamigem Buch). Ein Mädchen, das von ihrem Vater in China an einen Mann verkauft worden war, der sie einem Gatten zuführen sollte, kommt in San Francisco an und wird angewiesen, sich auszuziehen, damit mögliche Käufer sie sehen können. »Laß deinen Geist fliegen, Lalu«, flüstert ihre Freundin ihr zu. »Dann kann dich nichts von dem, was jemand sagt, verletzen.«[1]

Es war immer schon die Strategie der Unterdrückten, sich vom Ort des Leidens geistig zu entfernen. Auf diese Weise ertragen Menschen Hunger, Kummer, Erniedrigung, selbst eine Stunde beim Zahnarzt, und dem Himmel sei Dank, daß wir das können. Doch wenn es zur Gewohnheit wird, nennen es die Psychologen Dissoziation und halten es für sehr bedenklich, weil dabei die Integrität des Selbst gefährdet wird.

Die Hauptfigur des Buches *Atem, Augen, Erinnerungen* wurde als junges Mädchen von ihrer Mutter sexuell traumatisiert, indem diese darauf besteht, jeden Abend mit ihrem kleinen Finger zu »testen«, ob das Mädchen noch Jungfrau ist: Wenn sie ihre Jungfernschaft verloren hätte, würde sie keinen Ehemann mehr bekommen. Die Erinnerung an diese Überprüfungen ist so lebendig und schmerzlich, daß Sophie Jahre später, als sie einen Mann ihrer Wahl geheiratet hat, den sie innig liebt, nicht in der Lage ist, sich mit ihm zu lieben. Sie erträgt es statt dessen, indem sie sich »verdoppelt«.

Ich hatte gelernt, mich zu *verdoppeln*, während ich *getestet* wurde. Ich schloß meine Augen und stellte mir all die angenehmen Dinge vor, die mir widerfahren waren. Die lauwarme Mittagsbrise, die durch unsere Bougainvillea strich. Tante Aties sanfte Stimme, die über ein Feld von Narzissen herüberwehte.[2]

Natürlich beginnt die Ehe zu zerbrechen, und Sophie versucht zu ergründen, warum ihr ihre Mutter das angetan hat – denn daß sie ihre Tochter liebte, war unübersehbar. Indirekt läßt Danticat Sophie ihre Frage selbst beantworten:

> Es gab viele Fälle in unserer Geschichte, in denen sich unsere Ahnen *verdoppelten*. Der *vaudou*-Tradition folgend, hatten die meisten unserer Präsidenten einen in zwei Teile gespaltenen Körper: teils Fleisch und teils Schatten. Nur so konnten sie so viele Menschen ermorden und vergewaltigen und dann nach Hause gehen, mit ihren Kindern spielen und mit ihren Ehefrauen schlafen.[3]

Sobald wir beginnen, uns zu »verdoppeln«, werden wir, anders ausgedrückt, innerlich zu Stein – so unempfindlich gegen den Schmerz anderer, wie wir es gegen unseren eigenen geworden sind. In *Narben* reflektiert Alice Walker auf ähnliche Weise über die Wut der Frauen, deren Genitalien verstümmelt worden sind.

> Heute überlege ich, was das für die Beziehung einer Frau zu ihrem Kind bedeutet. Bedeutet das, daß sie oft harsch, kalt, ablehnend ist oder das Kind mißhandelt? Oder nur, daß sie niemals lächelt, was die größte Mißhandlung von allen sein könnte?[4]

Mit anderen Worten, die Trennung von den eigenen Gefühlen und Wünschen – und nichts anderes ist die Verdoppelung – führt auch zur Trennung von anderen. Durch diese Abgetrenntheit traumatisiert, distanzieren wir uns von unserem Schmerz; unseren eigenen Gefühlen entfremdet, werden wir um so unfähiger, echte Verbindungen aufzunehmen.

Jedes zweite menschliche Wesen auf der Welt stark zu betäuben und es dann mit einer Menge Tricks davon zu überzeugen, daß es unvollständig ist – abhängig, entbehrlich –, ist ein solches Unrecht, ein so *unendliches* Unrecht, daß wir begreifen, daß das nicht für immer so hingenommen werden konnte, ebensowenig wie die Sklaverei. Man versteht jetzt, daß in unseren Märchen und Mythen immer wieder Prinzessinnen vorkommen, die erstarrt oder in Schlaf versetzt wurden, unter Glas gehalten, in Türmen eingesperrt, ihre Lebensfunktionen so weit wie möglich heruntergesetzt, ohne sie ganz sterben zu lassen.

Versteht man die Geschichte des Patriarchats, versteht man auch die Gründe, die zu dieser kritischen Lage führten. Es erinnert uns allerdings auch daran, daß die Spaltung und die Getrenntheit, unter der Frauen heute leiden, das ganze System durchdringen. Männer, die patriarchalischen Rollen gerecht werden, sind genauso getrennt von anderen wie Frauen und mindestens ebensosehr ihren eigenen Gefühlen entfremdet. Die Geschichte des Königs Midas scheint da emotional treffend zu sein, wenn sie ihn in schrecklicher Einsamkeit zurückläßt und seine Tochter einfach *erstarrt* – eingefroren durch seine Berührung.

Sobald ich einmal verstanden hatte, wie dieser Prozeß der umfassenden Trennung vor sich gegangen war – wie deutlich die verschiedenen Ausschließungen waren und wie gründlich –, erkannte ich auch, daß ein wirkungsvoller Widerstand voraussetzte, daß etwas geschah, was die Frauen an jedem dieser drei lebenswichtigen Punkte wieder in Verbindung brachte: mit sich selbst und ihrem Verlangen, mit anderen Frauen und mit dem Heiligen.

Die Entwicklung des feministischen Bewußtseins

Im Mittelalter und in der Zeit danach machten die großen Mystikerinnen der europäischen Tradition einige erstaunliche Entdeckungen.

Eingeschlossen miteinander und unbelastet von Ehemännern oder

Kindern fanden sie ein weites Betätigungsfeld für ihre Energien und eine Freiheit des Ausdrucks, die sonst keine der Frauen in der »zivilisierten« Welt genoß. Sie lebten länger als ihre verheirateten Schwestern und konnten ihre angeborenen Talente umfassend entwickeln, wurden Künstlerinnen, Musikerinnen, Dichterinnen, Gelehrte, Bühnendichterinnen, Heilerinnen und Lehrerinnen. Da sie keine Priester sein durften, waren sie frei von kirchlichen und seelsorgerischen Aufgaben, und viele von ihnen gaben sich ganz dem kontemplativen Gebet hin und entdeckten die geheimnisvolle Schönheit des selbstgewählten *Schweigens*. In der Tiefe dieses Schweigens fanden sie ihre Stimme und den Mut zu sprechen – in Prophezeiungen oder lauten Aufrufen zur Reform von Kirche und Staat.

Darüber hinaus kehrten sie dem *Ich* (jener merkwürdigen Mischung aus Trennung und Erwerbung), wie das Patriarchat es sich vorstellte, den Rücken und strebten statt dessen danach, Christus in sich selbst und allem in ihrer Umgebung zu sehen und ihm zu dienen. Die Mystik stellte für viele von ihnen, wie Gerda Lerner formuliert, »eine alternative Methode des Denkens im Gegensatz zum patriarchalischen Denken« dar. Aus den Schulen und Universitäten verbannt, wo sie sonst die ausgefeilte Struktur und die unzähligen Kategorien der scholastischen Theologie hätten aufnehmen können, transzendierten die Mystikerinnen »das Anderssein«, das dem Patriarchat innewohnt, und sahen statt dessen »die Menschen, die Welt und das Universum in einem umfassenden Zusammenhang, offen für ein Verstehen durch intuitives und unmittelbares Erfassen«.[5]

Und der Kraftstoff, der das gesamte Unternehmen antrieb, war das Verlangen selbst, ganz normales menschliches Verlangen, in etwas verwandelt, das jenseits der normalen menschlichen Wahrnehmung lag.

Schon lange Zeit bevor es so etwas wie Feminismus gab, so erinnert uns Gerda Lerner immer wieder, gab es bereits Frauen, die dem Patriarchat widerstanden. Das Entstehen eines, wie sie es nennt, feministischen Bewußtseins kann man schon feststellen, lange bevor sich eine richtiggehende Bewegung entwickelte. Eigentlich war es dieses Phänomen, und nicht die Geschichte des Patriarchats, die sie anfangs zu ihren Forschungen veranlaßte. Vor allem wollte sie verstehen, warum sich das feministische Bewußtsein so langsam entwickelte. Sie war sich ziemlich sicher, daß es etwas mit der Beziehung zwischen Frauen und Geschichte zu tun hatte – denn, wie wir bereits bemerkt haben, Frauen *lebten und machten* zwar Geschichte, hatten aber keinen Anteil an ihrer Aufzeichnung und kamen daher so gut wie gar nicht darin vor. Doch bevor sie fundiert über die Beziehung der Frauen zur geschriebenen Geschichte reden konnte, so hatte sie erkannt, mußte sie erst einmal den prähistorischen Prozeß untersuchen, mit dem die Unterwerfung der Frauen angefangen hatte. Und als sie das tat, kam sie zu Schlußfolgerungen, die sie überraschten … und die nicht besser mit den Schlüssen hätten übereinstimmen können, zu denen ich gekommen war, obwohl ich die Dinge von einer anderen Seite angegangen war.

»Das Wichtigste, was ich dabei gelernt habe«, so schreibt sie, »war, welch große Bedeutung die Beziehung zum Göttlichen für die Frauen hatte, und den tiefgreifenden Einfluß, den die Unterbrechung dieser Beziehung auf die Geschichte der Frauen hatte.«

Lerner wußte von den ungeheuren Anstrengungen, die jüdische und christliche Frauen seit mehr als tausend Jahren machten, um wieder eine Verbindung zum Göttlichen zu bekommen – wußte von der ausführlichen feministischen Kritik an der Bibel und den verschiedenen Formen der religiösen Überarbeitung. Aber erst als sie erkannt hatte, wie systematisch die Göttinnen der alten nahöstlichen Kulturen von den Baumeistern des Patriarchats in Mißkredit gebracht worden waren, konnte sie die wahre Bedeu-

147

tung ihres Kampfes richtig einschätzen. »Die Einsicht, daß die Religion jahrhundertelang der wichtigste Ort der Auseinandersetzung war, an dem Frauen sich um ein feministisches Bewußtsein bemühten, war für mich neu ... ich hörte die Stimme von Frauen, die in Vergessenheit geraten sind, und nahm ernst, was sie mir mitteilten.«[6]

Es ist der älteste feministische Trick der Welt: sie *lauschte* ... und im Verlauf dieses Prozesses begriff sie zum erstenmal die ungeheure Bedeutung dessen, was sie hörte – daß diese Frauen, ungeachtet des äußeren Drucks, still und unterwürfig zu sein, regelmäßig die Gültigkeit ihrer eigenen Erfahrung verteidigt hatten, es wagten, von ihrer unmittelbaren Beziehung zum Göttlichen zu sprechen und von den feministischen Elementen, denen sie dabei begegnet waren. Frauen wie Juliana von Norwich, Teresa von Avila, Klara von Assisi und Tausende andere hatten Anspruch erhoben auf das »Recht, das Göttliche zu definieren und damit auch ihr eigenes Menschsein neu zu bekräftigen«[7]. Es ist leicht, sie allein nach ihrem Ansehen zu beurteilen und zu sagen: Na ja, sie waren halt außergewöhnlich – und natürlich waren sie das auch, aber außergewöhnlich waren auch die Verhältnisse, in denen sie sich entwickelten. Daß sie in der Lage waren, Schweigen, Selbstverleugnung, das Zügeln ihrer Begierden und ihr Eingeschlossensein auf diese bejahende Weise zu ertragen, hing mit bestimmten Aspekten der Stellung der Frau innerhalb der christlichen Kirche zusammen. Und jene sollten wir uns anschauen.

»Wenn du wirklich sagen kannst ›eine Frau‹ ...«

Die Jesus-Bewegung überflutete die Mittelmeerregion im ersten Jahrhundert nach Christi Tod, und ihre erste Phase war weder hierarchisch noch sexistisch geprägt. Obwohl die institutionalisierte Kirche sich in der Folge darum bemühte, ein Spiegelbild des römischen Staates zu werden, der diese Kirche angenommen hatte, erlaubte es der Bericht über das wahre Leben und Lehren Jesu einzelnen Christen, immer wieder die Vorstellung herauszufordern, daß Männer zum Herrschen und Frauen zum Dienen geboren seien.

Frauen begleiteten Jesus auf seinen Reisen; sie gehörten zu seinem innersten Kreis. »In einer Zeit, in der ein achtbarer Weiser mit einer Frau, die nicht zu seiner Familie gehörte, nicht einmal sprechen durfte«, sagt der Bibelgelehrte Marcus Borg, »und als Frauen für ebenso gefährlich wie minderwertig angesehen wurden, war diese Handlungsweise Jesu verblüffend.«[8] Während ihrer Anfangsjahre erhielt die aufblühende Kirche diesen Geist aufrecht. Der Apostel Paulus nahm einen politisch radikalen Standpunkt ein, als er sagte: »Hier ist nicht Jude noch Grieche, hier ist nicht Sklave noch Freier, hier ist nicht Mann noch Frau; denn ihr seid allesamt einer in Christus Jesus« (Paulus an die Galater, 3:28). Indem er die grundlegenden Unterscheidungen aufhob, auf denen die gesellschaftlichen Institutionen seiner Zeit ruhten, bestritt er die Legitimität von Rassismus und Imperialismus ebenso wie von Sexismus. Offensichtlich war Paulus' Einstellung im Hinblick auf Frauen ambivalent – seine scharfe Kritik gegenüber Frauen, die in der Kirche das Wort ergriffen, ist wohl bekannt –, aber eigentlich akzeptierte er in den ersten christlichen Gemeinden Frauen in Führungspositionen und erwähnte viele von ihnen – voller Wärme – namentlich in seinen Briefen.

Doch es sollte nicht lange dauern, bis die kulturellen Einstellungen der mediterranen Welt den Radikalismus jener frühen Kirche überwucherten. Die Historikerin Karen Jo Torjesen beschreibt, wie Frauen allmählich von den Machtpositionen in der Kirche ausgeschlossen wurden, als sich das Christentum von einer verfolgten Untergrundbewegung zur offiziellen Religion des römischen Staates entwickelte, und sie verbindet diesen Wandel mit der Entwicklung des Kirchenbaus. Ursprünglich in den Wohnungen ihrer Mitglieder gefeiert, wurde der christliche

Gottesdienst ab dem vierten Jahrhundert in riesigen Gebäuden abgehalten, die nach dem Muster der Gebäude erbaut worden waren, in denen römische Kaiser und Gouverneure den öffentlichen Zeremonien vorstanden. Die christliche Basilika war zum »Thronsaal« Gottes geworden, und »der architektonische Raum legte den christlichen Gottesdienst ganz klar als öffentlich fest«[9]. Öffentlich hieß nach der Logik des Patriarchats zugleich: verboten für Frauen, es sei denn, sie waren verschleiert und stumm. (Genaugenommen halte ich es für legitim zu behaupten, daß die christliche Spiritualität von dem Moment an, als Kaiser Konstantin das Christentum zur Staatsreligion des Römischen Reiches machte, in ähnlicher Weise zur Ware gemacht und vom Staat eingeschlossen wurde, wie es der weiblichen Sexualität bereits ein paar Jahrtausende früher ergangen war ... eine Art spekulativer Firmenaufkauf, der zu einer Beziehung führte, die sehr der »paternalistischen Herrschaft« ähnelte, die laut Lerner Frauen erfahren haben und »wobei diese Dominanz mittels gegenseitiger Verpflichtungen und Rechtsansprüche ausgeübt wird«. Diese Parallelen faszinieren mich, denn sie bestärken mich in meiner Ahnung, daß Spiritualität und weibliche Souveränität ihrem Wesen nach für das Patriarchat bedrohlich sind und man mit ihnen deshalb immer wieder »fertig werden« mußte, weil es sonst seine Macht verloren hätte.)

Der Glaube an die Minderwertigkeit der Frau war zu dieser Zeit schon so tief verwurzelt, daß die Kirchenführer gar nicht die Möglichkeit sahen, daß Frauen sich dem Christentum in bedeutender Weise widmen könnten. Die Historikerin Margaret Miles erläutert:

Für Männer wie für Frauen erfordert die Entwicklung eines religiösen Ichs Wahlfreiheit. Darüber hinaus muß die neue Identität und Mitgliedschaft in der neuen Gemeinschaft nach dieser anfänglichen Wahl aktiv und tatkräftig geformt werden. Die Modelle für eine solche Wahl waren in der gesellschaftlichen, intellektuellen und religiösen Welt des Römischen Reiches männlich. Für Frauen bedeutete das Überschreiten der Geschlechtergrenzen folglich Mut, bewußte Wahl und Herrschaft über das eigene Selbst.[10]

Da allein die Vorstellung einer weiblichen Subjektivität – der Herrschaft über das eigene Selbst – in den ersten Jahren des Christentums eine logische Unmöglichkeit war, ging man davon aus, daß Frauen, die als Subjekte in Erscheinung traten, die Grenzen ihres Geschlechts überschritten hatten, gar »zum Mann« geworden waren. Die heilige Macrina war eine solche Frau, und Miles lenkt unsere Aufmerksamkeit auf die Art und Weise, wie der Kirchenvater Gregor von Nyssa über sie schrieb: »Der Gegenstand unseres Gesprächs war eine Frau, wenn man überhaupt ›Frau‹ dazu sagen kann, denn ich weiß nicht, ob es sich schickt, sie mit einem der Natur entstammenden Namen zu bezeichnen, wenn sie diese Natur hinter sich gelassen hat.«[11]
Während Macrinas Biograph ihr allen nötigen Respekt erweist, entdeckt man in seiner Sprache noch etwas anderes – eine Ambivalenz, die an Unbehagen grenzt. Was ist eigentlich eine Frau, die »mehr als eine Frau« ist? Sie kann *nicht wirklich* ein Mann geworden sein. Sie muß folglich ... nun, *was* sein?
Man kann wahrscheinlich eine direkte Linie ziehen von der verdutzten männlichen Einschätzung der ersten weiblichen Heiligen bis hinunter zu der Angst, die manche Frauen heute ergreift, wollen sie ernsthaft und diszipliniert eine spirituelle Praxis beginnen (»Wie kann ich Meditation zu meiner vordringlichsten Sache machen? Ich habe schon einen Ehemann und vier andere Vordringlichkeiten direkt vor meiner Nase!«) Wie begeistert eine Frau wie Macrina auch immer als leuchtendes Beispiel christlichen Glaubens akzeptiert worden sein mag, als Frau war sie ein Monstrum: eine Laune der Natur.[12]
Andererseits wurde in den Evangelien unstrittig deutlich, daß Jesus selbst Frauen liebte und sie als spirituelle Schüler ernst nahm,

und wenn es noch irgendeinen unterschwelligen Zweifel an ihrer Eignung für die Mitgliedschaft in der Kirche gegeben hätte, würden die Berichte der frühen christlichen Märtyrer diesen zerstreut haben. Die Namen von Frauen wie Ursula, Katharina, Barbara, Agnes und Marcella standen für mehr als außergewöhnlichen Mut und Entschlossenheit. Die Geschichte der heiligen Perpetua, die lieber im Kolosseum starb, als ihren Glauben zu widerrufen, ist sogar besonders markant, weil sie einen Sohn hatte, einen Säugling noch. In einem Tagebuch, das sie bis zu ihrem Tod führte, spricht sie davon, wie schmerzhaft geschwollen ihre Brüste waren, bis man ihr das Baby ins Gefängnis brachte. Mit anderen Worten, nicht einmal die Mutterschaft selbst, auf die das Patriarchat immer gezählt hatte, um Frauen in Schach zu halten, konnte sie davon abhalten, nach ihrem Gewissen zu handeln. Entweder war es das, oder ihr Konzept der Mutterschaft ging weit über das hinaus, was das Patriarchat darunter verstand.

Daß christliche Frauen Zugang zu den Evangelien und den Geschichten von Märtyrerinnen hatten, bedeutete für sie, daß Geschichte für sie ganz und gar nicht frauenlos war. Sie hatten Vorbilder. Eine junge Nonne konnte den Namen Ursula annehmen, und eine Mutter konnte ihre Tochter Katharina nennen, und mit diesen Namen waren Geschichten verbunden, die einem die Haare zu Berge stehen ließen. In der christlichen Gemeinschaft war weibliches Heldentum eine unumstrittene Realität.

Auch wenn die Kirche Frauen aus den aktiven Rollen im kirchlichen Gemeindeleben verbannt hatte, mußte sie sich dennoch etwas für die Frauen einfallen lassen, die wußten, daß sie eine religiöse Berufung hatten und es ihr Recht war, dem nachzugehen. Zögernd, so drängt sich auf – denn es gab kaum so viele Klöster, wie benötigt wurden, und meistens waren sie auch nur für die Töchter der Reichen zugänglich, die eine große Mitgift mitbrachten –, schuf die Kirche eine solche Einrichtung.

Es war ein schicksalhafter Schritt. Auch wenn die Kirche nicht mehr als Minimaleinrichtungen schuf und die auch nur für ein paar der Frauen, die ihrer Berufung folgen wollten, so schuf sie damit doch Bedingungen, die Frauen im Grunde die Erfahrung eines Lebens außerhalb des Patriarchats ermöglichte. Als »Bräute Christi« – die einzige akzeptable Identität in einer Kultur, in der Frauen *irgend jemandem* gehören mußten – waren sie befreit von der Autorität der Väter, Brüder, Gatten und Söhne. Männliche Geistliche versuchten, das Vakuum zu füllen, aber sie wurden immer wieder zurückgewiesen. Teresa von Avila bestand auf dem Recht der Nonnen, den Beichtvater zu wechseln, und Klara von Assisi gab nicht nach in ihrer Weigerung, eine andere Regel als die, die sie selbst aufgestellt hatte, für ihren Orden zu akzeptieren. Mechthild von Magdeburg zog regelmäßig lebhaft über korrupte Geistliche her, und Katharina von Siena ritt heftige Attacken auch gegen den Papst.

Das Ganze ist von atemberaubender Ironie. Es ist, als hätte es seit Anbeginn der Zeit ein Geheimrezept gegeben, um Frauen zu ermächtigen, und die Zutaten dafür wären nun ganz zufällig zusammengewürfelt worden. Denn es war zweifellos ohne Beispiel in der westlichen Geschichte, daß Frauen (1) ausdrückliche Anerkennung ihrer vollen Menschenwürde, (2) charismatische Vorbilder und (3) die Chance bekamen, unterstützende Netzwerke und Gemeinschaften miteinander aufzubauen. In der Atmosphäre, die dabei entstand, durchdrungen wie sie war von Hingabe und dem Geist des Gebetes, machten Frauen erstaunliche Entdeckungen. Klöster wurden zu Krankenhäusern, Schulen, Schreibstuben, Zentren für Kunst und Gelehrsamkeit ... manchmal, so heißt es, waren sie auch Bordelle. Doch immer wieder bewiesen sie, daß sie auch Orte waren, an denen Frauen sich selbst voll verwirklichen konnten. Diese Frauen griffen patriarchalische Institutionen nicht direkt an – offensichtlich dachten sie nicht einmal über das Patriarchat nach. Aber im Verlauf ihrer Entfaltung schüttelten sie fast mühelos das »verinnerlichte Gefühl ihrer eigenen Minderwertigkeit« ab, das das Patriarchat all die Zeit aufrechterhalten hatte.

Gott lebte *in* ihnen. Juliana von Norwich war überzeugt, daß Christus ein Herrscher und König war wie sein Vater, aber sein Thronsaal war nicht irgendeine riesige öffentliche Halle, die gebaut war, um einzuschüchtern, nein, ihre Seele war sein Thronsaal. »Er sitzt aufrecht in der Seele, in Ruhe und Frieden, und er regiert und schützt Himmel und Erde und alles, was ist.« Katharina von Genua frohlockte über die Entdeckung: »Mein Ich ist Gott!« Frauen, die wußten, was sie wußten, und erfahren hatten, was sie erfahren hatten, konnten einfach nicht eingeschüchtert werden. Sie waren immun geworden.

Immer wieder spielte sich dieses Drama ab: Die Tochter eines mächtigen Mannes schlüpft um Mitternacht aus dem Haus, um sich einer abgerissenen Gruppe von Bettelmönchen anzuschließen, oder sie schneidet sich ihr Haar ab oder freut sich darüber, sich die Pocken geholt zu haben, weil sie glaubt, daß Pockennarben sie für den Heiratsmarkt unbrauchbar machen werden. Die Väter toben, die Brüder wüten, aber das Mädchen ist unerbittlich. Dem Geistlichen der Familie schlottern vielleicht die Knie, aber er weiß, was seine Pflicht ist, und er unterstützt sie. Sie hat eine Entscheidung getroffen, und ihr Recht, diese Entscheidung zu treffen, wurde geachtet, und das ist schon fast revolutionär. Sie hat erfahren, was es *heißt*, zu wählen, und das ist eine berauschende Erfahrung.

Oder vielleicht muß sie gar nicht diese ganzen Schwierigkeiten auf sich nehmen. Vielleicht haben ihre Eltern sie schon an Gott übergeben, als sie gerade acht Jahre alt war, als »Zehnten« (etwas, was offensichtlich ziemlich häufig dem zehnten Kind passierte), wie es die Eltern von Hildegard von Bingen getan haben, die das kleine Mädchen zu einer heiligen Frau brachten, einer Klausnerin namens Jutta, die ihr Latein und die Regeln der Benediktiner beibrachte. Hildegard war eine brillante Schülerin, und der Rest ist ... *Frauen*geschichte.

Ich habe erkannt, daß es religiösen Frauen deshalb gelungen ist, das Patriarchat zu überwinden, weil sie wußten, daß sie immerhin Subjekte ihrer eigenen Biographie waren – Individuen, die sinnvolle Entscheidungen treffen und danach leben konnten und falls erforderlich dem Stigma die Stirn boten, das Frauen anhaftete, die ihre eigenen Entscheidungen trafen – und auch weil das Klosterleben ihnen erlaubte, weibliche Kultur und Gemeinschaften überhaupt zu bilden. Es hatte handfeste strategische Gründe, daß das Patriarchat so viele Barrieren zwischen Frauen aufgebaut hatte. Und so beschreibt Alev Croutier das transformative Potential der reinen Frauengemeinschaften, selbst der unfreiwilligen wie des *Harems,* als ein »Matriarchat, das mitten im Patriarchat heranreifte«.[13]

Damit will ich das Klosterleben nicht idealisieren: In seinen Mauern können Intrigen gedeihen, Konkurrenzverhalten und Cliquenbildung können ebenso häufig vorkommen wie im Harem. Doch die weiblichen Gemeinschaften in den Klöstern waren auch Orte, an denen sich, ziemlich unerwartet, etwas sicher entfalten konnte, daß seit einigen tausend Jahren nicht mehr vorgekommen war, und als es das tat, war es wie jene Wildblumen, die man seit Jahren nicht mehr gesehen hat und die plötzlich einen ganzen Hang überwuchern und die Luft mit ihrem Duft schwängern. Sobald Klara von Assisi sich in ihrem Wohnraum eingerichtet hatte, der kleiner war, als wir es uns vorstellen können, strömten ihre Schwestern, Cousinen, Freundinnen und manchmal sogar ihre Mutter herbei, um ihr Gesellschaft zu leisten. Sie war für sie genau das, was die Märtyrerinnen der frühen Kirche für andere christliche Frauen gewesen waren – der lebende Beweis, daß Frauen heldenhaft entschlossen sein konnten. Nur daß sie *eine von ihnen* war. Man kann sich vorstellen, wie sie sich immer wieder voller Stolz die Geschichte ihrer Furchtlosigkeit erzählten:

Und da war sie, kaum achtzehn Jahre alt, und ihre Onkel ritten mit ihren Pferden direkt ins Kloster, und sie rannte zum Altar und riß ihren Schleier herunter und hüllte sich in das Altartuch, und als sie sahen, daß ihr Haupt geschoren war, wußten sie, daß sie nichts tun konnten. Absolut nichts!

Den Griff aufbrechen

Wenn ich heute an die Frauen denke, die ich in Workshops traf, und an das Unbehagen, das viele von ihnen zeigten, wenn es um spirituelle Disziplin ging, frage ich mich, ob das Geheimnis zur Überwindung dieses Unbehagens irgendwo in den Geschichten von Frauen wie Klara, Hildegard, Teresa und ihren Nachfolgerinnen liegt. Mir scheint, daß auch zeitgenössische Frauen, bevor sie sich rückhaltlos der strukturierten, systematischen spirituellen Übung hingeben können, fähig sein müssen, sich selbst als Subjekte ihrer eigenen Biographie zu sehen – als fähig zu »Mut, bewußter Wahl und Herrschaft über das Selbst«. Und ich hatte den Eindruck, daß wir es genauso notwendig haben wie die Frauen des Mittelalters, jene Verbindungen wieder aufzubauen, die das Patriarchat zerstört hat. Denn wir sind sicherlich im gleichen Maße unseren ureigensten Gefühlen, anderen Frauen und dem Heiligen entfremdet, wie sie es waren.

Ich möchte hier etwas erwähnen, dessen Erinnerung für mich sehr schmerzhaft ist. Es hat mit meinem Lehrer zu tun und mit dem Gefühl, das ich hatte, als ich zusehen konnte, wie er entdeckte, welchen Irrtümern er in bezug auf westliche Frauen erlegen war. Einem Land der Dritten Welt entstammend, sah er uns als ungeheuer privilegiert und sagte das auch. Nach indischen Begriffen reich, mit der Chance, auf eine Universität zu gehen und befriedigende Karrieren zu machen, im Besitz von Wahlrechten und, wichtiger noch, guter Gesundheit, schienen westliche Frauen dennoch wie gelähmt: Warum erhoben sie nicht gemeinsam ihre Stimmen gegen Ungerechtigkeit, Gier, Rassismus und Gewalttätigkeit? Allmählich – und ich glaube, es hatte etwas damit zu tun, daß er sich eine Vielzahl Filme angeschaut und etwas das Frauenbild verstanden hatte, das die Medien durchdringt – verstummten seine Fragen.

Sein Schweigen war schmerzlich für mich, denn ich dachte, er habe uns »aufgegeben«. Wie bereits erwähnt, wurde mir später klar, daß das »Problem« der westlichen Frauen nur von westlichen Frauen selbst wirklich gelöst werden konnte, und mir wurde auch klar, daß er das genau wußte.

Ich bin nicht ganz sicher, ob er meiner Einschätzung zustimmen würde, daß Frauen in diesem Land als gesellschaftliche und politische Wesen ebenso grundlegend benachteiligt sind und daß ihr Selbstwertgefühl genauso unterentwickelt ist, wie es das indische unter der Kolonialherrschaft war. Gandhi war der Meinung, daß die Inder die britische Herrschaft nicht abwerfen könnten, bevor sie nicht an sich selbst glaubten, sowohl als Individuen wie auch als Volk. Sie wären selbst dann noch wirkungsvoll kolonisiert, wenn sie durch einen glücklichen Zufall befreit würden – wenn beispielsweise die Briten den Entschluß faßten, sie wollten keine Kolonialherren mehr sein, und sich einfach aus dem Land zurückzögen. In meiner Vorstellung war – und ist – dies der Stellung westlicher Frauen vergleichbar.

Während ich darum kämpfte, all dies zu klären, fand ich es zunehmend schwierig, weiterhin die übliche Unterscheidung zwischen der gesellschaftlichen und politischen Emanzipation von Frauen einerseits und ihrer spirituellen Entfaltung andererseits aufrechtzuerhalten. Es wurde für mich immer offensichtlicher, daß sich Feminismus und Spiritualität möglicherweise *gegenseitig* bedingten.

Paradoxerweise übt der Feminismus für zeitgenössische Frauen eine ähnliche Funktion aus wie das Christentum, unabsichtlich, für die Frauen des Mittelalters. Er besteht auf den Rechten der Frau und ihrer Fähigkeit zu wählen, er feiert die Handlungen mutiger, entschlossener Frauen, und er fördert besonders weibliche Gemeinschaften. Allerdings unternimmt der Feminismus insgesamt keine öffentlichen Anstrengungen, Frauen wieder mit dem Göttlichen in Verbindung zu bringen. Und dafür hat er gute historische Gründe. Die Religion, wie wir sie in der Mehrzahl kennen, ist einerseits erstaunlich frauenfeindlich und andererseits ungeheuer trennend. Wie wir gesehen haben, können systematische und strukturierte spirituelle Übungen selbst außerhalb des Rahmens der formellen Religion für Frauen, die gerade aus dem Patriarchat auszubrechen beginnen, große Ähnlichkeit mit »dem Feind« haben – mit dem übertriebenen Bedürfnis des Feindes nach Kontrolle, seiner dualistischen Denkweise und seiner Ablehnung gegenüber dem »Fleisch«.

Insofern der Feminismus den Glauben der Frauen an sich selbst und ihre Fähigkeit zur Entschlossenheit stärkt, und insofern er die weiblichen Gemeinschaften fördert, bringt er sicherlich die Sache der Emanzipation der Frauen voran. Aber so *langsam* und unausgeglichen. Der Feminismus ist im öffentlichen Verständnis immer noch eine Bewegung, die protestiert ... die reagiert ... die in jedem Augenblick charakterisiert wird in den Begriffen der letzten, von den Medien inszenierten Kontroverse. Jede Feministin hat sehr wohl ihre eigenen klaren und eindeutigen Vorstellungen der Bewegung und ihrer Ziele, aber diese einzelnen Vorstellungen wurden nicht zu einem Fundament für eine weitsichtige und wirkungsvolle Reformpolitik zusammengefügt.

In unserer Kultur gibt es nichts, was uns so mächtig in eine bestimmte Richtung weist, wie es die Religiosität im Leben der Frauen des mittelalterlichen und gegenreformatorischen Europas tat. Wenn sie fähig waren, *in Gemeinschaft* die konkreten Botschaften über das Frausein auszuleben, die ihre eigene Tradition ihnen bot, dann war es fast unvermeidlich, daß viele von ihnen sich dem kontemplativen Gebet zuwandten (in Schweigen, eingeschlossen, unterstützt von ergänzenden Vorschriften, die den Eigensinn und das Schwelgen in Sinnesfreuden reduzierten). Wenn sie dies ausführten und die tiefsten Bereiche ihres Inneren betraten, dann waren die Ergebnisse unglaublich: ungeheure Energie, Kreativität, Ausdauer, Findigkeit, *Ausgeglichenheit*, Witz, Geduld – und unerschöpfliche Herzensgüte.

Da ich das Leben dieser Frauen studiert habe, weiß ich sehr gut, welch großen Einfluß sie auf die Gemeinschaften und Regionen hatten, in denen sie lebten, und ich wollte all das auch für die zeitgenössischen Feministinnen – für die Bewegung selbst. Und nun, da ich durch Gerda Lerner begriffen hatte, wie entscheidend es war, die Verbindung der Frauen zum Göttlichen zu vernichten, um sie unterwerfen zu können, schien mir dieses Verlangen gut begründet zu sein. Es mußte Wege geben, damit sich der Feminismus dem Heiligen öffnen konnte, ohne sich dabei zu schaden; es mußte Formen der Spiritualität geben, die nicht vom Patriarchat verseucht sind.

Und es gab eindeutig solche Formen. Durch kontemplatives Gebet schienen die Mystikerinnen, die ich schon so lange bewunderte, einen Weg zu einer Bewußtseinssphäre gefunden zu haben, in der immer noch die vorpatriarchalische Welt existierte. Jedesmal wenn eine von ihnen ihre Reise vollendete und in das gewöhnliche Leben zurückkehrte, zeigte sie all jene Eigenschaften, die wir mit jener Welt in Verbindung bringen: Miteinbegriffensein, Heiterkeit, Hingezogensein zur Natur, Ehrfurcht vor der Mutterschaft. Wenn wir unvorbereitet auf eine solche Frau treffen, kann das auf uns einen Eindruck machen, als hätten wir ein Stück des verlorenen Atlantis gefunden. Bei Juliana von Norwich lassen sich nirgends die scharfen Unterteilungen zwischen den Dingen erkennen, die das patriarchalische Denken charakterisieren. Alles *fließt* – Blut vom Haupt des gekreuzigten Christus, die »überreichen Wasser« der Gnade Gottes, die blauen, weiten Gewänder des Herrn, der vor seinem Diener sitzt – und alles ist miteinander verbunden. Die Biographen der heiligen Klara von Assisi benutzen Formulierungen (unabsichtlich, so läßt sich vermuten), die eine Zeit heraufrufen, als zwischen *Mutter, Erde* und *Göttin* kaum unterschieden wurde. »Samen der Rettung« nannten die Biographen jene Frauen, die von Klara angezogen wurden – Samen, die sie selbst zur Frucht brachte, während Klara selbst »ein Strom himmlischen Segens« genannt wurde, so übervoll, daß sein Bett ihn nicht fassen konnte. Die heilige Teresa, die mit ihren Nonnen tanzte und sang und sogar das Tamburin spielte, kümmerte sich mütterlich um die Heiratsmöglichkeiten einer Nichte und fand in einem ihrer Klöster einen Platz für das uneheliche Kind eines befreundeten Priesters. Als sie hörte, daß eine ihrer Äbtissinnen krank war, schickte sie Marmelade, die sie selbst aus Sevilla-Orangen gemacht hatte. Sie war ausgesprochen praktisch, unglaublich fürsorglich und weltklug, und nichts davon hielt sie für unvereinbar mit kontemplativen Übungen, die eine außergewöhnliche Beherrschung der Triebe voraussetzten.

In meinem tiefsten Herzen hatte ich schon lange vermutet, daß Klara, Teresa und ähnliche Persönlichkeiten wenig Geduld mit vielem haben würden, das heute unter »weiblicher Spiritualität« gehandelt wird. Und doch war die Atmosphäre, die sie umgab, durchdrungen von genau jenem Geist des weiblichen Göttlichen, das Frauen heute wieder für sich zu reklamieren suchen, wenn sie sich einer Trommelgruppe anschließen, durch Labyrinthe wandern oder eigene Bilder der Göttin aus Lehm, Wasserfarben, Seidenfäden oder Tanzfiguren schaffen. Auch wenn eine Mystikerin zuvor keine Vorstellung vom Heiligen hatte, sobald sie Zugang zu den Tiefen ihres Wesens findet, scheint die fehlende Hälfte der menschlichen Erfahrung ihr Bewußtsein zu überfluten und alles zu durchdringen, was sie danach sagt und tut, und weil das weibliche Antlitz Gottes durch sie sichtbar wird, finden andere Frauen gute Gründe, wieder an sich selbst zu glauben. Und wenn sie das tun, dann wird Eingeschlossensein, Schweigen und ähnliches ihnen nicht länger wie ein Vorspiel zur Auslöschung vorkommen, sondern als Voraussetzung dafür, ihre eigene Ganzheit zurückzufordern. Es gibt keinen Hinweis darauf, daß die Anhängerinnen von Frauen wie Klara, Teresa oder Hildegard dasselbe erreichen können wie ihre Mentorinnen, wenn sie sich nicht denselben systematischen, mühevollen und auf das tiefste Innere zielenden Regeln unterwerfen. Aber sie scheinen durch die bloße Nähe zu diesen außergewöhnlich menschlichen und betörend charakteristischen Exemplaren zu einem echten Schnellstart fähig zu sein.

Und was wird aus *uns* werden, die in einer Zeit und an einem Ort leben, wo Heilige oder Heiligkeit nicht besonders beliebt sind, wo es nicht gerade viele lebende Heilige gibt, an denen man sich messen kann, und wo es nur einen mehr als verschwommenen Sinn für das Göttliche selbst gibt? Wird all diese Lebendigkeit und Heiterkeit für immer außerhalb unserer Reichweite bleiben, als ob wir die Anspruchsberechtigung in einem Feuer verloren hätten?

Nicht weit von der Farm, auf der ich als Kind lebte, gab es einen Nachbarn, der im Hof eine Pumpe hatte, die per Hand bedient werden mußte. Daneben stand ein Eimer mit Wasser, und wenn man, so erzählte mir meine Freundin, vergessen hat, den Eimer voll zu hinterlassen, dann wurde man Schlammi genannt, denn wenn der Brunnen eine gewisse Zeitlang nicht benutzt worden war, bildete sich über dem Wasserauslaß eine trockene, harte Kappe und man mußte etwas Wasser in den Brunnenschacht gießen, damit es wieder zu fließen begann. Das nennt man, die Pumpe gängig machen, und ich kann mir vorstellen, daß es mit dieser anderen Art von Quelle ähnlich ist. Sobald alles fließt, kann es den ganzen Tag fließen, aber wenn es ausgetrocknet ist und man hat nichts zur Hand, womit man es wieder in Fluß bekommt, dann steckt man in Schwierigkeiten.

Zum Glück war das Wissen über das Göttliche des Weiblichen niemals vollständig ausgelöscht worden. Wie Regenwasser, das in den Granitschichten der Berge aufgefangen wird, ist es einfach da, und wenn Durst und Hunger drängend genug werden, haben Frauen ihren Weg dorthin gefunden. Ich möchte nun einen Blick werfen auf die Beziehung zwischen dem historischen Widerstand gegen das Patriarchat, den Lerner »die Entstehung des weiblichen Bewußtseins« nennt, und gewissen Elementen vorpatriarchalischer Spiritualität, die sich glücklicherweise als unzerstörbar erwiesen. Da die meisten von uns nicht in der Nachbarschaft einer Teresa, Klara oder Juliana leben, ist es ein Glück, daß wir uns nicht auf Osmose verlassen müssen, um Zugang zum weiblichen Göttlichen zu finden. Aus den verschiedensten Quellen zusammengesucht, stellen die Frauen, Stück für Stück, ein Porträt des weiblichen Göttlichen zusammen, das so überzeugend und so wunderschön ist, daß wir uns selbst und unsere Fähigkeiten in einem radikal anderen Licht sehen.

Es ist an der Zeit, viel deutlicher darüber zu sprechen, was das weibliche Göttliche beinhaltet und welches die Kanäle sind, durch die es sich heute spürbar macht. Ich fand es sehr spannend, mich langsam über meinen ursprünglichen Eindruck hinauszubewegen und schließlich zu entdecken, daß innerhalb dieses Systems von Werten und Motiven eines ganz besonders jene konkreten Bindeglieder zwischen Feminismus und Spiritualität lieferte, nach denen ich gesucht hatte.

Kapitel 9

Das Haus der Dämmerung:
Die Wiederbesiedlung des weiblichen Göttlichen

»Vor hundert Jahren«, schreibt die Kunsthistorikerin Mary B. Kelly, »konnte man noch durch die niedrige Tür eines ukrainischen Dorfhauses treten und dort einen Schatz aus weichem Licht und warmen Farben finden. Die flackernde Lampe oder Kerze in der ›schönen Ecke‹ zog als erstes die Aufmerksamkeit auf sich.«[1] Auf einem mit weißem Leinen bedeckten Bord hatten die Frauen des Hauses Ikonen, Familienerinnerungsstücke und Blumen aufgestellt. Die Tücher waren typisch für den Webstil der Hausfrau; an den Enden waren leuchtend rote Muster eingestickt. »Die Pracht der Farbe und die sinnträchtige Aura der Gegenstände ließ keinen Zweifel daran aufkommen, daß dies tatsächlich die schönste Ecke des Hauses war.«

Ein paar von uns waren eines Sonntagmorgens im Garten und pflanzten Mangold- und Salatsetzlinge. Ich redete über die archäologischen Beweise für prähistorische Göttinnenanbetung und auch darüber, wie traurig es doch sei, daß wir heute keine unmittelbare Verbindung mehr zu dieser Tradition haben, als ich bemerkte, daß meine Freundin Helen, die die ganze Zeit geschwiegen hatte, ausgesprochen zufrieden mit sich selbst aussah.

»Ich habe etwas für dich«, sagte sie, aber sie wollte mir nicht sagen, was es war. Helen ist eine sehr begabte menschliche Elster: sie gabelt alle möglichen Dinge in Second-Hand-Läden oder auf Flohmärkten auf, selbst wenn sie augenblicklich keine Verwendung für sie hat, denn *sie sieht die Möglichkeiten*. Das heißt, sie wird niemals von einem Geburtstag überrumpelt, und wenn man sich zum Ausgehen fertiggemacht hat und sie einem begegnet, wiegt sie nachdenklich den Kopf, verschwindet und taucht dann mit einer Brosche, einem Tuch, einem Gürtel oder einem Armband wieder auf, das ein Provisorium mit einem Streich zu einem Ensemble macht. Da ich eher zum Gegenteil neige und immer alles wegwerfe, was ich später tief bedaure, hatte unsere Freundschaft immer große Vorteile für mich.

Deshalb hatte ich auch keine Ahnung, was mich erwartete. An diesem Nachmittag gab sie mir eine Handarbeitszeitschrift, die fast zehn Jahre alt war und aus einem Stapel stammte, den sie bei einem Bücherverkauf der Bibliotheksfreunde gefunden hatte. Sie war aufgeschlagen bei einem Artikel der Historikerin Kelly über die Göttinnen-Tücher, und ich erfuhr, daß meine Annahme, nichts dieser geheimnisvollen Tradition habe bis zur Gegenwart überlebt, falsch war.

In ihren »schönen Ecken« war es den ukrainischen Frauen gelungen, über all die Zeit die Verbindung mit dem weiblichen Göttlichen aufrechtzuerhalten, die vor mehr als fünftausend Jahren geschaffen worden war. Sie stickten ihre Lieblingsdarstellungen auf Leinentücher – nicht nur auf die Tücher unter den Ikonen, sondern auch auf Fenster- und Bettvorhänge, Blusenärmel und Kleidersäume, und, besonders bemerkenswert, auf die fast zwei Meter langen »Ritual-Tücher«, die eine Frau im Laufe ihres Lebens mehrfach benötigte. Während ihrer Trauung wurde mit einem dieser Tücher der Bräutigam an sie gebunden. Im Kindbett hing es vom Deckenbalken über ihr, damit sie sich während der Wehen daran festhalten konnte, und später wurde es dazu benutzt, das Baby zu wickeln. Und wenn sie starb, wurde ihr Sarg mit diesen Tüchern in die Erde gesenkt, und jeden Frühling band man zu ihrem Gedenken eines davon an die Markierungen ihrer Grabstätte.

Es gab drei besonders beliebte Motive: die Sonne, den Lebensbaum und die Mutter-Göttin, die starke Ähnlichkeit zu den Statuen jungsteinzeitlicher Göttinnen aufweist, die Archäologen in demselben Gebiet gefunden haben. Alles, was wuchs, stand unter dem Schutz der Göttin: Felder, Ernten, Vieh und Familie. Sie wurde unterschiedlich dargestellt, um ihre verschiedenen Rollen widerzuspiegeln. Im Frühling hielt sie Vögel und Sonnenscheiben in den Händen; im Herbst herrschte sie über die Ernte. Manchmal wurde dargestellt, wie sie ein Kind gebar, und manchmal wurde sie von ihrer Tochter begleitet, die auf einem großen Vogel ritt. Manchmal wird sie auch tanzend gezeigt. Sie hat Vertraute – Pfauen und kleinere Vögel, aber auch Löwen; zu manchen Gelegenheiten reitet sie auf einem Pferd, bei anderen trägt sie ein Geweih (es hieß, daß manche Frauen den Jägern Rehwild zuführen konnten). Auf Borten, die für das Frühlingsfest hergestellt wurden, wechselt sich ihr Bild mit dem des Lebensbaums ab, und beide ähneln sich sehr: belaubte Zweige sprießen aus ihren Seiten als Symbol überreichlicher Fruchtbarkeit. Jede Wiederholung eines bestimmten Motivs, so glaubte man, verdoppelte dessen beschützende Kraft. In der Holztruhe voller Leinentücher, die eine Frau von ihrer Mutter und Großmutter erbte, sah man ein Vorratslager der weggeschlossenen weiblichen Macht.

Das Heidentum wurde im Rußland des elften Jahrhunderts verboten, aber die Zurschaustellung von Göttinnen-Tüchern noch fast tausend Jahre später macht deutlich, daß die ukrainischen Frauen nie aufgehört haben, sich in allem an die Große Mutter um Hilfe zu wenden, das mit der Erhaltung des Lebens zu tun hatte. Besonders ein Muster bestätigt diese Verbindung ohne jeden Zweifel. Es ist das Symbol für das fruchtbare Feld, ein durchkreuztes Quadrat mit stilisiertem Samen in jedem einzelnen Quadrant. Man fand es als eine Art Schürze auf den gestickten Göttinnen-Figuren, besonders bei Hochzeits- und Verlobungsstoffen. Dieses Muster war auch auf dem Bauch der neusteinzeitlichen Göttinnen-Figuren eingeprägt, ein Symbol der Schwangerschaft und der Fruchtbarkeit. Es spiegelte ein landwirtschaftliches Ritual, das noch im neunzehnten Jahrhundert jedes Frühjahr ausgeführt wurde: Nachdem die Felder einmal der Mitte nach durchgepflügt worden waren, wurden sie von entgegengesetzten Seiten noch einmal quer durchgepflügt, und in jeden der sich dabei ergebenden Abschnitte wurde ein Samenkorn gelegt.

Doch haben Frauen heute jeden Grund, die Gleichsetzung von Frau und Erde, die diese Art des Symbolismus in sich trägt, mißtrauisch zu beäugen. In *Der Tod der Natur* beispielsweise beschreibt die Historikerin Carolyn Merchant den entscheidenden Wandel im Denken über Natur, der während des revolutionären Aufstiegs der Naturwissenschaften stattfand; dabei zeigt sie die frauenfeindlichen Vorstellungen auf, mit denen er begründet wurde.[2] Doch in der Zählebigkeit dieses hochgeschätzten Motivs des fruchtbaren Feldes und seiner Beziehung zur Göttin kann man einen flüchtigen Eindruck von der religiösen Ehrfurcht bekommen, die die Verbindung zwischen Frau und Erde hervorgerufen haben muß, als beide noch als heilig angesehen wurden.

Die »schöne Ecke« der ukrainischen Frauen feiert all die Werte des weiblichen Göttlichen, doch darüber hinaus erinnert es uns, wie diese Werte immer weitergegeben worden sind – versteckt in den Zwischenräumen des häuslichen Lebens, verschlüsselt in Symbolen, die so vertraut waren, daß die meisten Menschen ihre Bedeutung vergessen haben.[3] Das Wissen um das weibliche Göttliche schläft nur; eine Sammlung von Möglichkeiten; ein paar Samen, die in ein Taschentuch geknüpft und über die Berge getragen wurden; ein mit Asche bedecktes Feuer. Bemerkenswert dabei ist, wie tief die Erinnerungssaat begraben und wie mittelbar sie bewahrt sein kann, ohne jemals ihre Macht zu verlieren.

Frauen versuchen heute auf alle möglichen Arten etwas von dem, was die »schöne Ecke« bot, für sich wiederzugewinnen. Die Freundin, die mir von den Göttinnen-Tüchern erzählte, strickt ein Lebensbaummuster in den Pullover für ihre Nichte; eine andere pflanzt einen Kräutergarten. Wieder eine andere hängt sich ein Bild der Schwarzen Madonna ins Zimmer, während eine weitere über archäologischen Texten und Flugplänen brütet und sich fragt, ob Reisende nach Kreta immer noch die alten Fresken der Insel sehen können, die keine Krieger zeigen und keine auf Eroberungen fixierten Herrscher, sondern statt dessen »vielfarbige Rebhühner, wunderliche Greifvögel und elegante Frauen«[4]: Wir improvisieren. Kulturelle Waisen, zum größten Teil, kaum mit einer lebendigen ethnischen Tradition verbunden, sind wir unverdrossen in unseren Bemühungen, und beim Sammeln unserer Fragmente bekommen wir langsam einen flüchtigen Eindruck von der Ganzheit – eine uneingeschränkte Orientierung auf das Leben, so verschieden von dem, was wir kannten, daß wir es kaum fassen können. Und während es im Mittelalter meist die Mystiker waren, die Zeugnis gaben von der Macht des Göttlichen (Männer wie Franz von Assisi und Bernhard von Clairvaux nicht weniger als Frauen wie Klara und Juliana), sind es heute eher Künstler, besonders Literaten, die diese Funktion in unserer so überwältigend säkularen Atmosphäre wahrnehmen. Mit anderen Worten: Um eine brauchbare Vergangenheit zusammenzustellen, die Frauen benötigen, reichen die Ressourcen der üblichen Geschichtsschreibung nicht einmal annähernd aus. Sie enthüllen nur die Oberfläche der Dinge – die offensichtliche Abfolge von Ereignissen und die Namen derjenigen, die als »Gewinner« angesehen werden.

»Wenn das nicht gelingt, erfinde«

»Es war einmal eine Zeit«, schreibt die französische Romanschriftstellerin Monique Wittig, als du keine Sklavin warst. Erinnere dich daran. Du gingst deinen Weg allein, voller Fröhlichkeit, du badetest mit nacktem Bauch ... du sagst, es gibt keine Worte, diese Zeit zu beschreiben, du sagst, es gibt diese Zeit nicht. Aber du mußt dich erinnern. Du mußt dich bemühen, dich zu erinnern. Oder, wenn dir das nicht gelingt, mußt du sie erfinden.[5]

Damit so etwas wie eine Revolution überhaupt stattfinden kann, muß man sich diese erst einmal vorstellen. Bevor wir die Energie aufbringen können, auf eine bessere Welt zuzugehen, müssen wir damit begonnen haben, sie zu erfinden. Eine Reformbewegung wird fortwährend gespeist von jenen, die es vermögen, gute Lieder zu schreiben, neuartige Geschichten zu erzählen, und die uns lehren, an uns selbst zu glauben.

Jetzt, wo die zum Schweigen gebrachte literarische Stimme der Hälfte der Menschheit sich wieder erhebt, stellen wir fest, daß es ihr zentrales Anliegen ist, etwas zu schaffen, was ich Gegentexte nenne: Mythen, Volkssagen und Märchen, die auf die eine oder andere Weise die zerstörerischen Texte korrigieren, die das Patriarchat erzählt. Einige sind erfunden, aber viele mußten gar nicht erst erfunden werden. Es gab sie schon immer, oft bewahrt, weil keiner wußte, was sie bedeuteten. Wir finden Mythen und Geschichten, und wir können auch die Symbole finden, um die sich diese Geschichten ranken – mächtige weibliche Symbole, die den Schwertern, Hämmern, Fahnenstangen und Blitzen vorausgingen, die sie ersetzten: Trinkbecher, Kessel und Gefäße, die das Elixier des Lebens enthielten und bewahrten ... Bienenstöcke, Schlangen, Labyrinthe, Rosen und Doppeläxte, »geformt wie die Axthacken, die man zur Rodung des Landes benutzte, um Feldfrüchte anbauen zu können ... eine Stilisierung des Schmetterlings, eines der Symbole der Göttin für Transformation und Wiedergeburt«.[6]

Beispielsweise ist die Artussage, die in der Suche nach dem Heiligen Gral gipfelt, reich an Material, das jederzeit eine völlig andere Interpretation zugelassen hätte als die uns allen vertraute. Doch bevor Marion Zimmer Bradley ihre außerordentlich positiv aufgenommene Version der Geschichte, *Die Nebel von Avalon,* veröffentlicht hatte, hatte diese andere Lesart nie das Licht der Welt erblickt. Zimmer Bradley erinnert sich, wie sie als junges Mädchen die Geschichte von Artus und seiner Tafelrunde ein ums andere Mal gelesen hatte, bis sie sie fast auswendig konnte, und wie sie als Teenager immer wieder die Schule schwänzte, um sich in der zehnbändigen Ausgabe von James Frazers *Der goldene Zweig* und einem fünfzehnbändigen Kompendium über die Religionen zu verlieren, zu dem »auch ein dicker Band über die Religion der Druiden und Kelten gehörte«.[7] Erst nach vielen Jahren, nachdem diese beiden Werke in ihrem Unterbewußtsein verschmolzen und gereift waren, Jahre, in denen sie eine Familie gegründet und eine ganze Reihe kommerzieller Romane geschrieben hatte, kam der Tag, an dem ihr Ehemann sie drängte, ihrem Herzen zu folgen, und ihr die finanzielle Unterstützung anbot, die sie dafür brauchte.

Doch als Zimmer Bradley eine vollständig neue Version dieser Geschichte schrieb, in deren Mittelpunkt sie eine wunderbar reizvolle Morgaine le Fay als Hohepriesterin der Göttin stellte, war dies wohl kein bewußter feministischer Akt oder gar eine feministische »Verlautbarung«. Es schien eher so, als sei die Geschichte *durch sie* ans Licht gekommen, einfach weil es dafür an der Zeit war. Und für Hunderttausende Frauen kam sie wirklich zur rechten Zeit, lehrte uns, *alle* alten Texte mit neuem Blick zu betrachten und uns vorzustellen, was sie ungesagt ließen. Damit wir uns erinnern, »und wenn uns das nicht gelingt, es erfinden«.

Ähnlich war es mit der einaktigen Oper *The Seal Woman,* die vor ein paar Jahren im Julia-Morgan-Theater in Berkeley aufgeführt wurde. Ihre Komponistin hatte nie zuvor eine Oper geschrieben. Ein lebhafter, wiederkehrender Traum von einer »Selkie« hatte sie inspiriert, jenes in den Nordsee-Legenden allgegenwär-

tige Geschöpf, das an Land eine Frau ist und im Wasser ein See-
hund, zu besingen. Wenn eine Selkie ihre Seehundshaut ablegte,
um am Strand auszuruhen, so sagt die Überlieferung, kann sie
von jedem, der das Seehundsfell ergreift, gefangen und zur Frau
genommen werden. Die Geschichte gibt es in vielen Varianten,
aber in den meisten lebt eine Selkie an Land und bekommt ein
Kind, oder sogar mehrere, und hat völlig vergessen, wer sie
wirklich ist. Doch eines Tages findet sie das Seehundsfell, und
überwältigt von der Sehnsucht nach dem Meer und der Freiheit,
die sie dort erfahren hat, schlüpft sie in das Fell und verschwindet. Zurück bleibt eine schmerzlich trauernde Familie. Auch
John Sayles' Film *Das Geheimnis des Seehundbabys* beschreibt eine
Selkie-Legende und ebenso A. S. Byatts großartiges *Besessen*.
Man braucht keinen Doktor in Anthropologie zu haben, um zu
verstehen, welche Kraft eine solche Legende für Frauen birgt,
denn sie zeigt eindrucksvoll die gegensätzlichen Anziehungs-
kräfte, die von der Welt der Vertrautheit und der Welt der äußersten Souveränität ausgehen, die bereits als »die gewöhnliche
Grenzscheide« beschrieben wurde. Im Hinblick auf das Patriarchat ist sie unversöhnlich umstürzlerisch, denn sie weist den konventionellen Glauben zurück, daß die Mutterschaft die stärkste
und einzige Macht im weiblichen Bewußtsein ist. In einer der
jüngsten Neubearbeitungen dieses Themas, *Leaning Toward Infi-
nity* von der australischen Schriftstellerin Sue Woolfe, stellt die
Mathematik das ersehnte alternative Universum dar – der Vorstellungskraft, der letzten Wahrheiten, der Vision –, zu dem eine
Mutter und dann ihre Tochter so unerbittlich gezogen werden
wie eine Selkie zum Meer und mit fast genauso katastrophalen
Auswirkungen für ihre eigenen häuslichen Verhältnisse.
In Literatur wie dieser weigern sich Frauen schließlich, gegeneinander in den Kampf geschickt zu werden, und finden statt
dessen Wege, einander zu unterstützen und ihre unterbrochene
weibliche Abstammungslinie wieder aufzubauen. In Edwidge
Danticats *Atem, Augen, Erinnerungen* beispielsweise, konfrontiert

Sophie ihre Großmutter mit dem Leiden, das den Frauen in Haiti auferlegt ist – der furchtbare Verrat, den das »Testen« darstellt, da es die eigene Mutter ist, die es durchführt. Ihre Großmutter verteidigt ihre Handlung. »Du mußt wissen, alles, was eine Mutter tut, tut sie zum Besten des Kindes.« Doch ein paar Minuten später gibt sie Sophie ihre Statue der Göttin Erzulie, »der heißblütigen Erzulie, die keinen Mann fürchtete«, und sagt: »Mein Herz, das weint wie ein Fluß, ... weil wir dir so viel Schmerzen zugefügt haben.«[8] Und wenn sie das tut, dann weint sie natürlich zumindest auch über den Schmerz, den ihr die eigene Mutter verursacht hatte, und den Schmerz, den ihre Großmutter ihrer Mutter angetan hat ...

Wir bauen wieder eine weibliche Abstammungslinie, aber wir zerstören auch die falsche Art weiblicher Abstammungslinien. Rachel, die in einer Nachbarstadt Schulleiterin war, sprach meinen Mann im Anschluß an seinen Vortrag über den Verlust des Selbstvertrauens, den junge Mädchen so um die sechste Klasse herum erleiden, an (mehr über ihn und diese Verluste später). Sie erzählte ihm folgende Geschichte, und die Tatsache, daß sie diese erzählte, spiegelt einen außergewöhnlichen kulturellen Wandel wider, denn Rachel erzählte sie scheinbar ohne Hemmungen. Als sie zwölf war und ihre erste Menstruation hatte, kam ihre Mutter zu ihr ins Badezimmer und schlug sie ins Gesicht – mit voller Wucht. Rachel war völlig sprachlos, und ihre Mutter sagte: »Damit du lernst, daß es das Schicksal der Frau ist, Schmerzen zu ertragen und zu leiden.« Jahre später, als sie selbst eine Tochter hatte, suchte sie ihre Mutter auf und fragte sie, warum sie das getan hatte, und diese antwortete, daß ihre Mutter das auch bei ihr getan habe. »Und hier, Mama«, erklärte Rachel, »ist der Punkt, an dem diese Kette unterbrochen wird.«

Wenn das weibliche Göttliche Wurzeln schlagen und aufblühen kann, dann erblüht auch alles, das vom Patriarchat beiseite geschoben wurde: Miteinbegriffensein beispielsweise, anstelle von zwanghafter Trennung; Lachen anstelle von feierlichem

Ernst. Penibel gezogene Autoritätsgrenzen weichen zurück, kreative Partnerschaften werden möglich, und alles, was erstarrt war, schmilzt und fließt und tanzt. Mauern stürzen ein. Es gibt eine Szene in dem Film *Grüne Tomaten*, in der Evelyn Couchs Ehemann nach Hause kommt und seine Frau mit einem Vorschlaghammer in der Hand antrifft. Das ganze Haus ist voller Gipsstaub, und die Wandpfosten sind zu sehen. »Was in Gottes Namen machst du da?« fragt er, denn so geht es schon seit Wochen – jeden Abend trifft er auf ein neues Stück Midlifekrisenexzentrik, und dieses Mal sieht es so aus, als habe sie es auf das Haus selbst abgesehen. Ihr Sohn war ausgezogen, er brauchte also sein Zimmer nicht mehr, folglich riß sie ein paar Wände ein, und das Wohnzimmer war jetzt so viel größer. Verwirrt und staubig schaute sie auf, und ein strahlendes Lächeln lief über ihr Gesicht: »Oh, ich will nur ... *Luft* ... *Licht*!«

Vielleicht wichtiger als alles andere: der Körper kommt wieder zu seinem Recht, wenn das Weibliche göttlich ist. Das Fleisch wird nicht mehr dämonisiert. Die Geburt ist heilig, und gebärende Körper sind etwas Göttliches, und weil das wahr ist, ist jede Frau so viel mehr, als sie zu sein scheint – eine Göttin, aus der Blätter sprießen, mit Vögeln, die über ihrem Kopf schweben. In *Schwarze Schwestern* führt die Schriftstellerin und Bühnenautorin Ntozake Shange Hilda Effania ein, eine Weberin von außergewöhnlichen Stoffen, die drei Töchter hat, Sassafras, Cypress und Indigo.[9] Sie sind »Regenbogen-Kinder«. Indigo ist die Jüngste. Sie will Geigerin und Hebamme werden, doch sie wird so eingeführt:

> Überall, wo eine Frau ist, ist auch Magie. Wenn ein Mond ihr aus dem Mund fällt, dann weiß diese Frau von ihrer Magie, weiß, wer an ihren Kräften teilhaben kann und wer nicht. Eine Frau, der ein Mond aus dem Mund fällt, mit Rosen zwischen den Beinen und einer Tiara aus Louisianamoos – diese Frau ist eine Gefährtin der Geister.

Indigo sprach selten. Ein Mond war in ihrem Mund. Daß sie einen Mond im Mund hatte, ließ sie fortwährend lachen. Immer wenn ihre Mutter versuchte, das Moos von ihrem Kopf zu ziehen oder die Rosen um ihre Hüften abzuschneiden, mußte Indigo lachen ...

»Mama, wenn du sie abmachst, dann werden sie nachwachsen. Es liegt an meinem Blut, ich habe Erde in meinem Blut, aufgefüllt mit den Gullahs, die schon längst entschwunden sind, und dem Meer.«[10]

Überall wo das weibliche Göttliche geachtet wird, ist die Geburt, aber auch die Wiedergeburt das zentrale Vorstellungsbild. In Kulturen, in denen die Leistung und der Aufstieg des einzelnen entscheidend für seine Selbsterfahrung sind, ruft die bloße Vorstellung des Todes ungeheure Angst hervor, denn die Sterblichkeit begrenzt die Möglichkeit, im Leben eine Spur zu hinterlassen. Man sollte meinen, daß Identität, die als Verbundenheit und Beziehung zu anderen definiert wird, den Gedanken an den Tod genauso schreckenerregend findet, da er unsere Verbindung zu jenen, die wir lieben, *unterbricht*. Doch in Wirklichkeit entsteht häufig eine völlig andere Dynamik. Das Lächeln des kleinen Jungen gleicht so sehr dem seines Vaters, und er hat die Augen seiner Großmutter. Er lacht wie die Schwester seiner Mutter, und möglicherweise wird das auch bei seinen Enkeln so sein. Die Kontinuitäten sind so offensichtlich, daß wir in ihnen ruhen können, uns sicher fühlen können in einem Gespinst von ausgeklügelter Konstruktion. Das Leben wird nicht einfach ausgelöscht, wenn ein Mensch stirbt; es sammelt sich in jedem Augenblick und bildet sich wieder neu.

Diese Art des Bewußtseins, die unserem eigenen in so vielerlei Weise diametral entgegengesetzt ist, ist selbstverständlicher Bestandteil vieler traditioneller Kulturen und sicherlich einer der Gründe, daß jene uns so magnetisch anziehen. Nirgends wird dies wirkungsvoller sichtbar als in den weiblichen Initiationsriten, die Anthropologen, die sich mit vielen verschiedenen Überlieferungen beschäftigt haben, rekonstruieren oder in manchen Fällen sogar beobachten konnten. Ich habe die Bemühungen der Frauen, das weibliche Göttliche wiederzubesiedeln, als eine Form des Restesammelns beschrieben – aus den verschiedensten Kulturen werden Stücke und Teilchen zusammengesucht und zu etwas Brauchbarem verbunden. Doch jener weibliche Initiationsritus, den wir uns näher ansehen wollen, ist ein Fund, wie ihn sich jeder Archäologe sein Leben lang erhofft: eine vollständige und zusammenhängende Darstellung der Göttlichen Mutter, ohne Risse, ohne abgebrochene Ecken, die sehr bedeutungsvoll ist. Wir entdecken auch, daß von den vier Motiven, die meine Analyse begleiten, besonders auf das Eingeschlossensein geachtet werden sollte ...

Zurückziehen, verwandeln und wieder auftauchen

Ein dreizehnjähriges Navajo-Mädchen sitzt ruhig im Halbdunkel des Hogans ihrer Familie, dicht neben einer älteren Frau, die ihr Anweisungen zuflüstert. Das Mädchen trägt eine zeremonielle Schärpe und Schmuck aus Türkisen und weißen Muscheln. Ihr Haar duftet nach einem Yucca-Shampoo: Ein dichter Pony bedeckt ihre Stirn, das restliche Haar ist mit einem Lederriemen zurückgebunden. Vor ihr steht ein Korb mit geröstetem Mais und ein Set alter Steinwerkzeuge, um es zu mahlen. Ihre Wangen sind gerötet, denn sie kommt gerade von einem stürmischen Wettlauf mit ihren Freundinnen – ein Rennen, bei dem es ihr bestimmt war zu gewinnen, begleitet von einem besonderen Lied:

> *Mit schwarzen Perlen geschmücktes Mädchen,*
> *die Luft, die beim Rennen von ihr herüberweht, ist köstlich,*
> *Ihre mit schwarzen Perlen bestickten Mokassins,*
> *die Luft, die beim Rennen von ihr herüberweht, ist köstlich ...*

174

Vor ihr, hinter ihr ist alles gesegnet,
die Luft, die beim Rennen von ihr herüberweht, ist köstlich.

Es gibt im Leben eines jungen Mädchens den Augenblick, in dem das Kind entschwindet und man einen flüchtigen Eindruck von der Frau bekommt, die sie sein wird, es lauert hinter ihrem Lächeln, ist vorgeprägt in ihren Gesten. Es ist eine magische Zeit, eine wirkliche *Übergangszeit*, denn manchmal scheint man beide gleichzeitig zu sehen, das Mädchen und die Frau, und dieses Schwanken, verbunden mit dem seltsamen Glanz, der über einem Mädchen in solch einem Moment liegt, legt noch eine andere Möglichkeit nahe: daß es weder ein Mädchen noch eine Frau ist, die vor einem steht, sondern das Mädchen aller Mädchen und die Frau aller Frauen. In Kulturen, die bewußt das weibliche Göttliche verehren, wird dieses flüchtige, intuitive Gewahrwerden geachtet und wird zur Grundlage der Initiationsriten. Man sollte meinen, daß diese hauptsächlich zum Wohl des Mädchens ausgeführt werden, aber eigentlich sind es Gelegenheiten, an denen die gesamte Gemeinschaft sich freut, denn jedesmal wenn ein Mädchen zur Frau wird, wird die Göttin in ihre Familie und in die Gemeinschaft hinein wiedergeboren. Sie wird neu geschaffen, und weil sie die Spenderin und Erhalterin des Lebens ist, werden auch alle anderen mit ihr zusammen neu geschaffen.

Der Krimischriftsteller Tony Hillerman hat Großartiges geleistet, weil er Durchschnittsleser mit der Schönheit und Kraft der Religionspraktiken der amerikanischen Indianer bekannt gemacht hat. In *Das Labyrinth der Geister* ist der wichtigste Informant von Detective Joe Leaphorn eine ältere Frau, die bei einer *kinaalda*-Zeremonie hilft, mit der die Navajo-Mädchen in ihre Rolle als Frau eingeführt werden. Die alte Frau zur Eile anzutreiben oder sie zu drängen ist undenkbar. Leaphorn wird das, was er wissen möchte, nur erfahren, wenn sie davon überzeugt ist, daß er kein Außenstehender ist. Das fällt ihm nicht schwer, denn das ist er ganz und gar nicht. Er nimmt selbst mit offensichtlicher Freude an dem *kinaalda* teil, singt die alten Lieder, deren Worte, »sich über Generationen erhalten hatten, waren so in den Rhythmus des Liedes verschmolzen, daß sie heute kaum mehr als musikalische Laute waren«.[11]

Zeremonien und Rituale sind sozusagen das Erbgut einer Kultur: sie sind das Medium, in dem ihre höchsten Werte über den Lauf der Zeit bewahrt werden. Im Mittelpunkt der Frauen-Rituale, besonders jener Riten, die ein junges Mädchen zur Frau machen, steht das Thema der Erneuerung, der schöpferischen Mächte der Natur. Die Vitalität selbst. In jedem Moment dieser Zeremonien, den ich kenne, ist rituelles Eingeschlossensein enthalten, und in diesem Zusammenhang ist es nicht Gefangenschaft oder Begrenzung irgendeiner Art, sondern ein symbolischer Reifeprozeß, eine symbolische Schwangerschaft.

Die Psychotherapeutin der Jungschen Schule Virginia Beane Rutter zitiert das Werk des Anthropologen Bruce Lincoln und bemerkt, daß im Gegensatz zu den männlichen Initiationsmustern, die »einen Prozeß der Trennung, des Übergangs und der Wiedervereinigung« spiegeln, »weibliche Riten eher einem dreifachen Muster folgen, einem Muster von Eingeschlossensein, Metamorphose (oder Stärkung) und dem Wiederauftauchen«.[12] Sie interpretiert diese drei Stufen in psychobiologischen Begriffen und bemerkt, daß sie sich im Leben einer Frau eigentlich immer wieder von neuem abspielen:

> Rückzug, Verwandlung und Wiederauftauchen bilden ein Ritualmuster der Erneuerung für Frauen. Dieses Muster hat im Leben von Frauen sowohl einen inneren wie auch einen äußeren Ort ... Ursprünglich, als kindliches Mädchen, ist sie unabhängig. Ihr Körper gehört ihr und bleibt der Welt verschlossen. Die Menstruation »öffnet« sie körperlich, gefühlsmäßig und psychologisch gegenüber äußeren Einflüssen oder Einmischungen. Mit jedem Menstruationszyklus durchläuft

sie eine körperliche Wandlung. Jeder Monat bringt Zeiten des Rückzugs, des Wandels und des Wiederauftauchens. Ihre sexuelle Empfänglichkeit verändert sich mit ihren wechselnden Stimmungen. In der Schwangerschaft befindet sich eine Frau in einem tiefen Zustand des inneren Rückzugs, während in ihrem Schoß Schöpfung und Umwandlung stattfinden. Das Wiederauftauchen findet statt, wenn das Blut bei der Geburt fließt und das Baby geboren wird. Während der Stillperiode fließt ihre Milch und öffnet ihre körperliche Grenze zur Welt, in eine neuartige Beziehung. Später, wenn ihre Blutungen aufhören, kehrt sie zurück zu einem anderen Zustand des Rückzugs. Erneut verwandelt tritt sie ins Alter über und in eine Identität als Großmutter.[13]

Zeremonien wie *kinaalda* haben sich in Rutters therapeutischer Arbeit mit Frauen als wertvoll erwiesen. »Tiefenorientierte Psychotherapie«, so behauptet sie, »ist eine Initiationserfahrung – ein Ritus für den Übergang von einem Bewußtseinsstadium in ein anderes.« Wenn eine Frau eine Therapeutin aufsucht, erklärt sie, dann meist, weil »eine Initiationsschwelle erreicht oder sich das Leben auf einer alten Stufe aufstaut. Eine neue Entwicklungsaufgabe erfordert es, die Aufmerksamkeit auf die innere Wirklichkeit zu richten.« Sie vergleicht einen solchen Augenblick mit der frühen Pubertät, wenn »Sehnsüchte aus dem Innern nach Verwirklichung drängen«, und vermerkt, daß Elemente aus Riten wie dem *kinaalda* regelmäßig in den Träumen ihrer Klientinnen auftauchten, wenn diese sich auf dem Weg zu umfassenderer Ganzheit befinden. Rutter hat das Gefühl, sie habe die Entfaltung ihrer Patientinnen auf dieselbe Weise als Mentorin begleitet wie eine ältere Frau die Initiation des jungen Navajomädchens bei der *kinaalda*: »Die therapeutische Abgeschlossenheit ... bietet dieser Entwicklung einen rituellen Raum, der unserer Kultur im allgemeinen fehlt ... ein ruhiger, abgeschlossener, heiliger Raum, in dem die Aufmerksamkeit einer einzigen

Frau sich vollständig auf sie richtet. Es ist ein Ort, an dem man sich auf sich selbst einstimmen kann; es kann ein Ort der Selbstverwirklichung sein.«[14]

Bei der *kinaalda* wird ein Mädchen zur *Changing Woman* (Wandelbare Frau), der wichtigsten Navajo-Gottheit, »der Macht des Wandels und der Fruchtbarkeit in allen Dingen«.[15] Was während der Zeremonie zwischen dem jungen Mädchen und ihrer Mentorin geschieht, bildet die Grundlage für das zukünftige Leben dieses Mädchens als Frau. Unmittelbar, aber auch stellvertretend mit ihren eigenen Töchtern und Nichten wird sie immer wieder aufs neue das dreifache Muster von Rückzug, Verwandlung und Auftauchen erfahren, und sie wird seine Macht kennenlernen – sie wird erkennen, daß es die ständige Erneuerung ist, durch die sie zur *Changing Woman* wird. Jeder Aspekt von *kinaalda* wirkt auf die Verstärkung dieses Wissens hin. Wir sollten uns jetzt die Zeremonie etwas näher ansehen und auf die Bedeutung achten, die nicht nur dem Eingeschlossensein zukommt, sondern auch dem Schweigen, der Zügelung von Begierden und einer sehr interessanten Variante der Selbstverleugnung.

Das rituelle Eingeschlossensein wird dadurch signalisiert, daß man eine Decke über die Tür des Hogans des Mädchens hängt, doch der Hogan wird für die Zwecke des Rituals geheiligt, indem traditionelle Lieder gesungen werden:

> Hier in diesem Haus, das ein heiliger Ort ist …
> Das Haus der Dämmerung ist ein heiliger Ort …
> Nun ist es das Haus eines langen Lebens und immerwährender Schönheit.[16]

Das Mädchen selbst wählt sich seine *Ideal Woman* [ihr Frauen-Vorbild, d. Ü.] – eine Person, die stark und schön ist, eine gute

Köchin, eine Mutter und eine geschickte Weberin. Im ersten Teil der Zeremonie wäscht *Ideal Woman* dem Mädchen das Haar mit einem Shampoo aus Yucca-Wurzeln und bürstet es mit zeremoniellem Gras. Sie wäscht den Schmuck des Mädchens aus Türkisen und weißen Muschelschalen und kleidet sie an, wobei sie die ganze Zeit singt. Nachdem das Mädchen angezogen und geschmückt ist, legt es sich auf einen Berg Decken, die von Gästen und Familienmitgliedern geliehen wurden (ihre bloße Berührung wird sie segnen). Dann wird es von *Ideal Woman* von Kopf bis Fuß massiert. Da man glaubt, daß ein Mädchen während der Menstruation besonders geschmeidig ist, kann sie durch die Massage zur *Changing Woman* geformt werden. In dieser Zeit wird sie auch als besonders verletzlich angesehen, und zwar sowohl körperlich wie gefühlsmäßig, daher muß sie sich von bösen Orten fernhalten, und jeder in ihrer Umgebung achtet sorgfältig darauf, eine Haltung der Güte und Großzügigkeit anzunehmen. Gleichzeitig weiß sie, daß ihre Stärke wächst. Zweimal am Tag macht sie einen Wettlauf, gefolgt von ihren Freundinnen, jedesmal ein bißchen weiter, wobei sie weiß, je weiter sie rennt, um so länger wird sie wahrscheinlich gesund bleiben.

Im Verlauf ihres Eingeschlossenseins röstet und mahlt sie Mais – und zwar dreißig Pfund – für einen riesigen Maiskuchen. Sie mahlt ihn mit Steinwerkzeugen; die Arbeit soll ihre »schwachen Knochen« stärken. Ihr Vater wird ihr dabei helfen, die Erdgrube auszuheben, in der der Kuchen gebacken werden soll; ihr Großvater hält das Feuer in Gang. Sobald der Teig in der Feuergrube ist, besprengt sie ihn mit Maispollen. Sie selbst wird vor dem die ganze Nacht dauernden Singen mit heiligem Pollen gesegnet werden.

In der Abenddämmerung werden das Haar und der Schmuck des Mädchens ein letztes Mal gewaschen, und sie verläßt den Hogan für den letzten Lauf. Wenn sie zurückkehrt, wird sie den Kuchen anschneiden und servieren, selbst aber nichts davon essen. Der Kuchen ist riesig, rund und von goldbrauner Farbe. Er sieht aus wie die Sonne – das Symbol der Fülle und des Lichtes. Und auch sie strahlt, denn es ist ihr Tag. Sie ist neu geschaffen worden, und mit ihr auch jene, die an ihrer Initiation teilgenommen haben. Sie auch nur anzuschauen, bedeutet Segen. Die Große Mutter ist zurückgekommen. So sieht Erneuerung aus – so schmeckt sie.

Man sollte beachten, wie anders hier weibliche Erfahrung beschrieben wird. Das Mädchen ist stumm, aber nur, damit sie mit ihrem ganzen Wesen den zeitlosen Liedern lauschen kann, die ihr ein Bild von sich selbst geben als »Subjekt ihrer eigenen Geschichte«.[17] Ihr Selbstwertgefühl wird nicht angegriffen; es erweitert sich statt dessen, wenn sie spürt, daß sie eins wird *mit Changing Woman*. Sie zügelt ihren Hunger, doch sie tut das, um jemand zu werden, der andere speisen und heilen kann. Genaugenommen gewinnt sie *Macht*. Und schließlich ist sie eingeschlossen, aber nur für eine gewisse Zeit und mit einer Mentorin *ihrer Wahl*, und ihrer beider Abgeschlossenheit dient nur dazu, das Gemeinschaftsgefühl zu stärken.

Kapitel 10

Unseren Luft-Raum errichten und bewohnen

Es muß der mühseligen Wiederaufbauarbeit zu verdanken sein, die Frauen in den letzten Jahrzehnten geleistet haben, daß einige meiner sonst recht konventionellen Freundinnen nun ganz unbefangen von der Göttin sprechen. Es zeigt, daß das weibliche Göttliche jetzt in einer merkwürdigen Weise auf uns *einstürmt* – als Archetypus, als herausragendes Prinzip, als alternative Weise, auf der Welt zu sein –, daß dies viele von uns spüren und es als wirkliche Gegenwart in unserem Leben spüren. Diese Empfindung verstärkt sich, je bewußter wir uns des Hungers und der Dürre werden, die mit einem Leben im Patriarchat verbunden sind.

Sobald ich mich mit dem dreistufigen Zyklus vertraut gemacht hatte, den Virginia Beane Rutter und andere als so entscheidend ansehen für die volle Entfaltung der Frau – das Eingeschlossensein, die Stärkung (oder Metamorphose) und das Wiederauftauchen –, schien mir, als gehöre das zu den wichtigsten Möglichkeiten, mit denen sich uns das Bewußtsein des weiblichen Göttlichen mitteilt. So wie Frauen es immer wieder von neuem in ihrem körperlichen Leben erfahren, so erscheint dieses Muster auch in unserer Phantasie. Es formt unsere Träume, unsere Gemälde, unsere Geschichten. Und jedesmal wenn wir es erfahren oder erleben, besonders wenn wir uns dessen bewußt sind, ist es, als hätten wir ein weiteres Abbild der Göttin in ein Kopftuch gewebt. Etwas in uns erweitert sich.

Ich glaube, daß das Dilemma innerhalb des Feminismus, das wir als »gewöhnliche Grenzscheide« kennen, unmittelbar mit diesem dreistufigen Zyklus zu tun hat und mit dem vollständigen Versagen unserer Kultur, ihn zu respektieren. Wie bereits erwähnt, sind Feministinnen tief gespalten darüber, welche Bedeutung sie den weiblichen biologischen Erfahrungen zuweisen sollen. Manche würden ihre Bedeutung lieber herunterspielen: So fordern »Gleichheits-Feministinnen« beispielsweise nur dasselbe Spielfeld, weil sie befürchten, jedes Zulassen von »Unterschieden« würde nur den Zweiter-Klasse-Status der Frauen verewigen. Andere, darunter die »Kultur-« oder »Differenz-Feministinnen«, halten es für lebenswichtig, die positiven Werte herauszustellen, die sich in der weiblichen Kultur erhalten haben, und diese Werte in den öffentlichen Bereich zu übertragen. Mit diesen Standpunkten sind zwei verschiedene Sichtweisen von Identität und Selbst verbunden. Die eine behauptet, daß Geschlechtsunterschiede grundsätzlich nur ein gesellschaftliches Konstrukt sind und daß man eine eigene Identität oder Individualität nur aufbauen kann, wenn man die geschlechtsspezifischen Identitäten zurückweist, die als falsch angesehen werden, weil sie von der patriarchalischen Kultur definiert und Frauen auferlegt wurden. Die andere Sichtweise spricht dem Geschlecht eine große Bedeutung zu und behauptet, daß die Seinsweise des intensiven »Verbundenseins«, die die psychische Entwicklung von Frauen charakterisiert, einen Pfad zur Selbstwerdung darstellt, der mindestens so verläßlich ist wie der der systematischen Trennung.

Es war mir nicht gelungen, dieses Dilemma zu lösen. Ich bin mir auch nicht sicher, ob es überhaupt gelöst werden kann. Zu unterschiedlichen Zeiten habe ich mich zu beiden Standpunkten hingezogen gefühlt. Doch jetzt schien mir, als könnten die beiden Perspektiven überbrückt und die Werte, die beiden innewohnen, bewahrt werden, wenn die Bedeutung dieses dreistufigen Zyklus umfassend anerkannt wird. In Kulturen, in denen das weibliche Göttliche verehrt wird, erkennt man die zentrale Bedeutung dieses Zyklus für das biologische Leben der Frau an, für ihre gefühlsmäßige Entwicklung und für ihre umfassende spirituelle Entfaltung. Aber er wird auch als eine Quelle angesehen, aus der die gesamte Gemeinschaft schöpfen kann.

Wenn beispielsweise ein junges Mädchen gelehrt wird, daß die Menstruation ebenso eine Zeit der inneren Einkehr, des Alleinseins und des tiefen Nachsinnens ist wie eine Zeit, in der ihr Körper ruhen und sich regenerieren sollte, dann werden beide Varianten der Selbstwerdung respektiert. Und wenn die Kultur dieses Mädchens ihre Kinder aufrichtig zu schätzen weiß, zumindest ebenso wie, sagen wir mal, Firmengewinne, wird sie Menstruation oder Schwangerschaft nicht als Behinderung oder Erniedrigung erfahren, und auch in ihrem Umfeld wird das niemand tun. Alles, was sie *als Mutter* lernt, »eingeschlossen« in diese Beziehung für eine gewisse Zeit, wird als Weisheit angesehen werden, die für die gesamte Gemeinschaft nützlich ist. Wenn sie den Zyklus Eingeschlossensein – Stärkung – Wiederauftauchen mehrmals auf positive Weise erlebt und ihn *gleichzeitig* mit dem Wohlbefinden derjenigen verbindet, die sie umgeben, und mit ihrer vollständigen Selbstverwirklichung, dann ist für sie der Weg bereitet, sich ungehindert auf jene tiefe Qualität des Eingeschlossenseins einzulassen, die mit der mystischen Erfahrung verbunden ist. Als westliche Frau wuchs ich auf, ohne auch nur die leiseste Ahnung zu haben, was eine solche Qualität der Erkenntnis überhaupt bedeutet, doch ich denke, der Hunger danach leitete mich in entscheidenden Augenblicken meines Lebens.

Es gibt einen Punkt bei dem Aufbau einer brauchbaren Vergangenheit, an dem es nicht genügt, sich mit der kollektiven Geschichte zu beschäftigen oder selbst mit der Vorstellung dieser rekonstruierten Geschichte. An diesem Punkt muß man sich vielmehr auch mit der eigenen persönlichen Geschichte auseinandersetzen, und diese leuchtenden Fragmente der eigenen Erfahrungen als Mädchen oder Frau, an die man sich erinnert, vollenden das Werk. Mir widerfuhr das in dem Moment, als ich über die verschiedenen Sichtweisen nachdachte, in der traditionelle Kulturen den Übergang vom Mädchen zur Frau betrachten. Meine erste Menstruation hatte ich, als ich dreizehneinhalb war. Es war Sommer, und ich pflückte gerade Bohnen auf der Farm meines Großvaters. All meine Freundinnen hatten schon vor Monaten ihre Periode bekommen, und ich fühlte mich wie ein echter Spätzünder. Ich arbeitete ein paar hundert Meter vom Haus entfernt, als ich eine warme Feuchtigkeit zwischen meinen Beinen spürte und mir klarwurde, was mit mir geschah. Nachdem ich zu meiner Großmutter zurückgegangen war und sie mich mit dem Nötigen versorgt hatte, ging man davon aus, daß ich zu meiner Arbeit zurückkehrte. Niemand machte ein Aufhebens davon, niemand schlug vor, ich könne mich mit einer Wärmflasche ins Bett legen, und schon gar nicht trat einer vor, um mir Ketten aus Türkisen und weißen Muscheln um den Hals zu hängen. Kein Wort wurde darüber verloren. Als hätte ich ein Pflaster bekommen. Meine Mutter hatte einige Zeit zuvor ein Buch neben mein Bett gelegt, das mir alles erklären sollte; es war ungefähr so gefühlvoll und magisch wie ein Kaufhauskatalog, und dennoch las ich es nur, wenn ich sicher sein konnte, daß niemand anders im Haus war, denn das ganze Thema hatte für mich etwas so Verstohlenes. Vermutlich war das eben so in den fünfziger Jahren.

In der kahlen Meermuschel eines Häuschens

Doch ich glaube, daß ich es in jenem Sommer dennoch schaffte, mich in eine bestimmte Aura zu hüllen – das Gefühl, daß ich wirklich zur Frau wurde und daß dies ebensogut spirituell wie körperlich von Bedeutung war. Ich traf auf die richtigen Bücher, das schien mir immer so zu gehen – in diesem Fall Anne Morrow Lindberghs *Muscheln in meiner Hand*, das ich mit meiner Mutter zusammen las. Ich lese es alle paar Jahre wieder, besonders wenn ich mich darauf vorbereite, einen Meditations-Workshop für Frauen abzuhalten. Wenn ich weiß, daß ich mit Frauen sprechen werde, die Kinder haben, dann überlasse ich Lindbergh gern das erste Wort:

> Unser Lebensmuster entspricht im Grunde einem Kreis. Wir müssen nach allen Himmelsrichtungen offen sein – Mann, Kinder, Freunde, Heim, Gemeinde – und jeden Lufthauch, jeden Anruf, der auf uns zukommt, wie ein ungeschütztes, ausgespanntes Spinnweb registrieren ...
> Ich begreife allmählich, mit einem wehmütigen Lächeln, weshalb die Heiligen selten verheiratete Frauen waren. Ich bin überzeugt, daß das nicht, wie ich früher glaubte, mit der Unberührtheit oder den Kindern zusammenhängt. Es hängt vor allem mit der Zersplitterung zusammen.
> Ich wünsche eine eindeutige Sicht, Reinheit meiner Absichten ... Ich wünsche – um es durch einen theologischen Begriff auszudrücken –, »im Stand der Gnade« zu leben ... [1]

Und das ist ziemlich genau auch das, was die Frauen wollen, die in diese Workshops kommen, obwohl sie kaum in der Lage sind, wie Anne Morrow Lindbergh ihrem Wunsch entsprechend zu handeln. *Muscheln in meiner Hand* entstand im Verlauf mehrerer Wochen im Sommer, die die Autorin allein auf einer Insel verbrachte, auf der es Pinien, Dünen, Reiher und Muscheln gab. Ihr Bericht über diese Zeit hat vor allem mehr Dankbarkeit als Neid hervorgerufen. Wir haben das Gefühl, wir sind mit ihr auf dieser Insel, besonders wenn sie die tiefe Freude beschreibt, die ganz gewöhnliches Alleinsein Frauen bereitet, die selten allein sind:

> Ich ging weit den Strand entlang, vom weichen Rhythmus der Wellen getragen, die Sonne auf meinem nackten Rücken und auf meinen Beinen, den Wind und den salzigen Sprühregen der Gischt im Haar. In die Wellen und wieder zurück wie der

Strandläufer. Und dann nach Hause, durchnäßt, betäubt, taumelnd und bis zum Rand mit der Einsamkeit des Tages angefüllt; voll wie der Mond, ehe die Nacht von seinem Glanz gekostet hat; voll wie ein Becher, ehe die Lippen ihn berühren ... Laß niemanden kommen – bete ich plötzlich voller Angst – ich könnte mich verströmen! (S. 43)

»Das wär's«, murmelte eines Abends eine von uns, eine dreifache Mutter: »Ein Strand ganz für dich allein. Der erregendste erotische Wunschtraum einer jeden Mutter.« Vielleicht steckt in jeder von uns eine Selkie.

Als ich *Muscheln in meiner Hand* das erste Mal las, war ich noch ein Mädchen, mit Dreizehn viel zu jung, um über die miteinander im Wettstreit liegenden Ansprüche von Familie und Innerlichkeit nachzudenken. Doch als ältestes von vier Kindern konnte ich täglich sehen, wie selten es für meine Mutter Momente gab, in denen nicht jemand um ihre Aufmerksamkeit kämpfte, und es jagte mir Angst ein. Sie konnte nicht entkommen, aber ich konnte es, und ich tat es, meist mit ihrer stillschweigenden Duldung: Es gelang mir immer wieder neue Orte auf der Farm zu finden, wo ich mich mit einem Buch und einem Apfel vor meinen Geschwistern verstecken konnte, und die Wirkung von Lindberghs »kahler Meermuschel eines Häuschens« war auf mich keinesfalls verschwendet. Muschelschalen waren der Brennpunkt ihrer Meditationen, zierliche, abgeschlossene Räume, die den Sinn, nach dem sie suchte, durch eine Metapher enthüllten.

Wellhornschnecke, ich lege dich wieder hin. Aber du hast meinen Geist auf die Reise geschickt, auf eine in meinem Inneren aufwärtssteigende Wendeltreppe, deren Stufen die Gedanken sind. (S. 33)
Mondmuschel, wer gab dir deinen Namen? Fast glaube ich, es war eine intuitive Frau ... Aber ich kann dich mitnehmen zu meinem Schreibtisch in Connecticut. Dort wirst du liegen

und dein Einauge auf mich richten. Deine sanften Windungen, die sich in deinem Gehäuse zur winzigen Spitze emporschrauben, werden mich an die Insel denken lassen, auf der ich ein paar kurze Wochen lang gelebt habe. »Alleinsein« wirst du mir zurufen. (S. 61)

Fühlte ich mich zerbrechlich, als ich das zum erstenmal las? Ich weiß, daß ich es war. In einem Übergangsstadium und äußerst verletzlich, wie ein Meeresgeschöpf zwischen Muschelschalen. Lindberghs Beschreibungen der Zurückgezogenheit halfen mir, mein hartnäckiges Bedürfnis, ständig die Flucht zu ergreifen, zu verstehen: in die staubige Stille inmitten aufgestapelter Heuballen auf dem Dachboden der Scheune oder auf einen Zweig hoch im Kirschbaum, wo grüne Blätter oder zartrosa Blüten (prächtig, aber nur für kurze Zeit) mich beschützten und verbargen. Ungefähr zur selben Zeit gab es noch eine andere Geschichte, die ich ebensosehr liebte, eine Kurzgeschichte der in Neuengland lebenden Schriftstellerin Elisabeth Coatsworth mit dem Titel *Das Wartezimmer des Todes*. Sie hatte eine ähnliche Wirkung auf mich wie Anne Morrow Lindberghs Erzählungen von Muscheln und Einsamkeit. Vor kurzem bekam ich sie wieder in die Hände, und ich war glücklich, als ich feststellte, daß ich sie immer noch genauso zauberhaft fand, wie ich es in Erinnerung hatte. Die Heldin von Elizabeth Coatsworth, Laura Treadwell, hatte immer auf High Farm gelebt, und zu Beginn der Geschichte lebt sie mit ihrem Mann und ihrer Familie dort. Für Laura ist die Farm etwas unglaublich Lebendiges.

Hier schien die Sonne strahlender, das Brunnenwasser schmeckte kühler, und der Wind kam und ging wie ein Vertrauter. Wenn man sich hier umschaute, lernte das Auge, die Weite zu lieben, die Horizonte, das Unbekannte. Wirklichkeit und Phantasie wurden ununterscheidbar. Tatsachen und Traum gingen Hand in Hand.[2]

Im Verlauf der Jahre werden Lauras Ehe und ihre Beziehung zu ihren beiden Kindern langsam, aber stetig zerstört durch die Machenschaften einer Schwägerin, die bei ihr eingezogen war unter dem Vorwand, ihr helfen zu wollen. »Manchmal fühlte sich Laura wie ein Gespenst. Wenn sie etwas sagte, geschah es oft, daß niemand antwortete« (S. 63). Die Situation wurde immer kritischer, und eines Tages wird Laura im Freien von einem Schneesturm überrascht und stolpert in »das Wartezimmer des Todes«. Es ist die windgeschützte Seite einer Steinmauer, die von schneeschweren Zweigen so überhangen ist, daß sie nicht mehr heraus kann. Sie bekommt Angst, aber dann richtet sie sich dort ein – sie findet ein paar Feigen und Walnüsse in ihrer Tasche und stellt fest, daß »in einem Schneehaus Durst kein Problem ist« (S. 132). Es wird dunkel, und sie schläft ein.

»Und als sie aufwacht, vielleicht am zweiten Tag, stellt sie fest, daß endlich Licht da war, ein schimmerndes blaues Licht, wunderschön, aber sehr schwach. Sie konnte in diesem Licht nichts sehen, nur die Dunkelheit ihres Körpers wie eine schattenhafte Biene in einer blauen Windenblüte« (S. 132).

Laura erkennt bald, daß ihre Schneekammer bemerkenswert friedlich ist. »Ich brauche nichts zu tun, als hier zu sitzen, und kann über alles nachdenken, über das ich möchte.« (S. 133) Ihre Ängste – zu verhungern, zu ersticken, zu erfrieren – beginnen sich aufzulösen. Denn »hier ruhe ich wie eine Zwiebel sicher in der Dunkelheit der Erde oder wie die Bienen in ihrem Stock ...« (S. 133) Sie singt sich etwas vor, Hymnen, die sie noch aus ihrer Kindheit kennt, »vor sich hin summend wie eine Biene, dachte sie«.

Wechselnd zwischen Schlafen und Wachen, halb erfroren, ständig schwächer werdend, ist sie dennoch in der Lage, ihre Gefangenschaft dazu zu nutzen, über alles nachzudenken, was ihr und ihrer Familie zugestoßen war. So vergehen vier Tage, und als die Benommenheit des Todes sie letztlich zu überkommen beginnt, sieht sie – im wörtlichen Sinne – den ganzen Verlauf der Ereignisse in seiner ganzen Bedeutung und ihre eigene, unabsichtliche Komplizenschaft dabei. Als sie erkennt, daß es vielleicht noch nicht zu spät ist, um die Dinge wieder in Ordnung zu bringen, und daß sie das auch *will*, wird ihr bewußt, daß sie ein rotes Halstuch trägt und daß sie es an einen dieser Stöcke binden und durch den verkrusteten Schnee bohren könnte ...

Rot ist das Halstuch, das Rot der Geburt, leuchtend hebt sich die Farbe vom Schnee ab, und ihr Sohn sieht es und gräbt sie aus, und die Herrin von High Farm erobert sich wieder den ihr zustehenden Platz. Es ist eine wunderbare Geschichte, auf köstliche Weise archetypisch, die schwach an Daphne du Mauriers *Rebekka* erinnert, und sie stärkte mein Gefühl dafür, ganz gleich wie meine eigene Version der Rolle als Frau sein würde, welche Abkommen ich auch immer mit dem Leben schließen würde, ich würde niemals ohne meinen Raum sein. Jahre später kopierte ich mir die folgenden Worte von Luce Irigaray und hing sie über meinem Schreibtisch auf:

> Nach der vollständigen Umhüllung durch *Wasser* während unseres vorgeburtlichen Aufenthaltes im Mutterleib sollten wir, nach und nach, die Umhüllung aus *Luft* an unserem irdischen Aufenthaltsort entwerfen ... Es ist notwendig, unseren Luft-Raum zu konstruieren und zu bewohnen. Es ist der Raum der körperlichen Autonomie durch das Atmen, der Raum der Rede und des Gesangs, des Erscheinens in der Welt.[3]

Als Gerda Lerner die historischen Prozesse aufzeichnete, durch die die Unterordnung der Frauen vor sich ging, war sie beeindruckt davon, wie sehr Frauen diese Vorgänge auch noch mitgetragen haben. Ich denke, diese Mittäterschaft ist mehr als verständlich, wenn wir erkennen, wie wesentlich eine Form des schützenden Eingeschlossenseins an wichtigen Scheidepunkten im Leben einer Frau ist – die kahle Meermuschel eines Häuschens, eine Laube aus Blättern, ein durchscheinender weißer

Raum aus Schnee. Wir dürfen nicht vergessen, daß historisch gesehen die Frauen fast nie zwischen Eingeschlossensein und Freiheit wählen durften, sondern eher zwischen Eingeschlossensein und *Preisgegebensein*, und die einzigen sicheren Rückzugsräume, die uns zur Verfügung standen, waren jene, die uns das Patriarchat zugestand.

Von Zeit zu Zeit, wenn die äußeren Bedingungen günstig waren (etwa ein verständnisvoller Partner, ein annehmbares Einkommen, lenksame Nachkommen), gerade oft genug, damit wir alle unsere Hoffnung nicht verloren, erlaubte auch das gewöhnliche häusliche Leben den Frauen ein inneres Leben, das verhältnismäßig frei von Unterbrechung war und folglich die Möglichkeit bot, sich bewußt zu entfalten. In den Genuß einer solchen Möglichkeit ohne den direkten Schutz eines Vaters, Bruders oder Ehemanns zu kommen ist Frauen erst seit recht kurzer Zeit möglich.

Natürlich gibt es eine traditionelle Form des weiblichen Eingeschlossenseins, die neben dem Patriarchat möglich war, die nicht unter unmittelbarer »väterlicher Herrschaft« stand, und diese hat immer eine mächtige Anziehungskraft auf die Vorstellung junger Mädchen und Frauen ausgeübt – von denen viele nicht einmal katholisch waren. Die bloße Tatsache, daß es sie überhaupt als Bezugspunkt gab, war wichtiger, als im allgemeinen erkannt wird.

Wo die Seidenraupe stirbt

»Ich kann nicht inmitten des Familienlebens eine Nonne sein«, verwahrt sich Anne Morrow Lindbergh in *Muscheln in meiner Hand*, »ich würde es nicht wollen.« Doch kann sie es auch nicht lassen, diese Möglichkeit ins Spiel zu bringen, denn gerade im weltlichen industrialisierten Westen haben wir fast keinen anderen Weg uns vorzustellen, wie es sein könnte, »in Gnade« zu leben. Ich hatte mit Dreizehn keine anderen Vorstellungsbilder, und aus diesem Grunde las ich alles über Nonnen, was ich nur in die Finger bekam. Ich glaube, heute verstehe ich, warum – und heute erinnere ich mich mit großer Zuneigung an meine Großmutter, dieselbe, die nichts besonders Erhebendes anläßlich meiner ersten Periode von sich gegeben hatte, die mich aber zu jedem Theaterstück oder jeder Operette mitschleppte, die im nahe gelegenen Mount Angel College aufgeführt wurde, wo sie vor Jahrzehnten einmal zur Schule gegangen war. Sie machte kein Geheimnis aus ihrer anhaltenden Zuneigung zu den Benediktiner-Schwestern, die dort unterrichteten. Nicht in einer Million Jahre wäre sie Katholikin geworden – was wäre das auch für ein Skandal gewesen in der Farmer-Gemeinde des Willamette Valley! –, doch sie liebte, so glaube ich, die Hingabe und den Idealismus, mit denen die Nonnen ihr Leben führten, und ich denke, ich muß etwas von dem, was sie fühlte, in mich aufgenommen haben.

Im Leben der Katharina von Siena, jener Visionärin und Prophetin des 14. Jahrhunderts, die den Papst kritisierte, als sei er ein vom Wege abgekommener Neffe, kann man wiederholt diesen dreistufigen Zyklus erkennen. Als junges Mädchen verbrachte Katharina in ihrem Zimmer viele Stunden, in denen sie betete und sich immer weiter von jener Zukunft entfernte, die ihr Vater für sie vorgesehen hatte. Aufgeschreckt befahl er, daß sie mit ihrer Schwester das Zimmer teilen mußte, woraufhin sie entdeckte, daß es ihr gelang, »einen inneren Raum, den ihr keiner wegnehmen konnte«, für sich zu errichten, in dem sie sich unbegrenzt aufhalten konnte. Nachdem ihr Vater eine weiße Taube über ihrem Kopf hatte schweben sehen, während sie betete, gab er endlich nach und erlaubte ihr wieder ein eigenes Zimmer. Im Verlauf der nächsten Jahre sollte dieses Zimmer zum Schauplatz von außergewöhnlichen inneren Abenteuern werden: lange Stunden des Gebets, aber auch des Schreckens in Form dämonischer Stimmen, die sie umschmeichelten und zu beschwatzen suchten »wie ein zum Wahnsinn treibender Fliegenschwarm« und sich über die Vorstellung lustig machten, sie könne eine Berufung haben. Wie Juliana lernte sie, daß sie sie mit Gelächter vertreiben konnte. Später besuchte Jesus sie regelmäßig; sie ging dann mit ihm in ihrem Zimmer umher oder auf dem Dach des Hauses ihrer Familie. Manchmal würde Maria vorbeischauen oder der heilige Dominik ... Doch schließlich, kurz vor ihrem zwanzigsten Geburtstag, kam eines Abends Jesus an ihre Tür und weigerte sich, einzutreten. Auch sie müsse jetzt herauskommen, sagte er; von diesem Zeitpunkt an könne sie ihn nur lieben, indem sie andere liebte. »Deine Nächsten sind die Kanäle, durch die all deine Tugenden das Licht der Welt erblicken.«

In den Schriften der Teresa von Avila, der Reformerin des Karmeliterordens im 16. Jahrhundert, wird das Motiv des Eingeschlossenseins mit besonderer Kraft erforscht, insbesondere durch die Metapher, mit der sie kontemplatives Beten erklärt. Mit Einundzwanzig hatte Teresa sich bewußt dazu entschlossen, in das Kloster der Inkarnation einzutreten, wobei sie ganz genau wußte, daß es nicht die am strengsten geregelte Gemeinschaft war, der sie sich hätte anschließen können, weil sie sich selbst noch nicht für die Strenge eines völlig abgeschlossenen Lebens bereit fühlte. Doch wie sich herausstellte, hätte ihre Wahl nicht katastrophaler sein können. Die Geschichte ihres langen, schmerzlichen Kampfes um den Aufbau von Innerlichkeit in einer Situation, die in fast teuflischer Weise darauf ausgerichtet war, dies zu verhindern, ist so anrührend wie nur weniges in der mystischen Literatur. Später widmete sie sich der Aufgabe, anderen jungen Frauen jene Möglichkeit zu verschaffen, die sie selbst *nicht* gehabt hatte: ein Leben in vollständiger und gesicherter Zurückgezogenheit führen zu können. Als ob sie vorausahnen würde, daß einige dieser jungen Frauen die gleichen Bedenken wie sie gegenüber einer wirklichen Zurückgezogenheit hegen würden, schreibt sie über das innere Leben, als hielte sie Juwelen gegen das Licht, und beschwört betörend schöne Vorstellungs-

bilder des Zurückgezogenseins herauf: »Wenn wir uns die Mühe machen und uns dieser Vorstellungsbilder ein paar Tage lang erinnern und uns an sie gewöhnen ... werden wir verstehen, daß die Bienen in den Bienenstock fliegen, um Honig zu machen, wenn wir beten« (*Weg der Vollkommenheit*, 28.7).
Richtet eure Sinne nach innen, fordert sie ihre Novizinnen auf. Seid sehr still, und langsam werden sich die inneren Nischen eures Wesens mit Süße füllen. Ihr seid Bienenstöcke, ihr seid *Paläste*:

Stellen wir uns vor, in unserem Inneren ist ein außergewöhnlich prächtiger Palast, ganz aus Gold und kostbaren Steinen ... In unserem Innern liegt etwas, das unvergleichlich kostbarer ist als alles, was wir außerhalb sehen können. Wir sollten uns nicht vorstellen, daß unser Inneres hohl ist. (*Weg der Vollkommenheit*, 28.10)

Vom weltlichen Standpunkt aus gesehen, ist eine Frau, die sich der Keuschheit verschrieben hat, natürlich »innerlich hohl«, denn kein Kind wird in ihrem Schoß Gestalt annehmen. Nach den Maßstäben der allgemeinen Kultur ist sie nicht »fruchtbar« – und folglich keine richtige Frau. Teresa hätte die Befürchtungen verstanden, die eine junge Nonne in bezug auf diese Fragen hegen könnte – wahrscheinlich sogar besser, als diese selbst es verstanden hätte. Deshalb gelingt es ihr auch, diese zu zerstreuen, indem sie ihrem Staunen darüber Ausdruck verleiht, daß »Er, der tausend Welten und mehr mit seiner Großartigkeit erfüllen kann« in etwas so Unbedeutendes wie eine menschliche Seele eingeht und auch danach strebt, »sich in den Schoß seiner allergesegnetsten Mutter zurückzuziehen« (*Weg der Vollkommenheit*, 28.11). Die Seele der Karmeliterin und der Schoß von Mutter Maria sind daher auf geheimnisvolle Weise ein und dasselbe, also doch erfüllt und fruchtbar.
Teresas Vorstellungsbilder des Eingeschlossenseins gipfeln in *Die*

innere Burg [auch *Seelenburg* genannt]: »Seht eure Seele als Schloß an, aus einem Diamanten gefertigt oder einem sehr klaren Kristall, in dem viele Räume sind« (I, 1,1). Wenn dies die Bedeutung von Eingeschlossensein darstellt, ist es mit keiner Form des Eingeschlossenseins zu vergleichen, die Frauen normalerweise erfahren. Die Zahl der Räume ist beinahe unendlich, und alles ist hell und leuchtend und leuchtet um so stärker, je weiter wir uns nach innen bewegen. Es ist die höchste Verwirklichung von Luce Irigarays »Luft-Raum«.

In der fünften Wohnung der inneren Burg, so erklärt Teresa, ist die Seele wie eine Seidenraupe. Sie spinnt einen Kokon für sich, indem sie »sich von Eigenliebe und Eigenwillen befreit« (V, 2, 6). Und die Seidenraupe / Seele spinnt den Kokon, damit sie für alles sterben kann, was nicht Gott ist, und wenn sie das tut, findet sie sich vollständig eingeschlossen in Gott: »Ich habe einmal gelesen oder gehört, daß unser Leben in Christus verborgen ist« (V, 2, 4). Im Inneren des Kokons, der Gott ist, wenn die Seidenraupen-Seele für ihr altes Selbst gestorben ist, wird sie verwandelt und wiedergeboren als weißer Schmetterling. *Psyche.*

Wir wissen etwas über Kokons, das Teresa nicht wußte. Wenn die Larve in das Puppenstadium eintritt, löst sie sich vollständig auf, verwandelt sich in eine Art Brühe. Solange sie in ihrem flüssigen Zustand ist, sind die starken Wände des Kokons für ihr Überleben unabdingbar. Mit der Zeit, sicher im Inneren bewahrt, formt sie sich zu einer Schmetterlingspuppe, und schließlich *kann* sie nichts mehr in der Eingeschlossenheit halten. Der Kokon fällt ab, der Falter spreizt seine Flügel und fliegt. Er wurde zum »Schmetterling, einem Symbol der Göttin«, wie Riane Eisler uns erinnert, »für Transformation und Wiedergeburt«.[4]

Es ist sehr schade, daß Teresa dieses Detail nicht kannte, denn ich denke, sie hätte die Metapher dadurch noch bestätigt gesehen. Daß die eigene Identität sich auflösen sollte zu einer undifferenzierten »Brühe«, ist fast unvorstellbar, und könnte man es sich vorstellen, löste es Ängste aus. Und doch kann man aus den Berichten Teresas und anderer über mystische Erfahrungen ersehen, daß an einem bestimmten Punkt in der spirituellen Entfaltung etwas stattfindet, was genau dem sehr ähnlich ist. Um das zu werden, ... müssen wir alles loslassen, was wir waren.

Teresas Metaphern für das Eingeschlossensein waren lyrisch, aber in ihrem kulturellen Zusammenhang waren sie auch umstürzlerisch. Denn sie rufen einem all die überlieferten poetischen Bilder in den Sinn, in denen junge Frauen mit von Mauern geschützten Gärten oder Schatzkammern verglichen werden, doch Teresa fährt damit fort zu behaupten, daß all dieser innere Reichtum niemand anderem gehört als eben jenen jungen Frauen selbst. Der Glanz gehört ihnen, der Palast ist ihre Wohnung. Diesen Standpunkt zu jener Zeit und an jenem Ort einzunehmen, war von seiten Teresas ein revolutionärer Akt. Und dasselbe gilt für ihre Gemeinschaft reformierter Karmeliterinnen, die sie im Dunkel der Nacht, unter äußerster Geheimhaltung, in einem kleinen, schäbigen Gebäude am entgegengesetzten Ende der Stadt, vom Kloster der Inkarnation aus gesehen, errichtete. Die Nonnen im Kloster San José sollten verschleiert sein, schweigen und vollständig abgeschieden, nicht weil ihnen das jemand befohlen hatte, sondern weil sie selbst sich dafür entschieden hatten, und sie entschieden sich dafür, weil diese Bedingungen ihnen erlaubten, sich ständig weiter nach innen zu bewegen, vollkommen ungestört, und so vollständige Selbstverwirklichung zu erlangen. Paradoxerweise erzählt uns Teresa, daß wir die höchste Freiheit gerade in der tiefstgelegenen Kammer der inneren Burg erfahren, wo wir am vollständigsten eingeschlossen sind. Es hat mich fasziniert, festzustellen, daß jene Erkenntnis oder etwas ihr Ähnliches sich seinen Weg gebahnt hat in die offensichtlich weltlichen Romane der Gegenwart.

»Ein gen Süden wandernder Punkt«

In ihrem 1995 veröffentlichten großartigen Roman *Kleine Abschiede* macht Anne Tyler genau dort weiter, wo Lindbergh und Coatsworth aufgehört haben, und wirft dieselben Fragen auf über den weiblichen Kampf um Identität und Individualität. Im Verlauf dieses Prozesses und um die unzweifelhafte Ernsthaftigkeit dessen zu vermitteln, was ihre Heldin durchmacht, beschwört auch sie die Atmosphäre eines Klosters herauf: wenn auch etwas schräg und humorvoll.

Cordelia Grinstead, eingefleischte Leserin von Liebesgeschichten, hat drei fast erwachsene Kinder. Ihr Ehemann ist Arzt, und Cordelia ist nicht nur seine Gattin, sondern auch seine Sekretärin. Wie Laura Treadwell ist sie im Laufe der Zeit in die Position des Haushalts*trottels* gerutscht. »Wann hat das mit mir alles angefangen?« fragt sie ihren halbwüchsigen Sohn. »Wann hat sich Lieb-und-Nett in Doof-und-Dämlich verwandelt?« (S. 26) Die Familie ist ernsthaft aus den Fugen geraten, doch Cordelia ist das einzige Familienmitglied, das sich dessen bewußt ist, und sie ist sicher, es ist ihre Schuld. Zum Siedepunkt kommt es am ersten Morgen des jährlichen Strandaufenthaltes der Familie. Sich minütlich mehr als Außenseiterin fühlend, erbost über die herablassende Art ihres Mannes, ihrer Schwestern, ihrer Kinder, schaut Cordelia über das Meer, und plötzlich fühlt sie, wie etwas in ihr zerspringt. Es ist ein echter Selkie-Augenblick:

Sie schnappte ihre Strandtasche von der Decke, machte auf dem bloßen Hacken kehrt und stapfte durch den Sand davon ... nach einigen Metern änderte sie die Richtung; sie ging den Ozean entlang, über feuchten, festen Sand, der ihre Fußsohlen kühlte ... Delia stellte sich die gesamte Ostküste von Nova Scotia bis Florida vor ... Sie selbst war ein gen Süden wandernder Punkt. Sie ginge so weit, bis sie vom Rand des Kontinents abstürzte, beschloß sie ... Sie aber bliebe in Bewegung, wie jemand, der zwischen Regentropfen lief, und keiner fände sie je wieder. (S. 87 f.).

Auf herrlich ernst-komische Weise hat Cordelia auf die Vorgaben von *Muscheln in meiner Hand* reagiert. Fast als wollte Tyler auf Lindberghs Träumerei von vor vierzig Jahren antworten: *Die Muschel in meiner Hand ist verlassen. Einmal war sie die Behausung einer Wellhornschnecke, ... vorübergehend von einem kleinen Einsiedlerkrebs bezogen, der dann fortlief und seine Spur wie eine zarte Ranke im Sand hinterließ. Er lief fort und ließ mir seine Muschel ... Ich begreife, daß auch ich fortgelaufen bin, daß auch ich für diese kurzen Ferienwochen die Muschel, die mein Leben war, verlassen habe.* (S. 14 f.)
Delia Grinstead war natürlich vor den Ferien ebenso davongelaufen wie vor dem Leben. Erst geht sie am Strand lang, doch dann schwenkt sie ab, landeinwärts, und findet durch eine Reihe von Zufällen in einer kleinen Stadt namens »Bay Borough« den Weg in ein neues Leben. Sie hat fünfhundert Dollar, mit denen sie eigentlich Lebensmittel für ihre Familie kaufen wollte. Einen Teil davon verwendet sie, um ihren feuchten Badeanzug und ihr Strandtuch zu ersetzen. In einem Damenmodegeschäft zieht sie ein Kleid vom Bügel, ohne es richtig anzuschauen. Normalerweise trägt sie runde Ausschnitte und Rüschen, aber »normal« hat sie am Strand zurückgelassen. Ihr Spiegelbild in der Umkleidekabine überrascht sie. »Sie hätte eher angenommen, daß sie wie ein Kind aussähe, das Verkleiden spielt, denn der Saum reichte ihr fast bis an die Knöchel. Statt dessen war der Anblick völlig unerwartet: eine ein wenig müde wirkende ernsthafte junge Frau in einem schmalen perlgrauen Schlauchkleid ...« (S. 103)
Ein paar Straßen weiter findet sich Delia vor einem alten Haus mit einem Schild »Zimmer zu vermieten«. Und natürlich nimmt sie es: »einen langen schmalen Raum, eine Wand einwärtsgebogen unter der Balkenlast, an jedem Ende ein Fenster. Ein Eisenbett stand unterm Vorderfenster, und an der anderen Wand eine

197

niedrige, orange-braune Kommode ... [das] Bett, die Laken waren weiß und die weiße Wolldecke kahl vom vielen Waschen.« Im Badezimmer zieht Delia ihren Ehering ab. »Dann ging sie noch einmal kurz zu ihrem Zimmer. Sie betrat es nicht, stand lediglich in der Tür, nahm es in Besitz – schwelgte in seiner Kargheit – jetzt, wo sie es ganz für sich hatte« (S. 109). Sie ist jungfräulich, eine Novizin ohne Orden in einer Zelle ohne Kruzifix. »So. Sie hatte sich eingerichtet. Soweit sie sich im Zimmer umsah, entdeckte sie nicht das leiseste Anzeichen, daß hier jemand wohnte« (S. 114).

Die neue Delia hat eine neue Arbeit, denn in der Nähe des Modegeschäfts, in dem sie die Kleider ihres früheren Lebens abgelegt hatte, war ein Rechtsanwaltsbüro, das ein Schild in seinem Fenster hatte: »Sekretärin gesucht«. Das Kleid, das Zimmer und die Arbeit sind füreinander geschaffen und für Delia. Sie ist jetzt »Fräulein Grinstead«, von gelassener Kompetenz, liebenswürdig, aber sehr zurückhaltend.

> Sie gewöhnte sich an, abends auf dem Bett zu sitzen und in den Raum zu starren. Es »Denken« zu nennen wäre übertrieben gewesen. Ihre Gedanken waren jedenfalls nicht bewußt, zumindest dachte sie nichts von Bedeutung. Oft genug schaute sie einfach nur in die Luft, wie sie es schon getan hatte, als sie klein war ... Sie beobachtete die Luft, unendlich viel Luft, die sich endlos neu ordnete, und je länger sie zuschaute, desto tröstlicher war ihr, heilsamer, friedlicher.
> Sie lernte den Wert der Langeweile. Sie leerte ihren Kopf. Sie hatte immer gewußt, daß ihr Körper nur die Hülle war, in der sie lebte, aber jetzt begriff sie auch, daß ihr Kopf nur eine Hülle war – wer war »sie« also? Sie leerte ihren Kopf, um zu sehen, was übrigblieb. Vielleicht nichts. (S. 147 f.)

». . . Wie ist die Form meines Lebens? . . . Aber zuerst will ich . . . in Einklang mit mir selbst sein. Ich wünsche eine eindeutige Sicht, Rein-

heit meiner Absichten, einen festen Mittelpunkt … Ich wünsche …
›im Stande der Gnade‹ zu leben …« (Muscheln in meiner Hand,
S. 16 / 17)
Es ist wunderbar, zuzusehen, wie Gnade auf Delia Grinstead niedersteigt. Der Wandel ist kaum wahrnehmbar – nur die leichteste, unauffälligste, geringfügigste Art der *Anpassung*, die man
sich vorstellen kann. Sie wird nichts anderes als sie selbst, alles
und jeder in ihrem Umfeld muß seine Stellung zu ihr neu festlegen. Es bleibt ihnen nichts anderes übrig …
Wie Anne Morrow Lindbergh sind auch Laura Treadwell und
Delia Grinstead Ehefrauen und Mütter, und daß sie für eine gewisse Zeit sozusagen »in Klausur« gingen, hat bewirkt, daß sie
daraus stark und klarsichtig hervorgegangen sind und fähig, ihren
Haushalt wieder zu übernehmen. Nur das und nicht mehr. Doch
auf einer unterschwelligen Ebene ist zumindest die Möglichkeit
eines anderen und entschieden weitreichenderen Ergebnisses geweckt worden. An die Oberfläche dieser Romane dringen ein
paar sehr tiefschürfende Fragen über die Natur des Bewußtseins
selbst, Fragen, die sich so unendlich ruhig durch das Vorstellungsbild der religiösen Abgeschiedenheit offenbaren. »Aber
jetzt begriff sie auch, daß ihr Kopf nur eine Hülle war –, wer war
›sie‹ also?«

»Gebt mir alles, was Ihr habt …«

Vom Standpunkt der Mystikerin gesehen, stellen Delia Grinsteads Monate in Bay Borough und Laura Treadwells vier Tage
eine Art Vorspiel für eine weit dramatischere Trennung vom gewöhnlichen Leben dar – und eine entsprechend tiefgreifendere
Metamorphose. Dramatischer, aber dennoch *kontinuierlich*, und
es scheint mir überaus wichtig, daß dies erkannt wird. Wenn Teresa und Klara und Katharina recht haben, dann besteht der
letzte transformierende Akt darin, den Geist zu stillen – und un

199

sere halb-wissende Sehnsucht danach ist der Grund, warum wir uns in Hütten, Höhlen und Klausen vergraben.

Als ich mich mit Juliana von Norwich zu befassen begann, stellte ich sie mir in steifen, fast gotischen Bildern vor. Vor meinem geistigen Auge sah ich ihre Zelle als klein und kalt und aus Stein gehauen, und sie war dort vollkommen allein, dünn und blaß vom Fasten und Wachen. Ich brauchte viele Jahre, um mir ein realistischeres Bild einzuprägen – daß sie zwei Zimmer hatte, ein Dienstmädchen, eine Katze und ein Fenster, zu dem die Menschen kamen, um sich von ihr Rat zu holen. Scheinbar brauchte ich eine bestimmte Distanz zu Juliana und ihresgleichen. Mußte mir die Möglichkeit fernhalten, daß ihre Lebensgeschichten vielleicht viel wichtiger für mich sein könnten, als auf den ersten Blick zu vermuten war. Daß sich dieses Gefühl später veränderte, hatte mit meinem veränderten Verständnis von Spiritualität selbst zu tun.

Sprechen Mystikerinnen und Mystiker von Selbstverleugnung und Opfer und sagen uns, daß wir auf den höchsten Stufen jeder Verhaftung entsagen müssen, dann protestiert etwas heftig in uns. Denn Frauen haben so wenig, und sicherlich kann dieses bißchen nicht zwischen ihnen und dem Gottes-Bewußtsein stehen! »Gebt mir alles, was Ihr habt«, sagt Gott zu Mechthild von Magdeburg, »und ich werde Euch alles geben, was mein ist.« Und unser erster Impuls ist, dies materialistisch zu verstehen.

Aber ein genaues Lesen mystischer Texte legt nahe, daß diese Opfer, um die es geht, sehr wenig mit Fasten, Wachen, Selbstgeißelung und dunklen kalten Zellen zu tun haben. Das Leben mit einer zeitgenössischen Mystikerin hat in dieser Hinsicht alle Zweifel bei mir ausgeräumt. Die ganze Geschichte ist viel subtiler, als herkömmliche Vorstellungen vermuten lassen. Subtiler und doch einfacher. Und viel schwieriger. Das Ziel jedes Verzichts, der auf diesem Weg gemacht wird, ist, alles zu entfernen, was den Geist bewegt: wie der Wunsch, das letzte Wort zu haben; oder das Bedürfnis, wenigstens einen Krimi pro Woche zu lesen; oder das Verlangen nach Schokoladenbiskuits.

Stille, Selbstverleugnung, Eingeschlossensein und die Beherrschung der Begierden sind nicht das Ziel an sich. Sie werden nur insoweit von Mystikerinnen geschätzt, als sie dabei helfen, einen Geist zu schaffen, der vollkommen frei von Unruhe ist. Im Sanskrit gibt es einen besonderen Ausdruck für den Geist in seinem undifferenzierten Zustand: *Chitta* oder geistige Substanz. Jeder Gedanke, den wir denken, jedes Verlangen, das wir hegen, biegt *Chitta* in eine bestimmte Form. Doch in tiefer Meditation, wenn alle Gedanken zum Schweigen gebracht sind, wird *Chitta* gestaltlos ... Brühe. Der undifferenzierte Geist ist wie ein Bergsee, ohne Wellengekräusel. Wir können bis auf den Grund sehen – können unser innerstes Selbst erkennen.

In *Weg der Vollkommenheit* macht sich Teresa auf Bitten ihrer Nonnen daran, das kontemplative Beten zu erklären. Das erste Drittel des Buches jedoch ist der Erörterung des Losgelöstseins, der Demut und der Nächstenliebe gewidmet. Sie erklärt, daß erst diese erreicht werden müssen, da ihre Gegensätze, also selbstsüchtige Verhaftungen, Stolz und Neid, den Geist in Unruhe halten und somit hingebungsvolles Beten unmöglich machen.

Das Herausragende an Teresas Schriften über das kontemplative Gebet ist, daß sie immer von Stufen und Phasen spricht. Das Schema, das sie in *Die innere Burg* [auch: *Seelenburg*] anwendet, ist eines von mehreren, die sie entwickelt, um uns erkennen zu helfen, daß sich nicht nur die Ebenen des Bewußtseins vertiefen können, sondern auch die Fähigkeit zur Entsagung. Eine Person bringt vielleicht ein Opfer, das einem außenstehenden Beobachter unsagbar schmerzhaft vorkommt, aber sie kann dieses Opfer bringen, weil sie sich an der Schwelle von etwas befindet, das für den Außenstehenden unsichtbar ist, etwas unglaublich Erstrebenswertem. *Immer und immer wieder hat sie diesen dreistufigen Zyklus von Eingeschlossensein, Stärkung und Wiederauftauchen durchlebt,*

und sie hat gelernt, ihm zu vertrauen. Anfangs erfährt sie ihn nur in
»psychobiologischen« Begriffen, und das ist der Grund, warum
die weibliche Spiritualität darauf besteht, dem Körper die ge-
bührende Achtung zu erweisen, die ihm die meisten Religionen
verweigert haben.[5] Die Erfahrung, in einem weiblichen Körper
zu leben, kann eine Frau lehren, daß jedesmal, wenn sie sich zu-
rückzieht (freiwillig, nach ihren eigenen Bedingungen), sich der
Stille und Dunkelheit hingibt und erst wieder auftaucht, wenn
sie weiß, daß es dazu Zeit ist, sie dadurch wieder ein Stückchen
mehr sie selbst ist. Mit zunehmendem Verzicht kann sie sich
einem Prozeß überlassen, der schließlich in der vollen Selbstverwirklichung gipfelt ... letztendlich in umfassender Freiheit, ein
Paradox, dessen sich Teresa sehr wohl bewußt war.

Es gibt zu denken, daß Teresa – wie Delia Grinstead – in ihrer
Mädchenzeit eine unersättliche Leserin von Liebesgeschichten
war. Sie liebte die bloße Vorstellung, sich zu verlieben. Die zeitgenössische Essayistin Vivian Gornick könnte für Teresa sprechen, wenn sie schreibt: »Die romantische Liebe war wie ein
Farbstoff in das Nervensystem meiner Gefühle gespritzt worden.« Der Reformerin des Karmeliterordens, »La Madre«, gelang
es erst im Alter von über vierzig Jahren, sich von den überlieferten Vorstellungen der ritterlichen Liebe freizumachen. Man
kann in ihren Schriften Spuren einer verlängerten Jugendzeit
finden – von der Art, wie man sie oft bei besonders begabten
Mädchen sieht –, und ich vermute, das war einer der Gründe,
warum sie bei der Führung von Frauen so erfolgreich war. Sie
konnte sich immer gut in jüngere Frauen einfühlen, die mit Illusionen kämpften, die sie selbst auch erst vor kurzem und mit
beträchtlichen Anstrengungen abgelegt hatte.

Damit möchte ich auch andeuten, daß wir uns möglicherweise
von unserer eigenen individuellen Entfaltung fernhalten, wenn
wir allein schon in unserer Vorstellung zu der zurückgezogen lebenden Kontemplativen oder Klausnerin Abstand halten – indem wir zulassen, daß ein Schatten der »Seltsamkeit« und des

Krankhaften sie umgibt. Ich glaube, daß der Feminismus diese Art des Distanzierens – des »Andersseins« – nicht unendlich lange tolerieren sollte. Die Befreiungsschriften aller Frauen, auch die von Frauen wie Teresa und Juliana, sind miteinander verbunden, sie bilden ein Kontinuum. Gerade ihnen sollte auch in der feministischen Diskussion der ihnen zustehende Platz geschaffen werden; denn dies ist der erste Schritt dazu, auch zu dem Zutritt zu bekommen, was sie erreicht haben.

Doch selbst während ich das sage, ist es mir unangenehm, daß ich es gesagt habe. Und ich glaube, das hat mit dem besonderen Stadium zu tun, das die Frauenbewegung erreicht hat. Stetig, von allen Seiten, sammeln Frauen die Stärke, um den kulturellen Kräften entgegenzutreten, die sie unterdrückt haben, und sie machen das auf tausendundeine unterschiedliche Art, und soweit ich sehe, haben sie alle ihren eigenen Fahrplan. Sie werden sich nicht zur Eile drängen lassen. Genaugenommen werden sie sich von niemandem zu *irgend etwas* drängen lassen. Und genau darum geht es. Als Filmemacherinnen und Komponistinnen, als Schriftstellerinnen, Dichterinnen und Politikerinnen, als Kochbuchautorinnen und Gesundheitsverfechterinnen, Theologinnen und Hausfrauen veranstalten Frauen bildlich gesprochen einen riesigen Tauschmarkt, sie lassen einander Informationen zukommen, füllen gegenseitig die Lücken, präsentieren uns Frauen für uns selbst in einem neuen Licht ... treffen eine andere Wahl, experimentieren mit offenem Ausgang und machen sich gegenseitig Mut. Das alles läuft stürmisch und ausgelassen ab, und es ähnelt sehr einem Basar, der zweimal im Jahr in meinem Wohnort Petaluma in einem Geschäft namens Mishi abgehalten wird, einer Kleiderfabrik, die ihre Waren dort auch verkauft. Mishi bietet Mode aus natürlichen Materialien, in wunderschönen, ungewöhnlichen Farben und kunstvollem Design mit viel

Charakter – einen Stil, den Frauen meines Alters als »schmeichelnd« bezeichnen. Sie sind recht teuer, denn sie werden von Näherinnen gefertigt, die deutlich mehr bekommen als die kaum zehn Pfennig Stundenlohn, die für das Nähen von Jeans oder Markenkleidung in Indonesien gezahlt werden. Mishi hat phantastische halbjährliche Sonderverkäufe, und alle, die es sich sonst nicht leisten können, dort einzukaufen, strömen dann dorthin. Wir drängen in den riesigen Gemeinschafts-Umkleideraum im hinteren Bereich – Ventilatoren sorgen dafür, daß der Sauerstoff zirkuliert –, und das folgende grenzt an eine Breughelsche Szene, aber wenn man nicht gerade unter Klaustrophobie leidet, kann es phantastisch sein. Überall sind Babys, im Buggy oder außerhalb, also muß man vorsichtig sein, wohin man tritt, und selbst wenn man keine Freundin mitgebracht hat, wird man bald von einem beziehungsbildenden Prozeß erfaßt. Man zieht einen malvenfarbigen Overall an, und mehrere andere Frauen helfen bei der Beurteilung. Man zieht einen Rock an und sagt laut zu sich selbst, daß man dazu gern ein passendes Oberteil hätte, und jemand wirft es einem von der anderen Seite des Raumes zu.
»Dazu brauchte man ein Halstuch.«
»Hier, versuch das mal.«
»Toll.«
Geht man wieder in den Verkaufsraum zurück, hat man noch ein paar Aufträge bekommen, anderen etwas mitzubringen. Und wenn alles vorbei ist, dann kommt man nach Hause mit einem, zwei, vielleicht sogar drei neuen Outfits, und manchmal hätte man nie gedacht, daß man so etwas je tragen würde. Und wenn man in der Woche darauf vor dem Bankschalter in der Schlange steht, merkt man, wie man eine andere Frau mustert und herauszufinden versucht, woher man sich vielleicht kennt. Plötzlich muß man dann grinsen, weil einem einfällt, daß man dabei nur Unterwäsche anhatte.
Das ist Bewußtsein, das sich zu ganz neuen Höhen erhebt, und alle Wohnzimmer des Landes könnten es nicht halten ... Und si-

cherlich ist der einzig vernünftige Standpunkt, den man inmitten dieses liebenswürdigen Durcheinanders einnehmen kann, der einer großartigen und unkritischen Unbekümmertheit. Harriet mag die Jacke nicht, von der man glaubt, daß sie ihr großartig stehen würde? In Ordnung, laß sie einfach in Ruhe.

Deshalb habe ich in gewisser Weise das Gefühl, dazu im Widerspruch zu stehen, wenn ich so darauf dränge, daß der Feminismus Frauen wie Juliana und Teresa und dem Weg, dem sie folgten, dringend ernsthafte Aufmerksamkeit widmen sollte. Ein Teil von mir möchte einfach nur ganz ruhig dasitzen und den Dingen ihren Lauf lassen. Um zu erklären, warum ich das nicht fertigbringe, muß ich noch einmal zurückblicken, denn der Abschnitt meines Lebens, über den ich schreibe, war nicht nur eine Zeit der Selbsterforschung, des intensiven Nachdenkens und der Recherche in Buchhandlungen und Bibliotheken. In meiner eigenen unmittelbaren Welt geschahen Dinge, die die ganze Suche in ein besonderes Licht stellten. Sie führten mich zu der Erkenntnis, daß der Kampf, auf den sich Frauen eingelassen haben, so viel heftiger und unbarmherziger ist, als ich mir je vorstellen konnte. Und ich glaube, daß wir ihn mit weniger drastischen Maßnahmen wie jene, zu denen Frauen wie Juliana und Teresa ihre Zuflucht nahmen, kaum bestehen werden. Es ist an der Zeit, über diese Ereignisse zu sprechen.

Magische Kreise: Inselzeit

In Shakespeares *Wie es euch gefällt*, einer ergötzlichen Träumerei über Geschlecht, ländliche Konventionen und wahre Liebe, gibt es einen entscheidenden Moment. Rosalind findet ein blutbeflecktes Kleidungsstück und hört, daß Orlando, in den sie »zum Schwindligwerden verliebt« ist, beim Kampf mit einem Löwen verwundet wurde. Rosalind war als Mann verkleidet – ursprünglich um ihrer eigenen Sicherheit willen, später als List, damit sie prüfen konnte, wie tief Orlandos Zuneigung zu ihr tatsächlich ist, und sich bei ihm über die wahre Natur von Liebe und Liebenden auslassen konnte. Als Junge verkleidet, schlägt sie ihm sogar vor, sie wolle vorgeben, »deine Rosalind« zu sein als eine Art Probe für seine Werbung um sie. Da ursprünglich die Rolle der Rosalind von einem Mann gespielt worden wäre, hätte es drei Schichten der Täuschung gegeben. Die ganze Situation hat ihr riesigen Spaß gemacht, aber der Anblick seines Blutes schokkiert sie, und in einer komisch wirkenden Rückkehr zu ihrer traditionellen Geschlechtsrolle fällt sie in Ohnmacht.

Bis zu diesem Moment hat Zeit keine Rolle gespielt: Der Wald von Arden war ein magischer Kreis, in dem Liebende alle Zeit der Welt haben, die perfekte Liebesgeschichte phantasievoll auszuspinnen. Das zerrissene und blutgetränkte Kleidungsstück ist das Sinnbild der Sterblichkeit und verkündet Rosalind unmißverständlich, daß die Zeit des Herumspielens mit der Liebe vorbei ist: die *Wirklichkeit des Lebens* ruft.

Ich habe diesen Kunstgriff immer geliebt und war sicher, daß

Shakespeare es beabsichtigt hatte, daß er über den Kontext von Rosalinds und Orlandos gegenseitigem Werben hinaus Wellen schlug. Denn es gibt viele magische Kreise, in die wir treten können, die uns von den Uhren und Kalendern des normalen Lebens wegholen und uns erlauben, uns den Weg zu unseren wirklichen Wünschen zu suchen. Gelehrsamkeit ist einer dieser Wege, ebenso wie es das klösterliche Leben, aber auch ein gut genutztes Sabbatjahr ist. Man wird dabei an Anne Morrow Lindbergh und ihre Träumerei über die »Insel-Zeit« erinnert. An Alice im Kaninchenbau. Robinson Crusoe, Annie Dillard am Tinker Creek.

Und es wird in Werken dieses Genres immer deutlich, daß die »Insel-Zeit« ihre Bedeutung verliert, wenn wir für immer dort bleiben. Der Wald von Arden wie Prosperos Insel in *Der Sturm* sind für ihre Besucher transformierende Medien: Identitäten können sich dort auflösen und neu bilden. Man kann Risiken eingehen, ein paar Sachen ausprobieren ... Doch am Ende werden wir wieder zurückgerufen in die zeitgebundene Alltagswelt mit ihren Verpflichtungen und Institutionen, in der wir eine bestimmte Identität haben und man von uns erwartet, daß wir von einem Tag zum nächsten verantwortungsvoll alles in Gang halten. Die Einsichten der Insel-Zeit müssen auf die »reale Zeit« angewandt werden.

Die Welt der Gelehrsamkeit ist einer dieser magischen Kreise, in die viele von uns in regelmäßigen Abständen schlüpfen und alles in Frage stellen, was wir zu denken glaubten, und es kann uns ein Gefühl der Zeitlosigkeit, ein befreiendes Gefühl vermitteln – sogar ein magisches. Auch mein Eintauchen in die Geschichte der Frauen und die damit verbundene Literatur gab mir etwas von diesem Gefühl.

Und ich hätte wahrscheinlich endlos so weitermachen können, denn wie jede weiß, die einmal geisteswissenschaftliche Forschung »betrieben« hat, ist sie eine der wirkungsvollsten Drogen. Jeder faszinierende Artikel hat eine ebenso faszinierende Literaturliste, und aus jedem Hinweis ergeben sich sechs weitere, und die ganze Zeit schwebt dieses köstliche Gefühl, daß du jeden Augenblick davor stehst, ALLES erklären zu können.

Doch eigentlich hatte das, was ich tat, noch eine andere Dimension. Etwas ziemlich Furchtbares war geschehen, nicht lange, nachdem mein Interesse an Juliana wieder geweckt worden war. Dies war die zweite Synchronizität, die ich anfangs erwähnt habe. Ich konnte sie für ein paar Stunden beiseite drängen, aber sie verschwand nie und gab meinem Forschen Gestalt und Dringlichkeit.

2. Buch

Draupadīs Tanz

Zu viele Stunden sind vergangen. Kein normales gewöhnliches Würfel-spiel hat jemals so lange gedauert. Ihr Gatte ist reich – ein Prinz –, doch selbst wenn er alles verloren hat, was er besitzt, sollte es inzwischen vor-über sein. Die Räume der Frauen sind ziemlich weit vom Hof entfernt, aber selbst hier ist noch zu spüren, daß etwas Furchtbares geschehen ist: die Stille lastet so schwer wie eine Wolke in der Regenzeit.

Sie ist eine Prinzessin und eine vornehme Frau von großer Schönheit – »duftend wie der Blaue Lotus«, tugendhaft und fromm. Ihr Haar ist of-fen, und sie trägt nichts als ein Stück Tuch, das sie locker umgeschlungen hat.

Plötzlich hört sie rennende Schritte und die protestierenden Rufe ihrer Hofdamen, und vor ihr steht ein nach Atem ringender Bote vom Hof.

»Unmöglich«, antwortet sie, verwirrt und wütend zugleich. »Siehst du denn nicht ...?«

Er verliert den Mut und entschwindet, und binnen kurzem wiederholt sich die Szene. Aber dieses Mal ohne Worte. Starke Hände ergreifen sie grob, und als sie sich wehren will, greifen sie tief in ihre langen schwarzen Haare und ziehen sie hinter sich her, während sie verzweifelt das Tuch festhält, in das sie gekleidet ist, und versucht, nicht auf die Knie zu fal-len.

Sie ist im Hof, der Sabha, wo Frauen ihrer Schicht selten zu sehen sind, und eine in ihrem Aufzug niemals, und sie weiß, bevor man es ihr sagt, daß ihr Gatte tatsächlich alles verloren hat. Alles verloren hat, was er be-saß – und dennoch weitergespielt hat. Er hat seine vier Brüder im Spiel eingesetzt und verloren, setzte sich selbst aufs Spiel und verlor, und schließlich, überzeugt, daß sich sein Glück wenden würde, setzte er seine Frau. Der Mann, der den Wurf gewonnen hat (von Glück konnte man bei diesem Spiel nicht sprechen, denn die Würfel waren gezinkt), haßt sie und den gesamten Clan, in den sie eingeheiratet hatte. Mit obszönen Gesten macht er sich jetzt über sie lustig und prahlt, auf welche Weise er von ihr Gebrauch machen werde.

»Das kann nicht sein«, flüstert sie, während ihre Augen sich suchend im Raum umsehen. Überall sieht sie Männer, die sie verehren und lieben, aber keiner von ihnen rührt auch nur einen Finger. Völlig verzweifelt ruft sie jeden von ihnen beim Namen – Vettern, ältere Verwandte, Schwager –, und vielen von ihnen sieht man den Schmerz an, den sie fühlen, aber eine unausgesprochene Vereinbarung läßt sie tatenlos dastehen. Keiner will ihr zu Hilfe kommen, keiner will sie anschauen. Etwas Furchtbares ist in diesem Raum freigesetzt worden, das gegen jeden Appell gefeit ist.

»Entkleidet sie!« kommt der Befehl, und wieder greifen die starken Hände nach der Frau – brutale, schwielige Kriegerhände –, doch dieses Mal ergreifen sie das Tuch, das sie verhüllt, und zerren grob daran, und immer noch rührt sich keiner, und in ihre Qual und Scham mischt sich etwas, das für sie noch beschämender ist und das etwas mit dem Liebreiz der Frau zu tun hat und mit der Unfähigkeit der Männer, wegzuschauen.

Sie gibt einen Laut von sich – wirft ihren Kopf zurück und ihre Arme gen Himmel. Ihre Augen schließen sich, und sie hört auf, sich zu wehren, und ihr ganzes Wesen wird zum Gebet – ein Gebet, ein Wort, ein Name – ihr ganzes Sein. Empfindungslos läßt sie das Tuch los, das sie umhüllt, und rauhe Hände ziehen nun mit wachsender Erregung daran. Sie ziehen – während die Prinzessin passiv und völlig abwesend alles über sich ergehen läßt – und ziehen und ziehen, bis der Stoffhaufen, der sich um ihre und des Mannes Füße bildet, immer größer wird und der Mann vor Anstrengung zu schwitzen beginnt. Denn etwas Unglaubliches ist geschehen.

Dieser Stoff nimmt kein Ende. Und sie braucht ihre Augen nicht zu öffnen, um das zu wissen. Sie fühlt ihre Freiheit und tanzt sie. Wirbelt im Raum umher, alles vergessend bis auf ein Lied, das allein sie hören kann.

Kapitel 1

Hinduistische Mythen und Wirklichkeit in Petaluma

Empfand ich den ersten Augenblick der Synchronizität noch als sanftes Stupsen – die zufälligen Parallelen, daß Juliana und ich im gleichen Alter geschrieben und wieder umgeschrieben hatten –, hatte der zweite eher etwas von einem Überfall.

Ich war zu einer Gedenktagung anläßlich Mahatma Gandhis Geburtstag eingeladen worden, die auf dem Universitätsgelände von Berkeley stattfinden sollte. Professoren und Studenten unterschiedlichster Herkunft hatten diese Tagung vorbereitet. Sie hatten sich erstmals im vergangenen Frühjahr zusammengefunden, voller Trauer über den Mord an einer Studentin, einer jungen Frau, die sich sicher geglaubt hatte, als sie eines Abends noch spät im Büro der Studentenvereinigung gearbeitet hatte. (Ihr Mörder wurde bis heute nicht gefunden.) Gandhis Lehren der Gewaltlosigkeit sollten auf die Campus-Gemeinschaft übertragen werden – so etwas wie ein »Aussäen« seiner Gedanken. Doch in dem Maße, wie die Pläne konkreter wurden, wurde auch die Zielrichtung immer breiter und kopflastiger. Das offizielle Thema war »Einheit in der Verschiedenheit finden: ein Dialog zwischen Religion, Wissenschaft und gesellschaftlichen Aktionen«. Ein hoher Anspruch, doch, so schien es mir, kaum von Interesse für die Sorgen der Studentinnen, die Angst hatten, nach Eintritt der Dunkelheit noch ihre Quartiere zu verlassen, und wütend darüber waren. Ich wußte nicht so recht, was ich dort sollte, bis ich entdeckte, daß ich eingeladen worden war, weil ein Freund, der Berkeleys Fachbereich für Friedens- und Konfliktforschung mitbegründet hatte und der sehr kenntnisreich über die Gandhische Gewaltlosigkeit sprechen kann, absagen mußte und den Vorschlag gemacht hatte, mich zu bitten, an seiner Stelle zu sprechen, vermutlich weil ich viel über Gewaltlosigkeit nachgedacht hatte, besonders im Hinblick auf Frauen.

Keine meiner Sternstunden

Die Tagung sollte am Freitag, dem 1. Oktober, nachmittags beginnen. Gandhis Geburtstag war eigentlich erst am zweiten, aber in Indien war es bereits der zweite Oktober. Ich würde als Vortragende in illustrer Gesellschaft sein: Huston Smith, vielleicht der anerkannteste Gelehrte, den es auf dem Gebiet der Weltreligionen gibt, und Prof. Marian Diamond, berühmte Autorität auf dem Gebiet der Hirnforschung, und der Direktor von Berkeleys Lawrence Hall of Science. Es brachte mich erheblich in Verlegenheit, den Aspekt der »gesellschaftlichen Aktion« darstellen zu müssen, da ich die letzten zwanzig Jahre in einer abgelegenen Ecke des West Marin County mit Meditieren verbracht hatte. Zum Glück sollte die geschäftsführende Direktorin der United Farm Workers, Dolores Huerta, am nächsten Tag sprechen, so daß der Aspekt der gesellschaftlichen Aktion wenigstens durch sie abgedeckt war – und zwar mehr als ausreichend.
Die Vorträge meiner Kollegen waren klar, fesselnd und äußerst geschliffen. Wenn ich sie wirklich gehört hätte, wäre ich sicher noch eingeschüchterter gewesen, als ich es ohnehin schon war. Doch wie es manchmal so kommt, ich hatte mich im Zeitplan geirrt und gedacht, daß die ganze Sache um vier Uhr begann. Tatsächlich hatte es schon um ein Uhr begonnen, und als ich mich um vier Uhr in den Raum schlich, hatte ich nur noch zehn Minuten, bevor ich mit meinem Vortrag beginnen mußte. Was bisher abgelaufen war, mußte ich mir aus Tonbändern rekonstru-

ieren, die ich erst ein paar Monate später erhielt. Als ich meinen Irrtum entdeckte, war ich zweifach geschockt – einmal wegen meiner entsetzlichen, wenn auch unbeabsichtigten Unhöflichkeit und zweitens weil das zur Folge hatte, daß ich mit einem »Kaltstart« beginnen und meine Rede in einem Umfeld halten mußte, das sich den ganzen Nachmittag über schon entwickelt hatte.

Es war keine meiner Sternstunden. Und es verbesserte die Situation auch nicht, daß der Raum selbst, das Auditorium der juristischen Fakultät, in den vorderen Reihen mit Pulten ausgestattet war und nicht mit einzelnen Stühlen, so daß jeder vom anderen ziemlich getrennt saß. Ich hatte eher das Gefühl, vor einem Senat oder der Anwaltskammer zu stehen als in einem Seminarraum – es hätte keinen größeren Unterschied geben können zu den anregenden Stuhlkreisen, zu denen ich mich mit meinen Studenten immer traf. Und wie ich befürchtet hatte, waren nur sehr wenige Frauen anwesend.

Es gibt einen Trick, den ich inzwischen gelernt habe, um ein wenig den Weg zu bereiten, wenn ich vor einer ausschließlich oder vorwiegend männlichen Zuhörerschaft über Feminismus sprechen – oder das Thema nur anschneiden – will. Er ist ganz simpel. Ich frage zu Anfang einfach, wie viele von ihnen Töchter haben: Würden Sie bitte Ihre Hand heben und oben behalten? Ich frage nach Enkeltöchtern, Nichten, Frauen und Schwestern, und bald haben alle mindestens eine Hand in der Luft. Dann erkläre ich, daß ich mit dem Begriff Feminismus nichts anderes meine als sie, wenn sie an die Frauen und Mädchen denken, die sie lieben – die Sicherheit, die diese genießen sollten, und die Gesundheit, die ganz normale Achtung und die faire Chance, all das zu werden, was ihnen Begabung und harte Arbeit erlauben. Zumindest wissen sie dann, daß ich weiß, daß sie keine erbitterten Frauenfeinde sind. Wir stehen damit alle auf derselben Seite.

Natürlich funktioniert das nur, wenn ich zu Männern spreche, die nicht schon durch den Rückschluß beleidigt sind, daß ich

glauben könnte, sie dächten, ich hielte sie für Frauenfeinde ...
wenn Sie verstehen, was ich meine. Doch immerhin waren wir
hier in Berkeley, also war es wahrscheinlich das beste, wenn ich
einfach ins kalte Wasser sprang. Die ausdruckslosen Blicke, die
ich bekam, waren allerdings ziemlich entmutigend.

Der Sari nahm kein Ende

»Spiritualität und die Frauenbewegung« war mein Thema. Ich
begann damit, das Wort *Satyagraha* zu erklären. (Erst viel später
erfuhr ich, daß Prof. Smith seinen Vortrag damit eingeleitet
hatte, mit zitternder, aber tiefer und voller Stimme eine Sanskrit-
Anrufung aus den Upanischaden zu singen, die er übersetzte mit
»Führe uns vom Unwirklichen zum Wirklichen«, wobei er anmerkte, daß das Sanskrit-Wort *Satya* stand für »das, was ist«.
Wenn man alles bedachte, waren wir eigentlich wirklich gut aufeinander abgestimmt.) Die höchste Wahrheit des Hinduismus, so
erklärte ich, sei Satya, daß alles Leben eins ist. Satyagraha, ein
entschlossenes Festhalten an der Wahrheit, war die Grundlage für
Gandhis politische Vision. Satyagraha sei nicht so sehr ein politisches Mittel, sagte ich, als eine Methode, das Leben zu betrachten, so daß man eher die Einheit als die Verschiedenheiten sah.
Und diese Ansicht erwarb man sich nicht, indem man einer bestimmten Partei beitrat. Sondern man übte statt dessen seine
Sinne und seinen Geist – »Reduziere dich selbst auf Null«, wie
Gandhi es formuliert hatte –, so daß man die Wahrheit klar sehen
konnte, ohne Verzerrung durch den eigenen Willen oder die
Sinne.
Der besondere Wert der »Seelen-Kraft« für das heutige Leben,
fügte ich hinzu, sei, daß sie den Menschen erlaubt, umfassend religiös zu sein, ohne sich auf eine bestimmte religiöse Überlieferung zu begrenzen. Gandhi sagte: »Religionen [sind] verschie-

dene Straßen, die sich im selben Punkt treffen. In Wirklichkeit
gibt es aber so viele Religionen, wie es Individuen gibt.«[1] Ich
hob hervor, daß für Gandhi Politik und Religion untrennbar
verbunden waren. »Meine Hingabe an die Wahrheit hat mich in
die Politik geführt, und ich kann ohne das mindeste Zögern sagen, daß jene, die behaupten, daß Religion nichts mit Politik zu
tun hat, nicht wissen, was Religion überhaupt bedeutet.« In
Gandhis Augen, so betonte ich, war kein Mensch ein Gegner,
oder könnte es sein. Der wahre Feind, immer, ist *Asat*, die Un-
wahrheit – die Lüge, daß ein Mensch jemals das Recht haben
könnte, einen anderen auszubeuten.

Ich wollte zu bedenken geben, daß es im Leben fast aller Mystikerinnen politische Dimensionen gab, nur neigen wir dazu, sie
nicht zu erkennen. Wenige Feministinnen hätten mein Interesse
an den katholischen Mystikerinnen geteilt, so erklärte ich, weil
sie der Meinung waren, daß diese sich widerstandslos einer Institution unterworfen hätten, die ganz offen – sogar eklatant – patriarchalisch war. Doch wenn man sich ihre Lebensgeschichten
im Zusammenhang ansah – ich gab dazu ein paar Beispiele –,
dann konnte man erkennen, daß im Rahmen von Strukturen,
die wirklich unterdrückerisch waren, die meisten von ihnen an
der einen oder anderen Stelle in ihrem Leben Gelegenheit gehabt hatten, das zu sein, was Gandhi »Widerstandsexperten«
nannte. Sie waren gar nicht die blassen und schweigenden Bräute
Christi; sie waren leidenschaftlich und lebhaft, beredt, einfallsreich, witzig – und beachtlich dickköpfig.

Dann wandte ich mich dem zeitgenössischen Feminismus zu und
der Entmutigung, die sich auf einen Großteil der feministischen
Gemeinschaft gelegt hatte. Ich zitierte eine Beobachtung, die
Susan Faludi am Ende von *Backlash: Die Männer schlagen zurück*
gemacht hatte: Gegen Ende der achtziger Jahre »schienen sich
die Frauen ihrer Bedeutung und Dynamik oft gar nicht bewußt
zu sein« und erkannten merkwürdigerweise auch nicht »ihr rie-
siges, ungenütztes Potential«[2]. Das hatte auch ich mich schon ge-

fragt: Warum nutzen die Frauen nicht einmal die Macht, die ihnen jetzt schon zur Verfügung steht? Warum haben wir beispielsweise unser grundlegendstes Recht als Bürger, unsere Wahlstimme, nicht genutzt, um das Ausmaß der uns umgebenden Gewalt zu verringern, indem wir vernünftige Gesetze für den Schußwaffenbesitz forderten? Warum werden der Senat und das Repräsentantenhaus der Vereinigten Staaten immer noch von einer überwältigenden Mehrheit von Männern beherrscht? Wie konnten wir es zulassen, daß die militärischen Ausgaben so aufgebläht wurden, daß sie Geld auffressen, das eigentlich unseren Kindern, den Armen, den Alten und den psychisch Kranken zusteht?[3] Worauf *warten* wir noch? Warum sind wir wie gelähmt?

Ich versuchte einen Teil dieser Fragen mit einer Geschichte zu beantworten.

Draupadī ist eine berühmte Gestalt des großen indischen Epos, dem *Mahābhārata*. Sie war eine Prinzessin, so erfahren wir, deren fünf Ehemänner Brüder waren, die Prinzen des Pāndava-Clans. (Es gibt mehrere Legenden, die dieses seltene Beispiel königlicher Vielmännerei erklären, und manche sind ganz lustig, aber dies schien mir nicht die Zeit oder der Ort, sie zu erzählen.) Draupadī war einzigartig schön, klug und weise. Dazu war sie so fromm und so erfahren in spirituellen Fertigkeiten, daß sie dafür bekannt war, eine gute Beziehung zu den geistigen Mächten zu haben.

Die Pāndavas waren der rechtschaffene Zweig einer Familie, die miteinander in erbitterter dynastischer Fehde lag. Der älteste der fünf Brüder, Yudhishthira, war in jeder Hinsicht ein vorbildlicher Mann – bis auf einen Punkt. Seine Schwäche für das Glücksspiel sollte sich als die verletzliche Seite der ganzen Familie herausstellen, denn sie führte dazu, daß er sich eines Tages auf ein Würfelspiel mit den eingeschworenen Feinden der Familie, den Kauravas, einließ. Kurz bevor das Spiel begann, wurde verkündet, daß er nicht gegen seinen Vetter Duryodhana spielen würde, sondern gegen dessen Vertreter, einen Mann, der für seine Gerissenheit bekannt war.

Vom ersten Rollen des Würfels an sah sich Yudhishthira einer Niederlage gegenüber. Er verlor sein Land, seine Paläste, seine Pferde und Wagen und seine Armee, er verlor seine Rüstung und alles in seiner Schatzkammer. Als ihm schließlich all sein Besitz genommen war, konnte er immer noch nicht aufhören, und zum Schrecken aller, die zuschauten, nahm er als Einsatz seine eigenen Brüder, verlor sie, und schließlich setzte er sich selbst aufs Spiel und verlor. An diesem Punkt dachte er, das sei das Ende, aber sein Gegner sagte: »Warte«, er könne seine Verluste immer noch zurückgewinnen. Nur noch einen Wurf. Wenn Yudhishthira den gewann, könne er alles wieder zurück haben. Wenn er verlor, hätte er alles verloren, was ihm überhaupt noch geblieben war – die wunderschöne Draupadī.

Und natürlich geschah genau das. Die Würfel rollten, Yudhishthira verlor, und Draupadī gehörte jetzt dem Prinzen Duryodhana.

Die folgende Szene war immer das Lieblingsstück des indischen Tanztheaters. Während des Spiels ist Draupadī am Hof nicht anwesend, und als Duryodhana sie gewinnt, schickt er einen Boten zu den Räumen der Frauen, der sie holen soll. Als sie sich weigert, schleift Duryodhanas Bruder Dusshasana sie an ihren Haaren herbei. Mit obszönen Gesten greift er vor aller Augen nach ihr und beginnt, ihr das Kleidertuch herunterzureißen. Außer sich, verzweifelt ihr Gewand festhaltend, ruft sie nach ihrem geliebten Gott Krishna. Einen Moment sicht es so aus, als könne der bösartige Dusshasana seinen Willen durchsetzen, doch plötzlich hört Draupadī auf, sich an ihr Tuch zu klammern. Ihre Augen schließen sich, und sie fällt in einen Zustand entrückter Meditation, ihre Hände strecken sich nach oben in einer Geste, die sowohl ein Flehen ausdrückt wie auch die vollkommene Hingabe an den Willen Gottes. Man sieht, daß sie jetzt vollkommen vereinigt ist mit dem Geliebten Gott. Ihr Angreifer grinst raubgierig und zieht jetzt ernsthaft an ihrem Wickelkleid, und das Kleid beginnt sich zu entrollen. Nun ist es zum Sari geworden, und es entrollt sich weiter – und immer weiter und weiter –, bis man merkt, daß dieser Sari kein Ende hat. Draupadī wirbelt jetzt umher in einem ekstatischen Tanz, während der böse Prinz immer weiter zieht und zieht, bis er schließlich schwitzend und erschöpft auf einem bauschigen Haufen helleuchtender Seide zusammenbricht.

Ich erzählte diese Geschichte, weil sie einen Punkt beleuchtet, den Gandhi selbst gern hervorhob – daß es in jedem von uns eine Art Joker gibt, eine Quelle des Mutes und der Kreativität, von deren Existenz wir nichts wissen, bis wir durch spirituelle Übungen lernen, sie anzuzapfen. Genaugenommen stellt Draupadīs Geschichte die vollkommene Metapher für Gandhis gewaltlose Revolution dar. Zu den wichtigsten Bestandteilen der ganzen Bewegung gehörte die Herstellung von *Khadi*, jenem aus handgesponnener Baumwolle gewebten Stoff, den Frauen in ganz Indien fertigten und trugen, wodurch die Machtstellung der britischen Textilindustrie gebrochen und die Gewerbebetriebe auf dem Land wieder lebensfähig wurden. Die Ballen von Khadi, die sich von den Webstühlen der indischen Frauen ergossen, waren mehr als ein Symbol für die Frauen Indiens; sie *waren* Draupadīs endloser Sari.

Ich liebte diese Geschichte so sehr, weil sie folgenden Gedanken inspirierte: Die heutige Frauenbewegung würde all die Autorität, Stärke und Energie haben, die sie braucht, um all ihre Ziele zu verwirklichen, wenn sie sich mit ihrem spirituellen Erbe wieder verbinden würde.

Wie würde eine solche Bewegung aussehen? Oberflächlich gesehen, mußte ich zugeben, hätte sie vielleicht nicht viele Ähnlichkeiten mit Gandhis Satyagraha-Bewegung, doch wie sämtliche unterschiedlichen Kampagnen Gandhis würde sie sich an mehreren Fronten gleichzeitig formieren, als spezifische Antwort auf ein spezifisches Unrecht. Sie würde sich auf regionale

Gruppierungen stützen, basisnah und mannigfaltig sein. Sie wäre gewaltlos und durchdrungen vom Geist der Selbstaufopferung, nicht weil das ein Charakterzug der Frauen ist, sondern weil es der höchste menschliche Weg ist, den man gehen kann. Sie würde in der Stille innerer Gebete und Meditation wurzeln, aber sie würde lautstark sein als Antwort auf Ungerechtigkeit, dabei aber kein Individuum oder keine Gruppe für den Feind halten, sondern den einzigen echten Feind in der Vorstellung sehen, irgend jemand könnte berechtigt sein, seinen oder ihren Willen einem anderen aufzuerlegen. Sie würde im Materialismus selbst einen der zerstörerischsten Gegner der Menschheit erkennen.

Draupadī spielte nicht

Im allgemeinen mögen die Leute Draupadīs Geschichte, und diesen Zuhörern ging es ebenso, aber schließlich handelte es sich auch um eine Berkeley-Zuhörerschaft, und ich hatte im gleichen Atemzug über Frauen und Gewaltlosigkeit gesprochen, so daß es kein Wunder war, daß die Frage gestellt wurde: »Wollen Sie damit sagen, daß eine Frau, die angegriffen wird, sich totstellen und beten sollte?«

Ich wußte, daß ich das damit nicht sagen wollte, aber wichtiger war, wollte es das *Mahābhārata*? Mein Vertrauen in die letzte Gültigkeit der überlieferten Epen ist sehr groß, deshalb lag es mir fern, etwas oberflächlich Versöhnliches zu sagen wie »andere Zeiten, andere Orte«. Ich rang einen Augenblick um die richtige Antwort, aber dann fand ich sie. Sie bestand aus zwei Teilen.

Das eine war, daß Draupadī sich ja nicht totgestellt hatte. Als sie ihre Hände zum Himmel reckt, liegt in dieser Geste weder etwas Verzagendes noch etwas besonders Verwegenes. Ihr Gatte mag ein Spieler gewesen sein, aber Draupadī war es nicht. Sie hatte guten Grund, ihrem Geliebten Gott zu vertrauen, denn ihre Beziehung dauerte schon sehr lange. Seit sie ein kleines Mädchen war, hatte sie durch Askese und wohltätige Handlungen jahrelang systematisch gelernt, die gewöhnlichen menschlichen Verhaftungen *loszulassen* – Bequemlichkeit, Vergnügen, Eitelkeit –, und hatte auf diese Weise das angesammelt, was die Hinduisten *Tapas* nennen und von dem sie sehr genau weiß, daß es für die Verteidigung viel wirksamer ist als alle körperlichen Mittel. Es ist eine herrliche spirituelle Allegorie: Solange sie sich an die üblichen Mittel klammert, kann nichts Außergewöhnliches geschehen. Aber als sie aufhört, selbst etwas tun zu wollen, sich von allem löst außer vom Vertrauen und der Liebe, dann öffnet sie dem Wunderbaren den Weg. Mit den Worten Meister Eckharts: »Gott erwartet nur eines von dir: daß du so weit aus dir herauskommen sollst, insofern als du ein Geschöpf bist und Gott in dir Gott sein läßt.«

Der zweite Teil meiner Antwort hatte mit dem Kontext zu tun. Um die Geschichte vollständig zu verstehen, mußte man wissen, was ihr vorausging und was ihr folgte – was ich der Einfachheit halber ausgelassen hatte. Draupadīs Geschichte ist der Höhepunkt im gesamten Epos. Bis zu jenem Vorfall hatte man vielleicht noch die Hoffnung gehegt, daß ein grauenhafter Krieg vermieden werden könnte. Vielleicht würde sich noch alles regeln lassen. Aber als Draupadī gedemütigt wird, während ihre Mannsleute gelähmt zuschauen, die Hände gebunden von einem Ehrenkodex, der ihnen nicht erlaubt, einzugreifen, wissen wir, daß nur eine furchtbare Säuberung die Dinge wieder ins Lot bringen wird. Und in der Tat, in dem Krieg, über den der größte Teil des Epos berichtet, wird nicht nur ihr Peiniger und sein ganzer Clan vernichtet werden, sondern auch die gesamte Kriegerkaste untergehen.

Das *Mahābhārata* will uns mit anderen Worten damit erkennen lassen, daß die Entweihung einer Frau – des weiblichen Prinzips also – Signal und Symptom dafür ist, daß eine Zivilisation ihre Verankerung, ihren Halt verloren hat. Die Moral hat ihren bestimmenden Einfluß verloren. Draupadīs Geschichte ist an diese Stelle im Epos plaziert worden als verschlüsselte Botschaft an die Leser: »Es kann nicht mehr schlimmer werden.« Um die Parallele zu heutigen Realitäten zu ziehen: Ganz gleich ob sich eine Frau entschließt, einen Vergewaltiger abzuwehren, oder zu große Angst hat, um den nötigen Widerstandswillen aufzubringen, auf jeden Fall wird sie emotional wie körperlich ernsthafte und lang anhaltende Verletzungen davontragen. Allein schon vor der Entscheidung zu stehen, wie man sich verhalten soll – allein daß sie zum Gegenstand eines Angriffs wird –, ist schon Katastrophe genug, unabhängig davon, wie sie endet. Dadurch daß sie Gott anruft (und in einer darauffolgenden Diskussion ihre verblüffende rechtliche Kompetenz entfaltet), gelingt es Draupadī, sich zu entziehen, bevor das Allerschlimmste geschehen konnte, doch das ändert nichts an der entsetzlichen Tatsache, daß niemand und nichts im Hof selbst ihr zu Hilfe kam.

Warum nehmen wir es als selbstverständlich hin, fragte ich, daß Frauen einen Angriff allein dadurch herausfordern, daß sie sich nicht offensichtlich unter männlichen Schutz gestellt haben? Muß Gewalt gegen Frauen und Kinder als Naturkraft angesehen werden, unabwendbar wie Hurrikans und Erdbeben? Wenn wir diese grundlegenden Fragen überspringen und uns darüber Gedanken machen, ob Draupadī sich besser hätte wehren sollen, hieße das dann nicht zu behaupten, daß man der Gewalt, der Frauen heute gegenüberstehen, dadurch begegnen müsse, daß alle Frauen Karate trainieren oder immerzu Pfefferspray bei sich tragen?

Ich las ihnen eine traditionelle Sanskrit-Unterweisung vor (die aus einem Epilog des *Mahābhārata* stammt), die meines Erachtens das Problem in die richtige Perspektive rückt: »Jener Staat ist gut regiert, in dem sich Frauen mit hübschen Kleidern und Schmuck aufgeputzt und ohne die Begleitung eines Mannes frei und furchtlos auf seinen Straßen und Wegen bewegen können.«[4]

Nach diesem Maßstab befindet sich unsere Gesellschaft offen-

sichtlich in einer ernsten Notsituation. Die Wurzeln unseres Übels gehen so tief, daß die meisten der Lösungen, die vorgeschlagen werden, nur Notbehelfe sind. Eine der beständigsten Stärken von Gandhis Lehren, so führte ich aus, war, daß er hartnäckig Notbehelfe und kurzfristige Lösungen ablehnte. Er versuchte nicht nur, die Briten aus Indien herauszubekommen, sondern auch eine indische Kultur aufzubauen, die Indien davor schützen würde, jemals wieder kolonialisiert zu werden ... Ich erzählte ihnen etwas, von dem vermutlich keiner im Raum wußte: daß Gloria Steinem in ihrem letzten Buch ausführlich über Gandhi gesprochen hatte als Beispiel für jemanden, der einen Kreislauf der Gewalt zum Stillstand gebracht hat, nicht indem er selbst Gewalt angewandt hat, sondern indem er die Gesamtstruktur der indischen Gesellschaft herausgefordert hatte, die nicht nur die Unterdrückung seitens der britischen Kolonialisten voraussetzte, sondern auch seitens der höheren Kasten (gegenüber den Unberührbaren) und der Männer (gegenüber den Frauen). »Nachdem er die Demütigungen der Hierarchie erfahren hatte«, bemerkt Gloria Steinem, »hörte er auf, sich mit dem Unterdrücker zu identifizieren.«[5]
Ich war dankbar für diese Frage aus dem Publikum. Sie hatte mir erlaubt – mich genaugenommen verpflichtet –, ein paar Sachen zu sagen, die vorzubringen ich mich vorher nicht recht getraut hatte. Alles in allem war ich mit dem Verlauf recht zufrieden.

Die Tagung war gegen sieben Uhr zu Ende, und mein Mann und ich gingen in Berkeley noch etwas essen, bevor wir nach Hause fuhren. Es war noch Sommerzeit, so daß es noch nicht richtig dunkel war, als wir durch Petaluma fuhren. Später fragte ich mich, ob ich den stämmigen Mann mit dem gelben Stirnband im Haar vielleicht gesehen hätte, wenn wir nicht so ins Gespräch vertieft gewesen wären, einen Mann, mit dessen Gestalt

224

wir in den folgenden Monaten so vertraut werden würden wie mit der des Präsidenten. Wenn ich nicht so berauscht gewesen wäre vom Glanz meiner Gedanken, hätte ich ihn vielleicht bemerkt und erkannt, daß etwas nicht stimmte? Etwas getan? Dieser Gedanke, so irrational er auch war, sollte immer wieder in mir aufsteigen, denn die Fahrt durch Petulama führte uns nur eine Querstraße entfernt an Polly Klaas' Haus vorbei, keine Stunde, bevor Richard Allen Davis darin eindrang. Später stellte man fest, daß er wohl erst eine Weile herumgewandert war, desorientiert, von Drogen benommen, und sich zu erinnern versuchte, ob eines dieser Häuser vielleicht das seiner Mutter sein könnte, und sich überlegte, was er wohl zu ihr sagen würde, wenn er ihr Haus fand.

Am nächsten Tag kam ich gerade mit meinem Sohn aus dem Kino, als ich sah, daß jemand in der Zwischenzeit ein Flugblatt an die Glastür geheftet hatte. Das Foto zeigte ein ungewöhnlich hübsches zwölfjähriges Mädchen, das man zuletzt mit einem Mann gesehen hatte, der ein schmutziges gelbes Tuch als Stirnband trug. Bis zum Abend gab es weitere Flugblätter, und es wurde mehr von der Geschichte bekannt. Sie war mit vorgehaltenem Messer aus ihrem Kinderzimmer entführt worden, wo sie sich mit zwei Freundinnen, die bei ihr übernachteten, mit Brettspielen amüsierte. Ihre Mutter und ihre Schwester schliefen im Nebenzimmer und hatten nichts gehört.

Draupadī ergriffen, Polly entführt

Die Tage vergingen, und es gab keine Lösegeldforderung.
Wir waren wie betäubt. Es konnte doch nicht sein. Dieses kleine Mädchen gehörte zu uns. Jeder kannte zumindest jemanden, der sie kannte. Wir versuchten unsere Befürchtungen damit in Schach zu halten, daß wir ausgeklügelte Szenarios entwarfen, die

ihre Abwesenheit erklärten, aber sie unversehrt ließen. Vielleicht ein seltsames Pärchen mit genug Geld, das gerade eine Tochter ihres Alters verloren hatte ... Oder vielleicht ein Trick, den sie selbst angewandt hatte, um von zu Hause wegzulaufen, denn soweit wir wußten, war sie ein sehr aufgewecktes Mädchen, kreativ und immer in Aktion ... Vielleicht ein Streich, um öffentliche Aufmerksamkeit zu erregen, denn sie wollte gern Schauspielerin werden. Das hätten wir ihr vergeben. Doch in der Zwischenzeit konnte man nicht aus der Stadt fahren, ganz gleich in welche Richtung, ohne Leute zu sehen, die in Gräben spähten oder die Felder durchsuchten, Ausschau hielten nach Stoffetzen, einem Haarband, einem Schuh – nein, nicht nach Schuhen, fiel einem dann ein, denn sie trug keine Schuhe, als sie ihr Heim verließ. Man begegnete tarnfarben lackierten Geländewagen, in denen Nationalgardisten mit Hunden saßen, die auf dem Weg waren, die unzugänglicheren Waldgebiete nahe der Küste zu durchsuchen – und im Innersten aber fühlte man, wie sich der Magen mit dem Wissen krümmte, daß am Ende jemand in einem Feld oder in der Nähe einer Straße etwas finden würde, das darauf hindeutete, daß Polly Klaas alles andere als weggelaufen, sondern gewaltsam entführt worden war.

Die Stadt hatte sich unglaublich verändert. Eltern ließen kleinere Kinder nicht mehr aus den Augen; es gab keine Übernachtungsparties mehr; jeder installierte an sämtlichen Türen zusätzliche Riegel und traf Vorkehrungen, damit niemand des Nachts ins Fenster sehen konnte; ein leeres Ladengeschäft wurde zum Hauptquartier für eine Bürgerinitiative, die das Verbrechen aufklären wollte; ein Banner mit der Aufschrift »Polly, komm nach Hause«, übersät von kleinen Nachrichten ihrer tief bekümmerten Klassenkameraden, wurde über den Petulama-Boulevard gespannt.

Was mich betraf, ging ich immer wieder alles durch, was ich an jenem Abend gesagt hatte – über Spiritualität und Feminismus, über Gewalt gegen Frauen und Kinder und was man dagegen tun müßte. Ich hatte soviel vorausgesetzt, war so zungenfertig gewesen ... Wie hatte ich nur denken können, daß ich irgend etwas wußte?

Wenn so etwas passiert, reagieren wir instinktiv: Wir alle fragen uns, was wir einem solchen Ereignis entgegensetzen können, wie helfen, wie es ertragen? Ein furchtbares Drama spielt sich ab, es könnte aber immer noch ein glückliches Ende finden: Welche Rolle soll ich dabei spielen? Betet oder meditiert man regelmäßig, so tut man es nun in jenem besonderen Geist, zum »Wohle eines anderen«. Und ich tat beides. Doch mir schien auch, als sei das, was in Petulama geschehen war, in geheimnisvoller Weise mit den Fragen verbunden, die ich mir bereits gestellt hatte. Ich mußte es entziffern oder mir die Auslegung selbst *zusammensuchen*.

Ich versuchte, die geheimnisvolle Verbindung der beiden Geschichten zu begreifen – Draupadī ergriffen und Polly entführt. Ich erwog dieselben mythischen Parallelen, die auch viele andere Frauen fühlten, besonders in der Geschichte der Demeter, deren Tochter Persephone ergriffen und in die Unterwelt entführt worden war. Im privaten Kreis von Frauen, denen ich vertraute, ging ich an Fragen heran, die für die öffentliche Diskussion zu schmerzhaft gewesen wären. Es war nicht der richtige Zeitpunkt, um feministische Analysen zu liefern; ich erinnere mich, daß mein vierzehnjähriger Sohn eines Abends murmelte: »Wegen dieser Geschichte schäme ich mich, ein Mann zu sein.« Und er war nicht der einzige, der so fühlte, und diese Gefühle mußte man respektieren. Doch wie eine Freundin fast unhörbar flüsterte: »Was diesem Mädchen geschehen ist – daß sie zum Schweigen gebracht wurde –, ähnelt so sehr dem, was allen Mädchen geschieht«, und auch diese Gefühle mußten respektiert werden.

Es schien mir nun unausweichlich, daß sich meine beiden tiefsten Verpflichtungen vereinigten. Sicherlich hatte ich niemals geglaubt, daß meine Ausübung der Spiritualität in einem gesellschaftlichen oder politischen Vakuum existieren könnte oder sollte. Und was das betraf, war der Feminismus für mich niemals nur eine gesellschaftliche oder politische Bewegung gewesen, sondern auch ein Ausdruck spirituellen Hungers. Unter dem Eindruck dessen, was in diesem Herbst geschehen war, wurden meine Fragen klarer, zielgerichteter. Wie *sieht* Spiritualität *aus*, wenn sie im scharfen, kritischen Auge des Feminismus bestehen soll? Und was *geschieht* mit dem Feminismus, wenn er in spirituelle Perspektiven getaucht wird?

Als erstes mußte ich mich mit meinen Gefühlen auseinandersetzen, wenn es um Gewalt gegen Frauen und Kinder ging, und ich mußte herausfinden, in welcher Beziehung diese Gewalt zum Patriarchat stand. Was in Wirklichkeit bedeutete, daß ich die Wut, die sich in all diesen Jahren angesammelt hatte, mit meinen spirituellen Übungen irgendwie in Einklang bringen mußte.

Zweitens hatte ich, nachdem ich Draupadīs Geschichte erzählt hatte, festgestellt, daß ich mein feministisches Anliegen nie auf systematische Weise auf die indische spirituelle Tradition angewandt hatte. Ich liebte den Reichtum dieser Überlieferung seit langem, doch ich war mir auch bewußt, daß es darin Elemente gab, die ich überhaupt nicht mochte, und es war an der Zeit, daß ich meine Beziehung dazu klärte.

Drittens war ich sicher, daß dieser spezielle Gewaltakt gerade deshalb auf derart vielen Menschen so schwer lastete, weil er in der Tat etwas spiegelte, was Mädchen jenes Alters überall in unserer Kultur geschah. Was konnten wir tun, um dieses andere Verbrechen abzubauen, und gab es zwischen den beiden wirklich Verbindungen und welcher Art waren sie?

Ich habe nie Wolle zu Garn versponnen, aber dafür einer Freundin bei der Arbeit mit der Spindel zugesehen, und was ich im Verlauf des Oktober und November jenes Jahres tat, war meiner Vorstellung vom Spinnen sehr ähnlich: In der einen Hand hält man diesen groben, dicken Bausch von Fasern, die alle ineinander verschlungen sind – das Rohmaterial unmittelbarer Erfahrung – und in der anderen die Spindel. Und nach und nach, je länger sich die Spindel dreht (wenn die Tage vergehen und wenn man ruhig den Alltag bewältigt und nichts erzwingt), beginnt sich ein zusammenhängender Faden zu bilden – ein Bedeutungsstrang, stark und biegsam. Mir schien es, als fände das in mehreren Bereichen meines Lebens gleichzeitig statt: drei deutlich voneinander verschiedene Stränge, die sich unabhängig voneinander zeigten und dennoch gleichzeitig nach gegenseitiger Berührung strebten, sich zu größeren Mustern verwebend. Muster von bemerkenswerter Schönheit, in denen die Unterscheidungen, zu denen ich mich verpflichtet fühlte, zwischen Feminismus und Spiritualität schließlich verwischten, ersetzt von starken tanzenden Göttinnen und Lebensbäumen.

Das erste Knäuel blieb so lange unberührt, wie es noch irgendeine Hoffnung gab, daß Polly Klaas vielleicht noch am Leben sein könnte, aber der Tag kam, an dem mir nichts anderes übrigblieb, als es aufzunehmen.

Kapitel 2

Ein Krieg gegen Frauen

Wir kamen am 5. Dezember von der Abend-Meditation nach Hause, als mein Sohn uns entgegenlief.

»Mama, sie haben sie gefunden, haben sie im Radio gesagt. Sie ist tot.«

Ein Mann hatte gestanden, Polly Klaas getötet zu haben, und hatte die Ermittler zu einem Holzstapel außerhalb des Städtchens Cloverdale geführt, wo er ihre Leiche am 2. Oktober kurz vor Tagesanbruch versteckt hatte. Nur langsam begriffen wir. Als am Morgen nach ihrem Verschwinden die ersten Flugblätter verteilt wurden, so stellten wir fest, war sie bereits seit Stunden tot gewesen. Was auch immer getan wurde, um sie zu finden, hatte erst *nach* dem Unheil stattgefunden. Die Telefonzentrale, die Haus-zu-Haus-Befragungen, die Beratungen mit Psychologen – alles erst, als nichts mehr zu ändern war.

Alle erfuhren davon, und jeder reagierte ein bißchen anders darauf. Wir alle wußten, daß wir alles getan hätten, um das zu verhindern. Wir fühlten deshalb die Notwendigkeit, wenigstens jetzt alles zu tun, was in unserer Macht stand, um all die Kinder zu schützen, die noch bei uns waren – wenn wir nur gewußt hätten, was man tun könnte. Natürlich gab es eine Reihe von Leuten, die das ganz genau wußten, und sie redeten von Riegeln und Außenbeleuchtung und Nachbarschaftswachen, die regelmäßig ihre Runden drehten. Oder längere Haftstrafen für Gewaltverbrecher und elektronische Überwachung für auf Bewährung Entlassene und selbst über operative oder chemische

Kastration für Sexualstraftäter. Es gelang mir, mich den meisten dieser Diskussionen zu entziehen, obwohl es auch noch andere gab, die ich fast genauso unerträglich fand: Jene, in denen alle darüber klagten, daß doch da draußen überall dieses sinnlose *Böse* lauere und man nicht hoffen könne, es jemals zu ergründen, und daß man es nicht in seinen Ausprägungen bekämpfen könne, sondern nichts anderes dagegen tun könne, als eine Menge echter positiver Energie zu erzeugen … und daß es mit Sicherheit schon eine Menge bringen würde, wenn man die Gewalt in den Medien eindämmte … aber das läuft natürlich auf Zensur heraus, und man weiß ja, wohin das führt …

Die von den Medien noch geschürte Besessenheit von dieser Tragödie erzeugte bei mir Unbehagen. Persönlich eher von nüchterner Reaktionsweise, entging mir nicht, wie viele kurze und oberflächliche Zeitungsberichte über andere Verbrechen an Kindern in dieser Zeit erschienen, die genauso ungeheuerlich waren, die aber offensichtlich nicht die Kriterien der »guten Story« erfüllten wie das an Polly Klaas. Da ich Polly Klaas nicht persönlich gekannt hatte, fand ich es unrecht, daß man über diese Dutzenden von anderen Toten weniger trauerte als über sie.

Dennoch stellte ich fest, daß mir diese lokale Tragödie nicht aus dem Kopf ging. Allmählich erkannte ich, daß es nicht der Mord selbst oder die Umstände waren, unter denen er sich abgespielt hatte, und auch nicht die Tatsache, daß er ausgerechnet an jenem Abend stattgefunden hatte, als ich darüber nachdachte, ob hinter »sinnloser Gewalt« mehr Sinn steckt, als wir glauben mögen. Was meine Aufmerksamkeit so stark fesselte, war das intensive Gefühl eines Déjà vu.

Das Leben ist eine Schule, so verkünden uns die Mystiker: das ist der Sinn des Lebens. Übersehe die Lehre aus einer bestimmten Erfahrung, und sie wird sich so lange wiederholen, bis man sie begreift.

Jahre zuvor, im Jahr 1969 und dann wieder 1979, war jeweils eine junge Frau, die ich kannte und die mir viel bedeutete, so grausam ermordet worden wie dieses kleine Mädchen. Ich hatte die Erinnerung an diese beiden Tode recht gut verdrängt, aber nun – mit der Macht jener Dinge, die immer zu dritt kommen (Wünsche, Segen und Flüche) –, erinnerte ich mich lebhaft daran, was ich beide Male gefühlt hatte. Es schien auch damals sinnlos, irgendwelche Gefühle auf die Männer zu verschwenden, die dafür direkt verantwortlich waren, aber es war genauso sinnlos, alles einem abstrakten »Bösen« zuzuschreiben.

Karen

Karen Sprinker war das älteste Kind der engsten Freunde meiner Eltern. Sie war nur wenig älter als meine sieben Jahre jüngere Schwester Wendy. Von bezaubernder Schönheit, klug und eigenwillig, verbrachte sie den Großteil ihrer Zeit beim Reiten. Ihre Stimme konnte man nicht vergessen: sie war unwahrscheinlich rauh, schon fast komisch. Nach der High-School schrieb sie sich an der Oregon State University ein, wo ihr Freund bereits studierte. Ich war jahrelang in Kalifornien gewesen, aber ich erinnere mich, daß ich sie irgendwann 1968 für ein paar Minuten gesehen habe, als ich meine Eltern besuchte. Sie drehte mit ihrem Freund eine kurze und geräuschvolle Runde durchs Haus auf ihrem Weg zur Arbeit oder zu einer Party, beinahe identisch angezogen mit weißen Jeans und leuchtenden T-Shirts.
Sie muß damals achtzehn gewesen sein, denn sie war neunzehn, als sie im März des darauffolgenden Jahres verschwand. Sie hatte sich mit ihrer Mutter in der Innenstadt von Salem verabredet, kam aber nie dort an. Die Polizei fand ihr Auto in der Parketage des Kaufhauses, wo sie sich treffen wollten, und vermutete, sie sei wohl von zu Hause ausgerissen. Es gab in jenem Jahr so viele junge Leute, die sich auf den Weg nach San Francisco machten, daß es nicht einmal so unwahrscheinlich schien (»Ich wäre schon

froh, wenn sie wenigstens mal anrufen würde«, sagte ihr ratloser Vater zu dem meinen).

Ein paar Monate später zogen Fischer die Leiche einer jungen Frau aus dem Long Tom River in der Nähe von Corvallis, und kurz danach fanden Suchtrupps der Polizei noch eine zweite Leiche – diesmal war es Karen. Das Verschwinden von zwei anderen, etwa gleichaltrigen Mädchen dieser Gegend im Jahr zuvor erschien jetzt in einem anderen Licht, und die Polizei begann nach einem Serientäter zu suchen.

Nicht lange danach wurde der Mann verhaftet, der Karen und noch drei andere Mädchen zerstört hatte. Er wurde zu lebenslänglicher Haft verurteilt. Auch seine Frau wurde angeklagt und verurteilt wegen Beihilfe. Während des Prozesses erfuhren wir, daß keine der jungen Frauen sofort getötet worden war – im Gegenteil.

Kaum zwei Jahre später erlitt Karens Vater einen Herzanfall und starb. »Es hat sein Herz gebrochen«, schrieb mir mein Vater. »Das perverse Schwein, das Karen umgebracht hat, hat auch Luke auf dem Gewissen.«

Lucille

Lucille Towers lernte ich 1976 kennen. Sie war nur ein oder zwei Jahre jünger als ich. Ich weiß nicht, warum sie erst zu diesem Zeitpunkt an der Universität auftauchte, aber als Sophomore [Student im zweiten Studienjahr] in Berkeley war sie hundertfünfzigprozentig da. Sie gehörte zu jenen, die alles hinterfragen müssen: auf alles neugierig, berstend vor Idealismus. Sie belegte meinen Kurs für mystische Literatur und besuchte mich meistens zu meinen Sprechstunden. Und wir *redeten.* Ich hatte Gandhi auf die Leseliste gesetzt, und sie liebte nicht nur seine Ausführungen, sie sah auch deren Bedeutung für das Leben der Jugendlichen, die in die öffentliche Bücherei von Richmond kamen, wo sie arbeitete. Eines der letzten Male, an denen ich sie sah, war, als ich auf dem Heimweg bei der Bücherei kurz reinschaute, um mir die Fotos von Gandhi und seine Zitate anzusehen, die sie in der Kinderabteilung aufgehängt hatte.

Lucille war klug und witzig und sah sehr gut aus. Man wußte sofort, daß sie aus Texas kam, doch merkte man auch, daß sie in diesem Punkt keinen Spaß verstand. Besonders gut erinnere ich mich an ihren ausgreifenden Schritt, und diese Erinnerung schmerzt besonders, denn es war spät eines Abends, als sie von der Universitätsbibliothek zum Parkplatz ging – mit schnellen Schritten, da bin ich sicher, aber möglicherweise zu sehr in Gedanken an das Referat versunken, das sie gerade schrieb, um wachsam zu sein –, als jemand aus dem Dunkeln sie ansprang und festhielt. Sie kämpfte entschlossen, und ein paar Studenten wurden auf sie aufmerksam, doch zu dem Zeitpunkt hatte ihr Angreifer ihr bereits seine Hand auf den Mund gepreßt.

»Es ist alles in Ordnung«, schrie er, »sie ist auf Drogenentzug!«

Die Studenten gingen weiter, änderten dann aber ihre Meinung und holten Hilfe. Als die Universitätspolizei Lucille erreichte, hatte ihr Angreifer bereits mehrfach mit einem Stein auf ihren Kopf eingeschlagen, und sie war bewußtlos. Ihr potentieller Vergewaltiger stürzte sich auf die Polizei, die ihm in den Bauch schoß.

Sie hat das Bewußtsein nie wiedererlangt. Sie lag elf Tage auf der Intensivstation, und ihr Ehemann Fred saß bei ihr bis zum Ende und mußte den Gedanken ertragen, daß ihr Angreifer einen Stock tiefer unter Polizeibewachung lag und sich von seiner Schußverletzung erholte, bevor er vor Gericht gestellt würde.

Lucilles Tod war für mich ein Wendepunkt und half mir bei der Entscheidung, ob ich an der Universität bleiben wollte. Ich hätte mich abstrampeln müssen, um Lehraufträge zu bekommen (wenn man in Berkeley promoviert hat, muß man erst mal woanders gelehrt haben, bevor sie einen für eine reguläre Stelle in Betracht ziehen), aber ich hätte mich vielleicht noch ein paar weitere Jahre über Wasser halten können, mal mit einer Vorlesung über Religionswissenschaft, mal als Dozentin für die Geschichte der Frauen. Zudem hätte ich mir zeitlich begrenzte Nebenjobs gesucht, wie es viele meiner Freundinnen machten. Doch ich habe es nicht einmal versucht.

Ich unterrichtete zwar noch ein weiteres Vierteljahr. Daran erinnere ich mich deshalb so genau, weil Lucilles Ehemann, Fred, sich für diesen Kurs einschrieb. Er setzte sich ganz nach hinten. Er wußte, wie sehr sie diesen Kurs geliebt hatte, und ich denke, daß er sich ihr hier näher fühlte. Der Stoff war derselbe, den ich schon mehrere Male gelehrt hatte, allerdings lockerte ich meine Vorlesungen mit neuen Illustrationen auf. Es hätte funktionieren sollen, aber es klappte nicht. Ich schaffte es ebensowenig wie Fred, über das Geschehene hinwegzukommen. Ich konnte weder bei Teresa noch bei Gandhi oder Franz oder irgend jemand anderem etwas finden, das auch nur annähernd ausdrücken würde, was dieser ruhige, gutaussehende, von solch einem Schicksalsschlag getroffene junge Mann in der letzten Reihe in jenen elf Tagen im Krankenhaus durchgemacht hatte. Irgend etwas war für mich zu Ende. Ich glaube, ich hatte die volle Ironie des Wortes Professor [lat.: der öffentlich Bekennende] begriffen.

Den Brennpunkt neu einstellen

Ich wollte über diese drei Tragödien nicht lange und intensiv nachdenken. Ich begriff die Weisheit, die darin liegt, seine Aufmerksamkeit von gewissen Dingen abzuziehen. »Alles, was wir sind, ist das Ergebnis davon, was wir gedacht haben«, sagte Buddha. »Was wir werden, hängt davon ab, worüber wir meditieren«, hatte es mein Lehrer ausgedrückt. Grübel über die Dunkelheit nach, und die Gedanken werden sich verdunkeln. Man gerät in Gefahr, den eigenen Weg zu verlieren.

Doch eigentlich fühlte ich mich nicht verloren, als ich darum kämpfte, mir meinen eigenen Reim auf Polly Klaas' Tod zu machen, und ich hatte auch überhaupt nicht das Empfinden, daß mich Dunkelheit zu umschließen begann. Im Gegenteil. Die Wut, die so diffus gewesen war, als Karen und Lucille starben – so von Verwirrung vernebelt –, war jetzt auf einen Brennpunkt gerichtet und hatte sich verstärkt. Der Unterschied lag allerdings auch darin, daß mich der Feminismus in den vergangenen Jahren gelehrt hatte, daß es ein sinnvolles Ziel gab, für das ich meine Wut einsetzen konnte. Es war, als hätte ich Kontaktlinsen eingesetzt: Alles, was zuvor verwischt und konturlos war, stand mir jetzt kristallklar vor Augen.

Was ich meiner Meinung nach nicht ignorieren konnte und auch nicht zulassen durfte, daß es ignoriert wurde, war die Grundform dieser Verbrechen – dieses einen Verbrechens. Es ging dabei nicht um allgemeine oder theoretische Gewalt, es ging um Gewalt in einer ganz bestimmten, konkreten Form: Ein Mann überwältigt und vernichtet eine junge Frau, *die er überhaupt nicht kennt.* Keine gefühlsmäßige Verbindung, kein Drogendeal, der schiefgelaufen ist, kein persönlicher Konflikt, der Auslöser war. Sicherlich ist das nicht das einzige Gewaltszenario, das sich in unserer Kultur abspielt. Ich bin sogar überzeugt, daß jährlich mehr Männer als Frauen ermordet werden – mehr Jungen als Mädchen. Doch in dieser wiederkehrenden Struktur ist etwas, das auf sehr treffende und bedrückende Weise mit anderen Aspekten der gewöhnlichen, alltäglichen Erfahrung von Frauen und Mädchen übereinstimmt.[1] Jedes dieser Mädchen war zärtlich geliebt worden, und nicht als Besitz oder als Wertgegenstand, sondern als lebensprühendes, anmutiges, intelligentes Wesen, das sie war, und wegen all dem, was das Leben noch für sie bereitzuhalten schien. Doch in den Augen des Mannes, der sie vernichtete, war sie absolut nichts. Sie war einfach ein Objekt – eine Sache. Hier war der logische Schlußpunkt jenes Prozesses, den ich von feministischen Historikerinnen herausgearbeitet gefunden habe und der seinen Anfang nahm, als Frauen und Mädchen erstmals zur Handelsware wurden.

Nur sehr zögernd kam ich zu der Überzeugung, daß man diese Morde nicht nur einfach als Gewaltakte einer zunehmend gewalttätigen Kultur ansehen kann, sondern als Verbrechen, die *von* Männern *an* Frauen verübt wurden. Es gibt viele Gründe für Gewalt und ebenso viele Formen. Es sind nicht nur Männer, die verletzen und töten. Auch Frauen verletzen, Frauen töten, Frauen leisten Beihilfe beim Verletzen und Töten; das alles ist dokumentiert. Doch in meinem Erfahrungsbereich und in meinem Bekanntenkreis hatte ich in all meinen fünfzig Jahren nie jemanden gekannt, der von einer Frau getötet worden war – und ich kannte auch keine Frau, die getötet hatte.

Mit all dem platzte ich eines Tages vor einem Freund heraus, seit langem ein Verfechter der Gewaltlosigkeit, mit dem ich häufig meditierte, und er schreckte vor mir zurück. Sich speziell auf die männliche Gewalttätigkeit zu konzentrieren, so argumentierte er, sei dasselbe, als würde man einer bestimmten Rasse die Schuld geben wollen. Es hatte keinen Sinn, mit ihm darüber zu streiten. Ich bestand darauf, daß Männer nicht dasselbe seien wie Mitglieder einer bestimmten Rasse oder Religion. Sie sind keine Minderheit, deren Rechte bedroht sind, sie stellen die Hälfte der Mitglieder jeder rassischen Gruppierung, die Hälfte der Mitglieder jeder Religion, und in jeder dieser Gruppen sind sie jene Hälfte, die für mehr oder weniger fast alle Gewalt verantwortlich ist. Ich betonte, daß es hier nicht um Schuldzuweisungen ginge, sondern um Klarheit, die man brauche, um die tiefer liegenden Ursachen zu erkennen und gegen sie anzugehen. Wenn man um den geschlechtlichen Aspekt der gesellschaftlichen Gewalt einen Bogen mache, sei das, als lebe man mit einem Alkoholiker und gebe vor, es gebe kein Problem. Die Krankheit, um die es geht – die Sucht, wenn man so will –, hat mit dem tief verwurzelten Glauben zu tun, daß Unterschied Vorherrschaft rechtfertigt, und das war ganz gewiß kein gesellschaftliches oder politisches Problem. Sondern es ist mit Sicherheit ein spirituelles Problem, das weitreichende Folgen hat. Ganz allgemein gegen Gewalt zu sein, ohne besondere Aufmerksamkeit auf die männliche Gewalt gegenüber Frauen zu richten, war meiner Meinung nach ebenso sinnlos, als wäre Gandhi durch ganz Indien gereist und hätte über die Übel des Kolonialismus geredet, ohne das Verhältnis zwischen Indien und Großbritannien zu erwähnen.

Mein Freund sah immer noch verwirrt aus, deshalb machte ich ihm schließlich ein Angebot. Da ich erkannte, daß es ihn beunruhigte, die weibliche Gewalttätigkeit außer acht zu lassen, bot ich ihm an, es auf mich zu nehmen, ihre Ursachen und Wirkungen zu erforschen: Ich war bereit, dem auf den Grund zu gehen, warum Frauen Gewaltverbrechen begingen, wenn er sich im Hinblick auf die Männer darum kümmern würde. Eine Sekunde lang leuchtete Erleichterung in seinem Gesicht auf, bis er begriff, daß ich ihn nur aufzog.

Ich kam mir schon ein bißchen gemein und etwas zu hart vor. Aber kurz danach leistete ich meinem Sohn beim Frühstück Gesellschaft und mußte an all die Filme und Radiosendungen denken, die er mitbekommen hatte, und was diese ihm über Frauen beigebracht hatten und wie Männer mit ihnen umgehen sollten, und eine Minute lang schien es mir so unaussprechlich schrecklich, als hätte mir jemand Strychnin in meinen Orangensaft getan.

In der Vergangenheit hatte ich auf Gewaltakte »spirituell« so reagiert, daß ich meine Augen von dem abwandte, was ich nicht ändern konnte. Ich hatte mich zurückgezogen in das »Eingeschlossensein« meiner Gemeinschaft und meiner Familie. Aber ich hatte das Gefühl, als könne ich das jetzt nicht mehr. Und wenn der einzige Grund gewesen wäre, daß ich die Mutter eines zukünftigen Mannes war, ich wußte, daß ich alles in meiner Macht Stehende tun mußte, um dem entgegenzutreten, was geschah. Ich konnte mir nicht den Luxus erlauben, meine Aufmerksamkeit davon abzuziehen oder weiter zu schweigen.

Mein Feminismus forderte von mir, daß ich das Problem klar ins Auge faßte, ohne mit der Wimper zu zucken. Und meine spirituelle Übung stärkte mich und ermöglichte es mir, langsam eine Vorstellung davon zu entwickeln, wie ein wirkungsvoller Widerstand aussehen könnte. Sie erinnerte mich aber auch immer wieder daran, daß nichts Tiefgreifendes in kurzer Zeit zu erreichen war. Die beiden Sichtweisen stärkten sich gegenseitig, und das war ein gutes Gefühl.

Ein Krieg gegen Frauen

Mit der Zeit hatte ich erkannt, daß es heute nicht besonders verwunderlich ist, wenn ein männliches Wesen junge Frauen als Objekte und folglich als frei verfügbar ansieht. Denn dies ist die unterschwellige Botschaft von vielem, was als Unterhaltung gilt und als Werbung bemerkenswert wirkungsvoll ist. Und das, so weiß ich jetzt, ist ein unmittelbares Vermächtnis des Patriarchats.

Ich weiß, daß mir viele nicht zustimmen werden. Sie würden darauf bestehen, daß diese jungen Frauen nicht von Frauenfeinden getötet wurden, sondern von Soziopathen – verbogenen, verdrehten, wirklich kranken Individuen. Patriarchalische Frauenbilder hätten damit nichts zu tun.

Und zehn Jahre früher hätte ich das geglaubt oder zumindest zu glauben versucht. Wir Frauen geraten in große Schwierigkeiten, wenn wir Verbindungen herstellen zwischen Dingen, die üblicherweise als voneinander unabhängige Erscheinungen behandelt werden: beispielsweise zwischen dem Abbinden der Füße und den hohen Absätzen, oder zwischen dem internationalen Sexmarkt und der Sklaverei, oder zwischen Modefotografie und Pornographie, oder zwischen Pornographie und Vergewaltigung, oder Verteidigungsetats und Angst vor Impotenz. Aber inzwischen war mir klargeworden, daß es teuer bezahlt werden muß, wenn man sich weigert, jene Verbindungen herzustellen, wie jede Frau weiß, die ihrem eigenen Feminismus widerstanden hat oder ihn auf einer wortlosen Ebene vor sich hinköcheln ließ.

Ungefähr zu jener Zeit habe ich Alice Walkers eindrucksvollen Film *Narben* gesehen – ihre leidenschaftliche Verurteilung der Praktik der Genitalverstümmelung –, und ich hörte sie darin unauffällig, aber unmißverständlich von einem »Krieg gegen Frauen« sprechen, der im Gange sei. Sie beschreibt, wie ein junges Mädchen, das gerade »beschnitten« wurde, das Wissen um diesen Krieg während des Eingriffs in sich aufnimmt. Walker selbst gewann Einblick in diese Erfahrung durch die Erinnerung an jenen Tag, als ihr Bruder ihr mit seinem Luftgewehr, das er zu Weihnachten bekommen hatte, ins Auge schoß. Auf diesem Auge verlor sie die Sehfähigkeit, und obwohl es für sie ganz offensichtlich war, daß er das absichtlich gemacht hatte, sprach ihre Familie immer nur von dem »Unfall«. Als die neugierigen Blicke und Fragen ihrer Klassenkameraden für sie so unerträglich wurden, daß sie in der Schule nicht mehr zurechtkam, schickte ihre Familie sie zu den Großeltern. »Es war eine patriarchalische Verletzung«, sagt sie heute, die zudem noch dadurch verschlimmert wurde, daß sie weggeschickt wurde, und sie so zwangsläufig zu dem Schluß kommen ließ, daß es irgendwie ihre Schuld gewesen sein muß.

Wenn Feministinnen die Lebensbedingungen der Frauen als eine Form der Kolonialisierung beschreiben, und wenn Alice Walker oder Susan Faludi von einem »heimlichen Krieg gegen die Frauen« sprechen, werden sie oft dafür gescholten. Man sagt ihnen, daß Krieg und Kolonialismus spezifische Erfahrungen seien, die nicht nur voneinander völlig verschieden sind, sondern sich auch in wichtigen Punkten von anderen Arten der Unterdrückung von Menschen unterschieden. Wenn man behauptet, daß etwas anderes Krieg oder Kolonialismus *sei*, dann würde man die Bedeutung beider Begriffe verfälschen: das wäre eine Beschädigung der Sprache selbst. In Anbetracht dessen, daß ich mich eine gewisse Zeit lang wissenschaftlich mit Literatur auseinandergesetzt habe, leuchtete mir früher diese Argumentation ein. Doch heute habe ich erkannt, daß die Sprache in kritischen Augenblicken regelmäßig die Frauen im Stich läßt, aus dem einfachen Grund, daß sie in männerzentrierten Kulturen einfach nicht so gebaut ist, um für Frauen zu sprechen oder ihre Anliegen zu vertreten. Das ist einer der unauffälligeren Aspekte des Versuchs, die Frauen zum Schweigen zu bringen. (Verfechter der operativen Entfernung der Klitoris und / oder der Schamlippen nennen das beispielsweise nicht »Genitalverstümmelung«, sondern »Reinigung«.) Wenn man die Lebensbedingungen von Frauen als einen einseitigen Krieg oder als Kolonialisierung beschreibt, dann sagt man damit überdeutlich, *was für ein Gefühl* es ist, eine Frau zu sein. Wenn die konventionelle Sprache keine oder keine treffenden Begriffe für die Erfahrungen einer Frau hat, dann ist sie gezwungen, Metaphern und Gleichnisse einzusetzen – Vergleiche, die übertrieben scheinen, und Parallelen, die an den Haaren herbeigezogen klingen für jene, die keine Vorstellung davon haben, worüber sie spricht. Als Alternative gibt es nur das Schweigen.

Eine ganze Zeit lang habe ich so geschwiegen, und es hat mich viel gekostet. Polly Klaas' Tod war der Wendepunkt, denn ich konnte ihn nicht mehr als isoliertes Ereignis betrachten, wie es mir früher vielleicht möglich gewesen wäre. Seine Ähnlichkeit zu den anderen beiden gewaltsamen Todesfällen, die mein Leben berührt hatten, konnte nicht geleugnet werden. Die Wahrheit, die sich mir jetzt mit aller Macht aufdrängte, beinhaltete eine Schlußfolgerung, vor der ich schon seit längerem stand, gegen die ich mich aber gewehrt hatte. Ich kam zu dem Schluß, daß diejenigen Männer, die gegenüber Frauen und Kindern gewalttätig werden – die Vergewaltiger, die Kidnapper, die Kinderschänder, die Pornographieanbieter –, die unbestätigten, aber systematisch aufgebauten »Vollstrecker« eines Systems von Werten und Prioritäten sind, das ich gar nicht anders als patriarchalisch nennen kann.[2]

Dies war eine zutiefst verstörende Schlußfolgerung, die einen wahren Sturm an Gefühlen entfachte. Ich hätte noch länger gebraucht, um zu ihr zu gelangen, wenn mein Ehemann sich nicht durch eigene Erkenntnisse einen Weg zu ziemlich derselben Position gebahnt hätte. Wenn ich heute zurückschaue, wird mir klar, daß die Innigkeit unserer Beziehung – der »therapeutische Raum«, in dem unsere Gespräche stattfanden – uns beide stabilisierte, als wir um diese schmerzlichen Erkenntnisse kämpften. Tim unterrichtet in Petaluma »besonders begabte Kinder« der fünften und sechsten Klasse, und er hatte zwar Polly Klaas nicht gekannt, aber eine ganze Reihe seiner Schüler hatten sie gekannt (seine Schule liegt am anderen Ende der Stadt als die von Polly Klaas). Als er eines Morgens vor seiner Klasse stand und über Galaxien und Schwarze Löcher sprechen wollte, umgeben von dem Hintergrundgemurmel der Zwölfjährigen, hatte er plötzlich einen völligen Blackout. Für einen Augenblick hörte er nichts außer einer Stimme in seinem Inneren: *Es hätte auch eines dieser Mädchen sein können, eine meiner Schülerinnen.*

Diese erste Erkenntnis setzte eine Kettenreaktion in Gang, die er später in seinem Tagebuch beschrieb: »Als ihre Leiche gefunden wurde und wir erfuhren, was geschehen war, und ich die Verzweiflung in den Gesichtern meiner Schülerinnen sah, wurde diese Stimme drängender: Sie war eine meiner Schülerinnen. Was Polly in jener Nacht zugestoßen war, war ganz deutlich allen meinen Schülerinnen zugestoßen. Sie würden niemals dieselben sein.«

Doch diese Sicht der Dinge erweiterte sich immer mehr: »In der Woche, nachdem Pollys Leiche gefunden worden war und Details über ihren vermutlichen Entführer und Mörder bekannt wurden, begriff ich, daß auch er *einer aus meiner Gruppe war*, und darauf war ich nicht vorbereitet . . .«

Tim erlebte seine Verbindung zu Davis auf zwei sehr unterschiedliche Arten. Als Lehrer wußte er nur zu gut, daß »ein Richard Allen Davis in vielen Klassenzimmern der Fünftkläßler im ganzen Land sitzt, entfremdet, mißhandelt, wütend, hilflos, er kann nicht zwischen Recht und Unrecht unterscheiden und hat nichts mehr zu verlieren«. Lehrer erkennen diese Kinder, sie wissen, in welche Richtung sie treiben, und sie wissen, was getan werden müßte, um sie umzulenken – wissen genaugenommen, daß es in vielen Fällen gar nicht so viel dazu brauchte. Lehrer wissen, daß es solche Kinder gibt, und sie wissen, wie schlecht unser Bildungs- und Erziehungssystem ausgestattet ist, um hier einzugreifen.

Doch die Verbindung war nicht nur die eines Lehrers zu einer Schülerin, als erwachsener Mann wußte Tim auch, »daß Davis mit jedem anderen Mann dieser Kultur auf einem Kontinuum angesiedelt war«. Die absolute Verachtung gegenüber Frauen, die ihm erlaubt hatte, ein junges Mädchen zu zerstören, war nur im Hinblick auf ihr Ausmaß abnorm. Wie ich hatte auch Tim gezögert, in diesem Verbrechen einen Ausdruck des Patriarchats zu sehen: Wir hätten es viel lieber mit einem Erdbeben verglichen oder mit Meteoritenschauern, Blitzschlägen ... Wir hätten diese Tat lieber dämonisiert und sie von allem Bekannten distanziert. Doch dann las er ein Zitat, das Pollys vermutlichem Mörder zugeschrieben wurde, das seinen gewaltsamen Angriff auf eine Frau beschrieb, die Davis ein paar Jahre zuvor entführt hatte: »Wir hatten beide etwas davon.«[3]

Das war die ewige, furchtbare Rechtfertigung der Männer, die Frauen vergewaltigten, so erkannte Tim: die große Lüge, die nicht nur den Serienvergewaltiger rechtfertigt, sondern auch den College-Studenten, der sich dazu entschließt, »die Dinge etwas zu beschleunigen«. Sosehr wir auch versuchen mögen, Davis außerhalb der Normen menschlichen Verhaltens zu stellen, er ist nicht jene äußerste Abweichung, wie wir gern glauben möchten. »Er ist Teil einer männlichen Kultur«, schrieb Tim, »die ihn in seinen Gefühlen bestärkte, so verbogen sie auch gewesen sein mögen, wie verzerrt oder eigensüchtig oder auch irrational. Im Mittelpunkt dieser Kultur steht als ihr Antrieb die Überzeugung, daß Sex Herrschaft ist und daß Frauen das so wollen. Und wann immer ein Mann einen schmutzigen Witz erzählt oder sich einen Porno ausleiht oder über seine Eroberung der letzten Nacht prahlt, trägt das wieder ein Stückchen dazu bei, ebendies zu verewigen.«

Ohne Beschränkungen hatte mein Feminismus jetzt Schwung bekommen, riß in schneller Folge Illusionen nieder und zwang mich, Dinge zu erkennen, die ich eigentlich gar nicht sehen wollte. Ich glaube, ich erlebte nur, was viele Frauen erfuhren.

Man möchte sich weiterhin quasi unschuldig und von Unschuld umgeben fühlen. Man findet es furchtbar, zu jenen Leuten zu gehören, die überall Sexismus oder männliche Unterdrückung sehen. Man möchte mit den Kindern über klischeehafte Hollywoodfilme lachen können, blind und taub gegenüber der unterschwelligen frauenfeindlichen Botschaft. Aber es gibt keinen Weg zurück. Sobald einmal die Scheuklappen abgelegt sind, kann man nicht anders, als zu sehen und zu hören, und das ganze Wesen muß das in sich aufnehmen.

Mein Mann war nicht der einzige, der mir Erkenntnisse männlicher Erfahrungen zukommen ließ, ohne die ich glücklicher gewesen wäre. Der Soziologe und Sportler Mike Messner ist überzeugt, daß Jungen und junge Männer »voneinander und oft auch aus Pornos« ein »sexuelles Verhaltensmuster« lernen, das ungefähr so zusammengefaßt werden kann:

> Durch dieses Verhaltensmuster trainieren die jungen Männer im wesentlichen ihren Geist und ihren Körper darauf, durch einen dreistufigen Prozeß erregt zu werden: Objektivierung einer Frau, Fixierung auf einen oder mehrere erotisch besetzte Körperteile und Eroberung durch realen oder phantasierten Geschlechtsverkehr. In diesem Prozeß ist das Mädchen oder die Frau im Kopf des Mannes auf ein manipulierbares Objekt reduziert und aufgespalten in verschiedene Körperteile, die

der Mann benutzt, um sich zu erregen. Bedeutsam ist, daß der Geschlechtsakt für den jungen Mann besonders erotisch befriedigend ist im Hinblick auf seinen Status gegenüber seinen männlichen Altersgenossen – und nicht im Hinblick auf seine tatsächliche Sexualpartnerin. Obwohl sie körperlich anwesend ist, wird das Mädchen oder die Frau als denkender, frei entscheidender Partner ausgelöscht.[4]

Hier war das Strychnin, isoliert, wie in einem Laborglas. Das Wort »ausgelöscht« machte mich schaudern, aber es schien treffend. Konnte jemand ernsthaft den Zusammenhang zwischen dieser Auslöschung im übertragenen Sinn und der wirklichen Zerstörung von jungen Frauen wie Karen oder Lucille leugnen? Ich hielt das nicht für möglich, und der Prozeß, den Messner skizzierte, schien besonders grauenhaft, wenn ich daran dachte, was ich über Kulturen wußte, in denen Frauen hochgeachtet waren und das Weibliche verehrt wurde.

Kriege, die keiner gewinnen kann

Es gibt so viele Argumente, warum man die Gewalt, die täglich gegenüber Frauen und Kindern angewandt wird, nicht ins Rampenlicht stellen sollte, und zu verschiedenen Zeiten habe ich mir jedes davon schon einmal zu eigen gemacht. »Laß dich nicht in den Sumpf ziehen von diesem Schrecken«, flüstern die warnenden Stimmen, »und unterstreiche nicht noch die Vorstellung der Frau als Opfer. Wenn es sein muß, spreche über Gewalt und wie man sie verringern kann, aber isoliere nicht einzelne Verbrechenskategorien und charakterisiere sie als männliche Gewalt. Da kommt nichts Gutes bei heraus.«
Und ich mußte dem zustimmen: In dieser Isolation würde wirklich nicht viel Gutes dabei herauskommen. Doch als erster

Schritt, um die Dinge wieder ins Lot zu rücken, ist es unverzichtbar. Mohandas [Mahatma] Gandhi wußte immer genau zu unterscheiden zwischen dem Volk der Briten und der grausamen Politik der Kolonialregierung. Die wahren Feinde, das wußte er sehr gut, waren der Kolonialismus und der Rassismus, der ihn rechtfertigte.

Andererseits wußte er aber genausogut, daß britische Männer und Frauen diese Politik ausführten. Menschen hatten Indien versklavt, und an Menschen wandte sich Gandhi mit seiner gewaltlosen Kampagne für Indiens Freiheit. Und Grundlage dieser Kampagne war ein klares »Spiegeln« des Unrechts, das beseitigt werden mußte. »Stellt die Ungerechtigkeit an den Pranger« war immer das Schlagwort der Satyagraha. Setzt die Missetaten dem hellen Tageslicht aus.

Gilt es bereits als männerfeindlich, wenn man wie ich das düstere Bild einer Gesellschaft zeichnet, die von der stillschweigenden Androhung männlicher Gewalt als Geisel gehalten wird? Sicherlich nicht. Die heutigen Männer, die uns umgeben, haben diese Kultur nicht erfunden, sie haben sie nur geerbt. Sie machen sich nur dann schuldig, wenn sie nichts tun, um sie zu verändern.

Und natürlich *gibt* es Männer, die das versuchen. Mike Messner ist einer von ihnen; ein anderer ist sein Ko-Autor Don Sabo, der schreibt: »Es ist etwas faul an der Art und Weise, wie Männlichkeit definiert wird und wie Männer miteinander oder mit Frauen oder auch mit dem Planeten umgehen. In zunehmendem Maße beginnen Männer über ihre Identität nachzudenken, über ihre Sexualität und die Gewalttätigkeit, die sie gegenüber Frauen und gegeneinander gezeigt haben.«[5]

Aus der These, daß so eine Art Krieg gegen Frauen im Gang sei, und dem Aufzeigen der Art und Weise, in der Frauen durch diesen Krieg verletzt werden, zogen manche Kritiker den Schluß, daß Männer entsprechend siegreich und folglich glücklich sein müßten. Da Männer jedoch ganz offensichtlich nicht glücklich sind – die Wahrscheinlichkeit ist bei ihnen größer als bei Frauen, drogen-, alkoholsüchtig oder obdachlos zu werden, Selbstmord zu begehen oder im Gefängnis zu landen –, sind sie entweder nicht siegreich, oder es gibt in Wirklichkeit überhaupt keinen Krieg.[6]

Aber hat Alice Walker denn davon gesprochen, daß es in diesem Krieg einen Sieger gibt? Hat sie etwa behauptet, daß es überhaupt einen Sieger geben kann in einem Krieg? Wenn ein Krieg geführt wird, besonders wenn er sich lange hinzieht, dann sind alle Verlierer. Nach hundert Jahren oder hundert Tagen mag eine Armee vielleicht bestimmte Beutestücke errungen haben. Aber was ist im allgemeinen in der Zwischenzeit mit der Wirtschaft, der Regierung, den Künsten, dem Erziehungssystem und dem *Feingefühl* geschehen? Was hat es beispielsweise die Vereinigten Staaten gekostet, die mächtigste Militärmacht der Welt zu werden und zu bleiben? Wie teuer mußten die amerikanischen Männer ihre seit langem unternommenen Anstrengungen bezahlen, Frauen untergeordnet zu halten?

Hinter dem Tod dieser drei so lebensfrohen jungen Frauen, der mich so betroffen machte, standen drei Männer, die man am besten als »umnachtet« bezeichnen könnte – erfüllt von Dunkelheit. Soziopathen, um den wissenschaftlichen Ausdruck zu benutzen. Keine Durchschnittsmänner, die mal einen schlechten Tag hatten, sondern Individuen mit schwerwiegenden und seit langem bestehenden psychischen Störungen. Wenn ich darauf bestehe, ihre Geschlechtszugehörigkeit zu betonen, dann nicht, weil ich damit andeuten will, daß die Männer und Jungen, mit denen wir täglich umgehen, alle potentielle Vergewaltiger oder Mörder sind. Sondern es soll uns eher daran erinnern, daß Männer wie Richard Allen Davis in ihrer Männlichkeit nach Verhaltensmustern gehandelt haben, die in dieser Kultur für Männer nicht nur verfügbar sind, sondern ihnen aufgezwungen werden. Menschen wie Davis, deren Persönlichkeit in ihrer Kindheit beschädigt wurde, sind in jedem Fall, den ich kenne, auf eine sehr reale Weise wie eine Feder aufgezogen und dann losgelassen worden durch die Vorstellungsbilder männlicher Gewalt gegen Frauen (wie auch gegen Kinder, Homosexuelle und »Andersartige« aller Couleur), die in dieser Kultur erstaunlich allgegenwärtig sind. Es ist, als würde eine bestimmte Art von Anweisung oder Erlaubnis fortwährend auf uns alle einwirken, nicht nur aus »Erwachsenen«-Videos oder »Erwachsenen«-Büchern, sondern auch aus ganz normalen Hollywoodfilmen, Fernsehprogrammen und Werbesendungen aller Art – so wirkungsvoll und unbarmherzig, daß schließlich die für diese Eindrücke am Empfänglichsten gar nicht anders können, als dementsprechend zu handeln.

Damit will ich nicht behaupten, daß jemand ganz bewußt versucht, unsere Straßen mit »faulen Äpfeln« zu überschwemmen. Doch was ich sagen *will*, ist, daß der Wille nicht gerade überwältigend deutlich wird, sicherzustellen, daß das nicht passiert.

Unsere gewählten politischen Führer könnten mehr öffentliche Mittel einsetzen für Drogenrehabilitationsprogramme, Familienbetreuung, Berufsausbildung, mehr Schulen mit kleineren Klassen und angemessener psychologischer Betreuung, mehr Turnhallen in den Wohngebieten, Jungen- und Mädchen-Clubs, Einrichtungen für psychisch Gestörte, Programme zur Frühintervention bei Kindern in Not, die Mißhandlungen oder Mißbrauch ausgesetzt sind, und alle möglichen anderen Programme, von denen man *weiß*, daß sie die Kriminalität reduzieren wie auch das menschliche Elend, aus dem diese entspringt.

Obwohl unsere politischen Führer das alles wissen, verwenden sie unser Geld statt dessen darauf, mehr Gefängnisse zu bauen und immer ausgeklügeltere Methoden zur Verbrechensbekämpfung und -verfolgung zu entwickeln.

»Macht euch keine Sorgen«, lautet offensichtlich das Motto, »hinterher kriegen wir sie doch.« Und das tun sie auch, mehr oder weniger, mit verdeckten Operationen, Verfolgungsjagden mit

Höchstgeschwindigkeit, mit Sondereinsatzkommandos und der Überwachung von Wohnvierteln von schußsicheren Hubschraubern aus. Und weil nur so wenige Anstrengungen unternommen werden, Kindern in Not zu helfen, können wir sicher sein, daß wir einen ständigen Nachschub an einigermaßen verzweifelten Kriminellen haben, so daß es nicht an der Rechtfertigung fehlt, ständig neue Gefängnisse zu errichten, die Zahl der Polizisten zu erhöhen und diese mit noch wirksameren Waffen auszustatten, schließlich auch noch mehr Richter und Anwälte einzustellen und mehr Gerichtssäle zu bauen, die Gesetze zu verschärfen, die Todesstrafe immer häufiger zu verhängen ... *alles in allem jenes strafende Lebensmodell aufrechtzuerhalten, das immer die Grundlage des Patriarchats gewesen ist.* Das Endresultat ist, daß wir alle in einer Atmosphäre leben, die wir zunehmend wie einen gesellschaftlich sanktionierten Kriegszustand empfinden. Und Frauen sind wieder ähnlich wirkungsvoll weggesperrt, wie sie es unter dem mesopotamischen Gesetz waren: nicht als Individuen, sondern als Kollektiv, von Männern, die uns nicht einmal kennen.

Durch sein Förderprogramm für die Dörfer zeigte Gandhi Indien, daß der Weg zur Freiheit sich durch alle möglichen Bereiche windet, die eigentlich keine Bedeutung zu haben schienen, um die Briten aus dem Land zu bekommen: Kampagnen gegen den Analphabetismus, die Abschaffung der Kinderehen, der Bau von Wasserreservoirs und hygienischen Toiletten und natürlich die Produktion des *Khadi* und die damit einhergehende Weigerung, britische Textilien zu kaufen. In ähnlicher Weise begriff ich allmählich, wie viele Themen für Feministinnen von ernsthaftem Interesse sind, von denen man das nicht unbedingt vermutet. Ich erkannte nun klarer, wie der Patriarchismus wirklich funktioniert – unsichtbar und so weitreichend in seinen Wirkungen, daß es einem wirklich schwerfällt, nicht einen bösartigen, berechnenden Geist dahinter zu vermuten. Er wirkt ständig unauffällig im Hintergrund, so wie die Peripherieelektronik, mit der viele Hundebesitzer ihre Grundstücke abgrenzen. Dieser »Zaun« wird unter der Oberfläche verlegt – man kann ihn nicht sehen –, doch der Hund lernt sehr schnell, wo er ist, denn sein Halsband löst einen kleinen Stromstoß aus, sobald er ihn zu überschreiten versucht.

Kapitel 3

Ein Kreis der Schönheit, eine Mauer der Stärke

> »Alice«, sagt er nach langem Schweigen, »weißt
> du, was ich glaube? Wenn sich die Frauen
> dieser Welt wohlfühlen würden, dann wäre dies
> eine Welt zum Wohlfühlen.«
> *Samuel Zan,*
> *Generalsekretär von Amnesty*
> *International in Ghana,*
> *zitiert von Alice Walker in*
> *»Anything we Love Can Be Saved«*

Im Jahr 1994 wurde ein Bundesgesetz erlassen, nach dem Verbrechen an Frauen eine Verletzung ihrer Bürgerrechte darstellen.
Das hatte zur Folge, daß Vergewaltigung oder das Verprügeln
von Frauen unter die Zuständigkeit des Bundesgerichts fiel. Das
Gesetz zum Schutz der Frauen vor Gewalt [Violence Against
Women Act] war gut gemeint, aber seine Verabschiedung rief bei
mir nicht viel Optimismus hervor. Vorausgesetzt, die Gerichte
würden es wirklich durchsetzen, würde es wahrscheinlich nur
bewirken, daß mehr Männer ins Gefängnis kämen und bei der
Entlassung meist noch gewalttätiger wären als zuvor. Noch
schlimmer war, daß die Verabschiedung dieses Gesetzes jedermann signalisierte: Da seht ihr es. Wir haben die Sache geregelt.
Diskussionen sind nicht mehr notwendig.
Die Vergewaltigung oder das Verprügeln einer Frau als Verletzung ihrer Bürgerrechte anzuerkennen signalisiert, daß sie vor
dem Gesetz eine gleichberechtigte Bürgerin ist. Aber es stellt nur
eine eigentümlich begrenzte Möglichkeit dar, auf das zu reagie-

ren, was wirklich vor sich gegangen ist. Da mir klar war, daß Gesetze nicht mehr tun können, als irgend etwas für ungesetzlich zu erklären und Gesetzesverletzern Strafen zuzumessen, kämpfte ich nun darum, Worte für das zu finden, was meiner Meinung nach wirklich in Angriff genommen werden mußte.

Doch die Worte wollten nicht kommen. Nur Bilder, unzählige Bilder. Bilder von jungen Mädchen, die sich frei bewegen, tanzen, zusammen ausgelassen spielen oder gedankenverloren irgendwo allein sitzen können – sich alle zu Hause fühlen können in den Luft-Räumen, die Luce Irigaray so bewegend beschwört: »Der Raum der körperlichen Autonomie, des freien Atems, der freien Rede und des freien Liedes.«

Aber fast gleichzeitig stellte sich mir die Frage, wie sie denn ihre Freiheit genießen sollen, ob die des Liedes, der Sprache oder der Bewegung, wenn ihre Räume – ihre »Grenzen« – nicht respektiert werden, und in diesem Moment merkte ich, daß ich einen Schritt weiter ging, mir vorstellte, daß jedes kleine Mädchen von einer Zone echter Sicherheit umgeben ist, unsichtbar, aber vollständig gegen Eindringlinge geschützt. Und jetzt erkannte ich, daß sich der Kreis schloß, daß ich etwas heraufbeschwor, das auf gefährliche Weise dem patriarchalischen Eingeschlossensein gleicht: Sicherheit um einen Preis, den zu zahlen wir eigentlich nicht gezwungen sein dürften.

Vor diesem Paradox steht jede Mutter eines kleinen Mädchens: Man möchte, daß sie furchtlos ist, daß sie etwas wagt, daß sie ihre eigenen Entscheidungen trifft. Aber sobald sie aus dieser Sicherheitszone tritt, die von den Konventionen für »brave Mädchen« vorgezeichnet werden, ist sie auf furchtbare Weise ernsthaft gefährdet.

Die Lösung, so schien es mir, lag darin, sich eine andere Art der Sicherheit vorzustellen und eine andere Art von Garant dafür.

Als erstes müßten wir den Status quo selbst in Frage stellen. In jeder Gesellschaft, die einer echten menschlichen Gemeinschaft nahekommt, die sich auf einer zumindest bescheidenen Achtung gegenüber Leben und Geist aufbaut, ist das kleine Mädchen uneingeschränkt sicher.

Warum gerade Mädchen? Was ist mit kleinen Jungen und alten Männern und Vietnamveteranen mit einer Kriegsneurose? Und der Erde selbst? Braucht nicht jeder Schutz?

Natürlich braucht jeder Schutz.

Doch ich bleibe dabei, daß ein Mädchen, das gerade zur Frau wird, besonders schutzlos ist, gerade weil sie nach innen gewandt ist, versunken in ihren Übergangszustand. Und die Bereitschaft einer Gesellschaft, dies anzuerkennen und ihre Sicherheit zu garantieren, ist ein guter Anhaltspunkt dafür, daß alle sicher sind: Eine Gesellschaft, die weise genug ist, einen schützenden Kreis um sie zu ziehen, wird dasselbe für jeden tun, der verletzlich ist. Das ist natürlich die Logik der Beschreibung, auf die ich mich an früherer Stelle bereits bezogen habe, jenes »gut regierten Staates«, wie er von den alten Weisen Indiens gesehen wurde. Damit sich Frauen »mit hübschen Kleidern und Schmuck aufgeputzt und ohne die Begleitung eines Mannes« frei und furchtlos bewegen können, müßten noch viele andere Dinge geschehen. Die Straßen wären breit und gut beleuchtet, und es gäbe keine verzweifelt armen oder verrückten Individuen, die sich dort häuslich niederzulassen versuchten. Der Reichtum würde sich nicht in den Händen einiger weniger sammeln. Es gäbe keine kleinen Jungen, die ohne Liebe und ohne richtige Führung aufwachsen. Die Gesetze des Landes würden für alle gelten. All das ist darin enthalten.

Doch die Weisen gingen auch davon aus, so glaube ich, daß gute Gesetze nicht ausreichen, damit Frauen wirklich sicher sind. Es muß in dieser Kultur auch ein alles durchdringendes Gefühl für die Verbindung zwischen Frauen und dem Göttlichen geben. Das unsichtbare Kraftfeld, das ich mir vorzustellen versuchte, würde eigentlich eine Art heiliger Bereich sein – einer, der nicht in der äußeren Welt existiert, aber in den Köpfen und den Herzen. Gewöhnliche Gesetze sind dafür nur ein schwacher Ersatz.

Das Göttliche in Mädchen und Frauen zu ehren bedeutet nicht, die Frauen über Männer oder Mädchen über Jungen zu erheben, sondern eher das Leben selbst zu ehren – Fruchtbarkeit und Mütterlichkeit, Großzügigkeit, Überschwang, Lachen. Doch all das erfordert, daß auch die Worte *göttlich* und *heilig* eine Bedeutung haben. Und das ist genau der Grund, warum die Art von sicherem Raum, die ich mir vorstellen möchte, so problematisch ist. Spirituelle Prinzipien können nicht gesetzlich festgelegt werden. Vielleicht können sie ja nicht einmal gelehrt werden. Vielleicht kann man sie sich ja nur *einfangen*. Wie Masern ...

Und an diesem Punkt wandte sich mein Feminismus mit leeren Händen an meine Spiritualität: »Gut und schön. Aber wie wollen wir das erreichen? Wo sind unsere Infektionsträger?«

Es ist so gut wie unvorstellbar, daß es in einer Kultur, die so durch und durch weltlich und facettenreich ist wie die unsere, möglich sein sollte, etwas zu schaffen oder zu erneuern, das dieser heiligen Zone auch nur ähnelt. In westlichen Mythen oder westlicher Literatur ist nur sehr wenig zu finden, was dies unterstützen könnte. Eher im Gegenteil. Im Winter 1994 haben sich verschiedene Freundinnen von mir immer und immer wieder mit der Geschichte von Demeter und Persephone auseinandergesetzt. Die Schriftstellerin Noelle Oxenhandler hatte sie großartig interpretiert:

> Kidnapping bedeutet, daß in die »helle« Welt, in der die Kinder in ihren Zimmern schwatzen und spielen, auf ihre Schulbusse warten und auf den Spielplätzen schaukeln, die dunkle Welt der unaussprechlichen Sorgen, die Unterwelt, eindringt. Ein Teil des Entsetzens über die Geschichte von Polly rührt von der Geschwindigkeit, mit der sich diese beiden Welten verbinden können, wie leicht die dunkle Welt ihren Anspruch erhebt – als hätte sich, wie in den alten Mythen, ein Spalt in der Erde geöffnet, und die goldhaarige Persephone, die gerade noch glücklich mit ihren Begleiterinnen gespielt hatte, wäre

mit der dunklen Gestalt des Hades im Erdboden verschwunden ...[1]

Es war eine furchtbare Mythe – als junges Mädchen haßte ich sie –,
und als ich zu ihren Quellen zurückging, stellte ich fest, daß sie
sogar noch schlimmer war, als ich sie in Erinnerung hatte, weil
der Anschlag auf Mutter und Tochter sorgfältig geplant war. Zeus
selbst war einer der Verschwörer. Demeter konnte in ihrem
Kummer die ganze Erde verdorren lassen, aber alles, was sie für
all ihre Sorgen bekommen konnte, war ein Kompromiß.[2] Als ihre
Geschichte die Form angenommen hatte, in der wir sie kennen, hatte sich das Patriarchat fest etabliert, und alle Erzählungen,
die eine andere Deutung zuließen, waren sorgfältig unterdrückt
oder umgeschrieben worden.

Als ich anfangs versuchte, mich mit dem Kummer und der Wut,
die mich nach Polly Klaas' Tod überschwemmten, auseinanderzusetzen, hatte ich noch nicht den Stellenwert – und die Macht –
von Gegentexten verstanden. Auf jeden Fall nicht bewußt. Doch
in einer gewissermaßen blinden, instinktiven Weise griff ich nach
Vorstellungsbildern, nach *Geschichten* oder »Vorstellungsmu-
stern«, die die ganze Bandbreite dessen beinhalten könnten, was
ich fühlte, und die es mir erlauben würden, voranzukommen.
Einerseits fühlte ich mich hellwach, andererseits erschöpft. Ich
wußte, was ich tun wollte – Gandhi hatte so viel darüber gesprochen, die Wut umzuwandeln in die Fähigkeit, die Dinge zu verändern. Aber wie setzt man das in Wirklichkeit um? Wo fängt
man an?

Es gibt ein Sprichwort bei den Naturheilern, das besagt: »Wenn
dich etwas im Wald vergiftet hat – ein Insekt, eine Schlange oder
eine Beere –, dann gibt es auch ein Heilmittel in der Nähe.
Schau dich um, und du wirst in unmittelbarer Nähe eine Pflanze
finden, mit deren Blättern, Wurzeln oder Rinde du das lebensbedrohliche Gift neutralisieren kannst.« Gandhi konzentrierte
sich immer auf die Arbeit, die direkt vor ihm lag: Er suchte nicht

nach Anliegen, sie kamen zu ihm, traten durch seine Haustür. Und er nahm sie auch genau dort in Angriff – örtlich. Statt Experten heranzuholen oder höchst einflußreiche Persönlichkeiten, setzte er auf die Größe der gewöhnlichen Frauen und Männer in den betroffenen Gemeinden. Und mir schien, als sei etwas von diesem Geist in der Graswurzel-Bewegung gegen Gewalt sichtbar, die ich in meinem Umfeld in Bezirken wie Sonoma und Marin County sehen konnte, und daß ich von ihnen etwas lernen konnte.

Geboren durch die Frau

Kristi Moya Zoog lebt nur ein paar Meilen von mir entfernt, und so verabredeten wir uns in einer Bäckerei, die in der Mitte zwischen unseren beiden Wohnungen lag. Dieser Laden ist eines der bestgehüteten Geheimnisse der North Bay: Seine champagnerfarbenen süßen Brötchen und Aprikosentörtchen, seine Calzones und Focaccias und Blätterteigstückchen sind so köstlich, Besseres findet man auch in San Francisco nicht. So schmücken mehrere Fotos die Wand, auf denen Freunde vor dem Eiffelturm stehen und Croissants essen, die sie von zu Hause mitgebracht haben. Die Radfahrer bevölkern jedes Wochenende diese Nebenstraßen, und wie Schwärme tropischer Vögel fallen sie sonntagmorgens in diesen Ort ein, eine neonfarbene Welle nach der anderen. Dieser Sonntag war besonders mild, und während Kristi und ich draußen saßen und uns unterhielten, floß ein nicht abreißender Strom von Leuten in das winzige Geschäft und wieder hinaus.

Kristi gehört zu jenen neun Frauen im West Sonoma County, die den Kern einer Organisation bilden, die sich anfangs zusammenfand, um gegen den Golfkrieg zu protestieren. Viele von ihnen zogen sich jedoch wieder zurück, als der Krieg zu Ende war; jene, die dabeiblieben, wollten verstehen lernen, so Kristis eigene Worte, »wie es dazu kommen konnte, daß man diesen Krieg akzeptierte«. Jede von ihnen suchte sich ein Fachgebiet heraus wie Wirtschaft, Schulwesen und Gesundheit und untersuchte dort diese Frage. Der Schluß, zu dem sie kamen, überraschte sie völlig.

»Es ließ sich alles auf Vergewaltigung zurückführen. Uns schien, daß eine Gesellschaft, in der es hingenommen wird, daß Frauen vergewaltigt werden, auch andere Formen der Gewalt akzeptiert, bis hin zum Eindringen in andere Länder und Bombenabwürfe auf Zivilisten.«

Ich hatte ein Interview mit Kristi und ihrer Freundin Diane Hart im KPFA, Berkeleys unabhängigem Radiosender, gehört und gespürt, daß ihre Orientierung meiner eigenen sehr ähnelte. Sie sprachen nicht über Rechte oder darüber, das Rechtssystem zu ändern. Für sie ging es bei männlicher Gewalt gegenüber Frauen und Kindern nicht einfach um Verbrechen an Individuen; es ging viel tiefer. Es lief hinaus auf einen schwerwiegenden Angriff gegen die Heiligkeit des Lebens selbst und auf Frauen als Trägerinnen dieses Lebens.

Kristi hatte noch nie von Gerda Lerner gehört oder von den historischen Bedingungen, unter denen die Sexualität der Frau zur Ware geworden war. Sie und ihre Freundinnen waren zu ihrer Überzeugung gelangt, indem sie eine Art der Gewalt mit der anderen in Verbindung brachten, sicherlich durch Lektüre und Diskussionen, aber auch durch ihre persönlichen Erfahrungen. In der Gewißheit, daß sie einige der kulturellen Wurzeln der Gewalt gefunden hatten, doch in vieler Hinsicht immer noch vor einem Rätsel standen und begierig darauf waren, das, was sie verstanden hatten, in wirksamen Widerstand umzuwandeln, bildeten sie eine Organisation, die sie »Born of Woman« [geboren durch die Frau] nannten. Sie stellten eine Sammlung von Büchern und Filmen zusammen, die sie anderen zur Verfügung stellten, sie veranstalteten Workshops und Gesprächsrunden, sie gaben ein Nachrichtenblatt heraus, und sie hielten öffentliche

Mahnwachen – Zeremonien, die zum Ziel hatten, den langfristigen Transformationsprozeß zu fördern, dem sich die Mitglieder von BOW [Born of Woman] verschrieben hatten.

Im großen und ganzen liegt mir nicht viel an Ritualen. Vielleicht ist das der Einfluß der schottischen Presbyterianerin in mir; das ruhige Richten der Aufmerksamkeit nach innen lag mir immer näher als äußere Feierlichkeiten. Doch unter der Last meiner augenblicklichen Gefühle war ich jetzt viel offener als früher für die Zeremonie, die die Mitglieder von BOW auf ihren öffentlichen Mahnwachen durchführten; jede Einzelheit hatte ihren Sinn, und ich spürte, daß die Frauen, die sie entwickelt hatten, ein bestimmtes Ziel vor Augen hatten – eine Art Alchimie des Herzens und des Willens. Das kam dem sehr nahe, woran ich selbst arbeitete. Anthropologen haben uns gelehrt, daß sich hinter jedem Ritual eine Geschichte verbirgt. Die Eucharistie wiederholt das Letzte Abendmahl, ein Seder den jüdischen Auszug aus Ägypten. Auch hinter diesem improvisierten Ritual sah ich eine verwandte Geschichte: eine Gegenmythe und ein Gegenmittel.

Für die Zeremonie brauchte man ein großes, schönes Altartuch, eine Schale mit Meerwasser mit einem Kräuterbündel, drei niedrige runde Blumentöpfe mit Erde, drei Göttinnenskulpturen aus Stein, einen großen Korb mit Schnittblumen und drei Schalen gemischter Blumensamen. Neben diesen Symbolen einer nährenden, fruchtbaren Erde und des weiblichen Göttlichen gibt es zwei andere wesentliche Bestandteile: ein Lautsprechersystem und eine Reihe von Zeitungsberichten über Angriffe auf Frauen und Kinder, die im Heimatbezirk stattgefunden haben.

Die Männer und Frauen, die an dieser Mahnwache teilnehmen, bilden einen Kreis um das Altartuch. Eine taucht das Kräuterbündel ins Wasser und schüttelt es sanft über dem Kreis als Meerwassersegen. Danach wird ein Lied gesungen, und jemand erklärt die Absicht dieser Mahnwache.

»Um den Krieg gegen Frauen sichtbar zu machen, um unsere

Betäubung und Verzweiflung zu durchbrechen, um unsere Wut und unseren Kummer in Taten zu verwandeln, um unsere Kraft und unseren Wert als Frauen zurückzufordern.«

Drei Frauen wechseln sich dabei ab, Berichte über Gewalttaten vorzulesen. Die Geschichten sind unentrinnbar anschaulich, und es fällt schwer, sie vorzulesen. Sie handeln von Jugendlichen und Babys, Frauen, Müttern, älteren Frauen und Kindern. Es ist ein großer Unterschied, ob man diese Geschichten in der Zeitung überfliegt oder ob jemand sie einem auf diese Weise laut vorliest. Bei jedem Bericht tritt eine Frau vor und legt Blumen auf den Altar.

Wenn die letzte Geschichte vorgelesen ist, faßt sich die Gruppe bei den Händen und ruft mehrfach ein deutliches, kräftiges »Nein!«. »Das muß aufhören, weil wir das sagen: Weil Frauen das sagen.« Die Teilnehmer werden an dieser Stelle eingeladen, Samen aus einer Schale zu nehmen und sie über der Erde in den Blumentöpfen zu verstreuen. Schließlich halten sich alle an den Händen und singen feierliche Lieder. »Öffnet den Kreis«, sagt jemand, »und nehmt die Samen in den Töpfen und die Samen in euren Herzen mit nach Hause.«

Hier waren sie also symbolisch vereint, jene beiden Ideale, die in meinem Leben zu vereinen ich mich so abgemüht hatte: die furchtlose Erkenntnis der Wahrheit, die der Feminismus von mir gefordert hatte, und die innere Ruhe und Ausgeglichenheit, die ich immer durch Meditation zu erreichen versucht hatte und deren Verlust für mich auch mein Ende bedeutet hätte. Diese Zeremonie schien mir etwas von einer Initiation an sich zu haben. Viele Elemente der *kinaalda*, der Navajo-Zeremonie für Mädchen, waren zu erkennen.

In der Bildung jenes »Kreises der Schönheit« sah ich etwas, was sehr dem »sicheren Raum« ähnelte, den ich mir vorgestellt hatte:

von innen geschützt durch die Gegenwart der Darstellungen des weiblichen Göttlichen und am äußeren Rand geschützt von Individuen, die »wissen, wie man Energie festhält« (wie die *discreti* im Kloster der heiligen Klara von Assisi).

Es war lebenswichtig, daß der Kreis stark war wegen der Kraft der Gefühle, die innerhalb seiner Grenzen entfesselt wurden. Es ist fast, als würde dort eine Bombe gezündet. Die Abbilder der weiblichen Gottheit, die während einer Mahnwache in dem Kreis aufgestellt werden, sind mehr als nur eine beiläufige Geste.

Kristi hatte mir erklärt, erst als sie sich der Traditionen der Göttin bewußt geworden war, habe sie erstmals verstanden, warum sie so wütend darüber war, wie Frauen heute gesehen werden.

Im zweiten Teil des Rituals wird die Wahrheit erzählt – kompromißlos, so hart sie auch ist, *weil* sie wahr ist. »Wir erschaffen einen Bereich der Schönheit«, erklärt Diana Hart, »damit wir mit ganzem Körper und ganzer Seele zuhören können und das ganze Ausmaß unserer Wut, unserer Verzweiflung und unseres Kummers spüren.« Es beunruhigte mich wirklich, aus Gründen, die ich bereits erwähnt habe, über die Wirkungen nachzudenken, die es haben könnte, wenn man Geschichten menschlicher Grausamkeiten noch unauslöschlicher in das Bewußtsein einprägt, als sie es bereits sind, aber eigentlich ist das Aussprechen der Wahrheit nicht der Schlußpunkt des Rituals. Nachdem sie ihre Wut akzeptiert haben – und das ist die dritte Phase der Zeremonie –, verpflichten sich die Teilnehmer dazu, sie zu verwandeln.

»Wir sind überzeugt, wenn wir unsere Aufmerksamkeit auf diese Ereignisse richten«, sagt Diana Hart, »werden wir entdecken, was wir verändern müssen, um eine Welt zu erschaffen, in der Frauen geachtet werden und nichts jemals geschieht, was Kindern Schaden zufügt.« Kristi erzählte mir, als sie die kulturelle Gewalt bis zu ihren Ursprüngen verfolgte, hätten sich ganz überraschende Verbindungen gezeigt.

»Weißt du, du beginnst dir all diese verschiedenen Wahlmöglichkeiten genauer anzusehen. Was du ißt, die Filme, die du dir ansiehst, die Musik, der du und deine Kinder zuhören, was du trägst und wer es gefertigt hat, und unter welchen Bedingungen diese Menschen leben. Es steht alles miteinander in Verbindung.«

Welche Art von Verteidigung gegenüber männlicher Gewalt könnten Frauen einsetzen, die aus dem Inneren schöpfen, die auf ihre Verbindung miteinander und mit dem Göttlichen vertrauen? Im Volksglauben hat sich über die Jahrhunderte ein starkes Gefühl dafür aufrechterhalten, daß wir eine ganze Menge tun können.

Als die Kirchenführer überlegten, ob sie Klara von Assisi heiligsprechen sollten, traten Menschen, die sie gekannt hatten, mit allen möglichen Geschichten an die Öffentlichkeit, die ihre Heiligkeit bewiesen. Zwei davon hatten mit ihrer erfolgreichen Abwehr von feindseligen Angriffen zu tun. In der einen Episode soll sie das Kloster von San Damiano gerettet haben, und in der anderen die Stadt selbst. Im ersten Fall machte sich eine herumstreunende Bande von Söldnern daran, über die Klostermauern zu klettern. Sie tröstete ihre Schwestern, sagte ihnen, sie brauchten keine Angst zu haben, und »suchte Hilfe in ihrem üblichen Gebet«, und die Soldaten verschwanden, »als hätte man sie vertrieben«. Als eine ganze Armee Assisi zu erobern drohte, schickte man Klara eine Nachricht. Dieses Mal rief sie die Schwestern zusammen, streute Asche auf ihr Haupt und das der anderen und befahl ihnen allen zu beten. Auch hier verschwanden die Angreifer wieder, und die Stadt feiert dieses Ereignis jedes Jahr am 22. Juni.

Was die Bewohner von Assisi bei Klara und ihren Gefährtinnen schätzten, war, daß ihre bloße Anwesenheit in San Damiano ihre Bereitschaft signalisierte, auf jede gewöhnliche Bequemlichkeit zu verzichten. Die »Armen Klarissen« lebten ausschließlich von Almosen, weigerten sich, sich durch Stiftungsgelder und Heimgewerbe gegen Entbehrung abzusichern, und man ging davon aus, daß diese besondere Lebensweise sie mit einer gewissen Widerstandskraft gegenüber den dämonischen Mächten im Leben ausstattete. Als Klara ihre Schwestern versammelte und Asche auf ihre Häupter streute, beschwor allein schon diese Geste ihre Opferbereitschaft, die nicht nur das Leben charakterisierte, das sie zusammen führten, sondern auch die geheimnisvolle Kraft, die zu jeder Zeit und an jedem Ort mit dieser Opferbereitschaft in Verbindung gebracht wurde.

Wenn Frauen wie Kristi Moya Zoog und Diana Hart eine Zeremonie zusammenstellen, die ihnen hilft, ihrem Widerstand gegen männliche Gewalt Form und Stimme zu geben, dann arbeiten sie mit einer Tradition – einem *Erbe*. Und als ich über diesen Kreis engagierter Frauen und ihre geheimnisvolle Kraft nachzudenken begann, konnte ich klarer über die beiden jungen Frauen aus meinem Bekanntenkreis nachdenken, deren Tod mir das Problem der Gewalt an Frauen erst bewußt und dringend gemacht hatte. Ich erkannte nun, daß ich, indem ich in den vergangenen Jahren in die Lehren und Lebensgeschichten von Mystikerinnen eingetaucht war, mich darauf vorbereitet hatte – wenn auch unbewußt –, eben jene Herausforderung anzunehmen, die diese Todesfälle für meine Spiritualität darstellten. Indem ich selbst einen Kreis der Schönheit und eine Mauer der Stärke schuf, so hoffte ich, könnte ich Geschichten wie diese irgendwie »umfassen« und schließlich wirkungsvoll auf sie reagieren.

Frauen, die – wie Alice Walker, Diana Hart oder Kristi Moya Zoog – überzeugt sind, daß so etwas wie Krieg gegen sie und ihre Töchter geführt wird, lassen sich nicht leicht davon abbringen. Sie haben die Wunden verbunden, die Verletzungen geheilt und die Toten begraben. Doch was man bei Frauen wie Alice, Diana und Kristi begreifen muß, ist, daß sie nicht dabei haltmachen, den Krieg beim Namen zu nennen. Ebensowenig wie Rigoberta Menchú aufgehalten werden konnte, als ihr Vater, ihre Mutter, ihr Bruder und ihre Schwester mit unglaublicher Brutalität ermordet wurden wegen ihrer Bemühungen, eine Widerstandsbewegung zum Nutzen der eingeborenen Völker Guatemalas in Gang zu bringen. Ebensowenig wie die Mitglieder der Gruppierung Women Together, in der sich irische Frauen, Protestantinnen wie Katholikinnen, zusammengeschlossen haben, um der Gewalt entgegenzutreten, die Nordirland zum Kriegsgebiet gemacht hat ...

Ebensowenig wie Eve Nichol, die Mutter von Polly Klaas, die während dieses qualvollen Oktober und November sich in so vollständiges Schweigen hüllte, daß man die ganze Zeit an sie denken mußte und wortlose Gebete in ihre Richtung schickte ... und die nur wenige Tage, nachdem die Leiche ihrer Tochter gefunden wurde, die Kraft zum Schreiben fand:

Mit unaussprechlichem Kummer muß ich von dem Traum Abschied nehmen, den wir alle teilten – dem Traum, daß unsere liebe Polly wieder nach Hause kommt. Mein Herz sagt mir, daß sie an einem Ort in Sicherheit ist, der von Licht und Liebe erfüllt ist ... Ich wünschte, ich könnte mit meiner geliebten Gemeinde zusammensein, damit wir unseren Kummer gemeinsam tragen, aber im Augenblick brauche ich den Trost und die Kraft meiner Familie und meiner engsten Freunde. Mein Herz ist gebrochen ob so viel ungelebten Lebens, aber das Übermaß an Liebe, das mir entgegenströmt, bringt mir Trost, und die Zeit wird uns Frieden bringen.

... Laßt uns nun zusammen trauern um unsere verlorene Hoffnung, um unseren betrogenen Glauben. Wenn wir es vermögen, dann laßt uns unsere Herzen der Versöhnlichkeit und der Heilung öffnen ... Wir selbst müssen Barmherzigkeit haben. Und Polly hätte sich gewünscht, daß wir von der Liebe leben, die wir geschaffen haben, und nicht vom Haß ...

Als ich das letzte Mal mit Kristi Moya Zoog sprach, befand sich Born of Woman in einer Ruhephase. Die Mitglieder versuchten Atem zu holen, die Situation neu einzuschätzen und zu überlegen, welche Richtung ihre Arbeit in Zukunft nehmen soll.

»Weißt du«, sagte Kristi, »anfangs ist so vieles von dem, was du tust, von der Wut getrieben, und nach eine Weile bist du über diese Wut hinausgewachsen, und es ist nicht ganz klar, was dich dann weitertreibt und in welche Richtung ...«

Erst scheint da dieser lange, stetige Blick auf das zu sein, von dem wir sehnsüchtig wünschen, daß es nicht da wäre, um es nicht anschauen zu müssen. Und zweitens im eigenen Inneren ein entschlossenes Sammeln des Selbst, eine Weigerung, von dem, was man gesehen hat, überwältigt oder definiert zu werden, ganz gleich wie erschreckend es auch gewesen sein mag ...

»Du stellst fest, daß du dich in diesen riesigen Raum hinein bewegst«, murmelte Kristi.

Und ich war sicher, ich wußte, was sie meinte. Wenn man immer tiefer in die Quellen der Gewalt herabsteigt, in der Zeit zurückgeht und die Ungeheuerlichkeit des Unrechts durchschreitet, das verübt wurde, gibt es keine Bösewichte mehr. Keine, die man anfassen kann. Keine *anderen*, schließlich. Nur man selbst, das eigene Bewußtsein, die eigenen Fähigkeiten und Beziehungen, die Tiefe des eigenen Verlangens, damit zu beginnen, die Dinge wieder zurechtzurücken, und die Möglichkeiten, die die eigene Situation bietet. Und das wird bei jedem einzelnen verschieden sein.

Wenn man an einer Zeremonie wie der von den Mitgliedern von BOW zusammengestellten teilnimmt, dann ist es damit nicht getan. Sie ist eher als eine Art Probe für das Leben gedacht. Sie kann uns helfen, starken Gefühlen und Wahrnehmungen eine gewisse Struktur zu geben, und uns darauf vorbereiten, wenigstens zu *wollen*, daß wir angemessen reagieren. Aber es ist kein Ersatz für eine Reaktion. Wenn ich jene Geschichten über die heilige Klara und die potentiellen Eindringlinge lese, mußte ich mir immer vor Augen halten, daß Klara und ihre Gefährtinnen nicht einfach im Kreis saßen, sondern *beteten*. Ich war mir sicher, daß die große Wirkung ihrer Gebete auf ihre Fähigkeit zurückzuführen war, Ablenkungen zu transzendieren – den Geist zu leeren –, und daß es dieses Leeren des Geistes war, für das die Aufgabe materieller Güter nur eine Vorbereitung war und das ihre Macht über das Unglück erklärte. Aus dem gleichen Grund kann ich mir nicht vorstellen, wie man Gewalt auch nur ansatzweise wirkungsvoll begegnen kann ohne eine sich ständig vertiefende Hingabe an die Meditation.

Der Feminismus hatte mir die Augen geöffnet für ein ausgedehntes Netz furchtbarer Verbindungen, die ich nur langsam erkannt hatte, und feministische Spiritualität hatte darauf bestanden, daß die Wut mir gehörte, die in mir aufstieg, als ich schließlich erkannte. Aber ich wußte, daß mir der Feminismus allein nicht helfen konnte, jene Wut in eine stetige, unerschrockene Entschlossenheit zu verwandeln, die ich für notwendig hielt, um deutliche Veränderungen zu erreichen, und ich glaubte auch nicht, daß dies die eher locker entworfenen Formen der feministischen Spiritualität konnten. Ich war ziemlich sicher, daß dies nur die Meditation erreichen konnte: Meditation, die von all den ergänzenden Disziplinen unterstützt wurde – der auf einen Punkt gerichtete Fokus, das »Eingeschlossensein« der beständigen Übung, der Abbau von Egoismus und die Zügelung der Begierden.

Ich hatte damit begonnen, zu der endlos sich wiederholenden Geschichte von jungen Mädchen, die in Besitz genommen und zum Schweigen gebracht werden, einen noch nicht ausgereiften Gegentext aufzubauen, aber es waren wirklich nur erste Anfänge. In Lebensgeschichten wie denen der heiligen Klara kann man Augenblicke entdecken, in denen der Westen die Macht des weiblichen Göttlichen erfahren und sogar gefeiert hat, aber ich brauchte viel mehr als solche isolierten Momente. Mir war sehr wohl Indiens weitaus weiter entwickelte Tradition der Verehrung für das weibliche Göttliche bekannt, und ich hätte mich sowieso an diesem Punkt dieser Tradition zugewandt, um den spirituellen Beistand zu bekommen, nach dem ich dürstete, aber an jenem Nachmittag, als ich in Berkeley meinen Vortrag hielt, hatte ich etwas gelernt, das diese Tradition auf eine neue Weise unermeßlich bedeutsam für mich werden ließ. Es schien, daß ich ein kleines Stückchen von Draupadīs Geschichte nicht erzählt hatte, weil ich es nicht kannte, und als ich jetzt davon erfuhr, sollte es weitreichende Wirkungen haben, unter anderem beschäftigte ich mich noch intensiver mit dem *Mahābhārata* selbst ...

Kapitel 4

Der endlose Sari

Ich bin mir sicher, daß ich die Geschichte von Draupadīs Sari wohl Dutzende Male erzählt habe, ohne viel über sie selbst nachzudenken. Doch dieses Mal, angesichts der Geschehnisse in Petaluma am Tag darauf und der Parallelen, die ich zwischen Fiktion und Fakt spürte – Draupadī ergriffen und Polly entführt –, beschäftigten sich meine Gedanken in der folgenden Zeit häufiger mit ihr. Als ich über die anderen Teile ihrer Geschichte nachdachte, die ich in Erinnerung hatte, wurde mir klar, daß sie vielleicht ein sehr nützlicher Prüfstein für die Fragen über Spiritualität und das Leben der Frauen sein könnte, die ich zu beantworten versuchte, und es dauerte nicht lange, bis ich merkte, daß ich sie so eifrig zu mir »herunterziehen« wollte, wie ich es bei Juliana von Norwich getan hatte.

Es schien das Richtige und der richtige Zeitpunkt dafür zu sein, denn ich hatte das Gefühl, daß ich einen frischen Zugang zu dieser Kultur brauchte, die bereits vor Jahrzehnten mein zweites Zuhause geworden war. Als ich Easwaran kennenlernte, hatte ich dasselbe Gefühl der Unzufriedenheit mit der Hauptströmung der amerikanischen Kultur wie die meisten Studenten in Berkeley Ende der sechziger Jahre, und alles, was man über Indien erfuhr, war so anders und wunderbar gewesen. Eifrig hatte ich mich hineingestürzt: lernte, wie man einen Sari trug, das Haar hochsteckte und sich ein *Tilak*-Zeichen auf die Stirn malte; lernte, wie man *Chappatis* und Chutneys herstellte; sah meine ersten Filme von Satyajit Ray und ging in Konzerte von Ravi

Shankar. Als ich dann damit begonnen hatte, mich mit dem Sanskrit zu beschäftigen und die Tiefe und Schönheit der spirituellen Tradition Indiens zu verstehen, war ich völlig in den Bann geschlagen, und ich glaube, daß ich die nächsten Jahre nicht einmal davon hochschaute.

Doch schließlich änderte sich das. Wenn man das mittlere Lebensalter erreicht, dann ist es einfach so, daß sich die Teile unseres Wesens, die wir vernachlässigt haben, zu Wort melden: In meinem Fall hatte sich der Feminismus verstärkt, aber auch mein Selbstverständnis als Amerikanerin, zweifellos gestärkt von den Stunden, die ich bei den Baseballspielen der Schülerliga verbrachte oder mir mit meinem Sohn Filme anschaute, die nicht im entferntesten mit der Apu-Trilogie zu vergleichen waren. Der Richtungswechsel ging langsam vor sich, aber er fand statt. Als ich fünfzig wurde, war die Vertrautheit, die ich einst zu Indien und den Indern gefühlt hatte, beträchtlich verblaßt, und ich war mir eines herben Verlustes bewußt. Mit meinem neu entfachten Interesse an Draupadī hatte sich eine Tür zurück in diese Welt geöffnet, und ich stellte fest, daß ich begierig hindurchschaute. Mir war die indische Überlieferung der Göttlichen Mutter immer bekannt gewesen, aber ich hatte sie sorgfältig nur in ihrem Zusammenhang belassen. Es war mir nicht in den Sinn gekommen, sie mit meinem Feminismus oder irgendwelchen anderen meiner zeitgenössischen westlichen Vorstellungen in Verbindung zu bringen.

Huston Smith hat sehr eindrucksvoll beschrieben, wie wertvoll es sein kann, das Leben durch die Brillen von mehr als einer Kultur zu betrachten:

> Solange der Blick auf die Welt nur aus einem Winkel fällt, sieht sie so flach aus wie eine Postkarte. Es hat in der Praxis große Vorteile, zwei Augen zu haben, es hilft uns dabei, nicht gegen Stühle zu stoßen, und ermöglicht es uns, die Geschwindigkeit von heranfahrenden Autos abzuschätzen. Doch der höchste Vorteil ist der schärfere Blick auf die Welt an sich.[1]

Einen solchen »schärferen Blick« wollte ich für mein Bemühen, Feminismus und Spiritualität miteinander in Einklang zu bringen, einsetzen, und die Auffrischung meiner Wertschätzung der indischen Sicht der Dinge schien mir der ideale Weg dafür.

Draupadī sprach jetzt zu mir, gerade weil sie *keine* Nonne oder Klausnerin war. Sie war »da draußen« in sehr wörtlichem Sinn – sie hatte keinen Schutz und keine Atempause vor den grausamsten Kräften des Lebens. Nicht Ehefrau eines Mannes, sondern von fünf Männern, und eine Mutter, deren Söhne alle im Großen Krieg sterben würden. Als Prinzessin aufgewachsen, in Armut und Exil gestoßen, war sie sogar gezwungen, sich für eine gewisse Zeit als Zofe auszugeben. Und während all dieser Schwierigkeiten strebte sie mit ungeheurer Energie nach Spiritualität: Denn es ist ein großer Unterschied, ob man das Einssein mit Gott in einer Klosterzelle erlangt, allein in Stille sich versenkend, oder ob man dies unter jenen widrigen Umständen vollbringt, unter denen Draupadī leben mußte. In der Gestalt der Draupadī erkennt man ein Bewußtsein, das alles umfaßt und das im Dickicht des Lebens geprüft wurde – bodenständiges Denken, das sich in prophetischen Worten äußert.

Die Legende von Draupadī hatte ich schon immer geliebt, aber nun fand ich sie wieder in den Lebensgeschichten von Frauen, die ich kannte. Tracy, die jeden Morgen extra früher aufsteht, um Zeit zum Meditieren zu haben, und deren Dreijährige doch jedesmal zum Spielen auf ihren Schoß klettert, bevor sie auch nur die Augen schließen konnte. Oder Barbara, die gedacht hatte, sie habe ihre Kinder großgezogen und könne jetzt endlich wieder die Fäden ihres eigenen Lebens und ihrer Interessen aufnehmen, nur um festzustellen, daß die Kinder wieder da waren – eines mit Drogenproblemen, das andere mit, nennen wir es mal Unentschlossenheit in seinen beruflichen Vorstellungen. Oder auch meine Studenten in Berkeley, die sich das Universitätsleben sicher anders vorgestellt hatten, als während des Studiums zwanzig bis dreißig Stunden in der Woche jobben zu müssen oder in Apartments zu wohnen, in die regelmäßig eingebrochen wurde – und sie noch froh sein konnten, wenn es nur Diebe waren, die es allein auf ihre Stereoanlagen und ihre Computer abgesehen hatten. Vor ein paar Jahren begegnete mir immer wieder ein Buch mit dem Titel *Girl, Interrupted* [das in seiner Entwicklung gestörte Mädchen], und jedesmal dachte ich: »Ja, es beginnt früh und hört nicht auf.« Denn in der heutigen Zeit sind wir Frauen alle *Woman Interrupted*: »nach allen Himmelsrichtungen hin offen«, wie Anne Morrow Lindbergh es nannte, »wie ein ungeschütztes, ausgespanntes Spinnweb«.

Hätte ich gewußt, daß Bob Goldman anwesend ist, hätte ich sehr lange und sehr kritisch darüber nachgedacht, ob ich jener Zuhörerschaft in Berkeley von Draupadī und ihrem endlosen Sari erzählt hätte. Professor Goldman ist einer der berühmtesten Sanskrit-Gelehrten des Landes, und meine Wiedergabe der Geschichte ließ ihn wahrscheinlich an einem Dutzend Stellen zusammenzucken. Doch er machte nur eine Bemerkung. Ob ich denn wisse, daß Draupadī nicht nur von den Frauenquartieren verschleppt worden sei, sondern aus einem abseits gelegenen besonderen Zimmer, das für Frauen reserviert war, die ihre Menstruation hatten?

Ehrlich gesagt, kann ich mich an nichts erinnern, was irgend jemand in den folgenden Minuten gesagt hat. Ich war völlig sprachlos. Ich hatte plötzlich erkannt, daß alle Versionen der Geschichte, die ich gelesen oder gehört oder aufgeführt gesehen hatte, den westlichen Empfindlichkeiten angepaßt worden waren. Man kann sich vorstellen, wie peinlich berührt der erste europäische Übersetzer gewesen sein muß: »Aber das kann man doch nicht aussprechen!« Aber mir wurde auch klar, daß meine vorsichtige Auslegung dieser Episode zutreffend war. Draupadīs Angreifer hatten nicht nur eine einzelne Frau gedemütigt, sie hatten in einem sehr realen Sinn das Weibliche an sich entweiht. Die volle Bedeutung ihrer Tat sollte mir erst später klarwerden, doch selbst der kurze Einblick, den ich an diesem Nachmittag bekommen hatte, reichte aus, um mich wieder mit dem *Mahābhārata* zu beschäftigen, zielgerichtet und gründlich.

Die bloße Fülle der Dichtung beunruhigte mich diesmal nicht so wie früher (sie ist beträchtlich länger als *Ilias* und *Odyssee* zusammen), denn diesmal war ich kein staunender Besucher. Ich kam mit ernsthaften Fragen, die mich leiten würden – Fragen zum Weiblichen an sich, die sich um die faszinierende Persönlichkeit Draupadīs rankten. Am dringlichsten war dabei eine Frage, die jemand mir gestellt hatte.

Ein Epos, in dem Frauen zählen

Die Handlung des *Mahābhārata* ist in groben Zügen folgende: Zwei Gruppen von Vettern, fünf Pāndavas und einhundert Kauravas, wetteifern miteinander um den alleinigen Besitz eines zentralen Thrones. Die vaterlosen Pāndavas leben bei ihrer Mutter. Als junge Brahmanen verkleidet besuchen sie den Hof eines großen Königs, der dem besten Bogenschützen seine Tochter zur Frau verspricht. Einer der Brüder gewinnt, und danach heiraten er und seine Brüder – gemeinsam – die Prinzessin Draupadī. Darüber hinaus schmieden sie ein wichtiges Bündnis mit Krishna, einem benachbarten Prinzen, der auch die Inkarnation eines Gottes ist.

Die eifersüchtigen Kauravas hecken eine Intrige aus, um den Pāndavas in einem manipulierten Würfelspiel alles abzunehmen, und schließlich wird selbst Draupadī bei dem Spiel verloren und schwer beleidigt. Nachdem sie den Hof beschämt und durch ein brillantes rechtliches Manöver die Freiheit ihrer Ehemänner erreicht hat, folgt sie ihnen in ein zwölfjähriges Exil in den Wald, immer noch mit jenem Tuch bekleidet, das sie an jenem Tag trug – blutbefleckt, so erfuhr ich jetzt –, das Haar offen, als sei sie Witwe, und gelobt, es erst dann wieder hochzustecken, wenn die Witwen der Kauravas ihres in Trauer herabgelassen hätten. Schließlich wird der Krieg der Kriege ausgefochten (dessen Beschreibung nimmt gut zwei Drittel des Epos ein), und es gibt entsetzlich viele Tote. Alle fünf Söhne Draupadīs – von jedem Gatten hatte sie einen – werden getötet, dazu auf beiden Seiten fast die gesamte Kriegerkaste. Dennoch können sich die Pāndavas durchsetzen, und der älteste Bruder, Yudhishthira, wird zum König gekrönt.

Das *Mahābhārata* ist ein Handbuch der spirituellen Weisheit, das sich an das gewöhnliche Volk richtet. Immer und immer wieder wird gezeigt, wie erschreckend leicht es dazu kommen kann, daß ein guter Mensch einen schrecklichen Fehler macht oder ein schwacher Mensch ins absolut Böse abgleitet. Jede nur denkbare Lebenssituation wird hier wiedergegeben, und wenn das Werk seinem Ende zugeht und die Folgen all der Irrtümer und der heldenhaften Taten deutlich werden, versteht man, daß im unendlichen Lauf der Zeit jeder von uns das lernen wird, was er zu lernen hat, gleichgültig wie viele Lebensspannen er dafür durchlaufen muß. Das Blutbad wird enden, und es wird Frieden – *Shanti* – sein. »Alles wird gut sein«, so lautet die Botschaft, »und jederlei Ding wird gut sein.«

Als ich das *Mahābhārata* jetzt wieder las, verblüffte mich nicht so sehr seine Tiefgründigkeit, sondern vielmehr sein Witz – sein überraschend leichter Ton. Nehmen wir zum Beispiel die Erzählung (eine davon, denn es gibt mehrere), die erklärt, wie es dazu kam, daß Draupadī mit fünf Brüdern verheiratet wurde.

Arjuna war ein Bogenschütze von ausgezeichneter Geschicklichkeit und ebenso großartigem Aussehen. Er war es, der Draupadīs Hand gewann, und danach nahmen er und seine Brüder Draupadī mit nach Hause. Arjuna rief nach seiner Mutter, die im Haus gerade kochte, und drängte sie ausgelassen, herauszukommen, damit sie sehen könne, was sie gewonnen hätten. Ohne aufzuschauen forderte ihn Kunti auf, nicht zu vergessen, daß sie fünf den Gewinn gerecht unter sich aufzuteilen hätten. Als sie daraufhin hörte, wie alle erschreckt nach Luft schnappten, drehte sie sich um und sah die liebliche Prinzessin. Zu spät. Die Worte einer Frau von Kuntis Format (ihre Geschichte ist auch sehr fesselnd, und die ganze Handlung des Epos baut sich darauf auf) konnten nicht zurückgerufen werden. Mit den Worten des ältesten Bruders Yudhishthira: »Das Wort eines Gurus ist Gesetz, und unter allen Gurus ist die Mutter der wichtigste.«[2] Draupadī würde alle heiraten müssen.

Noch etwas anderes beeindruckte mich sofort an diesem Werk: Im Gegensatz zu den westlichen Epen, die ich in Berkeley studiert und gelehrt hatte, schien es von einer Kultur hervorgebracht worden zu sein, die ernsthaft an Frauen interessiert war – an ihrer Erfahrung wie an ihrem Einfluß auf die männlichen Fürsten. Die von mir formulierten Fragen darüber, was es bedeutete, eine Frau zu sein und eine Suchende, waren in diesem Umfeld überhaupt nicht fehl am Platz. Ich hatte den Eindruck, daß diese Dichtung in einer Zeit verfaßt worden war, als die prähistorische Welt mit ihrer höheren Wertschätzung der Frauen noch im kollektiven Gedächtnis lebendig war. (Tatsächlich konnte Draupadīs polyandrische Ehe als direkter Beweis dieser Kontinuität gedeutet werden.) Bei all seiner zwanghaften Beschäftigung mit kriegerischem Kampf und Dynastiebildung ist es durchdrungen von dem Geist, daß Frauen sehr wohl »die Hälfte des Himmels stützen«. Im Gegensatz zur *Ilias* oder der *Odyssee* oder der *Aeneis* war dies ein Epos, in dem Frauen eine Rolle zu spielen schienen, und das verdankte es der Charakterisierung Draupadīs.

Anders als die Frauen, die geisterhaft durch die westlichen Epen huschten, ist Draupadī eine voll entwickelte Gestalt. Sie tritt nicht nur in der Würfelszene auf und verschwindet dann wieder. Sie hat eine Vergangenheit – meist in Rückblicken erzählt –, und

sie hat eine Zukunft. Wenn die Pāndavas ins Exil gehen, geht
Draupadī mit ihnen. Sie kümmert sich um sie, sie beratschlagt
mit ihnen, und sie hat ihre eigenen peinigenden Abenteuer. Und
sie ist keine eindimensionale oder idealisierte Gestalt: Auch sie
hat menschliche Schwächen. Eine davon ist eine unterschwellige
Vorliebe für Arjuna (der schließlich auch derjenige war, der sie
gewonnen hatte). Die andere ist, einer Interpretation zufolge,
die Intensität ihres Ärgers. Draupadī kann nicht vergessen, was
geschehen ist, und sie läßt es auch ihre Ehemänner nicht vergessen. Einer von ihnen verspricht, ihr Haar mit eigenen Händen
hochzubinden, nachdem er diese ins Blut ihres Angreifers getaucht hat, und sie bemüht sich wirklich nicht sehr, seinen Eifer
zu kühlen.

Als ich mich durch die Verse arbeitete und bei jeder Episode, die
Draupadī unmittelbar betraf, etwas verweilte, stellte ich fest, daß
ich automatisch fast über jede in den Begriffen jener vier The-
menkreise nachdachte, die mir als so problematisch begegnet waren: Schweigen, Selbstverleugnung, Zügelung der Begierden
und Eingeschlossensein, und zwar in Verbindung mit ihren feministischen Gegenstücken: die Stimme wiederfinden, das Selbst
aufbauen, Begierden und Bewegungsfreiheit zurückverlangen.
Und zu meiner nicht geringen Überraschung stellte ich fest, daß
diese Themen sich genauso auf die im alten Indien stattfindenden Gespräche über Frauen zu beziehen schienen (denn genau
das ist es: ein Gespräch mit offenem Ausgang und manchmal
sperrig), wie sie auch für heutige Frauen noch von Bedeutung
sind.

Erst einmal gibt es da eine spürbare Spannung um die Frage der Stimme. Darf eine Frau in der Öffentlichkeit sprechen? Der Versammlungsraum, in dem das Würfelspiel stattfand, war für Frauen nicht zugänglich, deshalb war es vollkommen ungehörig von Draupadī, dort das Wort zu ergreifen. Aber welche Wahl hatte sie schon, wenn das Gesetz oder *Dharma* verletzt worden war und ihre Männer in Schweigen verharrten? Denn es ist offensichtlich, daß sie das mindestens so sehr betroffen macht wie ihr persönliches Leiden.

»Geh zum Spiel«, hatte sie dem Boten befohlen, der sie als erster holen sollte, »und frage meinen Gatten: ›Wen hast du zuerst verloren, dich selbst oder mich?‹« Und jetzt, nachdem sie den Männern, die sie demütigen wollten, einen Strich durch die Rechnung gemacht hat, stellt sie die Frage erneut. Wenn er sich selbst bereits verloren hatte, argumentierte sie, was zutraf, dann hatte er kein Recht mehr, sie im Spiel einzusetzen. Draupadīs Kenntnis des Dharma trägt den Sieg davon, und der König bietet ihr eine Gunst an. Sie bittet darum, daß Yudhishthira freigelassen werden solle. Als er ihr eine zweite Gnade anbietet, bittet sie darum, daß ihre restlichen vier Ehemänner freigelassen würden. Als ihr eine dritte Gunst angeboten wird, lehnt sie jedoch ab. Auf die Frage, warum sie das tut, präsentiert sie eine knappe und auf den Punkt gebrachte Zusammenfassung von allem, was passiert ist, und jedem, der es zugelassen hatte.

»Gier tötet das Gesetz, Sir.«

Indem sie im Versammlungsraum spricht, bricht Draupadī eine Tradition, doch als sie spricht – leidenschaftlich wie ein Prophet, aber beherrscht wie ein Yogi –, erweckt sie ihre Zuhörerschaft zu Werten, die mit Sicherheit viel grundlegender und älter sind als jene, die sie übertreten hat. Diese Episode liest sich wirklich fast wie ein Zusammenprall von präpatriarchalischer Welt, in der die Frauen volle Redefreiheit hatten, und patriarchalischer »Krieger«-Kultur, in der sie dessen beraubt waren. Als ich das erkannte, mußte ich an heutige Frauen denken, die sich immer noch inmitten eines ähnlichen Konfliktes befinden.

Etwa an Carolyn McCarthy aus New York, von Jugend an Republikanerin. Nachdem McCarthys Ehemann 1993 getötet und ihr Sohn verstümmelt worden war von einem Mann, der mit einer halbautomatischen Waffe auf der Long Island Railroad herumfuchtelte, erfuhr sie, daß ihr Kongreßabgeordneter 1995 gegen das Gesetz gestimmt hat, das Angriffswaffen verbieten sollte. Und das, obwohl dieser Vorfall, bei dem sechs Menschen getötet und siebzehn verletzt worden waren, sich in seinem Bezirk abgespielt hatte. Sie war völlig fassungslos über seine Gleichgültigkeit, begriff, daß ihr Vertrauen völlig fehl am Platz gewesen war, und setzte deshalb ihre Wut in Taten um. Sie kandidierte gegen ihn und gewann: allerdings als Vertreterin der Demokraten, als die sie eine Legalisierung der Abtreibung vertritt, eine Steigerung der Bildungsausgaben befürwortet, für Umweltschutz und eine Reform des Sozialhilfegesetzes kämpft – und gegen die Todesstrafe.

Hin zu ihrem Selbst

Eng mit der ewigen Debatte über die Billigung der weiblichen Rede verbunden ist eine tiefergehende Frage: Kann eine Frau in gleicher Weise ein Wesen sein und ein Selbst haben wie ein Mann? Draupadī ist der lebende Beweis – und zwar seit Tausenden von Jahren sowohl für indische Frauen wie für indische Männer –, daß etwas anderes auch nur zu denken reine Dummheit ist. Sie ist eine ausgereifte Persönlichkeit in der Weise, wie ich es bereits beschrieben habe. Das heißt, sie trifft ihre eigenen Entscheidungen. Die Zeremonie, in der Arjuna ihre Hand »gewinnt«, möchte ich betonen, wird in Sanskrit eigentlich *Svayamvara* genannt – »ihre eigene Entscheidung«.

276

Mit anderen Worten, es wird davon ausgegangen, daß seine Pfeile nicht annähernd das Ziel getroffen hätten, wenn sie ihn nicht bereits ausgewählt und ihm das kundgetan hätte, ihn mit einem verführerischen Blick oder zwei angestachelt hätte (zeitgenössische Filme und Fernsehfassungen dieser Szenen zeigen die aktive Ermutigung von seiten der Prinzessin mehr als deutlich). Und was den Umstand betrifft, daß sie mehr Ehemänner bekommen hat, als sie ursprünglich erwartet hatte, gibt es, wie wir gleich sehen werden, eine andere Geschichte, die diesen Eindruck entscheidend verändert.

Doch die Frage zum Selbst hätte im alten Indien wirklich nur eines bedeutet. Es bedeutete: »Kennt sie Gott?« Und diese Frage wiederum bedeutete im alten Indien nur eines. Wie groß ist ihre Opferbereitschaft – kann sie alles loslassen, was *nicht* Gott ist? Draupadī demonstriert das drastisch, als sie ihren Sari losläßt und dem äußeren Schein nach das Höchste riskiert, ihre Ehre als Frau. Doch diese Stärke hatte sie bereits gezeigt, als sie sich einer Ehe unterwarf, die sie der öffentlichen Lächerlichkeit preisgab – natürlich geleitet von ihren inneren Einsichten. Und in der Tat signalisierten die besonderen Umstände bei Draupadīs Geburt jedem, der in dieser Kultur lebte, daß sie die Verkörperung des Opfergeistes war, von dem das gesamte Leben abhängt.

Denn Draupadī wurde aus dem irdenen Altar im Palast ihres Vaters geboren. Auf einen solchen Altar, der die Erde darstellte, pflegten die Haushaltsvorstände Opfergaben zu legen wie Öl, Honig, Milch und Getreide und damit eine heilige Flamme zu nähren, die die hungrigen Gottheiten repräsentierte. Die Götter würden dafür diejenigen nähren, die sie gespeist haben, und die Erde mit Sonnenlicht und Regen versorgen. Man glaubte, daß die Fruchtbarkeit der Erde von diesem Kreislauf des Gebens abhing, an dem alle Menschen teilnehmen mußten, je nach ihrem Platz in der Ordnung der Dinge: »Durch Opfer«, sagen die Upanischaden, »wird das Leben erhalten.«

All das lag natürlich Draupadīs Angreifern vollkommen fern, die so umnachtet waren, daß sie sie wie einen Gegenstand behandelten. Es gibt einen Augenblick, ganz kurz vor dem Versuch, sie zu entkleiden, in dem ihre Dummheit verhängnisvoll deutlich wird. Der Prinz, der sie gewonnen hat, grinst sie lüstern an und schiebt seine Kleidung beiseite, entblößt seine Hüfte mit einer Geste, die so offen obszön ist und so beleidigend gegenüber ihren Ehemännern, daß er damit selbst seinen Untergang besiegelt hat.

Verlangen

Das westliche Frauenideal hat so viel mit Wunschlosigkeit zu tun, daß ich fasziniert war, als ich feststellte, daß Draupadī *nicht* als Frau ohne starkes Verlangen dargestellt wird. Ganz und gar nicht. Es stellt sich heraus, daß sie an ihrer seltsamen Ehe entscheidend mitgewirkt hat. In einem früheren Leben, sie war damals ebenso wunderschön und gebildet wie in diesem, hatte sie keinen Ehemann finden können, der all ihren Anforderungen entsprach. Als glühende Verehrerin des Gottes Shiva hatte sie den Gott mit ihrer Askese so beeindruckt, daß er ihr eine Gunst angeboten hatte. »Ich möchte einen Gatten, der alle Tugenden hat«, rief sie aus, und sie zählte sie auf: Er sollte vorzüglich tanzen und reiten können, er sollte unermeßlich weise sein, mutig, gutaussehend und stark ... In ihrer Begeisterung wiederholte sie sich – im ganzen fünfmal. Nun, sagte Shiva schelmisch, es ist unmöglich, daß ein Mann all das sein könne, was dieses Mädchen verlangt. Deshalb wird sie fünf Ehemänner haben (*im nächsten Leben*), die zusammen all diese Eigenschaften haben werden.

Trotz ihrer spirituellen Errungenschaften zeigte Draupadī wenig Neigung zum zölibatären Leben. »Duftend wie der blaue Lotus« wird sie von allen fünf Brüdern vergöttert. Konnte eine Frau mit fünf Ehemännern als anständig angesehen werden? Eine gewöhnliche Frau vielleicht nicht, aber diese Frau hier ist ganz offensichtlich etwas Besonderes. Der Dichter erzählt uns beispielsweise, daß sie für jeden ihrer Ehemänner wieder eine Jungfrau ist. Und als wolle sie sicherstellen, daß jeder Bruder das Gefühl hat, er ist ihr ein und alles, gibt es eine ganz strikte Grundregel. Wenn einer von ihnen das Zimmer betreten sollte, während sie mit einem anderen zusammen ist, dann muß der Eindringling für ein Jahr ins Exil gehen.

Als ich versuchte, das alles einzuordnen, und darüber nachdachte, daß wir im Westen nirgends eine solche Mischung der literarischen Gattungen haben, in der Heiligkeit und Sexualität so problemlos und manchmal ausgelassen nebeneinander existieren, erinnerte ich mich an etwas, was mein Lehrer uns vor Jahren unermüdlich immer wieder erzählt hatte: daß niemand, der versucht, bei der Meditation Fortschritte zu machen, sich entmutigt oder peinlich berührt fühlen sollte, wenn er starke sexuelle Begierden hat, denn der Geschlechtstrieb sei unser Brennstoff für die Reise. Das Verlangen nach geschlechtlicher Vereinigung ist im Grunde der Wunsch nach *der* Vereinigung, was oft falsch interpretiert wird, weil wir unter anderen kulturellen Verhältnissen aufgewachsen sind. Seine Intensität ist der Maßstab dafür, was wir eines Tages in die Meditation selbst einbringen können.

Nein, das Entscheidende an Draupadī war nicht, daß sie ohne Wünsche war, sondern daß sie von ihren Wünschen nicht beherrscht wurde. Sie hätte ihre Angreifer nicht auf diese Weise zurückweisen können – die Überlieferung ist bezüglich solcher Fragen unmißverständlich –, wenn auch nur ein leises Flackern von Lust ihr Bewußtsein getrübt hätte. Ihre Fähigkeit zur Selbstbeherrschung und die Fülle dessen, was sie anderen geben kann, wird dadurch symbolisiert, daß sie während des zwölfjährigen Exils der Pāndavas einen Kupferkessel in ihrem Besitz hat, der den ganzen Tag lang Essen spendet für so viele Leute, wie sie speisen möchte – aber nur, bis sie selbst gegessen hat. Sobald sie gegessen hat, bleibt der Topf bis zum nächsten Tag leer.

Das Problem des Eingeschlossenseins steht offensichtlich im Mittelpunkt von Draupadīs Geschichte. Sie wird in einen öffentlichen Raum gezerrt, und sobald sie dort ist, wird sie behandelt, als habe sie absichtlich die Sitten verletzt, denn niemand bietet ihr Schutz an. Doch das Besondere an ihrem Eingeschlossensein ist, daß es sich um einen abseits gelegenen Raum handelt, der für Frauen während der Menstruation vorgesehen ist. Damit wir verstehen können, warum das von so großer Bedeutung ist, müssen wir etwas über den Stellenwert der Menstruation in der indischen Kultur erfahren.

Die meisten von uns ziehen sich gern zurück während ihrer Periode, auch wenn man uns dazu erzogen hat zu glauben, so zu fühlen sei eine Schwäche. Wie die Frauen in vielen traditionellen Kulturen haben auch indische Frauen keine Illusionen über diesen Punkt. Die Zeit der Monatsblutung ist eine Zeit, in der sie sich am engsten mit der Erde verbunden fühlen und mit jener Göttin, die die Erde verkörpert. Es ist eine Zeit, in der man seine Kräfte sammelt.

Hindus, so habe ich gelernt, erkennen die heilige Bedeutung der Menstruation auf verschiedene Arten an. Die Anthropologin Frederique Apffel-Marglin, die seit 1975 in der Küstenregion Orissa Feldforschung betrieben hat, hat dem Westen einiges davon übermittelt. Nach Interviews mit Teilnehmern beschreibt sie ein viertägiges Fest der Menses, das jedes Jahr in diesem Gebiet stattfindet.

Das Fest der Göttin Harachandi ist ausdrücklich keine Feier nur für Frauen, sondern eher eine Zeit, in der alle ruhen, auch die Erde selbst und das Vieh. Dieses Fest wird in einem heiligen Hain auf einem Berg abgehalten, wo niemals Bäume gefällt oder Pflanzen geschnitten wurden und der Mensch in die Natur nicht eingegriffen hat.[3] Aus jeder Familie in dieser Gegend bleibt ein Mann während der Feier in jenem Hain. Die Frauen kommen

tagsüber zu Besuch, kehren aber abends in das Dorf zurück.
Während dieser vier Tage sind Frauen und Männer voneinander
getrennt, und das Dorf hallt wider vom Lachen der jungen Mädchen und Frauen, die sich auf Schaukeln vergnügen, die extra für
diese Gelegenheit aufgehängt wurden.

Der Hain *ist* die Göttin Harachandi, hier ist ihr Tempel, aber er
steht auch für alle menstruierenden Frauen, denn man geht davon aus, daß eine Frau während ihrer Periode in eine Art uran-
fänglichen Zustand zurücksinkt. »Unbearbeitet« soll sie in Zurückgezogenheit ruhen – sie soll weder Gemüse schneiden noch
ihre Fingernägel, sie soll weder baden noch ihr Haar kämmen
oder aufstecken oder sich schmücken. Die Periode einer Frau, so
betont Apffel-Marglin, ist ihr heiliger Hain.[4]

Während eines ähnlichen Festes namens Thesmophoria, das im alten Griechenland stattfand, nahmen Frauen ein bestimmtes Kraut,
das ihre Mensis auslöste, so daß sie alle gleichzeitig menstruierten.
Während Harachandis Fest ist das nicht der Fall, aber »dieses Fest ist
fast wie unsere Menstruation«, erklärte eine Orissi-Frau. »Wir
bluten nicht, aber wir folgen denselben Regeln wie während unserer Mensis, da wir von derselben Art sind wie SIE. Sie ist eine
Frau, und wir alle sind Frauen. Wir sind *Amsha* (Teile) von ihr.«[5]
Und ihre Männer nehmen diese Verbindung wirklich ernst:

> Wir kommen jetzt hierher, weil SIE jetzt in ihrer Periode ist,
> was für alles und jeden gut ist. Das bedeutet, daß SIE bereit ist,
> daß SIE zu uns sprechen wird. SIE wird uns gute Ernten geben
> und viele Dinge in der Natur wachsen lassen. Frauen sind
> Spiegelungen der Großen Mutter und der Erde. Die Große
> Mutter, die Erde und die Frauen sind dasselbe in verschiede-
> nen Formen ... Es ist unsere Pflicht, daß wir die Göttin und
> die Frauen in dieser Zeit erfreuen.[6]

Man könnte sich kaum eine Sitte vorstellen, die von den westlichen Empfindlichkeiten weiter entfernt ist. Eindeutig dient das

jährliche Fest der Unterweisung, es schärft *jedem* einzelnen ein, daß das allgemeine Wohlergehen es erfordert, Frauen den Raum und die Abgeschlossenheit zu geben, die sie jeden Monat brauchen, um sich in Körper und Geist zu erneuern. Über all dem schwebt natürlich, als höchste Warnung, die Geschichte von Männern, die gegen die Sitte eine Frau aus ihrer Zurückgezogenheit rissen und damit ihre ganze Zivilisation zerstörten.

Die Menschen von Orissa an der Südostküste von Indien ehren junge Mädchen, die in die Pubertät kommen, in ähnlicher Weise wie die Navajos. Das viertägige Ritual beginnt mit einer Zeremonie, die jedes Mädchen lehrt, wo ihr Platz sein wird, nicht nur in der Familie und Gemeinschaft, sondern in der ganzen kosmischen Ordnung. Die Mutter und der Vater rollen zusammen eine Matte aus und entfalten darauf ein rotes Tuch, auf das sich das Mädchen legen soll. Auf die vier Ecken stellen sie Krüge mit Wasser – traditionelle Symbole für Glück. Ein fünfter wird in die Mitte zwischen zwei der anderen gestellt. Zusammen symbolisieren sie die fünf Elemente. Neun Arten von Samen werden in einem Kreis um die Matte gestreut. Es sind die Hauptnahrungsmittel dieser Gegend, aber sie repräsentieren auch die neun Planeten. »Der Kreis der Samen steht gleichzeitig für den Ackerbau der Menschen wie auch für den Kosmos ... Das Mädchen wird in den Mittelpunkt der Welt plaziert, denn durch den Beginn ihrer Mensis gehört sie dort hin.« Abgeschlossen von den Männern (ihre Freundinnen können sie besuchen) und der Sonne ist sie eine metaphorische Schmetterlingspuppe, »die sich in Einsamkeit und Dunkelheit verwandelt, durch ihre schöpferische Kraft sammelt sie Stärke in sich selbst«.[7] Am fünften Tag bringen fünf verheiratete Frauen sie zum Teich und baden sie. Sie wird in neue Kleider gehüllt, mit dem Goldschmuck ihrer Mutter geschmückt und kehrt in einer Prozession zurück. Den ganzen Tag über besuchen sie Familie und Freunde und bringen Geschenke. Das Mädchen bringt eine Gabe zum Tempel für Shiva, und am Abend feiern alle zusammen ein großes Fest.

»*Das Mädchen steht im Mittelpunkt der Schöpfung.*« Immer und immer wieder erscheint dieser Satz im Bericht von Apffel-Marglin.
Und wieder begreifen wir, daß Rituale Probeaufführungen für
den Rest des Lebens sind. »Dort wird sie als Frau bleiben; ihre
Aktivitäten des Blutens, des Empfangens, des Schwangerseins,
der Beachtung der Menstruationsregeln, die Verarbeitung der
Feldfrüchte, das Kochen, Speisen, die Bücher führen und den
Reichtum des Haushalts zusammenhalten ... und tausend andere
Dinge schaffen und erneuern ihre gelebte Welt.«[8]
Vielleicht können wir jetzt ermessen, warum es für ein indisches
Publikum so entsetzlich ist, wenn es hört, daß Draupadī aus
der Menstruationskammer in die Versammlungshalle gezerrt
wurde.
Draupadī *ist* in diesem Augenblick die sich regenerierende Erde.
Ihr offenes Haar und das einfache, formlose Gewand, so bemerkt
ein Gelehrter, sind die unkultivierten Wälder. Sie ist »im Fluß«,
und der Strom ihrer Tränen, ihres Blutes, ihres Haares und ihrer
Kleidung repräsentiert die Flüsse Indiens, jenes Landes, von dem
es heißt, es sei »von Flüssen bemuttert«. Denn Ganga, Junma,
Narmada, Sarasvati und Kaveri sind nicht nur Flüsse, sondern
auch Göttinnen.
Die Geschichte hat eine ungeheure Kraft für jeden, der an die
tiefen Verbindungen glaubt, die sie zwischen Frauen, der Erde
und dem »weiblichen Antlitz Gottes« voraussetzt. Doch welche
Art von Kraft und welche Bedeutung beinhaltet sie für westliche
Frauen? Diese Frage müssen wir sehr ernst nehmen, besonders
wenn wir eine andere Tradition nicht nur aus einem kulturellen
Voyeurismus heraus erforschen, sondern in der Hoffnung, unsere
eigene Kultur besser verstehen zu lernen und vielleicht sogar für
uns zu verbessern.
Deshalb muß ich die Frage stellen: Scheint uns nicht die Darstellung des weiblichen Göttlichen in der indischen epischen und mythischen Überlieferung als gefährlich nahe der Glorifizierung der
Frau als »Engel im Haus«? Läuft es nicht auf das hinaus, was manche

Feministinnen als eine essentielle Sicht der Frauen bezeichnen würden? Die Vorstellungsbilder sind wunderbar und überzeugend, aber sobald ich nur ein bißchen auf Distanz gehe, stelle ich fest, daß ich mich auch davon eingeengt fühle. Weil ich eigentlich nicht wirklich wünsche, vier Tage eines jeden Monats der vergangenen vierzig Jahre in meinem Morgenmantel verbracht haben zu können – obwohl die Möglichkeit, wenn ich sie denn gewollt hätte, sicherlich phantastisch gewesen wäre. Wenn der Biologie soviel Bedeutung zugemessen wird, dann löst das bei mir unweigerlich den Gedanken aus: Es muß im Leben doch noch mehr geben, als nur das Leben zu erneuern. (Erdmutter oder jungfräuliche Göttin. Nähre die Welt oder finde meinen Morgenmantel ...)

Und ich stelle mir gern vor, daß Draupadī heute ihrer Wunschliste – jene, die dazu führte, daß sie so *gründlich* verheiratet wurde –, sicher noch ein Basketball-Stipendium in Stanford oder die Zulassung zur Graduate School für Molekularbiologie in Princeton hinzufügen würde.

Es ist wichtig, daran zu denken, daß die Geschichten und Bräuche in sehr traditionellen landwirtschaftlichen Kulturen entstanden sind, und wir erweisen ihnen wie uns einen schlechten Dienst, wenn wir sie zu wörtlich nehmen. Rituale, so möchte ich wiederholen, sind Schilderungen, die uns helfen sollen, unser Denken und Verhalten außerhalb des rituellen Bereichs zu strukturieren. Die Geschichte, die einem Orissi- oder Navajo-Mädchen zu Beginn der Pubertät erzählt wird, soll ihr im Grunde sagen, daß sie für die Gruppe wichtig ist und daß ihr Wissen, ihre Großzügigkeit, ihre Klugheit – und was das betrifft, auch ihre Kunstfertigkeit – das Wohlergehen der ganzen Gemeinschaft nachhaltig fördern können. Jedem jungen Mädchen sollte man das klarmachen, gleichgültig wie sie ihre einzigartigen Gaben anwenden wird. Wenn es heißt, daß alle Frauen »Teile von IHR« sind, kann man das nicht auch so verstehen, daß wir IHR großartiges Ganzes nur sehen können, wenn jedes Mädchen und jede Frau ihr volles Potential entwickelt hat?

284

In der Hoffnung, daß wir letztlich zu Modellen spirituellen Feminismus und feministischer Spiritualität kommen werden, die für heutige westliche Frauen wirklich anwendbar sind – Zusammensetzungen möglicherweise –, möchte ich einen genaueren Blick auf einige Annahmen werfen, auf denen die indische Verehrung der Göttlichen Mutter beruht. Dabei, denke ich, werden wir auf bestimmte grundlegendere Prinzipien stoßen, und diese können sogar noch nützlicher für uns sein als die sehr wörtlichen und zugegebenermaßen wunderschönen Umsetzungen, die wir in den Riten der Orissi sehen. Und diese Betrachtungen können tatsächlich sehr aufregend sein.

Die Göttin in der Frau, die Göttin in der Göttin

Fangen wir mit den Glaubensvorstellungen an, die dem Fest der Mensis bei den Orissi zugrunde liegen und die so fundamental für Indiens Vorstellung des weiblichen Göttlichen ist: »Wir alle sind Teile von IHR.« Es fällt westlichen Frauen schwer, sich mit einer weiblichen Version von Gottheit zu identifizieren – oder zumindest war das bis vor kurzem so –, weil das weibliche Göttliche in unserer Kultur so wenig sichtbar ist. Da gibt es nur die Jungfrau Maria – und die auch nur für Katholiken –, und ihre Jungfräulichkeit wird so in den Mittelpunkt gerückt, daß ihre vollkommene Weiblichkeit kaum gespürt werden kann.[9] Deshalb ist es faszinierend, wenn man sieht, wie viele Gesichter die Göttin in der indischen Überlieferung hat und wie viele Varianten der Weiblichkeit dort geschätzt werden. Was das betrifft, ist sie im *Mahābhārata* überall gleichzeitig, obwohl man ziemlich gut vertraut sein muß mit den Hauptdarstellern der hinduistischen Mythologie, um das zu bemerken.

Daß Indien Göttinnen hat, springt allen ins Auge, die jemals durch einen indischen Importladen geschlendert sind und die farbenfrohen Poster gesehen haben, die sie darstellen. Sie scheinen alle ungefähr dasselbe sanfte Lächeln zu haben und dieselben großen dunklen Augen (»Lotus-Augen«, was meines Erachtens bedeuten soll, daß sie geformt sind wie Lotusblätter) und dieselbe ansehnliche Gestalt. Sie unterscheiden sich nur in ihrer Ausstaffierung. Lakshmi, die Göttin des Reichtums, erstrahlt in all ihren Juwelen, und Sarasvati, die über die Musik und die Beredsamkeit herrscht, hält ein Musikinstrument in Händen, das *Vina* genannt wird; Durga, die Zerstörerin der Büffel-Dämonen, reitet auf dem Rücken eines Löwen oder Tigers. Es gibt Hunderte anderer Göttinnen, viele sind nur regional oder örtlich bekannt, doch unser anfänglicher Eindruck – daß dies alles im Grunde dieselbe Frau ist, in verschiedenen Kostümen –, ist tatsächlich zutreffend. Die eine, die wichtigste Wahrheit über alle weiblichen Gottheiten, ist, daß jede eine bestimmte Form ist, die die Große Göttin, Mahadevi[10] als Reaktion auf eine ganz bestimmte Situation angenommen hat. Jede von ihnen ist DIE MUTTER in Verkleidung, natürlich Kali eingeschlossen, deren vorquellende Zunge, wild rollende, blutunterlaufene Augen und Halsband aus Totenschädeln der westlichen Empfindsamkeit die Nackenhaare hochstehen lassen. Ich wußte natürlich von dieser aufsehenerregend verschiedenartigen Truppe, aber nun sah ich in ihnen eine tiefe, kulturelle Bestätigung des weiblichen Prinzips als solchem – seiner Vitalität und seiner unerschöpflichen Wandelbarkeit.

Und Draupadī, so entdeckte ich hochgradig fasziniert, ist jede einzelne von ihnen. Denn an den verschiedensten Stellen über die ganze Länge des *Mahābhārata* tut Draupadī Dinge, die nach und nach alle diese Hauptgöttinnen und Manifestationen der Göttin hervorrufen. Diese Stellen mögen für westliche Leser kaum wahrnehmbar sein, doch Menschen, die mit Geschichten über Lakshmi und Saraswati, Durga und Kali aufgewachsen waren, mußten sie erfassen – zumindest im Unterbewußtsein. Sobald man damit beginnt, dem nachzuspüren, fragt man sich sehr schnell, ob ganze Episoden vielleicht nur geschaffen wurden, um Draupadīs Identität als vielgestaltige Mahadevi zu demonstrieren. Und dann beginnt man sich zu fragen, warum.

Einige dieser Verbindungen werden ausdrücklich hergestellt, andere nur durch versteckte Anspielungen. Eine dieser wahlweisen Geschichten, die erklären, warum Draupadī fünffach verheiratet ist, erzählt uns, daß es in den Himmeln begonnen hatte, als der Gott des Unwetters (Indra) in Schwierigkeiten geriet wegen Viehdiebstahls und damit bestraft wurde, daß er in Gestalt von fünf Kriegern auf die Erde kommen mußte. Um sein / ihr Elend zu lindern, begleitete ihn / sie die Göttin Lakshmi als seine / ihre Frau. Diese Krieger waren die Pāndavas, und Draupadī war eigentlich Lakshmi. Draupadī wird auch als Verkörperung von Sri gepriesen, der Göttin der Pracht und des Glanzes. Eine indische Freundin erinnerte sich, daß die älteren Frauen eine junge Braut, die in die Familie eingeführt wird, eine gewisse Zeitlang beobachten und nach einer besonderen Eigenschaft Ausschau halten, und wenn sie diese erkennen, werden sie beifällig nicken und sagen: »Sie hat *sri* in ihrem Gesicht.« Das Wort wird auch benutzt als Ehrentitel, der dem Namen eines Mannes oder einer Frau von großem spirituellem Rang hinzugefügt wird: Sri Ramakrishna, Sri Sarada Devi.

Als Draupadī den Hof mit ihren juristischen Kenntnissen verblüfft, beschwört sie Saraswati, die Göttin der Beredsamkeit. In ihrem Zorn ist sie Kali. Und als diejenige, die sich an Shiva um einen Gatten gewandt und im Tausch dafür große Enthaltsamkeit geübt hat, ruft sie einem die lange Kampagne ins Gedächtnis, die Parvati geführt hat, um Shiva selbst zu gewinnen. Von Parvati, der Tochter der Himalayas, wird erzählt, daß sie ständig kämpfen muß, um die Exzesse des Großen Gottes zu bändigen (er ist beispielsweise so entschlossen asketisch, daß sein bloßer Blick Kama, den Gott der Begierde, zum Schrumpfen bringen kann). Parvati selbst ist auch nicht ungeübt in Askese, aber sie ist auch eine sehr menschliche Göttin. Sie ist Shivas hingebungsvolle (Schülerin wie auch seine Frau, aber sie neigt dazu, manchmal einzuschlafen, wenn er zu dozieren beginnt. Sie möchte *unbedingt* Kinder, und er nicht …)

Der Dichter läßt immer wieder ausgeklügelte Hinweise auf Draupadīs wahre Identität fallen, und ich vermute, daß dieses Aufgreifen der Hinweise und sich gegenseitig auf ihre Spitzfindigkeit aufmerksam machen schon einen großen Teil des Vergnügens für die frühe Zuhörerschaft des *Mahābhārata* darstellte.

Interessanter noch als die Schilderungen, die sie mit bestimmten Göttinnen in Verbindung bringen, sind jene Darstellungen, die das weibliche Göttliche nicht als bestimmte Gottheit zeigen, sondern als Lebenskraft – wie Maya, der Schleier der Illusion, die uns glauben macht, daß die Welt der Namen und Formen echt ist, oder Shakti, die kosmische Macht oder Energie, die man in Shivas Gemahlinnen verkörpert glaubt.

Und hier wurde mir erneut die direkte Bedeutung jener alten Betrachtungsweise klar. Um Shakti zu verstehen – wenigstens ein bißchen –, muß man die konfliktbeladene Diskussion der Begierde beilegen, die sich entzündet, wenn Feminismus und Spiritualität auch nur im gleichen Raum sind.

Shiva ist eins mit Shakti, so heißt es, so wie ein Feuer auch die Kraft hat zu brennen. In einer traditionellen Darstellung liegt Shiva auf dem Bauch wie eine Leiche, und Shakti tanzt auf ihm. Im Menschen stellt man sich Shakti als Schlange vor, die sich am unteren Ende der Wirbelsäule zusammengerollt hat. Solange sie dort bleibt und nur die untersten Zentren des Bewußseins animiert – Nahrungsaufnahme, Nahrungsausscheidung und Fortpflanzung –, wird die Lebenskraft, die sie repräsentiert, nur für die Befriedigung der körperlichen Bedürfnisse aufgebracht. Wenn wir aber erweckt sind – beispielsweise durch den Kontakt zu einem erleuchteten Lehrer oder durch einen dieser plötzlichen Impulse, die uns das gewöhnliche Leben in Frage stellen lassen: »Ist das wirklich alles?« –, und wenn wir dann spirituelle

Übungen aufnehmen, soll Shakti mit ungeheurer Macht erwachen. Sich von den rein kreatürlichen Trieben befreiend, beginnt sie ungeduldig aufzusteigen durch die verbleibenden vier Zentren des Bewußtseins, eine Reise, die in ekstatischer Vereinigung – mit Shiva – am Scheitelpunkt des Kopfes gipfelt.

Das Erwachen von Shakti wird oft mit der Empfindung großer Hitze in Verbindung gebracht. Das ist der Grund, daß große Yogis im Himalaya mit nacktem Oberkörper herumgehen können.

Doch auch viele westliche Menschen, die sich der Kontemplation widmen, spielen auf dieses Phänomen an: der englische Mystiker Richard Rolle zum Beispiel sprach von einer »heiteren Hitze«, und Teresa von Avila beschrieb eine Vision, in der sie sich von einem feurigen Speer durchbohrt fühlte.

Paradoxerweise ist Shakti beides: die Triebkraft, die das gewöhnliche Leben in Gang hält, und gleichzeitig die starke Sehnsucht nach etwas, das weit erfüllender ist als dieses gewöhnliche Leben. Shakti ruft die Welt, wie wir sie erfahren, hervor, eine Welt, in der jede denkbare Lebensform in scheinbarer Getrenntheit existiert. Und doch ist es auch Shakti, die uns die Mittel an die Hand gibt, uns über diese Welt zu erheben.

Draupadī ist traditionell und ausdrücklich mit dieser gewaltigen Kraft verbunden. Es versteht sich von selbst und wird in bestimmten religiösen Feiern[11] anschaulich dargestellt, daß sie in jenem Augenblick des Angriffs, als der Sari sich in einem lodernden Farbrausch entrollt und sie in Ekstase verfällt, die sichtbar gewordene Shakti ist. Ihre Begierden, um es anders auszudrükken, sind vollkommen vereinigt.

DIE MUTTER ist also in all IHREN Manifestationen die Erde und die Beständigkeit des Lebens. Sie ist auch der Tod, denn der Tod ist ein Teil des Lebens. Sie ist Bewegung und Fluß und Handlung und Wandel – die andere Hälfte der Stille und Bewegungslosigkeit der tiefen Meditation. Kann es Licht geben, wenn es keine Dunkelheit gibt? Schweigen, wenn es nicht so etwas wie Geräusch gibt? Kann es eine Rettung außerhalb der Welt, wie wir sie erfahren, geben? Der Hinduismus sagt nein, das kann es nicht geben. Diese Welt ist *karma-bhumi*, das Reich des Karma, wo all unsere Handlungen Folgen haben, die uns eine Lehre sein sollen. Wir müssen Fehler machen, um zur Wahrheit zu gelangen. Müssen aus eigener Anschauung lernen, das voneinander zu unterscheiden, was wirklich ist und was nicht. Es ist das weibliche Prinzip, das sicherstellt, daß die Flüsse weiterhin fließen, das Getreide weiterhin wächst und Kinder weiterhin geboren werden – denn wenn das nicht so wäre, gäbe es für uns nach der Weisheit Strebende keine Körper, die wir bewohnen könnten. Es gibt sogar eine ganze Palette von Mythen, die sich um einen großen Weisen ranken, der sich so tief in seine Meditation versenkt, daß die erschaffene Welt unkörperlich zu werden beginnt und eine Göttin oder sogar ein himmlisch tanzendes Mädchen kommen mußte, um ihn wieder in die *Nicht*wirklichkeit herunterzuholen. »Maya.«

Wenn wir von Shakti oder Shiva sprechen, dürfen wir auf keinen Fall vergessen, daß wir im Grunde über ein Prinzip reden und weniger über eine Geschlechtszugehörigkeit. In jedem von uns befinden sich Shiva und Shakti und umkreisen einander in einem ewigen Tanz. Wie um diesen Punkt zu unterstreichen, gibt es eine Legende, die die übliche Schilderung von Parvatis Heirat mit Shiva umkehrt, indem sie berichtet, daß sie sich von Enthaltsamkeit und Gebet so mitreißen ließ, daß die Götter beschlossen, sie müßten eingreifen und ihr einen Gatten geben: Shiva wurde für diese Rolle als besonders geeignet angesehen, denn er konnte an einem Stück tausend Jahre lang Liebe machen. (Es ist eine außergewöhnliche Überlieferung ...) Er konnte Shakti für ihre Shiva sein, wann immer es erwünscht war, so wie Mahatma Gandhi freiwillig sein privilegiertes Leben eines westlich gekleideten, wohlsituierten Rechtsanwalts beiseite schieben konnte, um sich der Linderung der Leiden von Millionen Indern zu widmen. »Ein Mann sollte ein Mann bleiben«, sagte Gandhi,

»und doch sollte er eine Frau werden; in ähnlicher Weise sollte eine Frau eine Frau bleiben und doch ein Mann werden.«[12] Jeder, der darauf achtete, konnte sehen, daß Gandhi erfolgreich die Mütterlichkeit vom Geschlecht entkoppelte und damit Frauen wie Männer in gleicher Weise befreite.

Kapitel 5

Draupadīs Töchter

Meine Rückkehr in die indische Spiritualität mittels der Epen
entwickelte sich zu einer zweiten Hochzeitsreise. Als ich die Arbeit der westlichen feministischen Historikerinnen überprüfte,
erkannte ich die Grenzen der Geschichte, wie sie üblicherweise
geschrieben wird, hatte begriffen, daß der Aufbau einer wirklich
brauchbaren Vergangenheit es erforderlich machte, alle möglichen Arten von Material einzuschließen – beispielsweise er-
dichtetes oder visionäres –, das gewöhnlich von traditionellen
Historikern nicht beachtet wird. Nun erkannte ich, daß der er-
zählerische Reichtum des *Rāmāyana* und des *Mahābhārata* (und
der unendlichen Zahl von Folgeprodukten) für die indischen
Frauen eine grenzenlose brauchbare Vergangenheit darstellte, die
reine Geschichte [1] ist, »wahr« nicht in dem Sinn, in dem dynasti-
sche Berichte, die auf Tontafeln aufgezeichnet wurden, wahr
sind, sondern wahr als menschliche Erfahrung – sofort erkenn-
bar. (»Ja, genau so fühlt man sich bei der ersten Liebe.« Und: »Ja,
das stimmt, genau so fühlt man sich, wenn man einen Sohn begraben muß.«) *Wahr*, so muß man hinzufügen, in dem Sinn, in
dem spirituelle Unterweisungen wahr sind, denn dies ist heilige
Literatur, und immer wieder zeigt sie uns, daß alles Geschehen
im Leben uns enger mit dem Göttlichen verbinden kann.
Sowohl das *Mahābhārata* wie das *Rāmāyana* wurden vor Hunder-
ten von Jahren von Erzählern gedichtet, die alles nur mündlich
überlieferten, und diese Methode des Verfassens bedeutete, daß
keine zwei Erzählungen identisch waren und die besonderen

Anliegen der jeweiligen Zuhörerschaft immer während der Rezitation in das Gedicht eingearbeitet wurden. Der Kern der Geschichte geht auf eine Zeit zurück, die man sich kaum vorstellen kann, doch die Ausarbeitungen gab es auch schon immer, und selbst wenn diese Hinzufügungen nicht ins Gedicht selbst aufgenommen wurden, so dringen sie doch in die Vorstellung des Volkes ein, werden bewahrt in volkstümlichen Theaterstücken, Volksliedern oder Schauspielen, die geänderte oder etwas andere Versionen der klassischen Erzählungen wiedergeben. Selbst heute, da es keine mündlich überlieferte Dichtung mehr gibt, werden die Geschichten immer wieder überdacht, und immer noch werden ihnen neue Deutungen entlockt. Durchgehend herrscht ein wunderbar respektloser Ton, denn es versteht sich von selbst, selbst Götter sind nicht ... *Gott.*

Ich erkannte sehr deutlich, daß Indiens Epen eine lebendige Tradition darstellen. Aber wie gut unterstützt die Tradition heute die Frauen wirklich? Haben zeitgenössische Inderinnen deutlich von der Verehrung des weiblichen Göttlichen profitiert, das zumindest ein sich wiederholendes Thema im *Mahābhārata* und im *Rāmāyana* ist? Können sie sich beispielsweise »mit hübschen Kleidern und Schmuck aufgeputzt und ohne die Begleitung eines Mannes frei und furchtlos« auf den Straßen und Wegen Bombays oder Delhis oder Kalkuttas bewegen?

Es wäre töricht, vorgeben zu wollen, sie könnten das. Es gibt in der Kultur des modernen Indien mindestens so viele Elemente, die gegen Frauen arbeiten, wie Elemente, die zu ihren Gunsten wirken, darunter der nicht unwichtige Faktor, daß Indien fast dreihundert Jahre lang eine britische Kolonie war. Doch es wäre genauso töricht, sich vorzustellen, daß die vielen tausend Jahre, die Inder damit verbracht haben, die Göttliche Mutter zu verehren, keinen prägenden Einfluß auf die Lebensbedingungen der indischen Mädchen und Frauen von heute haben. Indien hat eine sehr vielfältige Kultur, und die Verehrung des weiblichen Göttlichen ist nur eine Strömung unter vielen. Es gibt noch andere von unterschiedlicher Farbe und Gewicht. Es ist keineswegs zwangsläufig, daß es Frauen dort besonders gut ergeht.

Und dennoch ...

Gloria Steinem verbrachte die ersten zwei Jahre nach ihrem Collegeabschluß in Indien (nicht Anfang der sechziger, als das in Mode kam, sondern in den späten Fünfzigern, zehn Jahre, bevor die Beatles und Mia Farrow dort ankamen), und sie versucht immer einzuordnen, was ihre Zeit dort für ihr Leben bedeutet. Ihre Einschätzung scheint mir zutreffend zu sein, denn sie deckt sich mit der vieler westlicher Frauen, die ich kenne:

> Zu der Zeit, als ich Indien erlebte, fühlte ich mich, als sei ich »zu Hause«, obwohl ich nicht begriff, warum das so war. ... Trotz all der schwerwiegenden Probleme und allem, was wir über die Witwentötungen wußten und darüber, was mit weiblichen Babys geschah, gibt es eine Präsenz des Weiblichen in dieser Kultur. In dieser Kultur findet sich eine Art der Sanftheit und des Humors trotz Ausbrüchen schrecklicher Gewalt ... Ich zögere bei dem Versuch, dies zu erklären, weil es klingt, als würde ich übertrieben sentimental an diese Kultur herangehen, und das ist nicht meine Absicht. Aus irgendeinem Grund fühlte ich mich dort einfach zu Hause, besondern in der Gesellschaft derjenigen, die mit der Ethik Gandhis aufgewachsen sind.[2]

Die »weibliche Präsenz« trifft zu. In Indien ist die höfliche Anrede für Frauen und Mädchen »Devi«, was »Göttin« bedeutet, oder »Srimati«, was »Gesegneter Mutter« entspricht. Einfache Gepflogenheiten wie diese sollen in jedermann – Männern, Frauen, Kindern, Regierungsbeamten und Steuereintreibern – die Vorstellung wecken, daß alle Frauen und Mädchen Teile der

Göttin sind. Sie sind Amsha – man sollte sich mit ihnen nicht anlegen. (»Gloria Devi«, »Srimati Steinem« ... wahrscheinlich gewöhnte sie sich nach kurzer Zeit daran.)

Zur Zeit wird in Indien unglaublich innovativ und energisch zugunsten von Frauen und Mädchen gearbeitet. Die Frauenbewegung in Indien hat jedoch einen ganz eigenen Charakter; sie unterscheidet sich deutlich von jenen Europas oder der Vereinigten Staaten, und dieser Unterschied ist eine Folge der Traditionen, denen sie entstammt.

Die Umweltschützerin Vandana Shiva und die Professorin und Journalistin Madhu Kishwar sind zwei der Gründe, warum ich möchte, daß indische und westliche Feministinnen einen intensiveren Kontakt miteinander pflegen. Es gibt allerdings noch viele andere, und nachdem ich diese beiden eingeführt habe, würde ich gern damit beginnen, einige der bemerkenswerten Wege zu erforschen, in denen die traditionelle indische Spiritualität die zeitgenössische Frauenbewegung Indiens nährt.

Die Shakti in uns: Vandana Shiva

Als die Ökologin Vandana Shiva eine Zehn-Jahres-Studie über die Auswirkungen des Bergbaus im Gebiet von Garwhal durchführte, das an den Ausläufern des Himalayas gelegen ist, lernte sie viele einheimische Frauen kennen, die sehr wohl verstanden, welche Umweltzerstörungen die Bergwerke verursachten. Obwohl sie zum größten Teil ungebildete Bauersfrauen waren, wußten sie manche Dinge sehr genau – beispielsweise den Wert der Wälder für den Niederschlag und die Wasserhaltung des Bodens, und welche Bäume das Wasser am besten festhalten –, denn seit Tausenden von Jahren unterrichtete jeweils eine Generation von Frauen die nächste, wenn sie Seite an Seite in den Wäldern arbeiteten. »Eingebettet in die Natur«, um Dr. Shivas Formulierung zu verwenden, erfreuen sie sich einer Verbindung zu Bäumen, Flüssen, Bergen, Vieh und Pflanzen, die gleichzeitig ihre Verbindung zur Gottheit ist, und diese Verbindung wird als umfassend und wechselseitig angesehen. Sie glauben, daß ihre schützenden und bewahrenden landwirtschaftlichen Methoden sie in Einklang bringen mit den regenerativen Kräften der Natur.

Als einige dieser Frauen beschlossen, eine Satyagraha zu beginnen aus Protest gegen den Bergbau, luden sie Dr. Shiva ein, sich ihnen anzuschließen. Um zu dem Platz zu gelangen, an dem die Protestierenden lagerten, mußte sie von ihrer Wohnung aus etwa zwei Stunden lang mit dem Auto fahren und dann rund vier Stunden zu Fuß aufsteigen. Damals hatte sie ein Baby, weshalb sie nur an den Wochenenden kommen konnte. Eines Tages kamen ein paar Jungen auf Motorrädern zu ihrem Büro und erzählten ihr, daß die Frauen von gedungenen Schlägern mit Eisenketten bedroht würden. Sie beeilte sich, zu ihnen zu kommen, und erwartete insgeheim, daß die Frauen in ihre Dörfer zurückgekehrt waren. Doch keine der Frauen war gegangen. Notdürftig verbunden und grün und blau geschlagen hatten sie furchtlos standgehalten. Sie sprach eine von ihnen an, eine Siebzigjährige.

»Was läßt euch weitermachen?« fragte sie. »Ich dachte, ich müßte euch trösten, aber ihr haltet euren Protest aufrecht ...«

Die beiden spazierten in die Nähe des Lagers.

»Siehst du diese Bäume?« fragte die alte Frau. »Jedes Jahr nehmen wir etwas von ihnen als Futter, doch jedes Jahr erholen sie sich wieder. Und das Gras am Flußufer, wir treten es nieder, aber es stellt sich wieder auf. Die Shakti ... im Gras und im Baum und im Fluß ist dieselbe wie die Shakti in uns. Und diese Shakti läßt mich weitermachen.«[3]

Vandana Shivas leidenschaftliche Gegnerschaft zum Welthandelsabkommen hatte sie in den letzten Jahren mehrfach in die USA gebracht. Dr. Shiva, die ihre eigene Forschungsstiftung leitet[4], glaubt, daß die Gier der weltweit agierenden Konzerne darauf ausgerichtet ist, das Prinzip der Regeneration als solches zu zerstören. Ihre Art des Feminismus ist daher nicht von der Ökologie zu trennen. Sie charakterisiert die Vorgehensweise der Konzerne als »reduktionistische Land- und Forstwirtschaft« und als »Krisendenken« in Aktion, und dokumentiert Punkt für Punkt die unvorstellbare Gewalttätigkeit, die sie in Indien ausgelöst haben – gegen die Natur, gegen Frauen und Kinder, gegen das Wissen selbst. Sie kann ihre nur ökologisch anbauenden Bauern nicht genug loben, zum größten Teil Frauen, die augenblicklich heroischen Widerstand gegen die Angriffe westlicher Konzerne gegen Indiens Wälder, Felder und Flüsse leisten. »Durch die Zurückforderung des Lebens und die seiner Heiligkeit«, stellt sie fest, »streben die Frauen in dieser Gegend nach ihrer Befreiung und der Befreiung ihrer Gesellschaften.«

Madhu Kishwars »Stärken«

Manushi: A Journal about Women and Society [Manushi: Ein Magazin über Frauen und Gesellschaft] kursiert in ganz Indien, hat aber auch viele Leser im Ausland. Seine Chefredakteurin Madhu Kishwar, die auch an der Universität von Delhi lehrt (wo Gloria Steinem ihr erstes Indien-Jahr verbrachte), glaubt, daß »Indiens kulturelle Traditionen ein ungeheures Potential enthalten, um reaktionäre, frauenfeindliche Vorstellungen zu bekämpfen, wenn wir ihre Stärken bestimmen und sie kreativ nutzen können.«[5]
Manushi greift ohne Zögern die umstrittensten Themen der indischen Gesellschaft auf: die umkämpfte Erbberechtigung von Witwen; das Versagen der Gerichte in Delhi, Polizeibeamte strafrechtlich zu verfolgen, die der Vergewaltigung eines zehnjährigen Mädchens beschuldigt werden; der geplante Bau eines Damms im Himalaya, der den Ganges in einen toten Strom ver-

wandeln würde; die Arbeit einer Organisation, die südasiati-
schen Frauen hilft, die in den Vereinigten Staaten leben und deren Leben von Gewalt bedroht ist; die zwielichtigen Auswirkungen, die Schönheitswettbewerbe auf die indische Gesellschaft
haben (1994 wurden die Krone der Miss Universum und der
Miss World jeweils von jungen Inderinnen gewonnen).

Dabei bettet das Magazin diese Frauenthemen immer in das kul-
turelle und spirituelle Erbe Indiens ein. Sein Feminismus grün-
det im tief verwurzelten Glauben an die Macht des weiblichen
Göttlichen. Man spürt es in ihrem entrüsteten Bericht über eine
Inderin, die in den Vereinigten Staaten lebt und von den amerikanischen Feministinnen ihrer Gruppe gedrängt wurde, keinen
Sari mehr zu tragen, da dieser »ein Zeichen von Rückständigkeit
und Unterwürfigkeit« sei. Man spürt es in Kishwars eigenem
Entsetzen über das Vorhaben, den Ganges aufzustauen und seine
Wasser in Reservoirs zu leiten, die so unermeßlich groß sind, daß
der Fluß seinen Sauerstoffgehalt nicht mehr selbst erneuern
kann. »Der Ganges ist nicht einfach irgendein Fluß.« Frau, Erde,
Mahadevi – alle sind eins, alle sind göttlich, allen wohnt die gewaltige Kraft inne, das Leben zu erschaffen und wiederzuerschaf-
fen. Kürzlich wurde Kishwar in einem Interview gefragt, welche
Inspiration Hinduistinnen aus den traditionellen weiblichen
Göttinnen ziehen können. Ihre Antwort war meiner Meinung
nach eine Art Offenbarung.

Indien ist nicht wie Griechenland, wo die früheren Götter und
Göttinnen von der neuen Religion, dem Christentum, zerstört wurden. Hier ist die Verehrung der Göttin eine lebendige
Tradition ... Die meisten dieser Göttinnen sind nicht einfach
göttliche Geschöpfe, die vom Himmel herabsteigen ... Sie
werden als Frauen beschrieben, die sich in gerechtem Ärger
und Empörung erhoben, wenn ein Mann einen Übergriff versuchte. *Und gerade dieses außergewöhnliche Gefühl der Wut ist es,
die sie zu ihrem göttlichen Status erhebt ...* Wenn zum Beispiel

eine Frau in gerechtfertigter Empörung ihrer Wut freien Lauf läßt, dann sagen die Leute … »Sie hat die Gestalt von Chandi angenommen«, was heißen soll, daß jede Frau … diesen Aspekt in sich trägt, daß eine Frau sowohl sanft und nährend ist, aber genausogut fähig zu übermenschlicher Wut … [Betonung durch die Autorin] [6]

Weil die indischen Männer die Geschichten von Kali und Durga kennen – oder auch von Draupadī –, so fügt Kishwar hinzu, sind sie tatsächlich besser in der Lage, mit starken Frauen umzugehen, als Männer in anderen Teilen der Welt. »Sie sehen Wut als einen immanenten Ausdruck der Weiblichkeit an. Es ist nicht unweiblich, stark und wild zu sein. Sondern das ist ebenso ein Ausdruck von Weiblichkeit, wie es Fürsorglichkeit ist …« Indien sei sehr vielschichtig, stellt sie heraus. Doch, »gleichzeitig wirst du die Leichtigkeit sehen, mit der Frauen in männliche Bastionen eindringen, Bastionen der Macht, und das Heft in die Hand nehmen, anfangen, die Männer herumzukommandieren …«

Direkt unter der Oberfläche von allem, was Vandana Shiva und Madhi Kishwar schreiben und sagen, fließt das stillschweigende Verständnis – es ist beiden wie eine zweite Natur –, daß auf geheimnisvolle, mächtige Weise die Göttin, die Erde und jede einzelne Frau in Wirklichkeit eines sind. Alles eins, und alles DIE MUTTER. Für jene von uns, die sich so etwas nie vorgestellt haben, scheint das Maß an Zuversicht, das jemand fühlt, der wirklich daran glaubt, fast unerklärlich zu sein. Nicht nur haben wir nichts Vergleichbares im Westen (unser einzig verfügbares Modell einer dreieinigen Wirklichkeit ist in zwei Teilen männlich und im dritten Neutrum), sondern viele von uns fühlen sich auch akut bedroht von dem Vorschlag, wir sollten uns enger mit der Welt der Natur identifizieren. Wir haben gute Gründe für dieses Empfinden, wie ich bereits erwähnt habe (Teil 1, Kapitel 9). Noch bis ins 17. Jahrhundert hinein konnte man noch die Echos alter Einstellungen vernehmen, die von den landwirtschaftlichen Bedingungen abgeleitet waren. Die Natur ist eine Frau: Umwerbe sie zärtlich, und sie wird Frucht tragen. Doch mit der industriellen und wissenschaftlichen Revolution veränderte sich alles. Die Natur ist eine Frau: Beherrsche sie, benutze sie, beute sie aus. Es schien, als könnten die Frauen nur gewinnen, wenn sie metaphorische Verbindungen zwischen sich und der Natur kappten.

Doch das ist der Punkt, an dem wir fehlgingen, wenn man Vandana Shiva folgt. Frauen müssen sich nur dann von der Vorstellung degradiert fühlen, eine engere Verbindung mit der Natur auszuleben, wenn sie glauben, daß die Natur selbst abgewertet ist, und das zu glauben entspricht nicht mehr den wissenschaftlichen Erkenntnissen – es ist völlig überholt. Wir wissen jetzt, daß die Natur sich keinesfalls mechanisch wiederholt und träge ist, sondern eher unendlich vielfältig, schöpferisch und einfallsreich. Könnte es dann nicht möglich sein, einige der Werte zu bestätigen, die dem »kulturellen Feminismus« am Herzen liegen, ohne das Gespenst des Essentialismus heraufzubeschwören? Sollte man nicht meinen, daß genau dieser Geist – das Verkörperte wie das von der körperlichen Hülle Befreite zu heiligen – ein machtvolles Korrektiv für jene scharfe Trennung zwischen Geist und Körper sein könnte, die der Westen seit langem schon macht und die so besonders zerstörerisch für Frauen ist? Können Frauen nicht gleichzeitig Wahrheitssuchende und Lebensspenderinnen sein – und in beiden Aspekten göttlich?

Diese Sicht der Dinge hingegen ermöglicht es uns, eine Variante der Spiritualität zu entwickeln, die wunderbar passend scheint für »Frauen, unterbrochen«, weil es nahelegt, daß wir vielleicht letztlich doch niemals wirklich unterbrochen waren, daß wir immer das tun, wofür wir auf der Welt sind. Wenn Ihr dreijähriges Kind Ihre Meditation unterbricht, stöhnen Sie und fragen sich, wann Sie diesen Faden wieder werden aufnehmen können, aber hier und jetzt ist Liebe und Lachen und Wangen wie Blütenblätter, die nicht für immer da sein werden. Schauen Sie noch einmal hin, *sie* ist Parvati. *Er* ist Krishna. Und wenn Sie sich für einen Moment ganz darin verlieren, eine dieser kleinen Gottheiten zu lieben, dann streichen Sie es sich im Kalender rot an als ... Probeaufführung.

Indische Frauen haben besonderes Glück gehabt, daß ihre spirituelle Tradition dieses Ideal schon immer verfolgt hat und sich weigerte, die spirituelle Praxis gebietsweise aufzuteilen, als ob nichts so sehr zählte wie Meditation selbst und als ob eigentlich nur ein klösterlicher Rückzug vom Leben einen zur Gottesbewußtheit bringen könnte. Neben dem Pantheon der großen klösterlichen Heiligen hat Indien auch eine ehrenvolle Liste von Heiligen, die normale Familienväter und -mütter waren und uns zeigen, daß, gleichgültig was um einen herum oder *in* einem vorgeht, es immer etwas zu tun gibt, das langfristig die Meditation vertiefen wird. Nichts Esoterisches, nur einfache, praktische Methoden, um die Ausrichtung auf seinen Brennpunkt nicht zu verlieren, wenn man den heftigen Tumult eines gewöhnlichen Tages unter gewöhnlichen Leuten durchschreitet.

Natürlich entstammt auch mein Lehrer dieser Tradition, und wenn ich daran denke, dann erinnere ich mich fast staunend daran, als wie wichtig ich es empfunden habe, daß sein Lehrer die Mutter seiner Mutter gewesen war. Und ich betrachte wieder diese eine Fotografie, die wir von ihr haben. Sie schaut mit zusammengekniffenen Augen in die Sonne und schaut deshalb etwas grimmig drein. Das sei kein falscher Eindruck, meint er, sie sei *wirklich* ein bißchen grimmig gewesen. Ihr Haar ist weiß, in der Mitte gescheitelt und zurückgebunden. Sie ist barfuß und hat ihren Sari hochgebunden, so daß er über ihren Knöcheln endet. Sie liebte es, sich frei zu bewegen, und zog die jungen Mädchen in der umfangreichen Großfamilie auf wegen ihrer modisch langen Saris, indem sie sich bedankte, daß man jetzt fast nie mehr den Boden fegen müßte. In ihrer rechten Hand hielt sie einen kleinen kupfernen Wasserkessel. Auf der anderen Seite lehnt sich, argwöhnisch in die Kamera schauend, ihre Enkelin an sie, Easwarans Cousine, die auf diesem Bild etwa elf Jahre alt ist.

Brachte ihm seine Großmutter bei, wie man meditierte? Ich fragte ihn einmal danach, und er sagte nein, sie habe ihn nicht so sehr in Worten unterrichtet als durch ihre Lebensweise. »Sie lehrte mich«, sagte er ganz einfach, »daß sich die Hingabe an Gott nicht von der Hingabe an die Familie unterscheidet. Nur daß sie bei der Familie nicht stehenbleibt. Sie ist weiter als jeder Horizont.«

Die Kriegerkaste: mangelbehaftet

Auch wenn ich bisher nicht die Möglichkeit hatte, Indien zu besuchen, glaube ich dennoch, eine Vorstellung davon zu haben, was diese »Familienpräsenz« sein könnte, die Gloria Steinem gefühlt hatte. Und ich glaube, sie hat recht, wenn sie sagt, daß es etwas mit Humor zu tun hat. Im Grunde geht es nämlich darum: In dem Ausmaß, in dem Indien niemals damit aufgehört hat, das weibliche Göttliche zu verehren, hat es sich die Fähigkeit bewahrt, die Lügen zu durchschauen, die das Patriarchat sich über sich selbst erzählt. Besonders jene Lüge, die behauptet: »Wir sind hier, um euch zu schützen. Ihr glaubt doch nicht etwa, daß wir *gern* so leben? All diese Gewehre, diese Soldaten – wir brauchen sie nur, um sicherzustellen, daß euch nichts geschieht.« Ich möchte mich gern den beiden großen Darstellungen Indiens von Krieg und Frieden zuwenden – zum größten Teil Krieg –, und dabei auf die überraschende Art und Weise eingehen, in der sie die feministischen Perspektiven unterstützen.

Sowohl das *Mahābhārata* wie auch das *Rāmāyana* sind beherrscht von ausführlichen Berichten über heftig tobende Schlachten:

heroische Taten, abscheulicher Verrat und Waffen von unglaublicher Gewalt, die in das Durcheinander geschmuggelt werden von begeistert parteiischen Gottheiten (eine dieser Waffen ist ein Vorgänger der heutigen hitzegelenkten Raketen). Allen Lesern, die mit westlichen Epen vertraut sind, besonders der *Ilias*, wird das Gelände bekannt vorkommen. Doch gleichzeitig kann man in den Epen und den Geschichten, die sich um sie ranken, einen roten Faden von belustigtem Skeptizismus spüren gegenüber den Voraussetzungen und Geisteszuständen, die zu großen Kriegen führen.

Im *Mahābhārata* ist das ungehobelte Benehmen der Feinde der Pāndavas wiederholt Auslöser für Komik. So gibt es beispielsweise nicht lange vor dem schicksalhaften Würfelspiel einen Augenblick, in dem das Schicksal es mit den Pāndavas gut meint und sie ihren Cousin Duryodhana in den Palast einladen, den sie für die Feiern gebaut haben. Das Gebäude ist ein architektonisches Wunder, und Duryadhana ist krank vor Neid. Einmal bleibt ihm die Luft weg ob der Schönheit eines Bodenmosaiks, das so perfekt gefertigt wurde, daß man meint, es sei ein Seerosenteich. Er macht einen Schritt darauf zu und versinkt knietief im Wasser. Augenblicke später schaut er durch eine Türöffnung in ein wunderschönes Zimmer, versucht hineinzugehen und merkt erst, als er sich fast die Nase gebrochen hat, daß dies nur ein Trompe l'œil ist. Und am schlimmsten dabei ist – und manche sagen, daß es dieser Moment war, in dem der Krieg wirklich begann –, daß er hinter sich das helle Lachen der wunderschönen Draupadī hörte.

Immer wieder wird im Epos gezeigt, wie überaus gierig, unmoralisch und gewalttätig die Bösen sind, um ihre letztendliche Auslöschung zu rechtfertigen, und wir erkennen, daß Draupadīs Ehemänner im Gegensatz dazu edelmütig, tugendhaft und friedfertig sind. Doch wenn man sich das, was am Tag des Würfelspiels geschieht, aus der Sicht einer Frau anschaut, wozu uns das Epos ermutigt, sieht man, daß auch das Verhalten der Pāndavas ernsthafte Mängel aufweist. Als Mitglieder der Ritterkaste, der Kshatriya, besteht ihre wichtigste Aufgabe darin, ihre Königin zu schützen, besonders wenn sie sich in die Abgeschlossenheit der Menstruationskammer zurückgezogen hat. Sie versäumen es, das Rechte zu tun, weil sie sich von ihrer Bindung an die Männerehre, vielleicht der zentrale Wert des Patriarchats, irreführen ließen.

Wiederholt machen sich die Dichtungen lustig über die ausgeklügelten Verstellungen, mit denen sich das Patriarchat umgibt, und jenen Einstellungen, die es unantastbar machen. Ausgelassenheit ist das Kennzeichen der Guten, eine Eigenschaft, die nicht in einem der Pāndavas selbst in Vollkommenheit verkörpert ist, sondern in der Gestalt Krishnas, ihrem besten Freund und Mentor − und was das *Rāmāyana* betrifft nicht in Rāma, seinem Helden, sondern in dessen Freund, dem Affenkönig Hanumat. So wertvoll für die Menschen ein stabiles und militärisch lebensfähiges Königreich sein mag − und die beiden Epen verherrlichen zweifellos ein solches Königreich und die Könige, die es führen −, werden etliche andere Dinge gezeigt, die mindestens ebenso wichtig sind. Wenn einer dieser Könige sich selbst nur ein bißchen zu ernst nimmt, taucht ein Geschichtenerzähler auf und berichtet in einer brillanten Nachbemerkung von den Folgen. Das geschah beim *Rāmāyana*, und nur deshalb ist dieses Epos von ernsthaftem Nutzen für die zeitgenössischen indischen Feministinnen.

Oberflächlich gesehen ist das *Rāmāyana* im Vergleich zum *Mahābhārata* eine völlig andere Art von Erzählung. Es ist auffällig romantisch, enthält all jene Romanelemente, die die Vorstellungen einer Teresa von Avila und Delia Grinstead beflügelten. Ein prächtiger König, eine wunderschöne Königin und ein böser Eindringling, der sie raubt; Stolz und hingebungsvolle Tugend auf ihrer Seite, während ihr Geliebter darum kämpft, sie wiederzugewinnen; ein Kampf bis zum Tod mit den versammelten Streitkräften des Bösen, und, zuletzt, der Sieg. Wiedervereinigt besteigen die Liebenden den Thron, und wir blenden uns aus zu einem »und sie lebten glücklich und zufrieden«. Es ist eine wunderbare Geschichte, voller Zauber und phantastischer Schöpfungen. Ein Affenkönig hilft dem Helden, und ein Bärenkönig schließt sich an, und sogar Scharen von Eichhörnchen. Wir wollen uns das genauer ansehen.

Wie Draupadī wurde auch die Heldin des *Rāmāyana* von der Erde geboren. Sītā kommt als Baby – ziemlich wörtlich – in einer frisch gepflügten Ackerfurche zum Vorschein. Wie Draupadī wird sie als Verkörperung der Göttin des Reichtums, Lakshmi, geschildert. Rama, der ihre Hand in einem Bogenschützenwettbewerb gewinnt, wird als Verkörperung menschlicher Vollkommenheit bezeichnet. Als er zu Unrecht von seinem Thron und aus seinem Königreich verbannt wird, besteht Sītā darauf, ihn in die Wildnis zu begleiten. Dort wird sie von einem Dämonenkönig entführt und auf einer Inselfestung gefangengehalten, bis ihr Ehemann seine Truppen gesammelt hat und nach einer sich lange hinziehenden und grimmigen Schlacht ihren Entführer vernichtet. In einer Zeremonie, die *Agnipariksha* genannt wird, wandelt sie durchs Feuer, um zu zeigen, daß sie sich ihre Tugendhaftigkeit während ihrer Gefangenschaft bewahrt hat, und die beiden kehren in ihr Königreich zurück. Rāma nimmt wieder die Regierung auf, und alles scheint wieder in Ordnung zu sein. Und so lautete auch das Ende der Geschichte in den frühen Versionen, die einen mit dem Schluß zurückließ, daß eine Frau wirklich nicht viel weiter zu denken braucht, als sich mit dem richtigen Mann zu verbinden, und daß ein Mann in einen ziemlich verheerenden Krieg ziehen und danach sein ziviles Leben wieder aufnehmen kann, ohne durch seine Erfahrungen eine Veränderung erfahren zu haben.

Eine Fortsetzung jedoch, das Uttara-Rāmāyana, ist in ganz Indien sehr bekannt, und sobald es mit der ursprünglichen Geschichte verschmolzen wurde, wie es jetzt in der volkstümlichen Vorstellung geschah, sollte das Epos nie wieder den Charakter einer reinen, unverfälschten Romanze haben. Es ist, als sei die gesamte Kultur, wie es bei Kulturen so üblich ist, für eine bestimmte Zeit zusammengekehrt worden in der Mythologie der Vollkommenen Liebe und dann hätte man sie wieder in die geistige Gesundheit zurücktaumeln lassen – in die tiefere, zeitlosere Weisheit, die das aus älterer Zeit stammende *Mahābhārata* charakterisiert.

Die berichtigende Ergänzung lautet folgendermaßen: Nach einiger Zeit lassen manche von Rāmas Untertanen verlauten, daß sie nicht glauben, daß ihre Königin während ihrer Abwesenheit wirklich tugendhaft geblieben war. Zu seiner nie zu tilgenden Schande (und in einem Artikel, der vor kurzem in *Manushi* über die Aufnahme des *Rāmāyanas* durch die heutigen Inder erschien, macht Madhu Kishwar deutlich, daß sein Ansehen von dieser Handlung wirklich beschädigt worden war)[7] gibt Rāma ihren Verdächtigungen nach und schickt Sītā in den Wald, obwohl sie schwanger ist – genaugenommen sogar kurz vor der Entbindung steht. Mit gebrochenem Herzen bringt sie in einem Ashram Rāmas Zwillingssöhne zur Welt. Jahre später erscheinen die Jungen im Palast während einer Zeremonie, bei der Rāmas Königswürde gefeiert werden soll. Als Teil der Festlichkeiten singen die beiden die Geschichte ihrer Eltern: Rāmas Abenteuer und Sītās Leiden. Voller Reue bittet Rāma Sītā, wieder zu ihm in den Palast zu ziehen unter der Bedingung, daß sie ihm ihre Treue noch einmal beweist, indem sie erneut durch das Feuer geht (»Nicht meinetwegen, verstehst du – nur dem Volk zuliebe ...«). Doch dieses Mal weigert sie sich rundheraus. Statt dessen beschwört sie die Erde, ihre Mutter, sich vor ihr zu öffnen, wenn sie tugendhaft gewesen sei. Die Erde öffnet sich tatsächlich, und als Sītā hineinsteigt, schließt sie sich hinter ihr.

Nun ist Rāma allein. Er hat seine makellose Königin in einer Art und Weise im Stich gelassen, die eine unübersehbare Ähnlichkeit zu der Art und Weise aufweist, wie Draupadīs Ehemann sie im *Mahābhārata* enttäuscht hat. Denn Sītā wird aus ihrem Heim gerade in einem Augenblick vertrieben, in dem sie kurz vor der Entbindung steht: einem jener Momente also, in denen eine Frau unbedingt eine sichere Rückzugsmöglichkeit braucht. Wieder wird eine gütige und tugendhafte Königin um den Schutz betrogen, den ihre Kultur ihr eigentlich garantiert, und nicht einmal durch einen Schurken, sondern von jemandem, der die ganze Geschichte hindurch, die seinen Namen trägt, als »der beste aller Männer« dargestellt wird. Die *Tatsache*, daß Rāma so außergewöhnlich edel und gut ist und sich dennoch so furchtbar verhalten konnte, sobald er mit dem drohenden Verlust der »Ehre unter Männern« konfrontiert wurde, zwingt uns, so meine ich, einen Schritt zurückzutreten und auf die Einstellungen zu achten, die ihn beeinflußten. Unauffällig, aber wirkungsvoll haben die Verfasser und Überarbeiter des *Rāmāyana* und *Mahābhārata* etwas deutlich gemacht, was Frauen sehr genau wissen, auch wenn sie sich manchmal vom Gegenteil zu überzeugen suchen – daß der Schutz und die Sicherheit, die ihnen patriarchalische Strukturen im Gegenzug für Treue bieten, nur hauchdünn ist und daß die einzige echte Sicherheit einer Frau in der Stärke ihrer eigenen Verbindung mit dem Göttlichen liegt.

Signalisiert eine solche Schlußfolgerung das Ende der romantischen Liebe? Meiner Meinung nach nur jener »romantischen Liebe, wie wir sie kennen«. Mit den Worten des mexikanischen Dichters und Essayisten Octavio Paz: »Die Geschichte der Liebe und die der Freiheit der Frau sind voneinander nicht zu trennen«[8], und diese Geschichte fängt gerade erst an.

Um zu verstehen, wie wichtig die indische Vergangenheit für indische Feministinnen ist und wie nahtlos die Verbindung zwischen Feminismus und Spiritualität für sie ist, braucht man nur zurückzuschauen auf die verschiedenen Kampagnen zugunsten der Frauen, die im Verlauf des letzten Jahrhunderts dort stattgefunden haben. Wir müssen uns nur anschauen, wie regelmäßig die Projekte in Begriffen jener Geschichten formuliert wurden, die wir gerade betrachtet haben.

Als Gandhi 1948 starb, gründete eine Europäerin, die nach Indien gekommen war, um mit ihm zu arbeiten, ein Bildungs- und Schulungszentrum für die Bergfrauen in Garwhal. Sie nannte es Lakshmi Ashram, denn ihr Ziel war es, ihnen zu zeigen, »daß sie keine Lastesel waren, sondern Göttinnen des Reichtums, da sie sich um das Vieh kümmern, Nahrungsmittel produzieren und 98 Prozent aller Arbeit auf dem Bauernhof und bei der Viehzucht verrichteten«[9]. Die Bewegung, die dort begann, schuf die Grundlagen für die berühmte Chipko-Bewegung, eine gewaltlose Protestbewegung, von Frauen initiiert und geleitet, die sich gegen die Zerstörung der Wälder an den Hängen des Himalayas richtete, die von den siebziger Jahren bis 1981 anhielt, als das Holzfällen endlich im Gebiet des Himalayas verboten wurde.

1989 startete eine mächtige Bauernorganisation eine äußerst erfolgreiche Kampagne, die Lakshmi Mukti (wörtlich »laßt Lakshmi frei«) genannt wurde. Ziel dieser Kampagne war, Frauen mit Landrechten auszustatten. Der Vorsitzende von Lakshmi Mukti zog durch den Bundesstaat Maharashtra und bat darum, daß in jeder Familie ein Stück des Landes auf den Namen der Frau überschrieben werde. Indem sie ihre Frauen machtlos und wirtschaftlich abhängig hielten, beharrte er, behandelten die Männer von Maharashtra sie nicht besser als Rāma Sītā behandelt hatte. Vor großen Menschenmengen führte er in bewegenden Einzelheiten die Opfer aus, die Sītā gebracht hatte, und wie ihr Ehemann darin versagte, diese anzuerkennen. Indem sie ihren Frauen Land überschrieben, so behauptete er, würden sie etwas von dem zurückzahlen, was Rāma Sītā schuldete, doch mehr als das, wenn sie erfolgreich gegen ihre *eigene* Ausbeutung Widerstand leisten wollten, so argumentierte er, dann müßten sie zuerst das Unrecht wiedergutmachen, das den heutigen Sītās widerfahre.

Mit anderen Worten, indem er diesen Männern *einfach eine Geschichte* erzählte – eine Geschichte, die sie bereits in- und auswendig kannten –, appellierte er an ihr tiefsitzendes, aber bisher unausgesprochenes Schuldgefühl. Ein Schuldgefühl, von dem er wußte, daß sie es fühlten und auch im Hinblick darauf, wie sie die Frauen in ihrem Leben behandelten, auch fühlen sollten. Da die Geschichte von Sītā und Rāma ihnen bereits gezeigt hatte, was recht war – ihnen Dharma »durch Versäumnis« gezeigt hat –, konnten sie nicht mehr anders handeln, nachdem ihnen die Verbindungen zu ihrem eigenen Leben und ihrem eigenen Leiden aufgezeigt worden waren. Die Strategie hinter dieser Kampagne beruht im wesentlichen auf den Gandhischen Prinzipien.

Das System von Annahmen über das Ich und die anderen, das wir inzwischen als Patriarchat identifiziert haben, hat sich zu einem mächtigen Komplex von miteinander verbundenen Konzernen entwickelt, die genauso hungrig nach neuen Märkten sind wie nach Rohstoffen, und verändert seine Form auf neue und verhängnisvolle Art und Weise. Weil diese Konzerne in ihrer Reichweite transnational sind, werden sie weniger stark von den verschiedenen Anstands- und Rechtsvorschriften eingeschränkt, die in nationalen Verfassungen niedergeschrieben sind. Und aus diesem Grund erscheinen sie manchen von uns fast unbesiegbar. Doch wenn Vandana Shiva sich gegen sie wendet, dann scheinen sich die Machtverhältnisse zu verändern. Es ist, als stünde sie auf einem Berg – stünde dort in dem festen Wissen, daß sie allein durch die Kraft ihrer Weiblichkeit damit beauftragt ist, gegen genau jene Art von Gegner vorzugehen. Ein Westler, der mit ihr gearbeitet hat, bemerkt dazu: »Mit Vandana geht es nie einfach nur um Taktik und Strategie, nicht einfach nur um Wissenschaft und Gesetz, es ist immer eine umfassendere spirituelle Vision, immer eine weitere, menschlichere Vision.«

Doch das ist nicht alles. »Und das wichtigste, sie verfügt über die Gabe des Lachens. Irgendwo in ihrem Innern ist dieses wunderbare Lachen. Es ist eine so liebenswürdige Eigenschaft, und unter Aktivisten ist sie selten.«[10] Das mag vielleicht auf die meisten Aktivisten zutreffen, aber nicht auf die Töchter der Draupadī.

Es ist nur recht und billig, wenn westliche Feministinnen fragen, was sie davon haben, wenn sie etwas über indische Feministinnen und deren brauchbare Vergangenheit lernen. Wir können mit Sicherheit nichts Gleichwertiges für uns aus dem Nichts konstruieren, und die Schnipsel, die uns zur Verfügung stehen, fügen sich nicht zu irgend etwas auch nur annähernd Vergleichbarem zusammen. Doch der Nutzen, den wir daraus ziehen können, liegt darin, daß es allgemein anerkannte Versionen des Feminismus aufmischt und uns dazu zwingt, zu erkennen, inwieweit der westliche Feminismus beispielsweise immer noch mit männerzentrierten und materialistischen Paradigmen arbeitet. Und wenn wir, nachdem wir das erkannt haben, nichts anderes tun würden, als damit zu beginnen, uns von diesen Paradigmen zu distanzieren, wären wir schon einen Schritt weiter. Denn es weckt in uns die Vorstellung, daß wir eine enorme Menge gewinnen könnten, wenn wir solchen Frauen nur *zuhören* ... mit ihnen zusammen sein, zuschauen, wie sie die Dinge angehen.

Es ist einfach so: Jedesmal, wenn ich Vandana Shiva in einer Radiosendung höre – ihre Ausführungen schnell und knapp in ihrer heiseren Stimme – und jedesmal, wenn ich eine neue Ausgabe von *Manushi* in der Post finde, fühle ich mich furchtloser und lebendiger.

Kapitel 6

Die Mädchen-Bewegung:
Das Wiedererwachen des Feminismus

Kristen ist zwölf Jahre alt. Wie alle in diesem Zimmer, vielleicht ein paar Monate jünger oder älter, außer meiner Freundin Marian und mir. Kristen hält ein blaugrünes Garnknäuel in beiden Händen und zieht ein Stückchen Faden heraus. »Ich möchte gern ...«, so verkündet sie, »Tierärztin werden. Nicht für große Tiere wie Kühe, sondern für Katzen und Hunde.« Sie blickt im Kreis umher und wirft das Knäuel Sarah zu, ohne den Faden loszulassen.

Dies ist kein »heiliger Kreis«. Wir sind im Klassenzimmer einer Grundschule, und profaner könnte es gar nicht sein – ein Michael-Jordan-Poster hängt an der Wand gegenüber, und auf der linken Seite scheinen die Simpsons für Recycling zu plädieren. Doch etwas geht hier vor sich, das mir das Gefühl gibt, daß es sich von den Gebetskreisen im Kloster der heiligen Klara überhaupt nicht unterscheidet.

»Ich möchte Mediziningenieur werden«, sagt Sarah, wobei sie mit offensichtlichem Vergnügen die Zwillingssilben besonders auskostet.

Lauren hebt die Hand. Sarah wickelt etwas mehr Garn ab, wirft das Knäuel, und als Lauren es fängt, zieht sie den Faden straff.

»Ich werde Schauspielerin – Filmschauspielerin am liebsten.« Das Garn fliegt im Bogen über den Kreis und landet in Alyssas Händen.

»Ich möchte ...« Alyssa ist sehr klein, hat stumpf geschnittenes, seidiges dunkles Haar, das wie ein schräger Vorhang über ihre

Wange fällt. Ihre Augen sind hinter großen runden Brillenglä-
sern versteckt. »Ich möchte Kosmetikerin werden. Mein Vater ist
Schriftsteller. Er schreibt Romane. Er möchte lieber, daß ich etwas anderes werde, aber ich finde es schöner, andere zu schmin-
ken und ihr Haar zu stylen.«

Das waren also Sechstkläßler; sie sind deutlich weniger gehemmt
als die Siebtkläßler, die ich in der vorigen Woche beobachtet
habe. Und im Vergleich zu der High-School-Abschlußklasse, in
der ich gestern saß, war es entschieden lustiger mit ihnen. Das
Spinngewebe wird jetzt immer dichter, und es gibt eine Menge
Gekicher, wenn es an der einen Stelle gestützt, an einer anderen
wieder in Ordnung gebracht werden muß. Ich habe noch nie so
viele Zahnspangen auf einmal gesehen.

»Ich möchte etwas für die Erde tun«, sagt Betsy.

»Ja«, nickt Caitlin zustimmend, »sie braucht wirklich Hilfe, das
stimmt.«

»Ich möchte mit Pferden arbeiten.«

»Ich möchte einen großen Garten haben, mit allen Arten von
Pflanzen, wie ... ein Botaniker?« (Sie haben bereits gelernt, ihre
Erklärungen mit einem Anstieg im Tonfall abzuschließen, ein
frühes Warnsignal für weibliche kulturelle Anpassung!)

»Ich möchte Neurochirurg werden.«

Alle sechzehn Mädchen sind schließlich durch ein ausgeklügeltes
Muster und viele Schnittstellen miteinander verbunden, einem
richtiggehenden blauen Spinngewebe. Das Netz schaukelt und
wackelt mit jeder Welle von Albernheit, die sich um seinen
Außenrand fortpflanzt. Meine Freundin schafft es, wenn auch
mit Mühe, die allgemeine Aufmerksamkeit auf sich zu lenken.

»Dies ist nur Garn«, sagt sie, »deshalb kann ich es euch nur beschreiben, wie dieses Spiel funktioniert, wenn ihr dazu starke
Schnur nehmt und alle steht. Sarah könnte sich dann richtig dar-
auflegen, und wir könnten sie damit hochheben – es würde ihr
Gewicht aushalten. Wie ein Trampolin. Und auf diese Weise
könntet ihr erkennen, wie wichtig es ist, einander eure Träume

mitzuteilen – wenn ihr gemeinsam darüber sprecht und euch gegenseitig ermutigt und unterstützt, dann könnt ihr sie Wirklichkeit werden lassen.«

Dieses Spinnwebspiel kann auf die unterschiedlichsten Arten ausgeführt werden. Ich finde es besonders geeignet, wenn man über Berufswünsche spricht, denn rund neunzig Prozent der heutigen High-School-Abgänger werden mindestens fünfundzwanzig Jahre lang einer ganztägigen Arbeit außer Haus nachgehen, und viele Mädchen stellen sich nicht darauf ein. Zu viele von ihnen rutschen irgendwie in »irgendeinen Job«, und der hat selten etwas mit jenen Berufen zu tun, von denen sie als Mädchen geträumt haben. Deshalb ist es für sie so wichtig, sich die ihnen am Herzen liegenden Berufswünsche immer und immer wieder vorzustellen, in jeder Altersstufe.

Aber auch viele andere Fragestellungen können mit dieser Übung angegangen werden. Etwa, welche Eigenschaften einen guten Freund ausmachen. Oder sogar, welche Probleme sich auf dem Schulhof oder im Klassenzimmer entwickelt haben, und welche Lösungen sich dafür anbieten. Die Lehren des Spinngewebes sind immer dieselben, aber auch auf alles anwendbar:

Vertraut einander.
Hört einander zu.
Erkennt, wie stark ihr zusammen seid.

Wie stark zusammen . . . das ewige Mantra der Gemeinschaft. »Ich nehme Zuflucht zu Buddha«, lautet das buddhistische Gelübde. »Ich nehme Zuflucht zum Dharma (Gesetz)«, und »ich nehme Zuflucht zum Sangha«. »Sangha« bedeutet das Kollektiv der Suchenden – die Bruderschaft und Schwesternschaft.

Manchmal unbeholfen und befangen, aber mit unglaublicher Entschlossenheit kämpfen heute viele Frauen wie Marian, um die unterbrochenen Verbindungen zwischen Mädchen und Frauen, Mädchen und anderen Mädchen, Frauen und anderen

Frauen wieder in Ordnung zu bringen. Im Zentrum ihrer Bemühungen steht das vorpubertäre Mädchen. In den letzten Jahren richtete sich aus verschiedenen Gründen auch mein Augenmerk auf die Mädchen in diesem Alter. Es ist schon eine merkwürdige Sache, daß ich mich mit über fünfzig Jahren gefühlsmäßig so eng verbunden fühle mit Mädchen wie Kristen, Sarah, Caitlin, Alyssa ... in diesem wackeligen blauen Spinngewebe eine Art Sangha spüre, flüchtig, aber voller Hoffnungen.

Als ich das erste Mal von dieser Bewegung hörte, die heute die Mädchen-Bewegung genannt wird, und mich zu ihr hingezogen fühlte, hätte ich ohne Zögern gesagt, daß dies feministischer Aktivismus in Reinkultur sei – Befreiungspolitik in ihrer lebendigsten und erkennbarsten Form, nur jetzt in einer Art und Weise zielgerichtet, die mir vielversprechend schien. Das Zum-Schweigen-Bringen und die Beschränkungen, die männerzentrierte Kulturen Frauen auferlegen, die Dämonisierung des Verlangens und die Auslöschung des Ich – das meiste davon kommt erst voll zum Tragen, wenn ein Mädchen an der Schwelle zur Pubertät steht. Wenn wir einen Weg finden, wie man ihr an diesem Punkt entgegenkommen kann, überlegte ich mit vielen anderen, und sie als Ganzes sicher über diese Schwelle bringen, dann hat sie eine gute Chance, ganz und sicher zu bleiben. Und wir reden dabei über nichts anderes als das volle Ausmaß jener Rechte, die die Demokratie immer versprochen hat: Leben, Freiheit, Glück, Freiheit der Rede, Versammlungsfreiheit ... nichts, das nicht im Rechtskundeunterricht der High-School als grundlegend gelehrt wird.

Doch letztlich kam ich zu dem Schluß, daß ein rein weltlicher Rahmen für dieses Vorhaben nicht ganz angemessen ist. Um die Mädchen ausreichend zu stärken, dem Patriarchat fest ins Auge zu blicken und weiterzugehen, da bin ich mir sicher, müssen wir in der Lage sein, uns auf etwas Tieferliegenderes zu stützen als unsere Kenntnis der Verfassungsrechte. In diesem und dem folgenden Kapitel werde ich versuchen zu erklären, warum.

Während der Monate nach Polly Klaas' Verschwinden fühlten sich viele von uns sehr unbehaglich, weil so viel darüber geredet wurde, wie hübsch sie gewesen sei – wie vollkommen sie die Märchenprinzessin der europäischen Volksdichtung verkörperte. Wäre ihr Verlust weniger tragisch gewesen, wenn Augen und Teint nicht so strahlend gewesen wären? Wenn sie untersetzt, verwahrlost und verschlossen gewesen wäre – eher so, wie wahrscheinlich die meisten von uns in diesem Alter ausgesehen haben? Und was, wenn sie keine Weiße gewesen wäre? Doch schließlich erkannte ich, daß ihr Foto nicht deshalb so unwiderstehlich war, weil sie hübsch war. Was uns so anrührte, war nicht nur die hohe, klare Stirn, das Lächeln, das gleichzeitig scheu und bereitwillig war. Es war, daß man in ihrer Wachheit und Klarheit spürte, daß sie im Schwebezustand war – *en pointe*, wie eine Tänzerin – auf der Schwelle zwischen Kind und Frau, die so viele Kulturen offen als heilig anerkennen. Als ich das begriff, schien es mir mehr als angebracht, mit ganzer Aufmerksamkeit darüber nachzudenken, was es in dieser Kultur bedeutete, ein Mädchen dieses Alters zu sein.

Im Januar 1994 wurde in Petaluma ein Gedenkgottesdienst für Polly Klaas abgehalten. Viele, die sich nicht mehr in die Saint Vincent's Cathedral quetschen konnten, nahmen an dem Gottesdienst mittels Videoübertragung teil, die in verschiedene andere Kirchen in der Stadt ausgestrahlt wurde. Es war aus vielen Gründen eine außergewöhnliche Angelegenheit, doch für mich war vor allem der Augenblick wichtig, in dem ein enger Freund der Familie sprach – ein Mann, der Polly seit ihrer Geburt gekannt hatte –, denn er rückte nicht nur diesen Abend, sondern die gesamte Tragödie auf eindringliche Weise in mein Bewußtsein. Er erinnerte sich an Picknicks und Campingausflüge, an

Schulaufführungen und improvisierte Klarinettenkonzerte und beschrieb den heftigen Schmerz, den er spürte, als ihm klar wurde, daß er dieser reizenden jungen Frau nie begegnen würde, die sie zu werden versprochen hatte – und daß er sie nie mit eigenen Kindern sehen würde. Dies war das erste Mal, daß ich es auf diese Weise sah – daß das Leben des Mädchens genau in dem Augenblick zerstört worden war, als jene, die sie liebten, gerade die Frau zu ahnen begannen, die sie einmal werden würde.

Der Bericht, den Noelle Oxenhandler für *The New Yorker* kurz nach Polly Klaas' Verschwinden schrieb, endete mit einer Beobachtung, die zweifellos einige Leser überraschte. Freimütig beschreibt die Verfasserin (die nördlich von Petaluma lebt) ihre irrationale Reaktion auf die Allgegenwart von Pollys Bild: »Eines Nachmittags, als ich neben einem Kopierer stand und zuschaute, wie sich ihr Gesicht immer höher in der Ablage auftürmte, stellte ich fest, daß ich in irgendeinem tiefen, abergläubischen Teil von mir glaubte, daß allein die schiere Anzahl dieser Bilder letztlich einen kritischen Punkt erreichen mußte und sich in ihre tatsächliche und einzigartige Gegenwart verwandeln würden.« Ihrem Glauben zu begegnen hieß natürlich, dessen Torheit zu erkennen, denn die Wochen vergingen, und das Mädchen materialisierte sich nicht. Dafür schien etwas anderes stattzufinden.

Ein Kind in seiner unschuldigen und geliebten Besonderheit spielte eines Abends in seinem Zimmer, als es in ein anderes Reich entführt wurde. Und da jene von uns, die hier geblieben sind, sich an ihr Gesicht gewöhnen, das überall von ihrer Abwesenheit kündet, nehmen wir automatisch an ihrer Transformation teil. Selbst wenn wir uns weigern, die Hoffnung auf ihre Rückkehr aufzugeben, stellen wir doch fest, während wir in die Bank gehen oder in die Post oder den Buchladen, daß wir dieses Mädchen allmählich zur Göttin werden lassen.[1]

Vorausgesetzt natürlich, die Orissi wußten, was sie taten, und die Navajos und die alten Kelten hatten recht, dann hätten wir genau das tun sollen. Denn ein Mädchen an der Schwelle zur Frau ist in gewissem Sinne eine Göttin. Genauer gesagt, ist sie unser Fenster zur Göttin.

Es gibt einen Aspekt der *kinaalda*, von dem ich noch nicht gesprochen habe, was ich aber jetzt nachholen möchte. Während sich ein Mädchen den Initiationsriten unterzieht, geht man davon aus, daß dieses Mädchen von der Großen Mutter bewohnt wird und deshalb mit göttlicher Macht ausgestattet und auch fähig ist, etwas von dieser Macht an andere weiterzugeben zu können. Nachdem sie beispielsweise selbst geknetet und massiert worden ist, kommen die kleinen Kinder zu ihr, und sie »streckt« sie:

> Sie bewegt ihre Hand von der Hüfte jedes Kindes nach oben bis zum Scheitel ihres oder seines Kopfes. Das Strecken soll das Wachsen einer Pflanze nachahmen, vom Aussäen des Keims bis zu ihrer Blüte in der Reifezeit. Das Mädchen läßt mit der Aufwärtsbewegung den Segen gesunden Wachstums auf die Kinder des Stammes herabkommen.[2]

Familie und Freunde bringen ihr Decken, Werkzeuge und Andenken, denn ihre bloße Berührung segnet diese Alltagsgegenstände. Am bemerkenswertesten ist, daß man ihr Heilkraft zuschreibt. Auf einem der dramatischsten Fotos, die ich von der *kinaalda* gesehen habe, ist ein junges Mädchen, das sorgfältig gekleidet ist in ein wunderschönes, mit Perlen verziertes Ledergewand und schwerem Türkisschmuck und vor einer älteren Frau steht, die etliche Zentimeter kleiner ist als sie. Das Gesicht des Mädchens, bemalt mit leuchtend gelbem Maispollen, ist ernst und konzentriert, und ihre Hände sind auf die Schläfen der alten Frau gelegt. In ihrer Geste drückt sich soviel Zärtlichkeit aus, große Kraft und Autorität. Die Männer ihres Clans stehen ein paar Meter entfernt und schauen hingerissen zu.[3]

Wie ironisch schien es mir damals an jenem Winterabend, daß die größtmögliche Entsprechung zu einer *kinaalda*, der ich je beigewohnt habe, jener im internen Netz übertragene Gedenkgottesdienst war: natürlich eine Umkehrung der *kinaalda*, denn das Mädchen, das zu ehren wir versammelt waren, war nicht da. Direkt dort, im Mittelpunkt von allem, wo ihre strahlende Gegenwart hätte sein sollen, waren ein leerer Raum und Schweigen.

Öffentlich hat es keiner gesagt, und ich habe es auch nirgends gedruckt gesehen. Aber untereinander sagten die Frauen es immer und immer wieder: Was Polly Klaas geschehen ist, war die vollkommene und endgültige Ausweitung dessen, was buchstäblich jedem jungen Mädchen in dieser Gesellschaft geschieht. Es gibt einen lückenlosen Zusammenhang zwischen der Einschüchterung, der verfrühten Sexualisierung und dem Zum-Schweigen-Bringen, das fast alle Mädchen erfahren, wenn sie erwachsen werden. Es ist der logische Endpunkt dieses Zusammenhangs. Wir wollten damit nicht unterstreichen, daß Frauen immer die Opfer sind – überhaupt nicht. Wir wollten damit nur unsere von Herzen kommende, entschlossene Zurückweisung dieses ganzen Zusammenhangs deutlich machen. Mehr nicht. Nicht um uneretwegen, sondern für unsere Töchter.

Die Frage wurde oft gestellt, und wird es heute noch, warum gerade diese spezielle Tragödie so viele so tief berührte – warum sie unsere Gemeinde auf diese Weise elektrisierte und warum sie selbst die Aufmerksamkeit des ganzen Landes gefangennahm. Die einheimische Journalistin Noelle Oxenhandler bot eine Art von Antwort an, als sie die »helle Welt«, in der Kinder fröhlich schwatzend in ihren Zimmern spielen und auf den Spielplätzen schaukeln, jener »dunklen Welt der unaussprechlichen Sorgen« gegenüberstellte. Sie bemerkte, »wie schnell diese beiden Welten sich miteinander verbanden, wie leicht jene dunkle Welt ihren Anspruch erhebt«. Ich glaube, sie hat recht, doch ich denke auch, daß das, was in jenem Winter geschah, sich in einem ganz spezifischen, hoch sensibilisierten Raum abspielte – ein Nährboden des Gewahrseins, der sich gerade bildete. Denn dieses besondere Kind, das sicher hübsch war, aber auch intelligent, kreativ, witzig und respektlos, verkörperte ideal jenes »verlorene Mädchen«[4], das im Zentrum schnell wachsender Forschungsbemühungen stand, die die öffentliche Aufmerksamkeit erregten. Ich bin sicher, daß die leidenschaftliche Dringlichkeit der Reaktion in Petaluma zu einem nicht geringen Teil den Sorgen entstammte, die viele von uns sich bereits über alle Mädchen in Pollys Alter machten.

Der Verlust unserer Mädchen

Vor dem Herbst 1993 waren die Forschungen, die Carol Gilligan und ihre Kolleginnen seit mehr als zehn Jahren über die psychologische Entwicklung von Mädchen und Frauen durchführten, sicher nicht im breiten öffentlichen Bewußtsein verankert. Jene von uns, die bereits ein Interesse an diesem Thema hatten, waren sich ihrer Forschungsergebnisse sehr wohl bewußt, wie wir auch die verwandte Arbeit von Jean Baker Miller und ihren Kollegen im Stone Center von Wellesley kannten oder Emily Hancocks *Tief unter unserer Haut*. Doch die 1991 erfolgte Veröffentlichung von *Shortchanging Girls: Shortchanging America* von der American Association of University Women [Amerikanische Vereinigung der Frauen an Universitäten], im Herbst 1993 gefolgt von *Die Mutter-Tochter-Revolution* von Elizabeth Debold und ihren Kolleginnen, hatten ein Signal gesetzt. Der Verlust der Stimme, den Mädchen während der Pubertät offensichtlich erleiden, die Wand von negativen Kulturstereotypen, auf die sie stoßen, der Abfall ihres Selbstbewußtseins und der darauffolgende Absturz ihrer Mathematik- und Naturwissenschaftsnoten, war nun zu einer Sache des breiten öffentlichen Interesses geworden.
Aus dieser Zeit habe ich einen Zeitungsausschnitt, der alles wie-

der lebendig werden läßt. Meine Schwester Wendy lebt in Portland, Oregon, wo sie für eine Stiftung arbeitet, die die mathematische und naturwissenschaftliche Schulausbildung unterstützt (und zwar von der Vorschule bis zur zwölften Klasse), mit besonderem Augenmerk auf Mädchen und Minderheiten, und sie war gegen Ende jenes Oktobers zufällig in meiner Gegend. Sie war nach Berkeley gekommen, um an der Universität einer Wochenendkonferenz für weibliche Ingenieure beizuwohnen, die sie arrangiert und die ihre Stiftung finanziell unterstützt hatte. Ich hatte mich mit ihr in ihrem Hotel zum Frühstück verabredet, und wir hatten uns kaum begrüßt, als sie mir die Morgenzeitung herüberschob, Tränen in den Augen, zu geschockt, um zu sprechen (wir sind eine psychisch ziemlich leicht zu erschütternde Familie – das haben wir von der väterlichen Linie geerbt). Es war ein Interview mit den Autorinnen von *Die Mutter-Tochter-Revolution*, die die Wut und Empörung beschrieben, die pubertierende Mädchen spüren, wenn sie erkennen, welche Art von Opfer ihre Mütter machen mußten, um in einer männerzentrierten Welt zu überleben, und sie fragen sich, ob sie dieselben Opfer zu bringen haben. Sie fühlen sich betrogen, sagen die Verfasserinnen, und, schlimmer als das, »Generation auf Generation übersetzten Töchter den Verrat an ihnen durch die Kultur als Verrat an ihnen durch ihre Mütter. *Es ist ironisch und tragisch, daß die Mütter für genau den Verrat verantwortlich gemacht werden, dem sie selbst ausgesetzt waren.*«

Ich bin sicher, daß uns beiden Teile dieser Erkenntnis früher schon einmal durch den Kopf gegangen war, aber nie als ein Ganzes, wie dieses Mal. Ich war ebenso bewegt wie Wendy, und ich denke, wir waren beide ungeheuer froh, daß wir in diesem Moment des Begreifens zusammensein konnten, Töchter einer geliebten Mutter. Wir saßen noch ein paar Stunden zusammen bei Zimtbrötchen und kannenweise Earl-Grey-Tee, und suchten uns unseren Weg zurück durch die Familiengeschichte, zuckten bei einigen der Stellen zusammen, die immer noch wund waren, sahen eine Vielzahl von Dingen in einem völlig anderen Licht, und überlegten schließlich, daß wir unterm Strich froh waren, daß wir beide Söhne hatten. Wir wußten, daß wir eine ganze Menge vermißten – wir mußten beide zugeben, daß wir uns öfter dabei ertappten, daß wir kleine Mädchen manchmal mit großer Sehnsucht beobachteten –, doch wirklich, wie kann eine Mutter in einer solchen Welt damit beginnen, ihre Tochter »in die richtige Bahn zu lenken«, wenn man bedenkt, daß sie selbst »nie in die richtige Bahn gekommen war«?

Das zutiefst beunruhigende Bild des amerikanischen Mädchens, das in diesem Herbst Konturen annahm, sollte im nächsten Jahr bestätigt und erweitert werden durch die Veröffentlichung von *Failing at Fairness* von Myra und David Sadker, *Pubertätskrisen junger Mädchen* von Mary Pipher und *Starke Mädchen, brave Mädchen* von Peggy Orenstein. Dank dieser Publikationen erkannte eine immer größere Zahl von uns in erschreckender Klarheit, was es bedeutete, ein zwölfjähriges Mädchen in einer, wie Mary Pipher es nannte, »mädchen-vergiftenden Kultur« zu sein.

Viele dieser Bücher waren mir vertraut, denn sie waren wichtig für meine Anstrengungen, die Entwicklung der Mystikerinnen, über die ich schrieb, zu verstehen. Aber andere hatten ihren Weg in unsere Bücherregale gefunden, weil mein Mann sie dort hingestellt hatte. Bei seiner Arbeit mit besonders begabten Viert-, Fünft- und Sechstkläßlern war ihm seit den späten achtziger Jahren zunehmend bewußt geworden, daß er viele dieser Schülerinnen irgendwann in der sechsten Klasse verlor. Das Vorstellungsbild einer heiligen Schwelle war auf schmerzhafte Weise nicht anwendbar auf diese Mädchen. Formulierungen wie »gegen eine Mauer rennen« oder »untergehen« oder nur »abwarten« schienen den Kern besser zu treffen. So um ihren zwölften Geburtstag herum schienen Mädchen, die alles im Unterricht geliebt hatten – Kosmologie, Brückenbau, das Alte Ägypten, Mosaikarbeiten –, sich selbst und ihre Aufmerksamkeit einfach abzuschalten. Im Frühjahr 1991 war er überzeugt, daß es an seinem Unterrichtsstil lag – daß er einfach nicht zurechtkam mit den Mädchen der sechsten Klassen –, und er begann ernsthaft darüber nachzudenken, um seine Versetzung zu bitten. Allerdings las er im gleichen Jahr über die Studien der American Association of University Women (AAUW) zum Verlust an Selbstachtung, den Mädchen gerade um das zwölfte Lebensjahr erleiden, und es kam ihm der Gedanke, daß das Problem vielleicht tiefere Wurzeln hatte als sein eigenes Unvermögen. Im Herbst 1992 nahm er an einer Konferenz über die Gleichbehandlung der Geschlechter im Klassenzimmer teil, die die Organisation im Mills College durchführte (wo er einer von nur einem halben Dutzend Männern war, aber Mut faßte, weil man ihn so warmherzig willkommen hieß). Kurz danach begann er eine ganze Reihe von Maßnahmen zu entwickeln – bestimmte Prozeduren und Aktivitäten, von denen er hoffte, daß sie die Situation für seine Mädchen erleichtern würden. Und er trat der AAUW bei.

Mit anderen Worten, er hatte einen echten Neuanfang geschafft. Doch als ein Mädchen im selben Alter wie seine Schülerinnen aus ihrem Zuhause in Petaluma entführt und ermordet wurde, war dieser gute Anfang nicht annähernd genug: die dringenden Bedürfnisse der jungen Mädchen – besonders der Verrat, den unsere Bildungsinstitutionen an ihnen begingen – wurden für die nächsten Jahre zum beherrschenden Thema seines Berufslebens.

»Warum hat der Baseball-Platz der Jungen eine Toilette
und unserer nicht?«

Drei Veränderungen bildeten das Rückgrat von Power and Promise of Girls [Macht und Hoffnung für Mädchen], jenes Programms, das Tim mit drei anderen Pädagogen ins Leben gerufen hatte. Im Rückblick fasziniert es mich, welche Strategien er dazu anwandte. Ich bin sicher, er wurde dabei von den gesunden Instinkten eines erfahrenen Lehrers geleitet, aber er entdeckte erst während der Durchführung, wie stärkend diese Veränderungen waren, und erst eine ganze Zeit später, wie sehr sie den sich entwickelnden feministischen Forderungen für Mädchen entsprachen.

Es war erstaunlich, wie sehr sie doch an die vier Anliegen erinnerten, nach denen wir die ganze Zeit Ausschau gehalten haben – eine Stimme zu finden, die Stärkung des Selbstwertgefühls, das unterstützende »Eingeschlossensein« mit anderen Frauen und Mädchen und die Bestimmung der eigenen Wünsche – und auch die für den Widerstand gegen das Patriarchat notwendigen Zutaten, die in den frühen christlichen Klöstern zu finden waren: die Anerkennung einer historischen Abstammungslinie von starken Frauen, die Errichtung einer weiblichen Gemeinschaft und das Wissen um die eigene Fähigkeit, eine Wahl treffen zu können.

Zuerst machte er sich daran, sein Klassenzimmer zu einem ansprechenderen Ort für Mädchen zu machen. Wenn sie aufsahen, sollten sie Frauenbilder sehen können, die über die konventionelle Definition von Frau hinausgewachsen waren und Großartiges erreicht hatten. Im Bezirk Sonoma ist zufällig das National Women's History Project beheimatet, das 1979 gegründet wurde und eine Fülle an Material bietet, in dem die Leistungen von Frauen herausgestellt werden. Und so dauerte es nicht lange, bis die Wände seines Klassenzimmers von Plakaten von »Frauen, die sich trauten« leuchteten; Kalendern zum Thema »Frauen in der Forschung«; Reproduktionen der Werke von Frida Kahlo, Georgia O'Keeffe und Mary Cassatt; Fotografien von Sally Ride, Rachel Carson und Janet Reno. Da er erkannte, daß er unbewußt den Lehrplan auf die Vorlieben der Jungen ausgerichtet hatte, setzte er jetzt mehr literarische Projekte an und plante einen Kurs über die Oper. Als er herausfand, daß die Kommission des Bezirks zur Gleichstellung der Frau Beauftragte hatte, die in die Schulen kamen und über ihre Arbeit sprachen – darunter eine Informatikingenieurin, eine Kriminalbeamtin, eine Bauunternehmerin –, ergriff er diese Chance, um die Berufsstereotypen etwas aufzumischen, die sich in den Köpfen der Mädchen wie der Jungen festgesetzt hatten.

Als zweites führte er eine sechswöchige Unterrichtseinheit zur freien Rede ein, denn es frustrierte ihn zu sehen, wie seine erfrischenden Dauerredner verstummten, wenn ihr zwölfter Geburtstag nahte. Als Abschluß dieser Unterrichtseinheit sollte jedes Kind in die Rolle einer bestimmten historischen Gestalt schlüpfen und einen Fünf-Minuten-Monolog halten. Es gab dabei einen Napoleon und einen Neil Armstrong, aber auch eine Amelia Earhart und eine Elizabeth Blackwell. »Amelia« war ganz unglücklich, weil sie ihre Fliegerjacke und ihr Halstuch zu Hause vergessen hatte, aber sie fing sich wieder und lieferte eine fesselnde Rede, die eine idyllische Kindheit als Wildfang skizzierte und Eltern, die das nicht störte. Tim filmte ihre Auftritte mit einer geliehenen Videokamera, und das war sehr wichtig. Die Kinder sahen sich das Band immer wieder an, und sahen und hörten sich einmal ganz anders …

Schließlich arrangierten Tim und seine Kollegen ein wöchentliches Mittagstreffen für die Mädchen, einfach aus dem Gefühl heraus, daß diese Zeit brauchten, um auch außerhalb des Klassenzimmers miteinander Kontakt aufnehmen zu können. Die Gestaltung von Power and Promise war einfach. In den ersten Wochen verzehrten die Mädchen ihr Mittagessen, während die Erwachsenen sich dabei abwechselten, Geschichten von Frauen zu erzählen, die in der einen oder anderen Hinsicht mutig gewesen waren. Danach erzählten die Mädchen Geschichten von Frauen aus ihrem eigenen Leben, die Mut gezeigt hatten – oder von Situationen, in denen sie selbst mutig sein mußten. Da er sehr schnell gemerkt hatte, daß selbst ein wohlmeinender erwachsener Junge ein Junge zuviel war, unterließ Tim es schweren Herzens, weiter an diesen Treffen teilzunehmen.

Diese entwickelten sich bald zu einer Diskussionsveranstaltung, bei der jedes Mädchen seine Anliegen oder Fragen einbringen konnte. Ungerechtigkeit auf dem Sportplatz war ein ständig wiederkehrendes Thema:

»Warum haben die Jungs auf ihrem Baseball-Platz eine Toilette und wir nicht?«

»Wie können wir die Jungs dazu bringen, daß sie uns in der Pause Basketball spielen lassen?«

Eine andere Beschwerde galt Lehrern, die die Jungen zu bevorzugen schienen:

»Wie kommt es, daß sich keiner daran stört, wenn eine Gruppe Jungs sich unterhält, aber wenn eine Lehrerin ein paar Mädchen zusammenstehen sieht, dann sagt sie: ›Wieso klatscht ihr schon wieder?‹«

»Warum sagen sie, daß wir über die Stränge schlagen, nur weil wir so etwas Harmloses machen wie etwa Gras werfen oder schreien?«

Mädchengruppen sind so unterschiedlich wie die Individuen, aus denen sie sich zusammensetzen. So experimentierte beispielsweise eine Lehrerin mit Treffen, die Viert-, Fünft- und Sechstkläßler zusammenbrachten. Sie wollte herausfinden, ob ältere Mädchen bereit sind, zu einer Art Mentorin für die jüngeren zu werden, und auch, ob das ungestüme Selbstbewußtsein der Jüngeren nicht vielleicht das wegrutschende Selbstvertrauen der Älteren wiedererwecken kann. Es scheint zu funktionieren: Mitglieder der Gruppe, die inzwischen auf die High-School gehen, kommen nun regelmäßig, um den Sechstkläßlern bei ihrem Übergang zu helfen. Andere stellen fest, daß Rassenspannungen unter den Mädchen abgebaut werden können, wenn sie sich treffen und über Probleme reden, die sie alle gemeinsam haben, wie Figurprobleme oder Ärger mit den Geschwistern. Manche Gruppen treffen sich überhaupt außerhalb des Schulbereichs: Schul-»Politik« kann einschüchternd wirken.

Für die tapferen Seelen, die diese Arbeit in Angriff genommen haben, gibt es nichts Vorgefertigtes, auf das sie zurückgreifen können. Mentoren lernen schnell, daß sie Dinge sagen werden, die besser ungesagt geblieben wären, und daß sie Dinge unausgesprochen lassen, die sie besser ausgesprochen hätten – und daß nicht alle Treffen großartig sein werden. Schon früh bildeten sich bei Power and Promise drei Richtlinien heraus, die einfach, aber wesentlich sind: Respekt, ernsthaftes Zuhören und Vertraulichkeit – »Dinge, die hier gesagt werden, sollten nicht nach außen getragen werden«. Niemand versucht, den Mädchen ihre Wahrnehmungen auszureden, und sie versuchen nicht, die ungerechte oder gönnerhafte Behandlung, die den Mädchen zuteil wird, zu rechtfertigen. Dagegen versuchen sie, kontinuierlich wirkungsvolle Problemlösungsstrategien zu vermitteln.

»Was sollen wir dagegen tun?« fragen sie. »Was haltet ihr davon, daß ein paar von euch zu eurer Lehrerin gehen und ihr sagen, daß ihr glaubt, daß die Jungen im Verhältnis viel öfter aufgerufen werden?«

»Und wenn ihr meint, daß sie euch nicht glauben wird, dann könnt ihr ein paar Unterrichtsstunden lang Aufzeichnungen machen und sie ihr dann zeigen ...«

Oder: »Das Gesetz schreibt vor, daß die Sporteinrichtungen für die Mädchen ebenso gut sein müssen wie die der Jungen. Wollt ihr dem Schulvorstand einen Brief schreiben, um eine Toilette für euren Softball-Platz zu fordern?«

Respekt, ernsthaftes Zuhören und Vertraulichkeit ... wenn das bekannt klingt, dann mit Recht. 1988 drängte Carolyn Heilbrun Frauen dazu, die Übung der Bewußtseinssteigerung [consciousness-raising: CR, d. Ü.] aufzunehmen: »Wir müssen damit anfangen, die Wahrheit zu sagen, in Gruppen, gegenseitig.« Die Frauen, die an den ersten CR-Gruppen teilnahmen, sagt sie, lernten, »daß sie, isoliert in Kleinfamilien, unter individuellen Schuldgefühlen litten, jede nahm an, daß sie ein Monster sei, wenn sie nicht in das allgemein anerkannte Muster eines weiblichen Lebens paßte«. Genauso könnte man über die jungen

Mädchen heute sagen: »Isoliert in den Klassenzimmern ihrer Schulstufe leiden sie unter individuellen Schuldgefühlen, und jede fühlt sich als Monster, wenn sie nicht in das allgemein anerkannte Muster einer zehn- bis zwölfjährigen Schülerin paßt.« Wenn man Mädchen dazu bringt, ihre Kultur mit den Augen eines Anthropologen zu betrachten, wie Mary Pipher vorschlägt, können Mentorinnen ihnen dabei helfen, zu erkennen, daß sie nicht sonderbar sind.

Das Kollegium und die Eltern drücken manchmal ihre Besorgnis darüber aus, daß Power-and-Promise-Diskussionen zur »Jungsschelte« verkommen könnten. Die Betonung, die auf Mut, das Geschichtenerzählen und das Problemlösen gelegt wird, leitet diesen Impuls jedoch wirkungsvoll in eine andere Richtung. Aber eigentlich haben die Mentorinnen auch keine Anzeichen dafür gefunden, daß die Mädchen besonders daran interessiert waren, die Jungen fertigzumachen. Ganz im Gegenteil waren letztere angerührt von der Großzügigkeit der Mädchen – beispielsweise von ihrer Scharfsinnigkeit, die sie die Zwänge erkennen ließ, denen der einzelne Junge von seiten seiner Bezugsgruppe unterliegt und die ihn dazu bringen können, gegen sein besseres Wissen und freundlichere Impulse zu handeln. Sie sprechen oft darüber, wie es zu all dem *Schlagen* kommt – sie würden wirklich lieber nicht so viel geschlagen, gestoßen und geschubst werden –, aber im Grunde »wollen wir nur Gleichbehandlung. Nicht mehr und nicht weniger«, so eine Elfjährige bei einem der ersten Power-and-Promise-Treffen.

Im Verlauf der letzten Jahre haben die Fürsprecher der Mädchen allmählich aufgehört, ihre Arbeit als Stückwerk zu betrachten, und begonnen, sich als Teil einer Basisbewegung anzusehen, vielgestaltig und improvisierend, aber einheitlich in ihrem Ziel, den Mädchen Gelegenheit zu verschaffen, zu sprechen und gehört zu werden, ihre Bedürfnisse herauszufinden und sie zu erfüllen und auf jede nur mögliche Weise ihren Einfluß auf ihr »Selbst« zu stärken. Alle Beteiligten arbeiten entsprechend ihrer

327

eigenen Stärke und Ideen. Diese Bewegung wird nicht von oben gelenkt, da es kein »Oben« gibt. Nur gewöhnliche Menschen mit gewöhnlichen Mitteln. Allerdings wird ungewöhnlich viel Energie und Engagement eingesetzt, und das hängt mit dem ausgesprochen interessanten Prozeß zusammen, der sich in den Personen abspielt, die sich zu dieser Arbeit hingezogen fühlen.

Kapitel 7

Unsere Töchter, unser Selbst

Wenn man Frauen das erstemal mit Studien bekannt macht, die sich mit dem Schwinden des Selbstvertrauens junger Mädchen beschäftigen, ist ihre erste Reaktion häufig, eine Barriere der Ablehnung zu errichten: »Das ist eine absolute Übertreibung.« Oder wie eine von George Bush ins Erziehungsministerium Berufene behauptete: »Unsere Schulen sind Inseln der Fairness!« Doch dann, wenn man sich länger damit beschäftigt, öffnen sich Risse. Eine längst begrabene Erinnerung regt sich, und die Barrieren geben nach. In dem Ansturm des ins Gedächtnis zurückgerufenen Schmerzes besitzen Frauen ihr eigenes Verstummen. Sie erinnern sich an das aufgeweckte, starke, lebensprühende Mädchen, das sie waren, bevor die Lichter verlöschten, und fühlen zum erstenmal überwältigende Trauer um ihr Verschwinden.

Zuerst Trauer, doch dann keimt in vielen Fällen etwas viel Stärkenderes auf. Eine tiefsitzende Entschlossenheit, den Kreislauf des Zum-Verstummen-Bringens zu durchbrechen.

Wenn Frauen jungen Mädchen zu Hilfe eilen, die mit den Erwartungen, die diese Kultur an Frauen stellt, nicht zurechtkommen, dann machen sie häufig eine Erfahrung, auf die sie nicht vorbereitet sind. Sie begegnen *sich selbst* – jenen Teilen ihres Selbst, die sie zurückgelassen haben, als sie elf oder zwölf Jahre alt waren, weil sie glaubten, sie müßten das. In *Tief unter unserer Haut* schrieb Emily Hancock ausgiebig und bewegend über diese Begegnung mit »dem lebhaften, ausgelassenen, mit sich im Ein-

klang stehenden Kind, jenem unabhängigen, fähigen, zielbe-
wußten Mädchen, das jede Frau in ihrer Erinnerung mit sich
herumträgt«. Wenn eine solche Begegnung stattfindet, wird daraus meist das, was wir eine radikalisierende Erfahrung nennen.
Ich glaube fest daran, daß viele der Frauen, die den von mir beschriebenen Prozeß durchlaufen haben und einen Blick auf das
»verlorene Mädchen« werfen konnten, das sie einmal waren,
jetzt eher geneigt sind, sich als Feministinnen zu sehen, ganz
gleich wie sehr sie auch bisher dieses Etikett vermieden haben.
Wenn meine Vermutung zutrifft, daß der Verlust des Selbstvertrauens bei Zwölfjährigen eine weit häufigere Erfahrung ist als
die eindeutige sexuelle Belästigung, dann könnte das zu einer
der wichtigsten Entwicklungen in der Geschichte der Frauenbewegung werden. Genaugenommen hege ich wenig Zweifel, daß
die Mädchen-Bewegung wirklich das volle Wiedererwachen der
Frauenbewegung verkörpert, das seit langem schon fällig ist.
»In Verbindung zu bleiben mit den Frauen und Mädchen«, so
schreibt Carol Gilligan, »in der Lehre, in der Forschung, in der
Therapie, durch Freundschaft, durch Mutterschaft, im Alltagsleben – das ist zutiefst revolutionär.«[1] Und alles, was wir über die
Geschichte des Patriarchats wissen, sagt uns, daß sie recht hat,
denn das Patriarchat hat sich hauptsächlich dadurch am Leben
gehalten, daß es uns voneinander getrennt hielt. Die wichtigste
Strategie hinter dieser Revolution (und bei unserer Fixierung auf
das »Finden der Stimme« könnte das leicht übersehen werden),
ist mit großer Sicherheit der einfache Akt des Zuhörens, der völlig neue Dimensionen erreichte.

Wenn ich die Zeit und den Ort benennen sollte, zu denen ich
dachte, der Feminismus sei wiedererwacht und wahrhaft radikal
geworden – ein Ereignis, das man mit Rosa Parks Weigerung
vergleichen könnte, in einem Bus in Birmingham, Alabama, we-

gen der Rassentrennung ihren Platz zu wechseln –, wäre es jener Moment im Frühjahr 1988 an der Laurel School in Cleveland, Ohio, als eine Gruppe Psychologen, angeführt von Lyn Mikel Brown und Carol Gilligan, freiwillig die Vorgaben eines in Harvard konzipierten Forschungsprojektes aufgaben und statt dessen damit begannen – nachdem ihre Forschungsarbeiten bereits seit zwei Jahren liefen –, ihre Probanden mit einer Methode zu interviewen, die wahrhaft offen und beziehungsbezogen war.

»Wir waren in die Schule gekommen, um von den Mädchen etwas zu lernen«, erinnert sich Lyn Brown. »Unsere Arbeit hing von der Bereitschaft der Mädchen ab, uns von ihren Erfahrungen zu erzählen ... doch wir kamen mit einem Studienkonzept, das per definitionem schon keine Beziehung voraussetzte, die man auch wirklich so nennen könnte.« Die Ironie war greifbar. Während es das explizite Ziel der Untersuchung war, »die Reaktionen der Mädchen auf eine beherrschende Kultur besser zu verstehen, die mit den Stimmen der Mädchen nicht in Einklang steht«[2], spiegelte die Untersuchungsmethode diese Kultur bis aufs i-Tüpfelchen. Als »neutrale Außenseiter« – göttergleiche Beobachter, bei denen vorausgesetzt wird, daß sie keine Beziehung zu den Mädchen selbst haben – stellten sie allen Mädchen dieselben Fragen, erlaubten den Mädchen nicht, im Gegenzug selbst Fragen zu stellen, und schlossen sie von der Interpretation ihrer eigenen Antworten völlig aus. Die Mädchen selbst erkannten das sofort und reagierten geschlossen, indem sie eine eigene Gegenkultur schufen – eine Art Untergrund, in dem sie sich gegenseitig darüber informierten, welche Fragen gestellt wurden und welche Antworten jede von ihnen gegeben hatte.

Statt den Standards ihres Forschungsbereichs zu folgen und einfach weiterzumachen, entschied sich das Harvard-Team, einfach zuzuhören. Sie erfuhren, daß sich die Mädchen von dem ursprünglichen Vorgehen benutzt vorgekommen waren. Sie wollten mit den Interviewern mehr Zeit verbringen, ihnen Fragen stellen zu ihren Ergebnissen und ihre Interpretationen erweitern oder ihnen widersprechen und wissen, was über sie außerhalb der Schule gesagt wurde. Mit anderen Worten, sie wollten echte Subjekte sein, die mit Respekt behandelt und *gehört* würden.

Als Lyn Brown und ihre Kolleginnen sich dem fügten, bekamen sie atemberaubende Ergebnisse. »Unsere Arbeit gewann eine Klarheit, die wir zuvor nicht erlebt hatten.« Sie verzichteten auf ihr Forschungskonzept, nahmen in Kauf, daß ihre Arbeit aus diesem Grund wahrscheinlich von vielen ihrer Kollegen abgewertet werden würde, und öffneten sich statt dessen der »Unordnung, Unvorhersehbarkeit und Verletzlichkeit einer sich bildenden Beziehung« – und sie begannen authentische Stimmen zu hören, die echte Wahrheiten äußerten. Und in diesen sich aufbauenden Beziehungen erfuhren sie zu ihrem Erstaunen auch etwas über sich selbst: »Wir begannen uns an unsere vergessene Mädchenzeit zu erinnern, indem wir durch die Trennungen des Heranwachsens zurückgingen.«[3]

Es zeugte von großem Mut, daß diese in Harvard ausgebildeten Wissenschaftlerinnen auf diese Weise ihre allgemein anerkannte wissenschaftliche Vorgehensweise aufgaben. Und es stellte eine stillschweigende Kritik einer Wissenschaftsmethode dar, die nur *ein* Subjekt – den Forscher selbst – zuläßt und jeden, der erforscht wird, zu einem Objekt werden läßt. Indem sie statt dessen ein partizipatorisches Modell annahmen, das sie ihre »Regeln für das Zuhören« nannten, halfen sie, die Sozialwissenschaften im feministischen Sinne neu zu definieren. Dadurch stellten sie auch die von mir im ersten Teil des Buches aufgezeigten Unterscheidungen zwischen den Positionen der Feministinnen und der spirituell Suchender in Frage, die diesen zu Themen wie Stimme, Eingeschlossensein, Selbst und Begierden *zugeschrieben werden*.

Mit anderen Worten, die Wissenschaftlerinnen an der Laurel School akzeptierten bereitwillig das Schweigen, und sie bemühten sich gemeinsam, persönliche Einstellungen, Projektionen und Kontrollwünsche beiseite zu lassen, so daß die Stimme und die volle Individualität der anderen – der Mädchen, die sie erforschten – gehört und gesehen werden konnten. Ihr Motiv scheint eine Mischung gewesen zu sein aus intellektueller Neugier und der Leidenschaft, werdende Frauen zu unterstützen. Die meisten von uns würden dies Feminismus nennen. Und es ist höchstinteressant, daß diese außerordentlich bodenständigen und dem Diesseits verhafteten Wissenschaftlerinnen als Ergebnis folgendes erfahren haben: einen machtvoll gesteigerten Sinn ihrer eigenen Individualität und neue Klarheit darüber, wer *sie* wirklich sind. Denn natürlich ist damit genau das geschehen, von dem die Mystiker immer gesagt haben, daß es geschehen werde – uns gesagt haben durch jede Metapher, die ihnen dazu einfiel –, wenn uns »unser Selbst nicht mehr im Wege steht«.

Der Altruismus war immer ein starkes Element der Frauenbewegung, doch wenn Mädchen zum Zentrum der Bewegung werden, übernimmt er die Führung. Und genau in dieser Hinsicht fordert der Feminismus das Patriarchat auf einer Ebene heraus, die nie zuvor angesprochen wurde. Denn es ist eine Sache, gegen verschiedene Formen der Ungerechtigkeit – ungleiche Löhne, gläserne Decken [die die Führungsetagen vor den Frauen abzuschirmen scheinen, d. Ü.], Schieflagen im Klassenzimmer – als Kränkungen unseres Menschseins zu protestieren oder zu erkennen, daß sie alle einem speziellen System von Definitionen entstammen, das bestimmt, was Menschsein wirklich ist.

Es wird heute in zunehmendem Maße anerkannt, daß Sexismus aus derselben Bewußtseinsecke kommt wie Rassismus, beides gründet sich auf den Glauben, das eigene Selbst dadurch aufbauen und stabilisieren zu müssen, daß man das Selbst anderer besiegt oder entmachtet. Ich benutze hier ganz bewußt das Wort »Glauben«, denn hier geht es um religionsähnliche Überzeugungen – die Überzeugung, daß mein Ich selbstbewußt und sicher sein wird und folglich als Subjekt und »Mensch« um so vollständiger, je mehr Individuen ich besiegt und entmachtet habe – oder zumindest weiß, daß ich sie besiegen oder entmachten könnte, wenn ich wollte. Zu wissen, daß es Leute gibt, die ich beim Racquetball schlagen kann, die nicht so viel Geld verdienen wie ich oder etliche Zentimeter kleiner sind ... *hilft*. Und wenn ganze Kategorien von Leuten der Definition nach schon als »andere« verstanden werden können – ein ganzes Geschlecht, ganze Rassen oder Nationen –, dann ist das um so besser, denn dadurch befindet man sich schon auf einer gewissen Ebene, und unter die zu rutschen, da müßte man sich schon ganz schön anstrengen.

Diese Theorie der Selbstwerdung beim Namen zu nennen, wie es die feministischen Theoretikerinnen getan haben, und ihre Wirkungen herauszuarbeiten und aufzuzeigen, welches Elend sie hervorbringt, ist sicherlich ein Schritt in die richtige Richtung. Doch in und um die Mädchen-Bewegung geschieht etwas noch Wichtigeres.

Wenn die Historikerin Margaret Miles von der ungeheuren Macht der »etablierten öffentlichen Darstellung« spricht – jene Art stillschweigender Übereinkunft, die ganze Klassen von Individuen unsichtbar machen kann –, dann bemerkt sie, daß die Alternative zu solchen Darstellungen die Entwicklung »eines rundum konferierenden Selbst« wäre, eines, das mit anderen Worten davon ausgeht, »daß jeder Mensch eine einzigartige Verbindung von Integrität, Intelligenz, Großzügigkeit, Eigeninteresse, Glauben und Erfahrung«[4] ist.

Ein »rundum konferierendes Selbst« – die Formulierung paßt wundervoll – ist genau das, wozu sich das Forscherteam an der Laurel School entschlossen hat. Und indem sie das taten, schlossen sie sich denen an, die sich seit undenklichen Zeiten mit besonderer Vehemenz gegen Hierarchie und Vorurteil gestellt haben: die Weisen und Seher, für die alles Leben heilig ist und jedes Geschöpf göttlich. »Ich war hungrig«, tadelt Jesus seine Jünger, »und ihr habt mich nicht gespeist. Ich war im Gefängnis, und ihr habt euch nicht um mich gekümmert.« Wenn der Feminismus seiner eigenen inneren Logik konsequent folgt, dann findet er sich in überraschender Gesellschaft ...

Für die letzten Jahrzehnte haben feministische Psychologinnen aus ihrer Arbeit mit Frauen und Mädchen ein machtvolles neues Modell für die Entwicklung des Selbst abgeleitet. Die Arbeit der Pyschologin Dana Jack beispielsweise fordert die übliche Gleichsetzung von unabhängiger Autonomie mit Reife und schlägt als Alternativmodell »das relationale Selbst« vor, in dem die sich entwickelnden Bedürfnisse des Individuums nach Nähe und Authentizität sich gegenseitig unterstützen. »Nähe erleichtert die Entwicklung eines authentischen Selbst, und das entwickelnde Selbst vertieft die Möglichkeiten der Nähe.«[5] Dies läßt sich beobachten, wenn man ein Kind aufzieht oder einfach anderen eine gute Freundin ist. An dem sicheren Ort, den eine warmherzige Beziehung bietet, kann man es den abweichenderen Teilen der Persönlichkeit erlauben, aufzutauchen – auch dem eigenen Ärger –, und wenn diese einmal anerkannt und eingebunden sind, gibt es einfach »mehr von mir«, das ich in diese und andere Beziehungen einbringen kann. Umgekehrt ist es natürlich so, sobald ich weiß, daß nur eine sehr begrenzte Version meines Ichs akzeptiert wird (beispielsweise nur die »netten« und »freundlichen« Teile), dann fühle ich mich besiegt, bevor ich überhaupt begonnen habe, mich zu entfalten.

Das Modell des »relativen Selbst« ist dynamisch und interaktiv. Es setzt ein gewisses Maß an ständiger gesunder Turbulenz und fortwährender Feinabstimmung voraus. Und es ist vollständig vereinbar mit der sehr körperlichen, relationalen und erdgebundenen Version der Spiritualität, die das weibliche Göttliche verehrt und darauf beharrt, daß wir alle »Teil von IHR« sind.

Das Vertrauen in die Macht des ernsthaften Zuhörens stand natürlich immer schon im Zentrum des Feminismus. Die das Bewußtsein stärkende Bewegung der frühen Siebziger war ein Kanal, durch den das Vertrauen in die gegenwärtige Frauenbewegung geflossen ist. Doch es gibt noch einen anderen, der nicht so allgemein anerkannt ist, und ich denke, sobald wir diesen erkennen, werden wir eine klarere Vorstellung von dem bekommen, warum heute Feminismus und Spiritualität einander so viel zu sagen haben.

Bis vor kurzem hatte Gloria Steinem nur sehr wenig über ihre zwei Jahre in Indien berichtet. Doch gegen Ende von *Moving Beyond Words* erzählt sie eine bemerkenswerte Geschichte über diese Zeit – in der sie meistens einen Sari trug. Ihr erstes Jahr verbrachte sie an der Universität von Delhi. Während des zweiten reiste sie mit dem Zug durch das Land und lebte von Artikeln, die sie versuchte zu verkaufen. Einmal besuchte sie einen Ashram, dem Vinoba Bhave vorstand, ein enger Vertrauter Gandhis, der jahrzehntelang durch Indien gezogen war, um die Landbesitzer zu überreden, einen Teil ihres Landes einer Stiftung für die Armen zu übereignen. Während ihres Besuchs waren in diesem Gebiet Gewalttätigkeiten und Unruhen zwischen den Kasten ausgebrochen, und Gruppen von Bhaves Anhängern gingen in die Dörfer und versuchten, die Wogen zu glätten. Obwohl sie unerfahren war, fragte man sie, ob sie eine der Gruppen begleiten würde, denn sie brauchten eine Frau, sonst hätten sie keine Möglichkeit, die Dorffrauen zu überreden, herauszukommen und mit ihnen zu sprechen. Sie nahm die Einladung an und wanderte tagelang von einem Dorf zum nächsten, bis ihre Füße so von Blasen übersät waren, daß sie sich von einem Ochsenkarren ins Ashram mitnehmen lassen mußte. Der Anführer ihrer Gruppe war ein Mann in den Siebzigern, der sein ganzes Leben dieser Art von Arbeit gewidmet hatte. Heute erinnert sie sich lebhaft an seinen Rat:

> Wenn du möchtest, daß dir die Menschen zuhören, dann mußt du erst ihnen zuhören.
> Wenn du hoffst, daß die Menschen ihr Leben verändern werden, dann mußt du erst wissen, wie sie leben.
> Wenn du möchtest, daß dich die Leute sehen, dann mußt du dich zu ihnen setzen und ihnen in die Augen schauen.

»Erst vor kurzem«, sagt Gloria Steinem, »habe ich die Resonanz zwischen dem, was ich getan habe, und jenem lange zurückliegenden und lang begrabenen Wendepunkt verstanden.«[6] Es würde mich sehr überraschen, wenn nicht mehr Resonanzbereiche allmählich erkannt werden würden zwischen der zeitgenössischen Frauenbewegung und der Arbeit, die Gandhi und seine Anhänger in Indien unternommen haben. Ich will erklären, warum.

Wenn Eltern oder Lehrer mit Tim darüber sprechen, eine Mädchengruppe gründen zu wollen, drücken sie immer ihre Befürchtung aus, daß sie nicht kompetent genug sein könnten. Tim versteht das; ihm ging es früher nicht anders. Aber er sagt ihnen jedesmal, daß es nicht darauf ankommt, wie erfolgreich oder unbeholfen sie sich fühlen, denn »diese Arbeit wird euch verändern«. Er ist sicher, daß sie sie in Tiefen ihres Selbst stoßen wird, die sie zuvor noch nie erreicht haben.

Linda Christensen beispielsweise – um diesen Prozeß zu demonstrieren – ist Lehrerin an der High-School in Portland, Oregon, die es sich zur Aufgabe gemacht hat, Schülern zu helfen, »die Mythen, die uns fesseln, abzulegen, indem sie Märchen und Filme kritisch untersuchen«. Ihre Erfahrung ähnelt der vieler Menschen, die mit einem eng begrenzten Ziel begonnen haben und feststellen, daß Abzweigungen auf der einen Ebene sie unabänderlich auf die nächste Ebene führen und von dort erneut auf die nächste.

Linda Christensen beginnt ihren Kurs, indem sie ihre Schüler Ariel Dorfmans *Der einsame Reiter und Babar, König der Elefanten. Von harmlosen Helden in unseren Köpfen* lesen läßt, und sie bittet sie, sich in einem Tagebuch mit Dorfman auseinanderzusetzen. Eine typische Reaktion, die sie beobachtet, wenn Schüler beginnen den Schleier über der sozialen Ungerechtigkeit wegzuziehen, war die einer Schülerin der Abschlußklasse namens Justine, die völlig überwältigt und entmutigt war, als sie entdeckte, wieviel ihres Selbstverständnisses von anderen geformt worden war, vor allem von Fernsehschauspielerinnen und Fotomodellen. Fast wünschte sie, sie wäre immer noch unwissend – »und glücklich!« –, nur jetzt weiß sie, wie sehr diese von den Medien bestimmten Phantasien ihr Verhalten und ihr Denken bestimmen. »Meine Träume«, so hat sie erkannt, »hindern mich daran, mich mit einer unerfreulichen Wirklichkeit auseinanderzusetzen ...«[7]

Justine erkannte das Dilemma, das sie für sich selbst geschaffen hatte, und das tat auch ihre Lehrerin. Christensen nahm die Verantwortung auf sich, Schüler wie Justine nicht im Stich zu lassen. Sobald der Prozeß des Infragestellens einmal begonnen hatte, konnte und würde er nicht in den Wänden des Klassenzimmers bleiben. Die »unerfreuliche Wirklichkeit« mußte in Angriff genommen werden. »Die Zeichentrickserien abzustellen stellte nicht den Sexismus und Rassismus ab. Sie konnten dem nicht entkommen, und nun, da sie damit begonnen hatten, die Zeichentrickserien zu analysieren, konnten sie nicht umhin, auch den Rest der Welt zu analysieren.«

Neben der kritischen Untersuchung der Dinge, wie sie waren, sah Christensen die Notwendigkeit, noch einen positiveren Prozeß anzustoßen: »die Schüler dafür zu gewinnen, *sich eine bessere Welt vorzustellen, die von Beziehungen der gegenseitigen Achtung und der Gleichberechtigung charakterisiert ist*«. Und es reichte nicht, sich dies nur vorzustellen. Wenn die Kritik nicht in Taten münden konnte, dann bestand die Gefahr, daß die Schüler dem Zynismus verfielen. Da sie nun schon einmal so weit gekommen waren, mußten die Lehrer den nächsten Schritt fördern. Christensen und ihre Kollegen beschlossen nun, »die Schüler mit ihrem Ärger aus den Klassenzimmern herauszuholen – und ihrem Schreiben und Lernen zu erlauben, Werkzeuge der Veränderung zu werden«. Die Schüler waren ermutigt von dem Gedanken, daß sie ihre Zeichentrickanalysen einer Zuhörerschaft vortragen konnten, und sie taten es. Auf eine Vielzahl verschiedener Arten – auf Flugblättern für die Vereinigung der Lehrer und Eltern (PTA), in Artikeln für landesweite Medien – wandten sie sich an ihre Altersgruppe und an ihre Eltern. Das Schreiben, so betont Christensen, wurde viel knapper und klarer, weil es für eine echte Zuhörerschaft ist. »Als Tinkerbell ihren winzigen Körper im Spiegel betrachtet«, schrieb ein Mädchen, »nur um festzustellen, daß ihre winzigen Hüften einfach zu breit sind, zeigt sie uns, wie man aus einem Spiegel einen Feind machen kann ...«

Die Leistung von Lehrern wie Linda Christensen ist sehr real, und ihre positiven Wirkungen werden nicht vergebens sein. Doch ich vermute, daß Frau Christensen mir als erste zustimmen würde, daß die Arbeit damit noch nicht getan ist. So wie die ersten Schritte die nächsten zwingend nach sich zogen, so ruft auch die letzte Phase, über die sie in ihrem Artikel berichtet, nach weiteren Schritten. Die Artikel der Studenten sind schließlich immer noch nur kritische Untersuchungen. Das eine Stück einer besseren Welt, das sie haben – und es ist ein sehr kostbares Stück –, ist, daß sie begonnen haben, sich als Träger eines Wandels zu begreifen. Doch dieses Gefühl ist noch sehr zerbrechlich und begrenzt. Es ist für sie absolut lebenswichtig, verbündete Erwachsene und Freunde zu haben, die positive Visionen vom Leben als *Ganzem* haben und die sich verpflichtet haben, diese zu verwirklichen.

Gandhis erste Kampagne, die Freiheit Indiens von der britischen Kolonialherrschaft zu erreichen, endete schlimm. Was geplant war als gewaltlose Satyagraha, nahm eine häßliche Wende, und Gandhi weigerte sich, dies weiterzuverfolgen. Statt dessen zog er aufs Land und startete ein Aufbauprogramm. Dabei gehörte die Verbesserung der Dorfstruktur zu seinen Hauptzielen, ebenso wie Prohibition, eine Verbesserung der Stellung der Frau, die Abschaffung ausländischer Textilien und die Abschaffung der Unberührbarkeit. Er hatte erkannt, wie bedeutungslos politische Freiheit für Indien sein würde, solange das Volk noch unter Armut, Unwissenheit und den Übeln, die beide nach sich zogen, litt und wenn sie einander ebenso ausbeuteten, wie die Briten es mit ihnen allen gemacht hatten. Er wollte Indien von Grund auf befreien, von innen heraus, und vertraute darauf, daß, wenn erst einmal eine bedeutende Anzahl von Indern wirtschaftliche Selbständigkeit und wirkliche Selbstachtung erreicht hatten, die Briten keine andere Wahl hätten, als abzuziehen: Sie wären überflüssig, und sie würden das wissen.

Aber er verstand diese Arbeit niemals als eine im Grunde politische oder wirtschaftliche. Er glaubte daran, daß Indien sich erheben würde und seinen ihm zustehenden Platz als gleichberechtigter moderner Staat beanspruchen würde, wenn es erst einmal seine alten spirituellen Traditionen zurückgefordert hat. Als er nach zwanzig Jahren in Südafrika 1915 nach Indien zurückgekommen war, war sein Kopf geschoren, er trug weiße Baumwollgewänder und trug den Stab, der für die Inder ein Leben in religiöser Entsagung symbolisierte. Ohne Worte sandte er ihnen eine machtvolle Botschaft, und sie verstanden sie. Seine Revolution basierte nicht auf dem Kapital oder den Briefen von Thomas Payne, sondern auf der *Bhagavad Gîta*, und wie er seine Beziehung zu Indiens am meisten geschätzter heiliger Schrift beschreibt, sagt alles:

> Die Gîta ist mir Mutter gewesen, seit ich sie im Jahre 1889 kennenlernte ... Wer sein Haupt in ihrem friedenspendenden Schoß zur Ruhe bettet, wird nie enttäuscht werden ... Diese geistige Mutter gibt ihrem Verehrer für jeden Moment seines Lebens Wissen, Hoffnung und Kraft.[8]

Gandhi hatte verstanden, daß Indiens Probleme weit über die politische und wirtschaftliche Unterdrückung hinausgingen. Die indischen Frauen und Männer hatten den Glauben an sich selbst verloren, weil sie mit den Augen der britischen Regierung auf sich selbst sahen. Es war wie eine Art Hypnose. Ihr Gefühl für die eigene Größe als Volk war wie ein winziges Stück glühender Kohle, kaum noch warm, vergraben in der Asche.

In gleicher Weise beginnen jene, die mit und zugunsten von jungen Mädchen arbeiten, allmählich zu verstehen, wie niederschmetternd die öffentliche Darstellung von Mädchen auf den Mädchen selbst lastet und sie auch noch drückt, wenn sie die Schwelle zur Frau überschreiten. Ursache für diese Bilder ist natürlich weder eine Regierung noch eine bestimmte Institution, sondern vielmehr der Drang nach grenzenlosen Firmengewinnen, der die Kommerzialisierung der Mädchen in Höhen getrieben hat, von denen in unserer patriarchalischen Vergangenheit nur geträumt werden konnte. In hohem Grad sexualisierte Darstellungen junger Mädchen werden in Filmen und Musikvideos verbreitet und eingesetzt, um alle möglichen Produkte zu verkaufen, aber sie verkaufen auch die Botschaft, daß junge Mädchen so aussehen sollten. Da fast niemand wirklich so aussieht, wird die Unsicherheit immer größer – fruchtbarer Boden der Marketingabteilungen für Kosmetik, Kleidung, Diäten, CDs, Softdrinks und ähnlichem. Mädchen werden heute *gebraucht* – und zwar in einem Ausmaß, das die meisten von uns noch nicht begriffen haben – für die Doppelrolle, die sie in der Wirtschaft der Konzerne spielen, als Ware auf der einen Seite und als Konsumenten auf der anderen. Deshalb wird ein großer Teil der Energie darauf verwendet, sicherzustellen, daß sie sich selbst auch so sehen.

Wenn eine Person, die sich für die Belange der Mädchen einsetzt, das alles mit einer gewissen Klarheit sieht – wenn sie unmittelbar erfährt, wie heftig der Widerstand selbst gegenüber den einfachen, vernünftigen Reformen ist, die sie vertritt, und von welch überraschenden Seiten er ihr entgegenschlägt, so bösartig, daß es ihr den Atem nimmt (oder *ihm* – ich habe zuschauen müssen, wie das beispielsweise meinem Mann widerfahren ist) –, dann scheinen die Ebenen der Verpflichtung in Gandhis Satyagraha keinesfalls übertrieben. Und was das betrifft, scheint auch die religiöse Basis des Gandhischen Widerstands in keiner Weise mehr seltsam oder übertrieben.

Vandana Shiva erzählt uns in erschreckenden Bildern, was das Auge eines Konzerns sieht, wenn es einen Fluß, einen Berg, ein Feld oder einen Wald anschaut – daß das unpersönliche Auge der Weltwirtschaft nur die Möglichkeit zum Profitmachen, und möglichst noch dieses Jahr, sieht, während der ökologisch arbeitende Bauer eine unendlich vielschichtige, ausgeglichene und wundervolle Struktur schaut, die lebt, die heilig ist und ewig: den Körper der Großen Mutter. So wie wir, wenn wir ein Mädchen sehen, das die Schwelle zur Frau überschreitet, uns vorstellen können, wozu man uns konditioniert hat, wie sie in einer Anzeige für Jeans aussehen würde – oder wir können mit Orissi ausrufen: »Schaut! Sie kommt in all ihre Shakti!« Diese zweite Möglichkeit wird selten unmittelbar erlebt. Die Schriftstellerin Ntozake Shange läßt uns in ihrem Roman *Schwarze Schwestern* einen kurzen Blick darauf werfen, als Indigo ihre gute Freundin, Schwester Mary Louise Murray, besucht.

Schwester Mary Louise (»die sich wohl zu lange in der Nähe von Rosen aufgehalten hatte. Ihr Gesicht glühte wie Blütenblätter und die Venen stachen hervor wie die Opale in ihren Ohrläppchen«) ist eine Diakonisse in der Familienkirche Indigos. Während Indigo sie besucht und sich mit ihr unterhält, spürt sie eine Welle intensiven Gefühls (»so merkwürdig, daß sie sich ganz leicht fühlte; und ganz heiß«), und dann erkennt sie, daß sie zu bluten begonnen hat.

»Rede, Kind«, ruft Schwester Mary Louise, »erhebe deine Stimme, damit Gott dich kennenlernt als die Frau, die du bist«, und sie tritt in Aktion.

Sanft nahm sie Indigo ihre Kleidung ab und ließ sie in einen Eimer mit kaltem Wasser fallen. Sie badete Indigo in einer heißen Wanne, die mit Rosenblättern gefüllt war: weiße, rote und gelbe, die eine neugeborene Frau umflossen. Sie wand Indigo einen Blumenkranz und bedeutete ihr, in den Hinterhof zu gehen.

»Dort im Garten, unter Gottes anderen Schönheiten, solltest du diese ersten Stunden verbringen ... Nimm deinen Segen und laß dein Blut zwischen die Rosen fließen. Hocke dich hin, wie du es tust, wenn du gebären wirst. Lächle, wie du es tun wirst, wenn Gott beschließt, dir die Freuden einer Frau zu geben. Gehe nun, wie ich es dir gesagt habe. Schäme dich nicht deiner Nacktheit.«

Dann schloß Schwester Mary die Tür. Indigo saß blutend zwischen den Rosen, duftend und erfüllt von Gnade.[9]

Hier wird die Pubertät dargestellt als ein Erwachen zu einem ganzen Spektrum von Gefühlen und Fähigkeiten, die alle gleichzeitig aufquellen: sexuelles Begehren und die Fähigkeit, Leben zu geben und es zu nähren, aber auch, unmißverständlich, *spirituelle* Macht und *spirituellen* Hunger. Mut und Freude. Schwester Mary Louise lädt ihre junge Freundin ein, all diese Gefühle gleichzeitig in sich zu entdecken und sie willkommen zu heißen.

Was mich darüber hinaus an dieser Passage so besonders fesselt, ist ihre deutliche religiöse Sprache. Hätte Ntozake Shange die Transformation eines Mädchens zur Frau auf irgendeine andere Weise annähernd so großartig vermitteln können, wenn sie nicht Worte wie *Segen*, *Gott* und *Gnade* verwendet hätte? Wenn sie nicht den ganzen scheußlichen Bibelbericht der Dinge ausdrücklich heraufbeschworen hätte und Schwester Mary Louise nicht so wirkungsvoll Evas Ausschluß vom Garten Eden hätte rückgängig machen lassen und den Fluch aufgehoben hätte, den Gott Adam und Eva auferlegte, indem sie Indigo sagte, sie solle sich ihrer eigenen Nacktheit nicht schämen? In jeder anderen Version wäre das Ergebnis nicht so machtvoll gewesen. Genaugenommen macht Shange aus Schwester Mary Louise eine Art Hohepriesterin einer neuerfundenen westlichen Spiritualität, die die Verbindung zwischen der Frau und dem weiblichen Göttlichen neu schmiedet, die unterbrochen zu halten sich das Patriarchat viertausend Jahre bemüht hat. Und indem sie das tut, gibt sie uns für einen Augenblick einen unwiderstehlichen, berauschenden Blick darauf, wie das Leben nach dem Patriarchat vielleicht sein könnte.

Es ist natürlich auch wahr, daß Schwester Mary Louise in ihrer Gemeinde als nicht nur ein bißchen verrückt gilt. Und das genau ist der Punkt. Die beiden grundsätzlich verschiedenen Darstellungen des Mädchens zwischen Kind und Frau, die ich geschildert habe – das eine in engen Designer-Jeans, das andere umspült von Rosenblättern –, stehen für zwei grundsätzlich verschiedene Einstellungen gegenüber dem Leben selbst.

Mir kommt es heute so vor, als sei die Gier der Konzerne, die globale und »institutionenübergreifende« Macht, die Vandana Shiva als den wahren Feind der Frauen, der Erde und des Lebens in all seinen Formen ansieht, der höchste Ausdruck des Glaubens an »Selbstwerdung durch Eroberung«, die ich gerade beschrieben habe. Dieser Glaube ist also die Saat einer bestimmten Kultur – der materialistischen Kultur –, und wir haben zugesehen, wie sie sich entfalten konnte, zugesehen, wie sie mehr und mehr Raum in unseren Leben einnahm, und das seit fast fünftausend Jahren. Diese Lehre bringt die Feminismustheoretikerin Bell Hooks mit ein paar vernichtenden Worten auf den Punkt: »Es gibt nichts in dir, das von Wert ist; alles von Wert ist außerhalb deines Selbst und muß erworben werden.«[10] Das Gegenstück, jene Saat, die fähig ist, eine völlig andere Art von Kultur hervorzubringen, wird sichtbar in der Entdeckung des Forscherteams an der Laurel School, daß ich mit einem »rundum konferierenden Selbst« mein Selbst tiefer und stärker erfahre. Diese andere Lesart der menschlichen Erfahrung und die Möglichkeiten, die sie beinhaltet, wurde an den äußersten Rand des Lebens gedrängt – ihr wurde der Anschein der Lächerlichkeit verliehen. Es ist schön und gut, daß Schwester Mary Louise auf diese Weise auf Indigos Eintritt

in ihr Frausein reagiert – gilt sie doch als die Bekloppte von nebenan. Die eigene Mutter des Kindes reagiert mit der Besorgnis, die man von einer Frau erwarten kann, die sehr wohl die Gefahren kennt, die eine Stadt der Südstaaten für ein heranwachsendes farbiges Mädchen bereithält. (»Indigo, höre mir genau zu.«)
Der abschätzende Blick, den ein Vertriebsberater auf ein junges Mädchen wirft, ist nicht wirklich sexistisch oder frauenfeindlich. Nichts so Spezielles. Flüsse, Wälder, Felder, Kinder, Tiere – für den Geist, der die Kategorie »heilig« nicht kennt, ist alles dasselbe. Der leuchtende Stoff des Lebens wird abgerissen werden wie Draupadīs Sari – beiläufig und aus Gier.
»Die Gier vernichtet das Gesetz«, lehrt uns Draupadī. Doch sie lehrt uns auch, daß unser Schutz vor Gesetzlosigkeit und Gier keinesfalls von außen kommt. Was Draupadī gerettet hat, war, daß sie verstand, was auf dem Spiel stand. Sie war, wie die Orisse sagen, »ein Teil von IHR«, oder wie Schwester Mary Louise sagt, »von Gnade erfüllt«, doch was genauso wichtig ist, sie wußte es.
Was meiner Meinung nach heißt, daß eine Frau, die weiß, wer sie ist, nicht in zerstörerische Beziehungen gezogen werden oder von Konzernmedien manipuliert oder davon abgehalten werden kann, eine aktive Rolle in der Politik zu übernehmen, zu der sie die Gesetze ihres Landes berechtigen. Sie ist ganz einfach immun gegen jede Art der Ausbeutung.
Man könnte den Gedanken noch weiterführen: Könnte eine ganze Generation von Mädchen in dem Wissen aufwachsen, wer sie sind, geimpft gegen Sexismus, dann würde ihre bloße Gegenwart alles in Frage stellen, was Frauen an den Rändern des Lebens gehalten hat, und daraus könnte nur Gutes entstehen.
Ich habe keine Töchter, aber wenn ich meinen Sohn und seine Freunde beobachte, wie sie sich über unwegsames Gelände kämpfen, wenn sie sich mit den zweifelhaften Handlungsmustern auseinandersetzen, die ihnen geboten werden, wird meine Überzeugung immer stärker, daß, wenn das geschehen würde,

ihr Leben so unermeßlich besser werden würde, und während sie Surfbretter auf ihren Autodächern befestigen, im Hof Basketball spielen oder über den Bewerbungsformularen eines Colleges brüten, atme ich es über sie wie einen Segenswunsch: »Möget ihr immer von Frauen umgeben sein, die wissen, wer sie sind.«

Kapitel 8

Zwei Hälften einer Realität

Der weiße Fleck auf der Landkarte meines Lebens ist nicht länger weiß. Es sind darin so viele einladende Spuren, Pfade und Straßen, daß ich schon befürchte, die Zeit könnte nicht reichen, sie alle zu erforschen.

Den größten Teil dieser letzten drei Jahre habe ich mir vorgestellt, ich lebte in »Julianas Zeit«. Wochen um Wochen vergingen, während denen ich mich so ruhig und so fest verankert in den ruhigen Rhythmen meiner spirituellen Übung fühlte, daß es mir schwerfiel, mich an die Zeiten zu erinnern, in denen es einmal anders war. In einer ihrer Offenbarungen sah sich Juliana auf dem Meeresboden herumwandern, und sie erkannte, wie sie sich so ihren Weg durch das Seegras und den Kies bahnte, »wenn ein Mann oder eine Frau hier unter den weiten Wassern wären und Gott sehen könnten, so wie Gott immer beim Menschen ist, dann würden sie an Seele und Körper sicher sein, und nichts könnte ihnen geschehen«. Und ich verstand das als Bestätigung von etwas, was mein Lehrer immer gesagt hatte – genaugenommen seine Standardantwort auf alle Klagen über Streß und bevorstehende Katastrophen: Vertiefe deine Meditation. *Danach* können wir darüber reden. Denn natürlich sehen die Dinge meist völlig anders aus, wenn man sich erst einmal durch die ersten Schichten der Unruhe hindurchgearbeitet hat.

Doch einen großen Teil dieser drei Jahre war auch Draupadī in meinen Gedanken, und das machte meinen Weg entschieden unruhiger: Das Leben brach wiederholt durch die Mauern und unterbrach die harterkämpfte meditative Ruhe. Hier war keine ruhige Klause und nur wenig Zuversicht in positive langfristige Erfolge.

In Julianas Gesellschaft schien ich die Zeit, den Raum und den Mut zu haben, jenen Ort in meinem Leben zu öffnen und zu entfalten, an dem sich eine gewisse Dissonanz spürbar machte, und ihr auf den Grund zu gehen. Mit Draupadī war immer alles gegenwärtig, drängend und voller Konsequenzen. In meinem eigenen Rhythmus Julianas Kampf reflektierend, die ererbten Lehren in Einklang zu bringen mit dem, was sie erfahren hatte, begann ich die gegensätzlichen Zugkräfte besser zu verstehen, die ich erfahren hatte, und dies wiederum half mir zu erkennen, daß auch andere dies erfuhren, denn jeden Tag schien ich Frauen zu treffen, die Sätze anfingen und dann mittendrin aufhörten, unfähig oder unwillig, sie zu beenden. Und ich dachte, ich wüßte warum. *Alles schön und gut*, sagte Draupadī. *Nur geht es nicht nur darum, daß Frauen systematisch den Mund halten, sondern daß kleine Mädchen schon zum Verstummen gebracht werden, bevor sie überhaupt zur Frau werden.* Juliana wiederum half mir, den Weg dahin zurück zu erspüren, wie es dazu gekommen war, wie alles war. Draupadī fragte mich, was ich dagegen tun wollte.

Zwei Stimmen in meinem Kopf, zwei verschiedene Aufträge, die ich zu erfüllen hatte. Zwei Hälften – mindestens zwei – einer Realität. Ich wußte schon seit langem, daß ich ohne Meditation nicht leben konnte, aber nun wußte ich, daß der Feminismus für mich ebenso unverzichtbar war. »Für mich liegt die Schönheit des Feminismus darin«, schreibt die Essayistin Vivian Gornick, »daß er mich die bittere Wahrheit höher zu schätzen gelehrt hat als Romanzen. Es war die bittere Wahrheit, nach der ich noch immer suchte.«[1] Und mir ging es genauso. Die bitteren Wahrheiten, für die mir der Feminismus die Augen geöffnet hatte und für die mir die spirituelle Übung und Sichtweise das Rüstzeug gab, damit umzugehen. Ich habe nie den Sexismus für das eine große

Übel im Leben gehalten, doch er scheint jene besondere Form des Übels zu sein, gegen das vorzugehen ich augenblicklich aufgerufen bin. Ich weiß nicht, wie viele Wahlmöglichkeiten man bei diesen Dingen hat.

Ich möchte nun Überlegungen darüber anstellen, wie eine aktive Partnerschaft zwischen Feminismus und Spiritualität real aussehen könnte – und sie versuchen. Dies zwar sehr vorläufig und sondierend, aber von dem Gefühl geleitet, daß die Art, in der junge Mädchen ihren Übergang in das Frausein vollziehen, überaus ernst genommen werden sollte – denn dies beeinflußt uns alle.

Kinaalda im großen Stil

Die Karuk-Indianer stammen aus dem Gebiet des Salmon River, ungefähr hundert Kilometer nördlich meiner Wohnung. Vor ein paar Sommern hörte eine Frau, eine Karuk, von einer zehntägigen Zeremonie, die ihr Volk früher immer für die Mädchen anläßlich ihrer Menarche abhielt. *Ihuk*, der Blumentanz, war seit einhundertfünfzig Jahren nicht mehr ausgeführt worden, aber einer der Ältesten wußte immer noch etwas darüber, und jemand hatte tatsächlich auf Wachswalzen noch ein paar alte, kaum verständliche Aufzeichnungen der Lieder, die bei dieser Zeremonie gesungen werden. Da sie sich darüber im klaren war, daß dies die letzten, vom Untergang bedrohten Fragmente einer Kultur waren, die ihre eigene Kultur und die ihrer kleinen Tochter war, machte sich diese Frau daran, alles über *Ihuk* zu lernen, was nur möglich war. Sie wußte, daß es schon ein ungeheures Unterfangen war, allein die zeremoniellen Gewänder zu fertigen, die mit Reihen über Reihen von Muscheln und Perlen an den Säumen verziert waren. Doch wenn sie sofort damit begann, dann hätte sie vielleicht alles für einen Blumentanz fertig, der wohl in ungefähr zwei Jahren stattfinden würde. Und so kam es, daß im

Sommer 1996 als Höhepunkt einer viertägigen Rekonstruktion eines *Ihuk* zwei »Jung-Frauen« im Kreis der Familie und der Freunde willkommen geheißen wurden.

Ihuk ähnelt der *kinaalda* in vieler Hinsicht, aber es gibt auch Unterschiede, von denen manche die anderen Bedingungen des jeweiligen Lebensumfelds spiegeln. Statt Mais für einen Maiskuchen zu mahlen, zerstoßen diese Mädchen beispielsweise Eicheln für eine Suppe, wie es ihre Ahnen getan hatten. Sie fasteten ziemlich streng, und die ganze Zeit waren ihre Augen verbunden: Als die Binden schließlich entfernt wurden, bedeutete dies, daß die Mädchen jetzt mit den Augen einer Frau in die Welt blickten. Mühevolle Aufgaben wurden ihnen gestellt – wobei die zweimal am Tag durchgeführten Tänze sicher nicht die einfachste war, da sie ausgeführt werden mußten, ohne daß die Mädchen etwas sehen konnten. Ganz zum Schluß machten die Mädchen einen Lauf – so wie die Navajo-Mädchen gerannt sind –, bei dem die jüngeren Mädchen neben ihnen herliefen. Noch einmal verschwanden sie und erschienen schließlich, umgeben von ihren Müttern und anderen Frauen – nun gebadet und prächtig gekleidet. Blaß, aber strahlend.[2]

Manchmal muß ich an Gandhi denken und sinne darüber nach, was dreihundert Jahre britischer Besatzung aus Indien gemacht haben, und dann stelle ich ihn mir vor als jemanden, der vor verglühenden Kohlen kniet und versucht, das Feuer wieder zu entfachen. Die Anstrengungen, die Frauen heute unternehmen, um eine Tradition der weiblichen Stärke und Würde wiederzuerlangen, versetzen uns vielfach in dieselbe Lage – sogar schlimmer, denn natürlich haben die meisten von uns nicht einmal das Glück, wenigstens noch Reste der Glut zu haben, auf denen man aufbauen kann. Nichts so Greifbares wie einen weiblichen Initiationsritus, beispielsweise, der wirklich uns und unseren Töchtern gehört.

Ich hege meine Zweifel, wie sinnvoll es sein kann, Rituale und Zeremonien auszuführen, die anderen Kulturen entlehnt sind. Doch bin ich mir sicher, daß allein das Wissen um die verschiedenen Zeremonien, mit denen unterschiedliche Gesellschaften ihre Töchter in der Gemeinschaft der Erwachsenen willkommen heißen, von ungeheurem Wert ist. Sobald man verstanden hat, was die grundlegenden Elemente von Zeremonien etwa wie *Ihuk* und *kinaalda* sind, weiß man, was das Volk, das jene Zeremonien herausgebildet hat, für wirksam hält, um eine Kultur aufrechtzuerhalten, die Frauen achtet. Und von einer solchen Kultur zur nächsten bleiben viele jener Elemente und Werte, die sie spiegeln, dieselben.

Absonderung, in regelmäßigen Abständen, in einem weiblichen Raum ... besondere Lieder und Tänze ... das Auflegen von Händen ... das Schmücken ... sportliche Tüchtigkeit ... Einweisung in lebenswichtige Fertigkeiten ... Selbstbeherrschung ... ehererbietige Unterstützung durch die Männer ... die Gemeinschaft mit der Gottheit ... die Gelegenheit, der Gemeinschaft zu dienen ...

Ein Mädchen, dem all dies gewährt wird, was *kinaalda* und ähnliche Zeremonien einschließen, ist der strahlende Mittelpunkt einer Gemeinschaft, die sich selbst regenerieren kann – und die das auch möchte. Doch die Zeremonie beinhaltet auch, daß sie sich dieser Erfahrung für den Rest ihres Lebens erfreuen kann. Und wenn das nicht so ist, stimmt etwas nicht.

Es ist wie eine Diagnosecheckliste, und bedenkt man, wie beraubt wir sind, wäre es nicht das Schlechteste, sie für unseren eigenen Gebrauch zu übernehmen, und wenn es auch nur unter Freunden wäre.

»Sag, wie geht es dir? ... Nicht so gut? ... Wann warst du das letzte Mal mit deinen Freundinnen unterwegs? ... Hast eine Massage bekommen oder gegeben? ... In deinem Garten gearbeitet? ... Einkehr gehalten? ... Gesungen?«

»Gesungen?«

Ja, gesungen. Alle Elemente der *kinaalda* sind wichtig. Die Navajos wußten, was sie taten. *Kinaalda* lehrt ein Mädchen auf alle möglichen Weisen, daß sie und *Changing Woman* eins sind. Sie wird zur Ähnlichkeit mit IHR massiert, sie wird mit Maispollen bemalt, der für IHRE Fruchtbarkeit steht, und sie speist ihr Volk, so wie es die Göttin selbst tut. Doch die traditionellen Lieder, die ständig gesungen werden, ziehen alle in ihren eigenen mächtigen Bann. Sie weiß, daß sie »in die Schönheit geht«, weil ihr die Lieder das verkünden.

Die Kongo-Pygmäen wußten auch, was sie taten, wenn man dem Anthropologen Colin Turnbull folgt. Über *elima*, den Initiationsritus für Mädchen bei den Kongo-Pygmäen, schrieb Turnbull: »Es gibt besondere *elima*-Lieder, die sie sich gegenseitig vorsingen, die Mädchen singen eine helle, kaskadenartige Melodie von schwieriger Harmonie, die Männer antworten mit einem vollen, kräftigen Chor.« Auf dem Höhepunkt der Zeremonie versammeln sich die Mädchen mit ihren Müttern und Großmüttern und singen eine andere Gruppe von Liedern: »Lieder, deren Worte keine besondere Bedeutung haben, deren Bedeutung aber darin liegt, daß sie nur von erwachsenen Frauen gesungen werden.«[3]

Was für Lieder haben wir? Welche Musik übernimmt für Mädchen und Frauen die Rolle der Gospelmusik, die die Bürgerrechtsbewegung vorwärtsgetrieben hat? In einem Interview mit Bill Moyers sprach 1991 Bernice Johnson Reagon, die Gründerin und Leiterin des Chores *Sweet Honey in the Rock* über den Stellenwert der Gospelmusik in der Schwarzen-Kultur, und ihre Bemerkungen dazu helfen uns zu begreifen, was es mit jenen Liedern »nur für Frauen« auf sich hat:

Wenn wir singen, verkünden wir unsere Existenz ... Die Lieder sind ein Weg, zum Singen zu kommen ... Das Singen *läßt diesen Ton durch deinen Körper laufen.* Du kannst nicht ein Lied singen, ohne deinen Zustand dabei zu verändern ... Dieser

Teil deines Wesens, der Teil deines Wesens, »der beeinflußt wird«, wenn du diesen Ton durch deinen Körper laufen läßt, ist ein Teil von dir, von dem unsere Kultur glaubt, daß er entwickelt und gepflegt werden sollte … mit dem du vertraut sein solltest, mit dem du so oft wie möglich in Kontakt kommen solltest, und wenn du durch dein Leben gehst und niemals mit diesem Teil deines Ichs Verbindung aufnimmst, dann hat die Kultur an dir versagt.[4]

Besonders über das Lied »This Little Light of Mine« sagt sie:

Viele der alten schwarzen Lieder sind »Ich«-Lieder … Wenn du in einer Kultur aufwächst, wo wir als Schwarze wirklich starke Botschaften bekamen, unsichtbar zu sein … mußten die Menschen erst eine *Barriere* überwinden, um sich bemerkbar zu machen. Ein Lied wie »This Little Light of Mine« *durchbricht* diese Barriere: »*Wo immer* ich gehe, lasse ich es scheinen!« … du sagst es ganz klar, daß du dich *bemerkbar machst*.

Für Frauen und Mädchen, die sich für unsichtbar halten – ein immer wiederkehrender Refrain in Frauentexten –, könnten Lieder wie dieses eine große Hilfe sein. Lieder darüber, was für ein gutes Gefühl es ist, wenn man beispielsweise stark ist und schnell – denn die sportliche Tüchtigkeit von Frauen war nie ein Problem in Kulturen, in denen Frausein als solches kein Problem ist.

Ich bin auf meinem Weg, und laufe
Ich bin auf meinem Weg, und laufe
Mir entgegen blickt der Rand der Welt …[5]

Seit 1972, als ein Bundesgesetz wirksam wurde, allgemein bekannt als Recht Nr. 9, gilt, daß in allen öffentlich geförderten Bildungseinrichtungen Mädchen dieselben Möglichkeiten zur sportlichen Entwicklung und dieselben Wettkampfeinrichtungen haben müssen wie Jungen. Das sensationelle Ergebnis davon ist, daß ich jetzt an jedem beliebigen Tag die Sportseiten meiner Lokalzeitung aufschlagen kann und darin junge Frauen finde, die auf einem Fußball- oder Basketballfeld miteinander wetteifern – *Mädchen*, die Softball spielen und dabei alle Rekorde brechen. Mir gefällt der Gedanke, daß viele dieser Mädchen mit einem Sportstipendium an ein College gehen werden, und noch besser gefällt mir der Gedanke, wie gut ihr Engagement im Sport sie schützt: Denn es hat sich herausgestellt, daß Mädchen, die sich auf der High-School beim Sport engagieren, dreimal so häufig ihren High-School-Abschluß machen, achtzig Prozent weniger Gefahr laufen, ungewollt schwanger zu werden, und die Wahrscheinlichkeit, daß sie Drogen nehmen, um 92 Prozent niedriger liegt.[6]

Dafür zu sorgen, daß Frauen und Mädchen ermutigt werden, sich in all den Weisen zu öffnen und zu entfalten, wie es die *kinaalda* betont, wird für einen Feminismus, der sich auf Spiritualität gründet, immer Priorität haben. Wir werden eine *kinaalda* unterstützen, die großgeschrieben wird – keine einmalige Zeremonie, sondern eine ständige Kampagne, um das Leben aller Mädchen und Frauen zu verbessern und damit auch die *gesamte Menschheit*.

Das Schöne dieser Betrachtungsweise ist, daß sie nicht vorgibt, daß irgendeine von uns alles tun kann oder alles auf einmal tun kann. Doch indem man sich auf die Elemente der *kinaalda* konzentriert, kann jede von uns in ganz konkreten Begriffen jene Orte bestimmen, an denen wir uns weder stark noch gleichberechtigt, noch unterstützt fühlen, und sich damit auseinandersetzen. Und wir können jene Orte bestimmen, wo wir eine Menge zu geben haben.

354

Doch der Kern der *kinaalda,* und wahrscheinlich aller traditionellen weiblichen Institutionen – nicht allein die Zeremonie, sondern auch die Zeit, die ihr vorausgeht und ihr folgt –, liegt in der Übertragung der traditionellen weiblichen Fertigkeiten: lebenerhaltende Fertigkeiten wie Spinnen, Weben, Stricken, Töpfern, Kochen, Heilen, Gärtnern, Bienenzüchten, Viehzucht und natürlich der Gottesdienst selbst, die Aufrechterhaltung eines offenen Kanals zum Göttlichen. Alles in allem, *wie unser Volk sein Leben führt.* Solche Fertigkeiten zu haben *heißt,* in die Gemeinschaft der Erwachsenen einzutreten. Fähig zu sein heißt, mächtig zu sein.

Vor Jahren fragte mich eine zwölfjährige Freundin, ob ich ihr beibringen könnte, wie man näht. Wir arbeiteten mehrere Monate zusammen, und als Weihnachtsgeschenk nähte sie ihrer Mutter ein wundervolles Flanellnachthemd – weiß, mit gelben Rosen und Lochstickerei. Heute ist sie fünfunddreißig und hat selbst Kinder, und ich weiß, daß die Wärme unserer Beziehung viel mit den vielen Stunden zu tun hat, die ich in jenem Jahr damit verbrachte, ihr die Tricks beim Nähen beizubringen und damit auch einen Fachwortschatz: *Einfassung, Abnäher, Schlitz, Gegenknopf, Garnspule, Reißverschluß,* . . .

Die Welt, in die Mädchen heutzutage hineinwachsen, ist ungeheuer komplex. Traditionelle nährende Fertigkeiten reichen nicht mehr aus. Mädchen müssen auch das Rüstzeug mitbekommen, um ihren Weg in der Welt vor ihrer Türschwelle machen zu können. Und doch war der Bedarf der Welt an Nährendem niemals größer. Vielleicht ist die spannendste Aufgabe für Frauen, Mädchen neue Formen zu zeigen, die sie annehmen können, und die Fertigkeiten, durch die sie sich entfaltet. Wie man beispielsweise Nahrungsmittelspenden organisiert oder einen Mietstreik oder ein Tagesbetreuungszentrum für alte Menschen. Wie man einen Bestand an alten Redwoods schützt oder ein empfindliches Feuchtgebiet. Wie man eine Seite im Internet aufbaut oder auch eine genossenschaftliche Kreditbank für Frauenfirmen, wie SEWA es in Indien gemacht hat. Wie man das Geld für ein Sorgentelefon auf seinem Campus zusammenbekommt, es dann organisiert und in Gang hält – so wie die Nichte meiner Freundin Helen es tat, als sie entdeckte, daß Berkeley nicht über ein Sorgentelefon verfügte.

Man kann sagen, daß Mädchen sich heute nicht mehr nur auf ein Leben in der Familie vorbereiten; man kann auch sagen, daß die Vorstellungen eines Mädchens von einem Heim heute weit über die Mauern ihres Hauses oder die Grenzen ihrer Nachbarschaft hinausreichen sollten. *Changing Woman*, »die erste Mutter«, ist hinter jedem Augenblick der *kinaalda* deutlich wahrzunehmen. Heute hat die Leidenschaft, Leben zu geben und zu nähren, die sie repräsentiert, viele verschiedene Formen, und das muß sie auch. Die Autoren von *Women's Way of Knowing* beschreiben das fünfte und für ihre Ziele das letzte Stadium der feministischen psychologischen Entwicklung und weisen auf die außerordentlichen Möglichkeiten der Befriedigung, die es verschafft. Dieses Stadium nennen sie das »konstruktivistische«:

> Konstruktivistische Frauen streben nach einer Arbeit, die zur Stärkung und Verbesserung der Lebensqualität von anderen beiträgt ... Sie sprechen davon, Gefühle und Sorgfalt in ihre Arbeit zu investieren – »meinen Geist dafür einzusetzen, anderen Menschen zu helfen« (indem sie sich in sozialen Berufen engagieren, in der Psychotherapie, der Erziehung, Kinder und Frauen anwaltlich vertreten, sich um das Regierungsprogramm zur Bekämpfung der Armut kümmern), »die Umwelt zu schützen suchen« (durch gesellschaftliches Engagement und Arbeit in Umweltschutzgruppen und bei Antiatombewegungen), und »Humanisierung der Städte« (durch Stadtplanung und Gemeindekooperationen).[7]

356

Mir scheint es bei der Arbeit mit jungen Mädchen absolut angemessen, dies als Ideal vorzustellen und als ganz natürlichen Kulminationspunkt, wenn sich Frauen miteinander verbinden: das Freisetzen einer enormen konstruktiven, heilenden Energie, die sich in den Strom des Lebens ergießt. In Indien sprechen sie von *yajna*, das wörtlich »Opfer« heißt oder »als Opfer darbieten«, und sie verstehen *yajna* als dynamische Kraft, die den gesamten Kreislauf des Lebens antreibt. Demzufolge finden Menschen dann ihren eigenen Lebenszyklus, wenn sie es sich zur Gewohnheit machen, zu geben und »zu opfern«. Wir sprechen so viel über »Bedürfnisse«, wenn wir über junge Menschen reden, doch die Mystiker werden niemals müde, uns daran zu erinnern, daß das tiefste Bedürfnis eines Menschen das Bedürfnis ist, etwas zu geben.

Man darf dabei vor allem nicht aus den Augen verlieren, daß das Mädchen in der *kinaalda* sich ihre Mentorin selbst aussucht. Dieses »Recht, frei zu wählen« läßt uns auf einen lebenswichtigen Aspekt dieser Arbeit aufmerksam werden. Wir sind nur so nützlich für diese Mädchen, wie wir für uns selbst nützlich waren. Wir müssen *glaubwürdig* sein. Wenn ein Mädchen mein Angebot, sie über ein Minenfeld zu führen, annehmen soll, dann muß sie glauben können, daß ich weiß, wo die Minen liegen. Kann ich jemanden lehren, der Ausbeutung zu widerstehen, wenn ich selbst nie gelernt habe, erfolgreich Widerstand zu leisten? Woher beziehe ich meine Stärke und meinen Mut? Wie erfolgreich bin ich dabei, gesunde, stützende Beziehungen aufzubauen? Es ist nicht so wichtig, welche Antworten ich selbst auf diese Fragen gebe; Mädchen sind unbestechliche Beobachterinnen, sie werden ihre eigenen Schlüsse ziehen.
Dies bringt uns zu den schwierigsten Fragen, die die *kinaalda* und ihre Entsprechungen für zeitgenössische Frauen und Mädchen aufwerfen. Wie können wir die zeitlose, stillschweigend in-

begriffene Spiritualität nachbilden, die jene wundervollen Zeremonien geformt hat? Müssen wir sie neu schaffen? Wie können wir unseren Weg zu spirituellen Formen und Praktiken finden, die uns *als Frauen* erhalten und uns mit anderen Frauen und Mädchen in Verbindung bringen? Wie nützlich werden sie sein, wenn sie nicht »lebendig« aus einer lebenden Tradition kommen, doch wo können wir eine spirituelle Tradition finden, die nicht durch Frauenfeindlichkeit verseucht ist?

Auf einem kaputten Webstuhl arbeiten

Zum einen *gibt* es wirklich Frauen, die aus den Traditionen, die ihnen gegeben wurden (falls sie jemals welche bekommen haben!), aussteigen und sich das, was sie brauchen, woanders ausleihen. Andere bestimmen sich völlig neu, und natürlich nicht nur, weil sie sich dort, wo sie sind, in ihrem Frausein nicht unterstützt fühlen. Wir leben in einer Zeit und an einem Ort, wo es in einem nie gekannten Ausmaß Übertritte zwischen den verschiedenen Religionsbereichen gibt. Der Herausgeber des *New York Times Magazine*, Stephen Dubner, schrieb neulich über seinen Übertritt vom Katholizismus zum Judentum, welches ursprünglich der Glaube seiner Eltern war, die *ihrerseits* vor der Hochzeit zum Katholizismus übergetreten waren.

> Unsere Ära ist gekennzeichnet von dem Wunsch nach Bestimmung – oder Neubestimmung – unseres Selbst. Wir haben uns ständig erneuert entlang ethnischer, politischer, sexueller, sprachlicher und kultureller Grenzen, nähten sorgfältig neue Streifen in unsere Persönlichkeitsfahnen und schwenkten sie voll Lebenskraft. Nun sind wir mehr als je zuvor dabei, an dem religiösen Streifen zu arbeiten.[8]

Vielen von uns erscheint es aufgrund des Zusammenrückens der Welt – wodurch andere religiöse Traditionen für uns viel näher gekommen sind, als sie es noch für unsere Großeltern waren – ganz natürlich, Beobachtungen und Vorschriften aus anderen Traditionen einzubringen. Doch was mich besonders beeindruckt, ist, daß die Fähigkeit, die manche Frauen dabei gezeigt haben, innerhalb ihrer ererbten Tradition – einer Tradition, die auf vielerlei Weise Frauen feindlich gegenüberstehen mag – Elemente zu entdecken, die es ihnen erlauben, dort zu bleiben und sich gestärkt zu fühlen. Ich denke da beispielsweise an die katholischen Feministinnen, die sich nicht aus dem Glauben drängen lassen wollen, den sie lieben, die sich als »Abtrünnige, die nicht weichen« bezeichnen. Oder an Rita Gross, die in ihrem großartigen Buch *Buddhism After Patriarchy* so wirkungsvoll die Wechselwirkung von Buddhismus und Feminismus aufgezeigt hat. Oder an Rabbi Sue Ann Wasserman, die eine Zeremonie suchte, mit der sie ihrer Freundin Laura Levitt helfen konnte, nachdem diese vergewaltigt wurde, und die für diesen Zweck ein altes jüdisches Familienritual angepaßt hat. Die Art und Weise, wie sich diese Zeremonie entwickelte, scheint mir ausgesprochen repräsentativ für die Findigkeit der heutigen Suchenden zu sein und für die sich entwickelnde Verbindung von Feminismus und Spiritualität.

»Als Laura vergewaltigt wurde«, schreibt Sue Ann Wasserman, »wollte ich als ihre Freundin nach einem Weg suchen, um sie zu unterstützen. Als Rabbi prüfte ich, wie das Judentum ihr helfen konnte«.[9]

Die Grundlage der Zeremonie war *Mikwe*, jenes uralte Ritual, das Tauchbad, mit dem sich die orthodoxen jüdischen Frauen jeden Monat nach dem Einsetzen ihrer Regel zwölf Tage lang reinigen. Der Begriff *Mikwe* bezieht sich sowohl auf das Ritual selbst und auf das Gefäß, in dem es stattfindet. Jedes natürlich fließende Wasser kann *Mikwe* sein: ein Zusammenfließen von Wasser, ein Sammelbecken, ein Teich oder ein rituelles Bad ... In

Städten müssen die *Mikwe* bestimmte Vorschriften erfüllen: Das Wasser muß »natürlich« sein, meist gesammeltes Regenwasser, und es muß richtig fließen.

Mikwe hat jedoch im Judentum noch eine weiterreichende Bedeutung, und Sue Ann Wasserman nahm bewußt auf diese weitere Bedeutung Bezug. »*Mikwe* wird auch als Quelle der Hoffnung und des Vertrauens verstanden, ein anderer Name für Gott. Die *Mikwe*-Zeremonie bezieht sich auf das Ritual des Eintauchens an einem solchen Ort mit dem Ziel der rituellen Reinigung …« (325 ff.) Dieses Ritual ist jahrhundertealt. Sie stellte jedoch mit ihrer Freundin eine Liturgie zusammen, die dieses Ritual besonders auf die Bedürfnisse ihrer Freundin ausrichtete, darunter auch Auszüge aus Gedichten zeitgenössischer Jüdinnen. Eine Passage spricht beispielsweise davon, daß es bei *Mikwe* »nicht um ›Unreinheit‹ geht, sondern um die Begegnung des Menschen mit dem Göttlichen« (323).

Indem sie es auf sich nehmen, innerhalb ihrer Traditionen einen größeren Platz für Frauen zu schaffen, und besonders für Frauen, die sexuell mißbraucht wurden, »ein Platz für uns und selbst für unsere schmerzlichsten Erfahrungen, damit sie in der jüdischen Gemeinschaft erinnert werden können« (322), heilen sich Frauen wie Laura Levitt und Sue Ann Wasserman nicht nur selbst, sondern erneuern und regenerieren die Tradition auf genau die Weise, wie es die Frauen der Chipko-Bewegung für den Hinduismus tun. Sie sprechen in warmen Worten von der stärkenden Kraft, die darin liegt, daß man zusammensein kann, »als Jüdin unter anderen Jüdinnen, denen ich mich verbunden fühle«, und was Laura Levitt über den Heilungsprozeß selbst sagt, erinnert an die Arbeit meiner örtlichen Gruppe von Born of Woman und die Erfahrung, die ihre Mitglieder immer wieder machten.

»Für mich«, so schreibt Laura Levitt, »heißt Heilen nicht einfach die Rückkehr zu irgendeiner ›Ganzheit‹ der Vergangenheit; es ist eine Erfahrung des Wachstums und der Veränderung. Heilen ist der sorgfältige Wiederaufbau eines Lebens in der Gegenwart, das

360

nicht leugnet, was geschehen ist.« Die *Mikwe*, so erklärt sie, wirke auf mehreren Ebenen gleichzeitig:

(1) Es war vor allem ein Ritual unserer weiblichen Vorfahren. (2) Es erfordert den ganzen Körper. (3) Sein Wasser fließt herein und hinaus – und steht damit für Kontinuität und einen Prozeß. (4) Sein Wasser fließt symbolisch von Eden, einem Ort der Ganzheit. (5) Das natürliche Wasser erinnert uns an die ständig eingreifende Gegenwart des Schöpfers in unserem Leben. (6) Schließlich ist das Wasser selbst reinigend, stärkend und lebenerhaltend ... (322)

Im Rahmen einer Tradition, die nicht gerade für ihre Unterstützung der Frauen bekannt ist, fanden diese beiden, was sie brauchte – zusammengesucht aus dem, was sie finden konnten, und machten daraus etwas Starkes und Wundervolles. Und fast alles in der Spiritualität, was ich als entschieden weiblich identifiziert habe, ist in ihrem Ritual enthalten: die Verbindung mit der Natur; das Fließen, das im Mittelpunkt steht; die Würde, die dem Körper gewährt wird; die Verbundenheit mit Frauen der Vergangenheit; und ein bedeutendes Zeugnis der Göttlichkeit, das so immanent wie transzendent ist.

Historisch gesehen [sagt Laura Levitt, Anm. d. A.] ist das *Mikwe* ein heiliger Raum für jüdische Frauen und ihre Körper. Durch diese Zeremonie war ich in der Lage, in diese Tradition einzutreten. Sue Ann half mir, diesen Ort so zu gestalten, daß er meinen eigenen körperlichen Bedürfnissen nach Heilung entgegenkam. In einem dampfenden Raum, der oberhalb eines Beckens mit fließendem Wasser lag in einer Synagoge in Atlanta, rezitierten wir diese Worte, und ich tauchte ins Wasser. Indem ich das tat, wurde die Verletzung meines jüdischen, weiblichen Körpers versorgt. Er wurde weder zum Schweigen gebracht noch ignoriert. (322)

Vandana Shiva spricht immer wieder von der ungeheuren Kreativität, die dem weiblichen Prinzip, Shakti, innewohnt, von dem man in Indien glaubt, daß es im Herzen der natürlichen Welt liegt. Regeneration ist keinesfalls nur Reproduktion, stellt sie fest, sie ist zutiefst innovativ. Jenes Beharren, das in allen wichtigen religiösen Traditionen als *Feminismus* zu spüren ist – das Beharren auf dem Miteinbegriffensein, auf dem Anpassungsvermögen, auf dem Mitgefühl, auf dem Geist des Gesetzes im Gegensatz zu seinen toten Buchstaben – dieses Beharren gleicht meiner Meinung nach dem, was Shakti innerhalb der Spiritualität ist.

Bevor sie in das heilende Wasser der *Mikwe* eintauchte, las Laura Levitt eine Passage aus einem Gedicht von Adrienne Rich. Da ich über Gewalt gegen Frauen schreibe – mein Zögern, ihr entgegenzutreten und sie beim Namen zu nennen, aber die wachsende Unmöglichkeit, ihr *nicht* entgegenzutreten und sie *nicht* beim Namen zu nennen –, hatte ich manchmal einen kurzen Blick auf jene Art des Gleichgewichts erhaschen können, nach dem ich suchte, aber es nie vollkommener dargestellt gefunden als in diesen Zeilen:

> Wut und Zärtlichkeit: meine Selbste
> Und nun kann ich daran glauben,
> daß sie in mir als Engel atmen,
> nicht als Polaritäten.
> Wut und Zärtlichkeit: Die Kunst der Spinne,
> gleichzeitig zu spinnen und zu weben
> aus ihrem eigenen Körper, überall –
> selbst aus einem zerrissenen Netz.[10]

Das zerrissene Netz ist eines jener Vorstellungsbilder aus prophetischen Tiefen (Adrienne Rich hat meiner Meinung nach das Zeug zu einer Hohepriesterin des Feminismus). Es findet sich in unserem kollektiven Gedächtnis, weil es genau beschreibt, was das Patriarchat getan hat. Das Judentum verlor seine Unschuld bei der systematischen Zerstörung des Göttinnenkultes. Und doch in genau jenem Bild, so behauptet Adrienne Rich, können wir Hoffnung finden. Das Netz kann niemals auf Dauer zerrissen sein, denn die Spinne spinnt es aus sich selbst heraus: »aus ihrem eigenen Körper, überall«. Man muß an die Spinnenfrau und ihre »fortwährende, rituelle Neu-Schöpfung der kosmischen und menschlichen Harmonie«[11] denken. Erneuerung, Regeneration, Innovation – genau das ist es, *was Frauen tun*. In jeder religiösen Überlieferung und jeder Institution und auch *außerhalb* aller Traditionen und Institutionen finden sie Wege, es zu tun – finden die Saat, das Fundament, das sie brauchen, um den Dingen eine andere Wendung zu geben.

Einstimmung und Fluß

Damit Frauen die Verbindung mit dem Göttlichen so vollständig wiederherstellen können, daß sie dazu fähig werden, die westliche Kultur selbst wieder mit einem erneuerten Sinn für das weibliche Göttliche aufzuladen, müßten zwei Dinge geschehen – genaugenommen geschehen sie bereits.

Das erste ist einfach, daß Frauen auf die unterschiedlichsten Arten miteinander verbunden oder wiederverbunden werden müssen: Es ist wie die Verkabelung in einem Haus, oder, besser gesagt, es gleicht der Methode, wie das Wasser in die Himalaya-Dörfer geleitet wird, die Helena Norberg-Hodge in *Leben in Ladakh* beschreibt:

> Vor Generationen schon hatte man Kanäle gebaut, die das Schmelzwasser faßten und zu den Feldern leiteten. Das Wasser wird oft durch mehrere Kilometer lange Kanäle geführt, die es über steile Fels- und Geröllwände so weit schicken, wie es nur

reichen will. Ein ausgeklügeltes, gut unterhaltenes Netzwerk kleinerer Kanäle durchwebt jedes Dorf.[12]

In jedem Dorf wird ein Mann bestimmt oder gewählt, der die Bewässerung reguliert, aber

> als ich eine Mutter und ihre zwei Töchter beim Bewässern beobachtete, sah ich, wie sie die kleinen Kanäle öffneten und sie, sobald der Grund durchnäßt war, mit einem Spaten voll Erde wieder schlossen. Sie schafften es, das Wasser erstaunlich gleichmäßig zu verteilen; offenbar wußten sie, wo es leicht fließen würde und wo es etwas Nachhilfe brauchte: ein Spaten voll hier ausgegraben, um ihn dort zum Zuschütten zu brauchen, ein Felsstück gerade so weit gehoben, daß der Kanal wieder fließen konnte. Und alles geschah mit einem ausgeprägten Gefühl für die benötigte Zeit. Manchmal lehnten sie sich auch auf den Spaten, um ein Schwätzchen mit ihren Nachbarn zu halten. Das Wasser ließen sie dabei aber nicht aus den Augen.[13]

Der Fluß der Lebenskraft und auch des Geistes ist immer durch Frauen geflossen – doch wenn wir nicht eingestimmt sind, ist das nicht möglich. Vandana Shiva beschreibt mit großer Wärme, wie die Frauen, die an den tiefer gelegenen Hängen des Himalaya wohnen, sich jeden Frühling zu den örtlichen Eichenwäldern aufmachen, um die Bäume zur Futtergewinnung für die Tiere zu beschneiden. Es ist eine richtige Wissenschaft, darüber zu entscheiden, wann und wieviel diese Bäume beschnitten werden können. Wenn es fachgerecht ausgeführt wird, dann kann dieses Beschneiden den Wald dichter machen und ertragreicher. »Gruppen aus jungen und alten Frauen gehen zusammen ... und durch die Teilnahme entwickeln sich die notwendigen Kenntnisse.« Auf eine sehr reale Weise, so konstatiert Dr. Shiva, sind diese Expeditionen »informelle Forstschulen ... klein und dezentral«. Sie schaffen und übermitteln Kenntnisse darüber, wie die lebenden Ressourcen erhalten werden können.[14] Und natürlich sind sie auch Jahrtausende älter als Oxford und Cambridge.

Die historische Abstammungslinie von Frauen muß wieder geschlossen werden durch genau diese Art der Ausbildung, so daß wir uns selbst in einer Kontinuität mit unseren Großmüttern und den anderen Frauen unseres ethnischen und religiösen Hintergrunds sehen können.

Auch Verbindungen zwischen den verschiedenen Kulturen müssen geschmiedet werden. Von besonderer Wichtigkeit sind dabei die Beziehungen zwischen Frauen in den entwickelten und den unterentwickelten Ländern. Die Frauen der Dritten Welt hängen eng mit uns zusammen. Wenn wir an das denken, was Gerda Lerner uns über die Ursprünge des Patriarchats gelehrt hat, werden wir uns erinnern, daß eine der Methoden, die Frauen davon abhalten sollten, sich als Frauen zu treffen und zurückzufordern, was ihnen weggenommen worden war, in einem System von Filtern bestand, die die Frauen dafür belohnten, daß sie ihr An-den-Rand-gedrängt-Werden innerhalb ihrer eigenen Klasse akzeptierten: wohlgemerkt das Recht, Frauen *und* Männer auszubeuten, die auf der gesellschaftlichen Leiter eine Stufe tiefer stehen. Wenn »Recht zur Ausbeutung« zu hart klingt, dann könnte man auch sagen, »das Recht, Privilegien und materielle Belohnungen zu genießen, die anderen verwehrt werden«. In Anbetracht der Tatsache, daß es eine zunehmend größere »Dritte Welt« in den Grenzen dieses Landes gibt, ist es nur fair zu sagen, daß innerhalb des übergeordneten Systems die meisten amerikanischen Frauen unbewußt Frauen der Dritten Welt ausbeuten, einfach indem sie Mitglieder einer Gesellschaft sind, die regelmäßig und systematisch vom Elend der Dritten Welt profitiert.

... Woraus man schließen sollte, daß es an der Zeit ist, sich selbst regelmäßig genau nach Anzeichen einer vermuteten kulturellen und rassischen Überlegenheit zu überprüfen (ja, so ähnlich wie bei der Brustuntersuchung), die sich um wirtschaftliche Ausbeutung herum ansammeln. Es ist an der Zeit, daß wir dem alltäglichen Heldentum der Frauen der Dritten Welt unsere Achtung erweisen und versuchen herauszufinden, durch welche Handlungsweisen wir ihnen das Leben noch unnötig schwerer machen.

Diese Aufgabe erscheint mir auch deshalb so wichtig und vielversprechend, weil es genau das ist, was wir von Männern fordern. Es ist eine Form des Verzichts, die genau jenes freiwillige Loslassen von Privilegien spiegelt, das einige Männer bereits durchzuführen versuchen und für das wir ihnen alle möglichen Belohnungen versprochen haben. Wir können ganz bescheiden anfangen, indem wir ein paar Bücher lesen. Beispielsweise *I, Rigoberta Menchu: An Indian Woman in Guatemala* [15] oder *The Voice of Hope* [16], eine Sammlung von Interviews mit der burmesischen Widerstandsführerin Aung San Suu Kyi oder eines der Werke von Vandana Shiva. Wir können Geld spenden an Organisationen wie MADRE, die so großartige und geschickte Arbeit besonders zugunsten lateinamerikanischer Frauen und Kinder leistet. Wir können der Internationalen Frauenliga für Frieden und Freiheit beitreten. Wir können uns sicherlich allem anschließen, was sich in unserem Wohngebiet tut, um den Geist der Konferenz von Peking zu bewahren. Wir können politischen Kandidaten die Stimme verweigern, die die Verschlechterung der Lebensbedingungen von Frauen und Kindern ignorieren, und wir können uns weigern, Produkte zu kaufen, die von Firmen hergestellt werden, die ihre Arbeiter in Übersee ausbeuten und dort die demokratischen Regierungen unterminieren.

Allerdings wird nichts, was wir »da draußen« tun, viel nützen, solange wir nicht innerhalb unserer eigenen Kultur die Bindungen zwischen älteren und jüngeren Frauen und jungen Mädchen stärken, jene Bindungen, die Carol Gilligan als revolutionär betrachtet. Erwachsene Frauen müssen nach Wegen suchen, für junge Mädchen *da zu sein*, verfügbar, ermutigend und durch ihr Beispiel inspirierend. Wenn beispielsweise ein Mädchen zu menstruieren beginnt, begegnet sie einem Geheimnis. Frausein ist wirklich wunderbar und machtvoll – und wir müssen unseren Mädchen dabei helfen, sich initiiert zu fühlen –, stolz und freudig statt niedergeschlagen und verletzlich. Als Teil der großen Gemeinschaft der Frauen. Das Allerwichtigste, das Frauen für Mädchen tun können, so schreiben die Autorinnen von *Die Mutter-Tochter-Revolution*, ist, ihnen eine Gemeinschaft zu bieten, in die sie eintreten können.

Doch über die reine Teilnahme an der Gemeinschaft hinaus müssen wir fähig sein, aus echter Tiefe zu sprechen. Um wahr und wirksam füreinander offen zu sein, müssen Frauen ihren Weg in ein authentisches, aktives inneres Leben finden. Durch Gebet und Meditation, die auf streng geregelte und systematische Weise ausgeübt wird, können sich Frauen stabilisieren, sich *verankern*, und jungen Mädchen die Heiligkeit sowohl des inneren wie des äußeren Lebens übermitteln, Seele, Geist *und* Körper. Wenn sich Frauen durch Meditation und andere Übungen nach innen kehren, entsteht in ihrem Leben ein neues Gefühl für das, was die Worte *heilig* und *göttlich* bedeuten. Wenn das geschieht, brauchen sie nicht einmal darüber zu reden – es überträgt sich wortlos auf ihre Töchter, Nichten und Schüler.

Feuer fangen

Wenn ich dazu auffordere, daß sich der Feminismus in Zukunft als Widerstandsbewegung begreift, die sich auf Spiritualität gründet, sage ich nichts über ihn, was man nicht genausogut über die meisten wirksamen politischen Reformbewegungen sagen könnte, die in den letzten Jahren zu beobachten waren. Das re-

ligiöse Engagement hat in diesen Bewegungen eine Rolle gespielt, die zu erkennen sich die Linke schwer getan hat. Die Li-
beralen haben so lange Religion als Antithese der Vernunft und
als Feind der echten Wahrheit angesehen, daß viele von uns Jahrzehnte gebraucht haben, um beispielsweise zu verstehen, wie tief
die Bürgerrechtsbewegung in der Spiritualität verankert war.
Wenn man das religiöse Klima in den Vereinigten Staaten betrachtet, dann hat die gegenwärtige Frauenbewegung gute
Gründe gehabt, jene Säkularität in Ton und Sichtweise anzunehmen, die sie kennzeichnet. Die gegenwärtigen Umtriebe der
Religiösen Rechten lassen es gefährlich erscheinen, auch nur die
Worte Politik und Spiritualität auf derselben Seite zu nennen.
Doch sicherlich ist es allerhöchste Zeit, dem Einhalt zu gebieten,
daß die Religiöse Rechte Spiritualität definiert und für sich in
Beschlag nimmt. Organisierte Religion kann einen Teil der besten Musik, Kunst, Dichtung und des besten Immobilienbesitzes
auf der Welt für sich in Anspruch nehmen, und insoweit sie die
Erinnerung an ihre Heiligen aufrichtig und gut bewahrt, hat sie
etwas noch viel Kostbareres. Doch sie hat kein Monopol auf das,
was Mechthild von Magdeburg als »die sich kräuselnde Flut der
Liebe, die geheimnisvoll von Gott in die Seele fließt und diese
machtvoll zurück an ihre Quelle treibt« bezeichnet hat. Die institutionalisierte Religion war den Frauen nie ein guter Freund,
doch das sollte Frauen nicht dabei entmutigen, die Verbindung
mit dem Göttlichen zurückzufordern, die ihnen so lange verwehrt wurde. Und wenn wir im Laufe dieses Prozesses ganze
Konfessionen neustrukturieren, dann ist das in Ordnung.
Der Feminismus beginnt Feuer zu fangen, wenn er sich aus dem ihm
innewohnenden Spiritualität speist. Tut er das nicht, dann ist er nur
eine weitere politische Bewegung, und Politik hat noch nie unseren tiefsten Hunger stillen können. Ein Gandhi, eine Mutter Teresa, eine Dorothy Day wußten, wenn Individuen sich für eine
selbstlose Sache engagieren – der Linderung des menschlichen
Leidens, dem Abbau der Barrieren, die uns voneinander trennen –,

dann werden Energie und Kreativität frei, die unter anderen Verhältnissen gar nicht erst entstehen können. Die Chipko-Bewegung, die Bewegung der katholischen Arbeiter, die Vereinigung der Farmarbeiter, die Aktivisten der Befreiungstheologie in Lateinamerika, Vinobha Bhaves Landreform-Bewegung – alle wurden und werden von Menschen aufrechterhalten, die sich von kurzfristigen Fehlschlägen nicht entmutigen ließen, weil sie überzeugt waren, Teil von etwas Größerem zu sein, dessen Wahrheit keine äußere Bestätigung benötigt.

Die Fähigkeit, den Schmerz eines anderen wie seinen eigenen zu empfinden, der innerste Kern aller Reformpolitik, ist keine spirituelle Qualität. Die Fähigkeit, alles zu ertragen, was notwendig ist, um an die Quellen des menschlichen Leidens zu gelangen, und zwar jahrelang oder sogar ein ganzes Leben lang, steigt aus den Tiefen, die Simone Weil in ihren Gebeten erreichte und Gandhi in der Meditation. Der Feminismus muß sich seinen Weg in diese Tiefen suchen.

Sobald wir einmal die bedeutsamen spirituellen Qualitäten erkannt haben, die nicht notwendigerweise mit formeller Religion verbunden sind, wird uns klar, daß der Feminismus immer schon viel enger mit der Spiritualität verbunden war, als Historiker uns glauben machen wollen. Man muß nur Jane Addams oder Olive Schreiner oder Lucretia Mott lesen. Oder was das betrifft auch die Schriften der zeitgenössischen italienischen Feministinnen, deren Schirmherrin die heilige Teresa von Avila ist, gerade weil sie Meditation gelehrt hat. Feministinnen mußten sich regelmäßig in Gegensatz zu den Vertretern der institutionalisierten Religion stellen, und diese Tatsache hat schon viel zu lange viel zu viele von der Spur abgebracht.

Wenn Mentoren von Gruppen wie Power and Promise mit jungen Mädchen zusammen sind und sie ermutigen, die Ungerechtigkeiten beim Namen zu nennen, die sie im Klassenzimmer erleben, weil den Jungen eine bevorzugte Behandlung zuteil wird, und sie ihnen helfen, Wege zu finden, dem entgegenzutreten – freundlich, aber bestimmt –, dann formen und lehren sie etwas, das der Gandhischen Satyagraha sehr ähnlich ist. Die Stärkung des Bewußtseins, die sich in den Mädchengruppen abspielt, steht in direkter Kontinuität mit den Treffen, die in den Kirchen der Schwarzen im ganzen Süden abgehalten wurden, als sich die Bürgerrechtsbewegung zu entwickeln begann, wo »seine Meinung sagen« – die Ungerechtigkeiten aussprechen – die ersten mutigen Schritte darstellten hin auf die Forderung, den institutionalisierten Rassismus abzuschaffen. Doch dieser Kampf um Freiheit wurzelte in einem leidenschaftlichen Glauben an das Gospel, dessen ebenso starke Ursprünge in der afrikanischen Spiritualität erst seit kurzem anerkannt werden. Es hatte wie bei der Satyagraha mit den Beziehungen des einzelnen zu einer göttlichen Ordnung zu tun. In ähnlicher Weise wurde die Solidarność-Bewegung in Polen von einem Mann geführt, Lech Walesa, dessen Verehrung der Schwarzen Madonna von Tschenstochau all seinen Anhängern bekannt war. Und für die Vereinigung der Farmarbeiter war Cesar Chavez nicht nur eine politische Gestalt, sondern ein religiös inspirierter Führer – wie Gandhi ein Mann des Betens und Fastens.

Der westliche Feminismus hat augenblicklich keinen Zugang zu einem allgemeinen Fundus an spirituellen Ressourcen oder Bezugspunkten, mit Sicherheit keine, die wir im Klassenzimmer einer öffentlichen Schule einsetzen könnten! Wir kommen aus unterschiedlichen religiösen Sphären, und viele von uns haben gute Gründe, warum sie mit der institutionalisierten Religion auf Kriegsfuß stehen. Und doch fühlen viele, die mit jungen Mädchen arbeiten, ein dringendes Bedürfnis nach dieser anderen Dimension – nach Zeremonien, nach Zeiten der Ruhe, die Gebet oder Meditation sehr ähnlich sind, und nach von der Zeit geheiligten Geschichten und Liedern, die die Göttlichkeit des Lebens und des Frauseins übermitteln – denn diese Verbindung mit dem Göttlichen, auf die Gerda Lerner hingewiesen hat, ist vielleicht die wichtigste Straße, die Frauen bei ihrer Reise zur vollen Emanzipation zur Verfügung steht. Diese Verbindung wieder zu errichten, für uns selbst und unsere Töchter, ist für mich die schwierigste Herausforderung, der Frauen heute gegenüberstehen.

Epilog

Ursprünglich war dieses Buch sehr persönlich und ganz auf örtliche Bedingungen ausgerichtet. Doch sein Brennpunkt erweiterte sich immer mehr, und doch schien sich gegen Ende wieder der Kreis zu schließen und der Tenor erneut ausgesprochen lokal und persönlich zu werden.

Ich habe von den vergangenen drei Jahren in den Begriffen des Spinnens gesprochen – vom Zuschauen, wie gewisse Bedeutungsstränge mit der Zeit Gestalt angenommen haben und wie diese Stränge sich wiederum in zusammenhängende und manchmal wundervolle Muster verwebten. Mehrere dieser Muster habe ich nicht erwähnt, weil ich das Gefühl hatte, daß das gewebte Bild dieses Buches ohne sie schon kompliziert genug war. Doch ein Muster enthüllte sich sehr spät in diesem Spiel, und mit seinem Auftauchen war es, als sähe ich das Projekt schließlich vollendet.

Ich lernte Suzanne Lipsett kennen, als ich gerade *Enduring Grace* beendet hatte und meine Agentin Candice Gastgeberin für eine Late Bloomers' Party [etwa: Party der Spätblühenden, d. Ü.] war. Fast fünfzig von uns, meist Schriftstellerinnen und meist mittleren Alters, versammelten sich auf einer sonnigen Terrasse am Stinson Beach und lernten uns bei einem Lunch kennen, zu dem jede etwas beigesteuert hatte. Obwohl Suzanne in Petaluma lebte und früher mit dem Zimmergenossen meines Mannes ausgegangen war, als sie noch Studenten und aufstrebende Romanschriftsteller an der Universität von Berkeley waren, hatten sich unsere Wege bis heute nicht gekreuzt. Seit dem College hatte sie als Lektorin und Ko-Autorin gearbeitet (ihre Visitenkarte beschrieb sie als »Hebamme für Bücher«) und nach ihrem vierzigsten Geburtstag dann drei eigene Romane veröffentlicht.

Im Verlauf der Bloomer's Party brachte jemand die Sprache auf Brustkrebs. Ob sich vielleicht die Frauen melden würden, die ihn gehabt hätten oder gerade dagegen kämpften? Und tatsächlich hoben von den über vierzig Frauen vier die Hand – was, wie man kürzlich festgestellt hatte, statistischer Durchschnitt war für die Frauen der Bay Area –, und Suzanne war eine der vier. Das erstemal war der Krebs ungefähr um jene Zeit bei ihr diagnostiziert worden, als ihr zweiter Roman erschien, 1987, und es hatte 1989 ein böses Wiederaufflackern gegeben. Als ich sie ein paar Jahre später traf, schrieb sie wie im Rausch. Wie ich bald entdeckte, hatten wir die gleiche Wellenlänge, und sie war eine anregende Gesprächspartnerin, mit der man über alles reden konnte – außer über Krebs.

Krebs auf der einen Seite, Gott auf der anderen: Suzanne hielt sich für eine Atheistin. Ich weniger. Im stillen hielt ich sie mehr für das, was die Inder eine *jnani* nennen – eine jener Individuen, für die allein die Vorstellung vom Glauben schon suspekt ist, doch deren Leidenschaft für die Wahrheit ähnlich eindrucksvoll ist wie die jedes bekennenden religiösen Suchenden. Manchmal stellte sie mir Fragen über Meditation, aber wenn ich ihr dann erklärte, was ich tat und warum, dann zog sie sich wieder zurück und behauptete, sie habe als Meditation ihr Schreiben, und das reiche ihr, vielen Dank. Ich habe das Thema nie weiterverfolgt. Wir hatten so vieles, über das wir sprechen konnten, das nichts mit Religion zu tun hatte – unsere Söhne, unsere Männer, unsere Freunde, die Bücher, an denen wir arbeiteten, Petaluma-Klatsch und die Schrullen der Verlagswelt.

Suzannes dritter und letzter Kampf gegen den Krebs begann in den ersten Monaten des Jahres 1995. Verschiedene Behandlungsmethoden wurden ausprobiert, und manche schienen eine Zeitlang zu helfen, doch im Sommer 1996, als klar war, daß sie mehr Schmerzen verursachten als halfen, beschloß sie mit ihrem Mann Tom, sie abzubrechen. Um den 1. August herum rief Tom ihre Freunde an und benachrichtigte uns, daß es wohl zu Ende ginge. Candice brach ihren Urlaub in der Schweiz ab und flog sofort zurück; Verwandte und Freunde reisten an aus Washington, D.C., und aus Los Angeles, und Dutzende Freunde aus der Umgebung kamen, um sie noch einmal zu sehen und mit ihr zu sprechen.

Später, bei Suzannes Trauergottesdienst, zeigte sich – und löste Gelächter aus in einem Moment, in dem Lachen dringend benötigt wurde –, daß mindestens vier Frauen überzeugt waren, daß sie gerade *ihre* beste Freundin gewesen sei. Ich wußte, daß zumindest in der letzten Zeit unserer gemeinsamen Freundin Candice diese Ehre gebührte. Die beiden hatten seit Jahren so gut wie täglich lange Telefonate geführt, sich gegenseitig über Ideen zu neuen Bücher ausgehorcht, zusammengearbeitet, sich in regelmäßigen Intervallen gestritten und sich wieder versöhnt wie Teenager. Es war während eines dieser Gespräche, irgendwann im Herbst 1994, als Candice eine Zeile von Juliana von Norwich erwähnte, die sie im Buchentwurf von irgend jemandem gelesen hatte. Genaugenommen war es meiner gewesen, und zwar für das vorliegende Buch. Es war ein Zitat, daß T. S. Eliot in seinen *Vier Quartetten* benutzt hatte: »Alles wird gut sein, und jederlei Ding wird gut sein …« Sie sprachen kurz darüber und gingen dann zu anderen Dingen über.

Eine Woche später schrieb Suzanne eine Kurzgeschichte, und sie kam einfach nicht zu dem Schluß, den sie gerne gehabt hätte. »Alice« war eine wundervolle Arbeit – ein ganz klares »Ein Tag im Leben von«, das einer Sozialarbeiterin in Los Angeles von Fall zu Fall folgt, während ihre Gedanken immer zu ihrem Haus zurückwandern zu ihrer halbwüchsigen Tochter, die sie am Morgen mit einem heftigen Anfall von Kummer zurücklassen mußte, ein Kummer, der nur zum Teil vom Tod Kurt Cobains ausgelöst worden war. Die Geschichte hatte sich nahezu perfekt aufgelöst; die dunkle Leere, die sich zwischen Kind und Eltern auftun kann, wird wundersam geschlossen, und in den letzten Zeilen legt sich die Mutter neben ihre Tochter, die jetzt friedlich schläft, endlich wieder versöhnt mit dem Leben – und mit ihrer Mutter –, und als sich diese an sie schmiegt, wird sie überflutet von Erleichterung und großer Dankbarkeit, und ohne Vorwarnung kommen ihr die Worte einer mittelalterlichen englischen Einsiedlerin in den Sinn ... »Alles wird gut sein, und jederlei Ding wird gut ...«

Suzanne schickte die Geschichte ihren zwanzig oder dreißig besten Freundinnen zu Weihnachten, doch sie konnte es nicht erwarten und mußte sofort anrufen und mir erzählen, wie ihr Julianas Worte gerade in dem Moment eingefallen waren, als sie – pardon, als ihre *Geschichte* – sie gerade brauchte.

Doch das war nur der Anfang.

Unter den Frauen, die »Alice« erhielten, war auch Terri Garthwaite. Terri ist Musikern, Sängerin und Songschreiberin von beträchtlichem Talent, die in den Sechzigern ihre eigene Rockband gehabt hatte, die sich *The Joy of Cooking* nannte. In den letzten Jahren hatte sie einen kleinen Chor geleitet – fast nur Frauen –, die sich jeden Sonntagnachmittag bei ihr zu Hause treffen und für ein paar Stunden zusammen singen. Auch Suzanne und Candice gehörten zu den Mitgliedern. Als sich die Gruppe in diesem Jahr nach der Weihnachtspause wiedertraf, teilte Terri ein neues Lied aus, das sie geschrieben hatte und zu dem sie Suzannes Geschichte und ihr Schluß inspiriert hatten. »Alles wird gut sein«, lautete es, »und jederlei Ding wird gut ...« Nur das, gekleidet in eine einfache, aber wunderbare Melodie. An diesem ersten Tag sang der Chor dieses Lied fast eine Stunde lang.

Und wieder rief mich Suzanne sofort an, um mir das zu erzählen. Inzwischen hatte der Krebs ihren Unterleib erreicht und sich dort ausgebreitet. Ihre Produktivität in diesen letzten Monaten war phänomenal.

Unsere Freundschaft vertiefte sich. Wir pflegten uns bei Aram's zu treffen, einem nahöstlichen Café in der Innenstadt von Petaluma, wo wir Tee tranken und redeten. Sie lehnte die Vorstellung der Meditation noch genauso unerbittlich ab wie eh und je – vielleicht sogar noch entschiedener. (»Nichts treibt dich so wirkungsvoll in die Arme des New Age wie Krebs«, grinste sie mühsam.) Doch die wirklich alptraumhaften Anfälle, die sie nach besonders aggressiven Behandlungen hatte, überzeugten sie davon, daß es keine schlechte Idee wäre, eine Art Mantra zu haben – etwas, an dem sich der Geist in äußerster Not festhalten konnte. So sprachen wir ein wenig darüber, was ein Mantra ausmachte. Ich erklärte ihr die Tradition, so gut ich konnte, daß sich nicht jedes beliebige Wort oder jede Wendung dazu eignete, daß die großen Mantras über die Jahrhunderte weitergegeben wurden und daß gerade die Tatsache, daß Tausende – sogar Millionen – sie benutzt haben, ein Teil ihrer Macht sei. Suzanne wollte keines der anerkannten Mantras, die ich ihr anbot; die meisten waren ihr zu theistisch. Sie machte mehrere Gegenvorschläge, und ich mußte ihr sagen, daß ich nicht glaubte, daß sie den Kriterien entsprächen. Wir führten dieselbe Diskussion mehrfach, und immer fühlte ich mich danach recht schäbig, war aber dennoch entschlossen, nicht in einem Punkt nachzugeben, der schließlich ein sehr wichtiger sein konnte. Mantras mußten wirklich von jemandem gegeben werden, der gottesbewußt war – sie sind mit der unmittelbaren Selbsterfahrung dieser Person geladen. Was war, wenn sie sich eine Niete ausgesucht hatte?

Dann bekam ich einen Anruf.

»Ich habe es! Mein Mantra! Ich weiß, was es sein soll, ich habe es letzte Nacht benutzt. Es ist von Juliana: ›Alles wird gut sein, und jederlei Ding wird gut ...‹«

Sicherlich war Juliana von Norwich geeignet, jemandem ein

Mantra zu geben, und es war für mich eine außergewöhnliche Erfahrung zu erkennen, wie ihre unvergeßlichen Worte durch uns alle geflossen waren, von einer Frau zur anderen, wie ein Fluß oder elektrischer Strom. Ich wußte, als sie Suzanne mitten in der Nacht in den Sinn kamen, daß sie etwas von Julianas eigenem Mut und Vertrauen mitgebracht haben mußten, doch auch die liebende Unterstützung ihrer Freunde aus dem Chor. Und nicht nur die Worte, sondern auch die Musik … Und ich erinnerte mich an Bernice Johnson Reagons Worte: »… Das Singen *läßt diesen Ton durch deinen Körper laufen*. Du kannst nicht ein Lied singen, ohne deinen Zustand dabei zu verändern …«

Die Geschichte nahm noch eine weitere Wende. Terri Garthwaite erzählte sie uns bei Suzannes Trauergottesdienst. Nur zehn Tage, bevor sie starb, als Suzanne den größten Teil der Tage verschlief, bekam sie noch einmal einen Energieausbruch – setzte sich im Bett auf mit ihrem Rolodex und ihrer Schildpattbrille und begann, Leute anzurufen. Terri kochte gerade das Abendessen, als ihr Telefon klingelte, aber sie legte alles beiseite, als sie Suzanne am anderen Ende der Leitung fragen hörte: »Könnten wir zusammen singen?«

Und sie sangen – alle Lieblingslieder von Suzanne. Sie blieb vollkommen im Einklang mit Terri, als sie immer und immer wieder sangen: »Alles wird gut sein, und jederlei Ding wird gut …«

Und natürlich sangen wir es auch an jenem Nachmittag im August zusammen in einem vom Sonnenlicht erfüllten Zimmer, beim sanften Rauschen der Bäume im Wind. Wir sangen Suzanne ein Auf Wiedersehen, und während wir sangen, erkannte ich wieder, wenn wir nur *eingestimmt* sind, wenn Frauen nur lernen könnten, wie man sich einander öffnet, voll Vertrauen und von Herzen kommender Achtung – und das ist keine Kleinigkeit, denn seit Tausenden von Jahren sind wir emsig darauf trainiert worden, alles andere als das zu tun – es ist wirklich, als öffnete man die Schleusen an einem Kanal. Die Wasser des Lebens können ungehindert zwischen uns fließen.

»Im Ende ist mein Anfang«, sagte T. S. Eliot – sagte es genaugenommen genau dort in den *Vier Quartetten*, wo er auch Juliana zitiert hatte. Als ich dort stand und sang »Alles wird gut sein« und hoffte, daß ich mich an die Melodie später noch erinnern würde, verstohlen um mich blickte und dachte, was für eine entschlossene und lebendige Gemeinschaft wir doch waren und wie sehr Suzanne dies geliebt hätte, da wußte ich, daß dieser Augenblick mich in gewissem Sinn den ganzen Weg dorthin zurückgebracht hatte, wo ich begonnen hatte. Zurück zum Bild einer anderen Freundin, die bei Kerzenlicht kämpfte – allein und in Schweigen –, und Teresa zu sich zog, und Klara, und die beiden Katharinas, durch die bloße Macht ihrer Not. »Nichts soll dich ängstigen, nichts dich erschrecken.«

Es schien nur, als ob die Kämpfe im Schweigen begönnen – allein, im Halbdunkel –, uns aber letztlich in die Helligkeit bringen können und in wunderbare Gesellschaft.

Die Entstehung dieses Buches, das sollte man nicht vergessen, beruhte auf zwei spezifischen Ereignissen der Synchronizität. Es endete mit einem dritten.

Der 1. Oktober ist der Geburtstag meiner Schwiegermutter, und das fällt mir immer zuerst ein, bevor ich mich daran erinnere, daß es auch Gandhis Geburtstag ist. Die letzten Jahre habe ich mich auch immer an all das erinnert, was an diesem Nachmittag und Abend vor drei Jahren in Berkeley und Petaluma geschehen war. Mit anderen Worten, es ist wirklich kein Datum, das ich übersehen kann. Das erklärt, warum ich, als mir jemand an diesem Tag ein Paket gab, das gerade aus Indien gekommen war, ein leichtes Kribbeln spürte, schon bevor ich wußte, was es enthielt.

Ich hatte nichts aus Indien bestellt, und so öffnete ich das Paket mit gewisser Verwunderung. Es enthielt vier Exemplare einer Zeitschrift, deren Namen ich kannte. *Prabuddha Bharata* wird

vom Ramakrishna-Orden herausgegeben, jenem Mönchsorden, der von den Anhängern des aus Kalkutta stammenden geachteten Mystikers und Verehrers der Göttlichen Mutter, Sri Ramakrishna, gegründet wurde (sein Gegenstück in Amerika ist die Vedanta Society, die von Swami Vivekananda gegründet wurde). Diese Ausgabe enthielt einen Artikel von einer gewissen Carol Flinders mit dem Titel »Spiritualität und die Frauenbewegung«. Ohne mein Wissen, und erst recht ohne meine redaktionelle Überarbeitung, hatte jemand den Vortrag, den ich in Berkeley vor genau drei Jahren gehalten hatte, niedergeschrieben und ihn an diese Zeitschrift zur Veröffentlichung geschickt. Und hier war er nun, mehr oder weniger so, wie ich ihn gehalten hatte – wenn auch ab und zu mit den Ungereimtheiten, die immer passieren, wenn ein Gespräch aufgezeichnet wird, ohne den Sprecher zu konsultieren (am besten gefiel mir die Abwandlung von Katharina von Genuas berühmtem Ausspruch: »My *me* is God!« [Mein Ich ist Gott] als »My knee is God!« [Mein Knie ist Gott]). Es war in gewisser Weise irritierend, es jetzt zu lesen – eine Art grober, vorläufiger Entwurf dessen, was schließlich zu diesem Buch werden sollte. Einer der Herausgeber hatte in einer kurzen Einführung geschrieben: »Sehr tiefsinnig und ernsthaft ... dieser Vortrag ist um so bewegender wegen der Art und Weise, wie er Inspiration aus dem Ideal der Seelen-Kraft hinter Mahatma Gandhis Satyagraha gewinnt.«
Ich konnte kaum fassen, was geschehen war. Mein zögerlicher, etwas unzusammenhängender und mit zitternden Knien gehaltener Vortrag hatte seinen Weg um den halben Erdball gefunden zu den Mitgliedern eines ehrwürdigen hinduistischen Mönchsordens, und, Gott segne sie, sie hatten es *verstanden*, es in ihrer Zeitschrift aufgenommen und mir Belegexemplare geschickt. Und diese Exemplare kamen genau an dem einen Tag von 365 an, an dem sich mir die Nackenhaare sträuben und ein für allemal die letzten verbliebenen Spuren meiner presbyterianischen Nüchternheit verbannten.

380

Während meines Kampfes, meine Verpflichtungen gegenüber Feminismus und Spiritualität miteinander in Einklang zu bringen, hatte es Zeiten gegeben, da ich spürte, daß ich gefährlich ins Treiben kam. Mein überhitzter Intellekt beeinträchtigte selbst meine Meditation, und ich war so chronisch geistesabwesend, daß ich im Hinblick auf meine Gemeinde und die Arbeit, die ich gewöhnlich verrichtete, genausogut auf einer Wildwasserexpedition auf Borneo hätte sein können. Jetzt, als der Kampf sich gelegt hatte, mußte ich mich langsam und ruhig wieder in den gewöhnlichen Rhythmus der Dinge einstimmen, mich wieder in die Gemeinde neu integrieren und in das Leben, das ich liebte. Würde ich dazu fähig sein? War ich zu weit hinausgewandert? Gedanken, die zwar meistens aus der Müdigkeit geboren wurden, aber sich dennoch hartnäckig hielten. Von den Ramakrishna-Mönchen zu hören, war eine große Hilfe. Es war wie eine Art von »willkommen zu Hause«, aber es ließ auch vermuten, daß ich gar nicht so weit vom Weg abgekommen war. Meine letzten Befürchtungen verschwanden jedoch erst, als ein paar Wochen später mein Lehrer uns eine Passage aus den *Upanischaden* vorlas – eine Stelle, die ich sehr gut kannte, die mit Begierden und Wahrheit zu tun hatte und dem Wissen, wer du bist, und es war, als ob ich sie zum ersten Mal hörte.

Ich habe sehr wenig über das Band zwischen Lehrer und Schüler gesprochen. Vor Jahren hätte ich vielleicht versucht, mehr darüber zu sagen, aber heute ist das ganze Thema für mich in Geheimnis und Widersprüche gehüllt. Ich fühle, daß ich zu meinem Lehrer eine Verbindung habe von dem Platz in meinem Selbst aus, der am wenigsten sichtbar für jemand anderen ist, und am wenigsten hörbar; und ich glaube, daß er umgekehrt zu mir vom selben Platz in seinem Inneren aus Verbindung hält. Das könnte eine allgemeine Eigenschaft sein – »die Tiefe, die zur Tiefe ruft«. Es bedeutet, daß in jedem beliebigen Augenblick, wenn dreißig Menschen in der Gegenwart eines Lehrers sitzen, oder zweihundert, deren Herzen und Geist so offen sind, wie sie es nur vermögen, dreißig oder zweihundert unterschiedliche Gespräche stattfinden. Unterschiedlich und absolut privat. Es waren etwa fünfundvierzig von uns im Raum an dem betreffenden Nachmittag, und ich bin mir ganz sicher, daß keiner von ihnen hörte, was ich hörte.

Es gibt wahrscheinlich keinen bekannteren Vers aus den *Upanischaden* als die Erklärung in der *Chandogya-Upanishad*, daß wir alle wie Fremde in einem fremden Land sind, hin und her wandern über verborgene Schätze, von denen wir nichts wissen, wobei die Schätze natürlich der Kern der menschlichen Persönlichkeit sind, die aus Ermangelung eines besseren Begriffes das Selbst genannt wird. Die Passage, die meine Aufmerksamkeit jetzt gefesselt hatte, ging diesen unvergeßlichen Zeilen voraus:

Das Selbst ersehnt nur, was wirklich ist, denkt nichts außer dem Wahren. Hier tun die Leute, was ihnen geheißen wird, werden abhängig von ihrem Land oder ihrem Stück Land oder dem Begehren eines anderen, so daß ihre Wünsche nicht erfüllt werden und ihre Werke zu nichts führen, weder in dieser Welt noch in der nächsten. Jene, die diese Welt verlassen, ohne zu wissen, wer sie sind oder was sie wirklich begehren, haben keine Freiheit hier oder danach. Doch jene, die hier mit dem Wissen fortgehen, wer sie sind und was sie wirklich begehren, haben überall Freiheit, sowohl in dieser Welt wie in der nächsten.

Um das zu tun, was man geheißen wird; um abhängig zu werden von den Wünschen anderer, so daß die eigenen Wünsche nicht erfüllt werden, und die eigenen Werke zu nichts führen; um diese Welt zu verlassen, ohne zu wissen, wer sie ist, oder was sie wirklich begehrt ... Es überwältigte mich, denn ich hatte niemals eine knappere und umwerfendere Zusammenfassung der Beweggründe gehört, warum Frauen Feministinnen werden. Daß die Passage genaugenommen eine knappe und umwerfende Zusammenfassung dessen war, warum Frauen und Männer sich in gleicher Weise zum spirituellen Leben hingezogen fühlen, entworfen von indischen Weisen, die vor mehr als dreitausend Jahren gelebt haben, war, zumindest einen Augenblick lang, schwer zu begreifen. Doch da war es. Nicht so sehr die Versöhnung von Feminismus und Spiritualität als die klare Aussage, daß sie eigentlich niemals im wirklichen Konflikt standen.

Nicht mehr als zwei Flüsse, die rasch auf dasselbe Meer zufließen.

»Jene, die diese Welt verlassen und wissen, wer sie sind und was sie wirklich begehren, haben überall Freiheit, sowohl in dieser Welt wie in der nächsten.«

Danksagungen

Manche Bücher scheinen sich wie von selbst zu schreiben.
Zumindest habe ich das Leute sagen hören. Jedes der Bücher, an
denen ich Anteil hatte, war eher wie jene Kinder, bei denen das
ganze Dorf helfen muß, um sie großzuziehen.
Aus diesem Grunde verkünde ich meine Dankbarkeit ...
Meiner Agentin und guten Freundin Candice Fuhrman, denn
sie hat die Möglichkeiten von Anfang an gesehen und den ursprünglichen Entwurf öfter redigiert, als sie hoffentlich jemals erzählen wird.
Tom Grady, weil er an dieses Buch und an mich geglaubt hat und
es für HarperSanFrancisco erworben hat.
Meiner Verlegerin Caroline Pincus, weil sie das Projekt nicht nur
mit Geduld (»*Wann* war der letzte Abgabetermin?«), sondern
auch mit Gelassenheit und Scharfblick begleitet hat und weil sie
daran geglaubt hat.
Sally Kim, der Assistentin von Caroline, weil sie alle Details fach-
männisch und wirksam gemanagt hat, und meiner Lektorin Pris-
cilla Stuckey, die alle Spuren der Unzulänglichkeit brillant verwischt hat.
Jedem der Angestellten von HarperSanFrancisco dafür, daß ich
stolz darauf sein kann, dem Verlag HarperSanFrancisco verbunden zu sein, und vielen vielen anderen, die früher dort gearbeitet
haben und die schmerzlich vermißt werden.
Näher zum Heim ...
Jedem, der mit dem Blue Mountain Center of Meditation ver-

bunden ist, dafür, daß sie für mich Heim und erweiterte Familie waren und spirituelle Gefährten. Doch ganz besonders für ihre warmherzige Ermutigung im Hinblick auf dieses Buch, JoAnne Black, Helen Cornwall, Julia MacDonald, Laurel Robertson und Gale Zimmerman ... die auch auch hinter mir aufräumten nach einem zum ungünstigen Zeitpunkt sich ereignenden Autounfall und mit ihrer erfahrenen und fürsorglichen Pflege meine Genesung entschieden erträglicher machten.

Meinen Eltern, Gib und Jeanne Ramage, dafür, daß sie mich immer unterstützt haben, meinen wundervollen Schwestern Wendy und Mary und meinen Brüdern John und Stephen.

Am nächsten zum Heim ...

Meinem Ehemann Tim, dessen eigene Arbeit parallel zu meiner verläuft und sich mit ihr an tausend verschiedenen Stellen überkreuzt. Dem besten Feministen, dem besten Freund – Mitschöpfer und geliebten Gefährten.

Und schließlich unserem Sohn Ramesh, der viel häufiger Gespräche über Feminismus über sich ergehen lassen mußte – viel längere und leidenschaftlichere –, als er je freiwillig gewollt hätte. Danke, Kumpel.

Anmerkungen

1. Buch
Julianas Visionen

Kapitel 1
Synchronizitäten

1 Juliana von Norwich: *Showings.* Übersetzt von Edmund Colledge und James Walsh. Paulist Press, New York 1978, S. 270 [In deutscher Übersetzung liegt nur die kurze Version vor: Juliana von Norwich, *Offenbarungen von göttlicher Liebe.* Johannes Verlag, Einsiedeln 1988]

Kapitel 2
»Kein Meister fällt vom Himmel«: Die frühen Jahre

1 Zitiert nach Flinders, Tim und Carol: *The Making of a Teacher.* Nilgiri Press, Petaluma, CA, 1989, S. 34

Kapitel 3
»Seid wie der Banyanbaum«: Wirkungsvoller, als es scheint

1 Zu dieser Passage erhielt ich nur wenige kritische Briefe. Und interessanterweise geriet Kerala selbst im Verlauf der nächsten zehn Jahre in den Ruf, in den Kulturen der Dritten Welt etwas nahezu Einzigartiges zu sein. Das »Wunder von Kerala« wurde gepriesen für seinen bemerkenswert weisen und humanen Gebrauch seiner begrenzten Ressourcen, aber auch für die Stellung seiner Frauen, die eine höhere Alphabetisierungsrate aufweisen als irgendwo sonst in Indien, eine bessere Gesundheitsversorgung und uneingeschränkte wirtschaftliche Rechte. Man muß sich fragen, ob es nicht einen starken Zu-

sammenhang gibt zwischen dem hohen Ansehen der Frauen, das sich in dieser Politik ausdrückt, und der Existenz einer im wesentlichen »mütterlichen« Wirtschaft.

Kapitel 5
Vier Spuren, die in die Wildnis führen: Auch eine Art von Offenbarung

1 In ihrer Einführung zur kritischen Ausgabe von Julianas Offenbarungen gratulieren ihr ihre (männlichen) Herausgeber – in Anbetracht ihres beträchtlichen Wissens –, daß sie keine »Emanze« war.

2 Anne Taylor Fleming: *Motherhood Deferred: A Woman's Journey.* G. P. Putnam's Son, New York 1994, S. 76

3 Elaine Hedges, Shelley Fisher Fishkin (Hrsg.): *Listening to Silences.* Oxford University Press, New York 1994, S. 170

4 Ritamary Bradley: *Julian's Way: A Practical Commentary on Julian of Norwich.* HarperCollins, London 1992, S. 17. Später behauptet die Autorin, »dieser Angriff ist wie eine Vergewaltigung« und daß »ihre Erfahrung all die Gewalt verkörpert, der besonders Frauen ausgesetzt sind, ob mit ihrem Körper oder ihrem Geist oder dadurch, daß sie in der kirchlichen oder gesellschaftlichen Ordnung zur Machtlosigkeit reduziert werden. Der Angreifer ist kein Mann, sondern die häßliche, körperlose Gewalt, wie es das Patriarchat ist, und erweckt Gefühle des Abscheus.« (S. 166)

5 Dieser Einspruch taucht im langen Text nicht auf, und man fragt sich, warum: a) Entweder zogen Frauen mit Visionen nicht mehr dieselbe negative Aufmerksamkeit auf sich wie zuvor; oder b) sie hatte zu diesem Zeitpunkt für sich eine ausreichend sichere und unanfechtbare Nische gefunden (ihre Zeitgenossin Margery Kempe beschreibt sie als »eine, die gut Rat geben kann«), daß sie es nicht mehr nötig hatte, solche Verrenkungen zu machen.

6 Luce Irigaray: *Sexes and Genealogies.* Columbia Univ. Press, New York 1993, S. 21 (Dt. Ausgabe: *Genealogie der Geschlechter.* Kore Verlag, Freiburg 1989)

7 Ven. Thubten Chodron: *Spiritual Sisters.* Dharma Friendship Foundation, Seattle 1996, S. 33

8 Anne C. Klein: »Persons and Possibilities«, in: *Buddhist Women on the Edge: Contemporary Perspectives from the Western Frontier.* North Atlantic Books, Berkeley 1996, S. 42–43

9 Catharine A. MacKinnon: *Toward a Feminist Theory of the State.* Harvard University Press, Cambridge 1989, S. 3

10 Elizabeth Debold, Marie Wilson, Idelisse Malave: *Die Mutter-Tochter-Revolution.* Rowohlt, Reinbek, 1996, S. 212

11 Mairs leidet unter Agoraphobie, die sie mit ihrer Furcht vor dem Patriarchat in Verbindung bringt und jedesmal zu beleidigen glaubt, wenn sie ihre Stimme schreibend erhebt.

12 Alev Lytle Croutier: *Harem. Die Welt hinter dem Schleier.* Heyne, München 1989, S. 206 u. S. 17

Kapitel 6
Göttliche Weisungen oder Bedingungen unserer Unterwerfung?

1 Siehe dazu besonders Elaine Hedges, Shelley Fisher Fishkin: *Listening to Si-lences*. Oxford University Press 1994
2 Carol Gilligan: *Die andere Stimme. Lebenskonflikte und Moral der Frau*. Deutscher Taschenbuch Verlag, München, 1996, S. XVI
3 Diese Formulierung wird von Katherine Gill benutzt in einer Besprechung von Gerda Lerners »Die Entstehung des feministischen Bewußtseins« in: *New York Times Book Review,* 2. Mai 1993, S. 12

Kapitel 7
Stein für Stein: Das Gesetz der Väter demontieren

1 Gloria Steinem, Einführung zu Andrea Johnston: *Girls Speak Out: Findung Your True Self*. Scholastic Press, New York, 1997, S. XX
2 Jean Baker Miller: »The Construction of Anger in Women and Men«, in: Judith V. Jordan et al.: *Women's Growth in Connection*. Guilford Press, New York 1991, S. 182
3 Gerda Lerner: *Die Entstehung des Patriarchats*. Deutscher Taschenbuch Verlag, München 1997, S. 270
4 Es ist heikel, wenn man zu generalisieren versucht bezüglich eines komplexen und sich immer noch entwickelnden Wissenskomplexes. Ein Gefühl für die »revisionistische« Sicht der Sammler-Jäger-Kulturen findet man in: Colin Turnbull: *Molimo. Drei Jahre bei den Pygmäen*. Kiepenheuer & Witsch, Köln 1963; Richard E. Leakey, Roger Lewin: *Die Menschen vom See. Neueste Entdeckungen zur Vorgeschichte der Menschheit*. Bertelsmann, München 1980; Rayna R. Reiter (Hrsg.): Toward an Anthropology of Women. *Monthly Review Press,* New York 1975.
5 Lerner: *Die Entstehung des Patriarchats*, a.a.O., S. 204
6 Peggy Reaves Sanday: *Female Power and Male Dominance: On the Origins of Sexual Inequality*. Cambridge University Press, Cambridge 1981, S. 209–210, zitiert nach: Bonnie S. Anderson, Judith P. Zinsser: *Eine eigene Geschichte: Frauen in Europa*. Fischer Taschenbuch Verlag, Frankfurt am Main, Bd. 1, S. 14
7 Lerner, *Die Entstehung des Patriarchats*, a.a.O., S. 76
8 Ebda., S. 264
9 Ebda., S. 133. An der Versklavung von Frauen, Geschlecht, Klasse und Rasse waren alle beteiligt, denn die in Frage kommenden Frauen waren ja von »anderen« Stämmen. Frauen waren fortan »wie Sklaven«, aber es war genauso wahr, daß alle Sklaven und alle, die man als einer anderen Rasse zugehörig ansah, »wie Frauen« waren. Lerner kommt zu einer überraschenden Schlußfolgerung: »Letztlich war ›Anderssein‹ als Merkmal, das die Eroberten von den Eroberern unterschied, auf den am deutlichsten sichtbaren Unterschied, den zwischen den Geschlechtern,

gegründet ... Der Präzedenzfall einer solchen Betrachtungsweise, die Frauen als eine minderwertige Gruppe einstuft, läßt die Übertragung eines solchen Stigmas auf jede andere Gruppe zu, die versklavt werden kann.«

10 Bell Hooks: *Sisters of the Yam*. South End Press, Boston 1993, S. 114

11 Catharine A. MacKinnon: *Feminism Unmodified*. Harvard University Press, Cambridge 1987, S. 172

12 Lerner, *Die Entstehung des Patriarchats*, S. 173

13 Ebda., S. 180 f.

14 Ebda., S. 180: »Die Einteilung der Frauen in ›respektable Frauen‹, die von ihren Männern beschützt werden, und ›nichtrespektable Frauen‹, die sich ohne den Schutz eines Mannes auf der Straße aufhalten und frei ihre Dienste verkaufen können – diese Einteilung war die grundlegende Klassenspaltung für Frauen. Sie hat die beschränkten Privilegien von Frauen der Oberschicht abgegrenzt von der ökonomischen und sexuellen Unterdrückung der Frauen der niedrigeren Schichten und hat die Frauen voneinander getrennt. Von besonderer historischer Bedeutung ist, daß sie klassenübergreifende Bündnisse zwischen Frauen erschwert und das Entstehen eines feministischen Bewußtseins verhindert hat.«

15 Naomi Wolf: *Vom Ende der Unschuld oder das sexuelle Drama, eine Frau zu werden*. Rowohlt, Reinbek 1999, S. 91

16 In diesem Zusammenhang ist es faszinierend, an das Hier und Heute zu denken – an gläserne Decken, die die Führungsetagen vor den Frauen abzuschirmen scheinen, entsprechend wenige Frauen sind in den höchsten Führungspositionen zu finden, und die bemerkenswerte Tatsache, daß es auf den *allerhöchsten* Ebenen heute nur noch eine Handvoll Karrieremöglichkeiten für *irgend jemanden* gibt: Denn wo es vor zehn Jahren vielleicht vier Schallplattenfirmen gab, zehn Zeitschriften, drei Filmstudios, ein Dutzend Zeitungen und einen Verlag, die alle ihren eigenen Geschäftsführer hatten, gibt es heute nur noch einen einzigen Multimedia-Konzern, dem ein Individuum vorsteht. Heutzutage mögen Frauen vielleicht einige der Schallplattenfirmen leiten, ein paar der Zeitschriften, ein Filmstudio und einen Verlag ... aber sie sind alle von mindestens einem männlichen Chef abhängig. Sie sind nur Teil der Befehlskette, nur daß diese Kette weiter nach oben reicht als je zuvor. Das Patriarchat gesteht Frauen heute ebenso bereitwillig und unter denselben Bedingungen Autorität zu, als es das in der Vergangenheit getan hat. Eine Frau darf alles tun, solange wenigstens noch eine Machtebene über ihr ist. Als die politische Beraterin Mary Hughes neulich gefragt wurde, wie lange es wohl noch dauern wird, bevor in Kalifornien eine Frau zum Gouverneur gewählt würde, antwortete sie. »Es ist keine Frage, daß gerade die Regierungsebene die letzte Bastion ist. Wir haben Frauen in der Richterschaft und sogar am Obersten Gerichtshof ... Die Wählerschaft zögert noch zu sagen: ›Das letzte Wort, die abschließende Entscheidung, die ausschlaggebende Stimme vertrauen wir einer Frau an.‹« Zitiert von Mark Simon in »Helping Women Win Races«, *San Francisco Chronicle*, 30. März 1997.

17 Fatima Mernissi: *Geschlecht, Ideologie, Islam*. Frauenbuchverlag, München 1987, S. 148

389

18 Ebda., S. 41
19 Lerner, *Die Entstehung des Patriarchats*, a. a. O., S. 28
20 Ebda., S. 235
21 Ebda., S. 271

Kapitel 8
Erste Risse in der Mauer: Der Widerstand gegen das Patriarchat

1 Isabel Allende: *Das Geisterhaus*, Suhrkamp, Frankfurt am Main 1989, S. 84.
Neulich habe ich erfahren, daß das lateinische Wort *transitus* sich auf eine apo-
kryphische Legende bezieht, die von der Himmelfahrt Mariä mit »Körper
und Seele« berichtet. Ich könnte mir vorstellen, daß der Name Transito auf
diese Überlieferung anspielt. Siehe Sally Cunneen: *In Search of Mary: The
Woman and the Symbol*. Ballantine Books, New York 1996, S. 135. Siehe auch
Ruthanne Lum McCunn: *Thousand Pieces of Gold: A Biographical Novel*. Design Enterprises, San Francisco 1981.

2 Edwidge Danticat: *Atem, Augen, Erinnerungen*. Marion von Schröder Verlag,
Düsseldorf 1996, S. 173 f.

3 Ebda., S. 174

4 Alice Walker: *Narben oder die Beschneidung der weiblichen Sexualität*. Rowohlt,
Reinbek 1996, S. 81

5 Gerda Lerner: *Die Entstehung des feministischen Bewußtseins*. Deutscher Taschenbuch Verlag, München 1998, S. 101 u. 88

6 Ebda., S. 9 f.

7 Ebda., S. 143

8 Marcus Borg: *Jesus – der neue Mensch*. Herder, Freiburg 1993, S. 144

9 Karen Jo Torjesen: *Als Frauen noch Priesterinnen waren*. Zweitausendeins,
Frankfurt am Main 1995, S. 137

10 Margaret Miles: *Carnal Knowing: Female Nakedness and Religious Meaning in the
Christian West*. Beacon Press, Boston 1989, S. 55

11 Zitiert in Miles: *Carnal Knowing*, S. 55. Gregors Zögern ist verständlich.
Philo, der hellenistisch-jüdische Philosoph des ersten Jahrhunderts, brachte
die Auffassung der späten Antike über Frauen wie folgt auf den Punkt: »Fortschritt ist nichts anderes, als das weibliche Geschlecht aufzugeben und es in ein
männliches zu verwandeln, weil das weibliche Geschlecht materiell, passiv,
leiblich und mit den Sinnen wahrnehmend ist, während das männliche aktiv,
rational, unkörperlich und dem Geist und dem Denken näher verwandt ist.«
(Ebda., S. 56)

12 So wissen wir beispielsweise auch, daß Mechthild von Magdeburg sich in diesem Punkt verteidigen mußte. »Meister Heinrich! Ihr seid überrascht ob des
männlichen Charakters, in dem dieses Buch geschrieben ist? Ich frage mich,
warum euch das wundert?« Und sie fährt fort, sich zu rechtfertigen – gegenüber einem Heinrich, der vielleicht ihr Beichtvater Heinrich Halle ist oder ihr
Bruder –, indem sie betont, daß selbst die Apostel anfangs schwach waren,
aber dann stark und furchtlos wurden, sobald der Heilige Geist auf sie nieder-

gekommen war. Siehe Mechthild von Magdeburg: *Das fließende Licht der Gottheit*. Frommann-Holzboog, Stuttgart 1995, 5.12. Im Grunde wurde die ganze Bewegung der Beginen kritisiert, weil es als unnatürlich angesehen wurde, daß ihre Mitglieder unter keiner männlichen Oberherrschaft standen.

13 Croutier: *Harem*, a. a. O., S. 216

Kapitel 9
Das Haus der Dämmerung: Die Wiederbesiedlung des weiblichen Göttlichen

1 Mary B. Kelly: »Embroidery for the Goddess« in: *Threads*, Juni / Jui 1987, S. 25

2 »Das neue Bild von der Natur als einer Frau, die durch das Experiment beherrscht und seziert werden mußte, legitimierte die Ausbeutung der natürlichen Ressourcen.« Carolyn Merchant: *Der Tod der Natur: Ökologie, Frauen und neuzeitliche Naturwissenschaft*. Beck, München 1994, S. 190

3 Eine Freundin hat mir gezeigt, wie unsichtbar Darstellungen der Göttin für die Uneingeweihten sein können: Die Vorsatzblätter eines Buches über Stikkerei in Osteuropa waren mit einem Muster von auf dem Kopf stehenden Göttinnen verziert.

4 Riane Eisler: *Kelch und Schwert. Von der Herrschaft zur Partnerschaft – weibliches und männliches Prinzip in der Geschichte*. Goldmann, München 1993 – S. 42

5 Monique Wittig: *Die Verschwörung der Balkis*. Frauenoffensive, München 1980, S. 99

6 Eisler, a. a. O., S. 46

7 Marion Zimmer Bradley: *Die Nebel von Avalon*. Fischer Taschenbuch Verlag, Frankfurt am Main 1998, S. 1117

8 Edwidge Danticat: a. a. O., S. 175

9 Ihre Namen beziehen sich auf Textilien: Indigo und Sassafras [Safran] sind beides Naturfarben. »Cypress« weist auf einen feinen Batist hin, der in Kreta seinen Ursprung hat. Die drei Töchter spiegeln auch das biblische Trio Shadrach, Meshach und Abednego wider, die dank ihres Glaubens den feurigen Ofen des Nebukadnezar überlebten. Man bekommt den Eindruck, daß Hilda Effania die Welt außerhalb ihres Heimes als eine Art feurigen Ofen empfindet.

10 Ntozake Shange: *Schwarze Schwestern*. Rowohlt, Reinbek 1989, S. 7

11 Tony Hillerman: *Das Labyrinth der Geister*. Goldmann, München 1997, S. 108

12 Virginia Beane Rutter: *Woman Changing Woman: Feminine Psychology Re-Conceived Through Myth and Experience*. HarperSanFrancisco, San Francisco 1993, XVII, wo sie zitiert: Bruce Lincoln: *Emerging from the Chrysalis: Studies in Women's Initiations*. Harvard University Press, Cambridge 1981, S. 101

13 Rutter, a. a. O., S. 225 f.

14 Ebda., S. 3, XVII

15 Ebda., S. 66 f.

16 Ebda., S. 39

17 Die Formulierung bezieht sich auf die Frage, die Margaret Miles in ihrer Ein-

führung zu *Carnal Knowing* aufwirft. Sie skizziert die Handlung des Gilgamesch-Epos und stellt die Rolle heraus, die Frauen bei der Entwicklung des Helden gespielt haben, darunter die sterbliche Siduri. Sie weist auf die Tatsache hin, daß »weibliche Subjektivität bis zum 19. Jahrhundert nicht in dem Maße erforscht wurde wie die der Männer«, und fragt, »wo ist die Geschichte von Siduri?« Die volle Bedeutung dieser Frage kann man nur einschätzen, wenn man registriert, daß das Buch »meiner Enkelin Siduri« gewidmet ist. Siehe Miles: *Carnal Knowing: Female Nakedness and Religious Meaning in the Christian West.* Beacon Press, Boston 1989, S. 4

Kapitel 10
Unseren Luft-Raum errichten und bewohnen

1 Anne Morrow Lindbergh: *Muscheln in meiner Hand.* Deutscher Taschenbuch Verlag, München 1977, S. 23, 24, 16 / 17.
2 Elizabeth Coatsworth: *Das Wartezimmer des Todes.* Bergland, Wien 1962, S. 23
3 Luce Irigaray: *Genealogie der Geschlechter.* Kore Verlag, Freiburg 1989, S. 109 f.
4 Riane Eisler: a. a. O., S. 46
5 »Die zentrale Aufgabe der Menschheit . . .«, schreibt die Historikerin Margaret Miles, »als Verkörperung Gottes in menschlichem Fleisch doktrinär formuliert, ist das fleischliche Wissen, das verkörperte Wissen. Es ist durch Erfahrung gewonnenes Verstehen, das sich der speziellen und spezifischen Bedingungen bewußt ist und diese achtet, unter denen alles Lernen vor sich geht, ob dieses Lernen nun Sozialisation, religiöse Orientierung oder Subjektivierung genannt wird. Doch im Christentum ist das Fleisch weitgehend verdammt, der Körper marginalisiert worden bei der ›Aufgabe‹ einer spirituellen Reise.« Siehe: Margaret Miles: a. a. O., S. 185

2. Buch
Draupadīs Tanz

Kapitel 1
Hinduistische Mythen und Wirklichkeit in Petaluma

1 Mahatma Gandhi: *All Men Are Brothers.* Navajvam Publishing House, Ahmedabad 1969, S. 76, 77
2 Susan Faludi: *Backlash: Die Männer schlagen zurück.* Rowohlt, Reinbek 1995, S. 595 f.

3 Ich hatte damals keine Zahlen darüber zur Hand, aber ich habe einige im Editorial von *Fellowship* gefunden, der zweimonatigen Zeitschrift des Fellowship of Reconciliation: »Das Ende des Kalten Krieges hat keineswegs zu einer Zäsur im Hinblick auf die Macht des militärisch-industriellen Komplexes geführt, der unser Landesbudget beherrscht. Das ganze Gerede im Kongreß, die Ausgaben einzuschränken und das Budget auszugleichen, läßt das Pentagon kalt. Unsere gegenwärtige Politik beteht darin, die Kampfbereitschaft für zwei Kriege aufrechtzuerhalten. Doch Seymour Melman weist darauf hin, daß jene Staaten, die die USA als die schwarzen Schafe brandmarkt – Nordkorea, Iran, Irak, Syrien, Libyen und Kuba –, zusammen nur ein Militärbudget von 9,64 Milliarden Dollar haben. Das Militärbudget der USA beträgt das *Siebenundzwanzigfache* davon (*New York Times*, 16. Juni 1995). Unser Militärbudget ist fast so groß wie das aller anderen Nationen zusammen, und wir haben Truppen in fünfundsiebzig Ländern stationiert.« (*Fellowship*, März / April 1996, S. 3)

4 Diese Passage stammt aus »Santi Parva«, einem Teil des *Mahābhārata*, in dem der Weise Bhisma seine Ansichten über »das Wissen vom politischen Zustand und der Spiritualität« darlegt. Sie wird von Swami Ranganathananda, einem ehrwürdigen Mönch des Ramakrishna-Ordens, in einem Vortrag unter dem Titel »Frauen in der Moderne« zitiert, der im September 1986 in Srinigar gehalten wurde. Der Vortrag wurde vom Ramakrishna-Orden publiziert.

5 Gloria Steinem: *Was heißt schon emanzipiert? Meine Suche nach einem neuen Feminismus.* Hoffmann & Campe, Hamburg 1993, S. 63

Kapitel 2
Ein Krieg gegen Frauen

1 Achtundneunzig Prozent der Sexualverbrechen in den Vereinigten Staaten werden von Männern ausgeübt. Zweiundneunzig Prozent der Opfer sind weiblich. [Diese Zahlen gelten auch für den deutschsprachigen Raum. Anm. d. Red.] Anfangs hielt man sich mit der Vermutung zurück, daß es sich bei Polly Klaas' Entführung um sexuellen Mißbrauch gehandelt habe, doch später gab es wenig Zweifel daran, vor allem im Licht der Zeugenaussagen von Davids früheren Opfern.

2 Da ich mich in den siebziger Jahren nicht mit den feministischen Aktionen beschäftigte, war mir nicht bekannt, daß 1976 Teilnehmer des Internationalen Tribunals »Verbrechen an Frauen« zu so ziemlich der gleichen Schlußfolgerung gekommen waren. Erst neulich erfuhr ich, daß »manche europäischen Feministinnen Vergewaltigung als individuellen Akt der männlichen Gewalt ansehen, der die Männer zudem in die Lage versetzt, alle Frauen in einem Stadium der Furcht und der Unterordnung zu halten«, und daß Teilnehmer dieses Tribunals schlußfolgerten, daß »Vergewaltigung ganz klar ein terroristisches Mittel ist, das zwar nur von wenigen Männern angewandt

wird, aber ganz klar dazu dient, die Macht aller Männer über die Frauen zu verewigen«, damit »die Furcht vor der Vergewaltigung die Frauen veranlaßt, sich einen männlichen ›Beschützer‹ vor der Gewalttätigkeit anderer Männer zu suchen«. Siehe auch Bonnie S. Anderson und Judith P. Zinsser: *Eine eigene Geschichte. Frauen in Europa.* Fischer Taschenbuch Verlag, Frankfurt am Main 1995, 2:422

3 Der *Santa Rosa Press Democrat* vom 17. Mai 1996 zitiert den Psychiater George Ponomareff. Davis hatte die Frau mit einem Schürhaken geschlagen, als sie schlafend in ihrem Bett lag.

4 Michael Messner und Donald Sabo: *Sex Violence and Power in Sports: Rethinking Masculinity.* Crossing Press, Freedom, CA, 1994, S. 67. Messner faßt eine 1977 erschienene Untersuchung von Jack Litewka »The Socialized Penis« zusammen, deren Quelle er nicht nennt.

5 Ebda, S. 194–195

6 »Die Wortergüsse der letzten Jahre über die amerikanische Frau von heute«, so beklagt sich ein männlicher Autor, »erweckt den Anschein, daß der Mann entweder keine Probleme hat oder nicht wichtig genug ist, daß seine Probleme artikuliert werden.« Siehe Myron Benton: *The American Male.* Coward-MacCann, New York 1996, S. 13

Kapitel 3
Ein Kreis der Schönheit, eine Mauer der Stärke

1 Noelle Oxenhandler: »Pollys Face«, The New Yorker, 29. November 1993

2 Es gibt wirklich sehr interessante Deutungen dieser Mythe, die mit Themsophoria, dem Herbst-Fest zu tun haben. Siehe Carolyne Larrington (Hrsg.): *Die mythische Frau. Ein kritischer Leitfaden durch die Überlieferungen.* Promedia, Wien 1997

Kapitel 4
Der endlose Sari

1 Huston Smith: *Eine Wahrheit – viele Wege. Die großen Religionen der Welt.* Bauer, Freiburg 1994, S. 7f.

2 *Mahābhārata. Indiens großes Epos.* Diederichs, München 1995, S. 369

3 Heute werden die heiligen Haine, die es in vielen Teilen Indiens gibt, als Bewahrer genetischer Vielfalt geschätzt. Sie sind heute um so kostbarer, da die einheimischen Pflanzen durch die Einführung von Hybriden aus dem Westen vom Aussterben bedroht sind. Man überlegt, ob man Exemplare dieser einheimischen Sorten daraus entfernen darf, und vertraut darauf, daß es dem gesunden Menschenverstand der indischen Tradition gelingt, hier eine plausible die Tradition wahrende Begründung zu finden.

4 Frederique Apffel-Marglin: »The Sacred Grove«, *Manushri*, Mai/Juni 1994, S. 29

5 Ebenda, S. 29

6 Ebenda, S. 28

7 Ebenda, S. 31

8 Ebenda, S. 31. Das Sanskrit-Wort *r'tu*, auf das *Ritual* zurückgeht, steht in seiner wichtigsten Bedeutung für »Menstruation«. Die Dichterin Judy Grahn vermutet, daß Menstruationsrituale die ersten Rituale waren, die Menschen überhaupt vollzogen. Um eine überraschende alternative Deutung der Kulturgeschichte zu bekommen, empfehle ich die Lektüre ihres Buches: *Blood, Bread and Roses: How Menstruation Created the World*. Beacon Press, Boston 1992.

9 Augenblicklich verändert sich diese Situation. Siehe beispielsweise das faszinierende Buch von Sally Cunneen: *In Search of Mary: The Woman and the Symbol*. Ballantine Books, New York, 1996

10 Emily Kearns erklärt wissenschaftlich: »Göttinnen erscheinen als Emanationen einer großen Göttin ... und die Vorstellung einer Göttin, deren örtliche, unterschiedlich benannte Manifestationen Fragmente eines Ganzen sind, wird umfassend mythisch ausgedrückt durch die Überlieferung, daß Shiva, verzweifelt über den Tod Satis [seiner ersten Frau, Anm. d. A.], ihren Körper aufhob und einen wilden, das Universum bedrohenden Tanz begann, und Vishnu, um die Welt zu retten, die Leiche in Stücke schnitt; die Stellen, an die die einzelnen Stücke fielen, wurden wichtige Zentren des Göttinnenkults.« Siehe Carolyn Larrington (Hrsg.): *Die mythische Frau. Ein kritischer Leitfaden durch die Überlieferungen*. Promedia, Wien 1997, S. 223

11 Interessierte Leserinnen könnten sich Alf Hiltebeitels zweibändige Studie: *The Cult of Draupadī* (University of Chicago Press 1988) anschauen.

12 Zitiert bei Vinay Lal: »The Mother in the ›Father of the Nation‹«, *Manushi*, November-Dezember 1995, S. 30

Kapitel 5
Draupadīs Töchter

1 Aus Platzgründen ist es mir nicht möglich, die wunderbaren Erörterungen der »Frauengeschichten« des verstorbenen A. K. Ramanujan darzulegen, aber jeder, der mehr über die informelle, volkstümliche Seite der indischen Erzähltradition erfahren möchte, sollte seinen Aufsatz lesen »Toward a Counter-System: Women's Tales« in: Arjun Appadurai, Frank J. Korom, Margaret A. Mills (Hrsg.): *Gender, Genre, and Power in South Asian Expressive Traditions*.

2 Gloria Steinem in: *The Progressive*, ein Interview vom Juni 1995, das L. A. Winokur mit ihr führte. Sie fügt hinzu: »Die politische Ethik sowohl der Rechten wie der Linken, die mir in den Vereinigten Staaten begegneten, stehen letztlich auf dem Standpunkt, daß der Zweck die Mittel heilige; beide haben

historisch Gewalt toleriert und gefördert. Und beide hatten, was ich einen maskulinen Kulturstil nennen würde, bei dem ich mich nie wohlgefühlt habe, obwohl ich das vorgab, damit man mich akzeptierte. Ich hatte immer das Gefühl, ich müßte diese Stimme in meinem Inneren zum Verstummen bringen, die nicht aufhörte zu sagen: ›Wo bleiben in all dem die Frauen?‹

Doch der Gandhische Gedanke baut sich auf echter Gewaltlosigkeit auf und auf der Vorstellung, daß die Mittel die Ziele bestimmen. Und daran glaube ich. Und so hatte ich, als ich durch diese Dörfer mit der Gandhischen Gruppe wanderte, plötzlich das Gefühl, daß dies, ja, Sinn macht. Dies ist die Art und Weise, in der wirklicher, tiefer Wandel geschieht. Stück für Stück. Nicht von oben ...«

Eine kurze, aber aufschlußreiche Beschreibung ihres zweijährigen Aufenthalts in Indien findet man in: *Moving Beyond Words* (Simon & Schuster, New York 1994, S. 263–267).

3 Aus einem aufgezeichneten Interview mit Vandana Shiva, das KPFA im April 1994 sendete.

4 Die Research Foundation for Science, Technology, and Natural Resource Policy in Dehra Dun

5 Madhu Kishwar und Ruth Vanita: *In Search of Answers: Indian Women's Voices from Manushi*. Zed Books, London 1984, S. 47

6 Dieses Interview von Madhu Kishwar mit der australischen Journalistin Jennifer Severn wurde von der Website von *Manushi* heruntergeladen: http://www.arbornet.org/~manushi.

7 Madhu Kishwar: »Yes to Sītā, No to Ram!«, *Manushi* Nr. 98, Januar-Februar 1997, S. 22 ff.

8 Octavio Paz: *Die doppelte Flamme*. Suhrkamp, Frankfurt 1997, S. 96

9 Vandana Shiva: *Staying Alive*. Zed Books, London 1988, S. 70

10 Andrew Kimbrell, der Leiter des International Center for Technology Assessment in Washington, D. C., zitiert von Barbara Letterman: »Vandana Shiva Simply Wants to Change the World«, *Ms.*, Mai–Juni 1997, S. 33

Kapitel 6
Die Mädchen-Bewegung: Das Wiedererwachen des Feminismus

1 Oxenhandler, »Polly's Face«, S. 94

2 Virginia Beane Rutter: *Woman Changing Woman: Feminine Psychology Re-conceived Through Myth and Experience*. HarperSanFrancisco, San Francisco 1993, S. 60

3 *The Woman's Way*, von den Herausgebern der Time-Life Bücher. Time-Life Books, Alexandria, VA, 1995, S. 71

4 Der Titel von Jane O'Reillys Maßstäbe setzendem Artikel, der im April 1994 in *Mirabella* veröffentlicht wurde.

Kapitel 7
Unsere Töchter, unser Selbst

1 Carol Gilligan: *Die andere Stimme. Lebenskonflikte und Moral der Frau.* Deutscher Taschenbuch Verlag, München 1996

2 Lyn Mikel Brown und Carol Gilligan: *Meeting at the Crossroads: Women's Psychology and Girl's Development.* Harvard University Press, Cambridge 1992, S. 9 f.

3 Brown und Gilligan: a. a. O., S. 15 ff.

4 Margaret Miles: *Carnal Knowing: Female Nakedness and Religious Meaning in the Christian West.* Vintage Books, New York 1989, S. 11

5 Dana Crowley Jack: *Immer hab ich mich dir angepaßt. Wenn Frauen ihr Selbst zum Schweigen bringen. Über weibliche Depressionen.* Heyne, München 1993, S. 48

6 Glora Steinem: *Moving Beyond Words.* Touchstone Books, New York 1995, S. 266

7 Linda Christensen: »Unlearning the Myths That Bind Us«, *New Moon Network*, April–Mai 1996, S. 8

8 Eknath Easwaran: *Der Mensch Gandhi.* Herder, Freiburg 1997, S. 84

9 Ntozake Shange: *Schwarze Schwestern.* Rowohlt Taschenbuch Verlag, Reinbek 1989, S. 18 f.

10 Bell Hooks: »Contemplation and Transformation«, in: Marianne Dresser (Hrsg.): *Buddhist Women on The Edge.* North Atlantic Books, Berkeley 1996, S. 291

Kapitel 8
Zwei Hälften einer Realität

1 Vivian Gornick: *Approaching Eye Level*, S. 69. Zwei Seiten zuvor schrieb sie: »Ich sah das, was visionäre Feministinnen seit zweihundert Jahren schon sahen: daß die Verfügungsgewalt über das eigene Leben nur durch die ständige Beherrschung der eigenen Gedanken erlangt werden kann.«

2 Die Geschichte des Blumentanzes erschien in der Herbstausgabe 1996 von *Windchimes*, einem Literaturmagazin für junge Leute, das in Petaluma herausgegeben wird. Autorin war Oona Risling-Sholl, eine Cousine einer der Initiierten.

3 Turnball: *Molima*, a. a. O., S. 196 f.

4 Bernice Johnson Reagon, Aufzeichnung eines Interviews im Jahr 1991 mit Bill Moyers unter dem Titel »The Songs Are Free«

5 Traditionelles Lied bei der Pubertätszeremonie des Papago-Stammes für junge Mädchen, zitiert bei Annie Rogers: »Voice, Play, and Courage«, *Harvard Educational Review* 63, No. 3, Herbst 1993, S. 275

6 Editorial des *The Press Democrat*, Santa Rosa, Kalifornien, Dienstag, 22. April 1997, B4

7 Mary Field Belenky et al.: *Das andere Denken. Persönlichkeit, Moral und Intellekt der Frau.* Campus, Frankfurt am Main 1991, S. 152

8 Stephen Dubner: »Choosing My Religion«, *New York Times Magazine*, 31. März 1996, S. 36

9 *Four Centuries of Jewish Women's Spirituality.* Beacon Press, Boston 1992, S. 322

10 Adrienne Rich: *A Wild Patience Has Taken Me This Far: Poems 1978–1981.* Norton, New York 1981, S. 9

11 Larrington (Hrsg.): a. a. O., S. 346

12 Helena Norberg-Hodge: *Leben in Ladakh.* Herder, Freiburg 1993, S. 23

13 Ebda., S. 32 f.

14 Vandana Shiva: a. a. O., S. 66

15 Elisabeth Burgos-DeBray: *I, Rigoberta Menchu: An Indian Woman in Guatemala.* Verso, New York, 1987

16 Alan Clements: *The Voice of Hope.* Seven Stories Press, New York 1977